厦门大学哲学社会科学繁荣计划资助项目

Academic Series of
College of Foreign Languages
and Cultures,
Xiamen University

厦门大学外文学院学术文库

外国语言文学论文集

Foreign Languages, Cultures and Literatures: A Collection of Papers

陈　菁　吴光辉◎主编

厦门大学出版社 | 国家一级出版社
XIAMEN UNIVERSITY PRESS | 全国百佳图书出版单位

图书在版编目(CIP)数据

外国语言文学论文集/陈菁,吴光辉主编.—厦门:厦门大学出版社,2019.11
(厦门大学外文学院学术文库)
ISBN 978-7-5615-7437-9

Ⅰ.①外… Ⅱ.①陈…②吴… Ⅲ.①语言学—文集②文学研究—文集 Ⅳ.①H0-53
②I0-53

中国版本图书馆 CIP 数据核字(2019)第 093683 号

出 版 人 郑文礼
责任编辑 高奕欢

出版发行 厦门大学出版社
社　　址 厦门市软件园二期望海路 39 号
邮政编码 361008
总　　机 0592-2181111 0592-2181406(传真)
营销中心 0592-2184458 0592-2181365
网　　址 http://www.xmupress.com
邮　　箱 xmup@xmupress.com
印　　刷 厦门集大印刷厂

开本 720 mm×1 000 mm 1/16
印张 18.75
插页 1
字数 350 千字
版次 2019 年 11 月第 1 版
印次 2019 年 11 月第 1 次印刷
定价 75.00 元

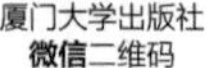

厦门大学出版社
微博二维码

廈門大學外文學院
CFLC
COLLEGE OF FOREIGN LANGUAGES AND CULTURES XIAMEN UNIVERSITY

目　录

语言学研究

翻译学研究

文化学研究

文学研究

外语教育研究

语言学研究

自然学科知识中的修辞运作

辛志英 [*]　王盼盼 [**]

摘要： 自然学科知识通常被视为可靠的和完全客观的，本文旨在从修辞的角度，分析自然学科知识的构建。文章认为，修辞参与所有知识产生的过程。本文通过界定修辞和知识的内涵，剖析自然学科知识的生产过程，研究发现自然学科知识的生成过程至少在三个方面涉及修辞，分别是研究问题、知识论证和研究论文。本文的研究有助于加强人们对于自然学科知识生成的认识。

关键词： 修辞；知识；自然学科知识

Abstract: Rhetoric involves the production process of all kinds of knowledge. Knowledge in the domain of natural discipline is often misunderstood as reliable and objective. This paper aims to investigate rhetoric in the knowledge production of natural disciplines. Through redefining the meaning of the two terms, i.e. rhetoric and knowledge, this study explores the natural disciplinary knowledge production. It is found that rhetoric involves three main aspects in knowledge production in natural subjects. This study contributes to the understanding of natural disciplines.

Key Words: rhetoric; knowledge; natural discipline

一、前言

自然科学知识通常被认为是客观的（Fuller & Collier，2004），故自然学科知识的生成过程似乎就是一个绝对客观知识的生成过程，是科学家通过实验仪器得到绝对正确知识的过程，似乎并不涉及修辞这一社会行为。但是，无论是从修辞的角度看知识，还是从知识的角度看修辞，自然学科知识的生成过程都是

* 辛志英，厦门大学外文学院教授、博士生导师，研究方向：功能语言学，语篇分析。

** 王盼盼，厦门大学外文学院硕士研究生，研究方向：语篇分析。

一个充满论证的修辞行为。一方面，修辞为所有学科知识的生成提供了论证资源（Gaines, 2001）；另一方面，所有知识都涉及多种多样的社会因素（Nygren, 1999）。本文旨在通过分析自然学科知识中的修辞运作剖析自然学科知识的生成过程。

二、修辞

亚里士多德是第一位对修辞进行系统论述的人。他对修辞的定义是，修辞是一种能在任意问题上找到可能说服方式的能力，修辞影响人的判断，修辞者必须考虑如何证明自己的观点（亚里士多德，2003，2006）。从他的论述中不难看出，修辞是一种说服行为。修辞者出于情境的需要，向受众传达带有某种观点的信息，受众对观点进行评判并且决定是否接受该观点。

尽管修辞的定义在不同的时期经历了许多改变，但"说服"这一特性从未被消除。中世纪时期的奥古斯丁将修辞定义为基督教演讲者有技巧地使用话语及其策略传播圣经真理的活动（Herrick, 2001）。奥古斯丁的定义注重的是修辞行为中的手段，而"有技巧"蕴含着修辞者的劝说意图和受众的接受。在伯克（1969）看来，修辞是一种符号行为，人使用词语的符号使得受众形成某种态度或者采取某种行动，利用语言符号使得受众产生反应并与讲话者合作。伯克的定义同样关注修辞者的劝说意图和受众的接受程度。实际上，无论哪个时期，修辞的定义都离不开亚里士多德的"说服"这个核心要义。因为"说服"是修辞的核心，它是所有对修辞性质的描述中不得不涉及的一个性质。综上而言，本文将沿用亚里士多德的定义中"说服"一词，将其作为修辞定义的核心。

修辞的关键是劝说和接受。任何修辞行为均是一种涉及劝说和接受的行为。同时，修辞蕴含受众的接受。劝说必须伴随相应的受众接受才是修辞，没有"接受"的劝说不是修辞行为，只是劝说行为。另外，修辞是涉及不同主体的行为，修辞者单方面的自我说服不是修辞。修辞者只有通过论据把带有观点的信息传递给受众，受众通过自己的判断接受修辞者的观点，这一完整的过程才可称为修辞。修辞者因为事先从受众的角度考虑过问题，再加上对要所论述的观点有更加清晰的认识，因此在修辞行为中，修辞者更加容易取得主动的地位。

三、知识与修辞

知识的定义同样不是固定的。从古至今，人们对知识有不同的认识。柏拉图（1963）将知识定义为确证了的真信念。这一定义中的核心概念是"信念”，也可称之为“观点”。同时，核心概念有两个属性，一是“确证了的”，二是“真”。我们首先讨论“真”这一属性。“真”是人类对“观点”或者“知识”的一种理想化，任何“观点”或者“知识”都无法达到绝对的“真”。知识如果达到了“真”，也是经过了证明而成真，而且是相对的“真”，没有绝对的“真”。因此，本文首先将知识简单定义为“确证了的观点”。

下面将对知识的“确证”“可靠性”“主观与客观”三个方面进行详细阐述。

“确证了的观点”中“确证”指的是观点持有者和观点接收对象共同的确证。观点持有者对于“观点”单方面的“确证”不形成知识。知识应定义为“确证了的观点”。因此，知识的生成必然涉及修辞。未经修辞确证的观点只能算是观点，并非知识。实际上，前文讲到的修辞行为中的观点，就是知识的前身。需要强调的是，经观点持有者自身确证后的观点不能称作知识，只能称作可靠的观点。观点持有者只有通过向相应的社区受众对观点进行证明，并且与受众达到一致的观点后才可称之为知识。修辞行为中修辞者和受众就某一观点达到一致态度，一致的观点便是知识。因此，知识是更加可靠的观点。换言之，观点经过修辞者和受众的协商一致后成为知识。

由此可以看出，知识的核心概念仍然是“观点”，它的两个属性是“修辞”和“确证”。那么，经过修辞确证后的知识一定可靠吗？本文认为这一问题的回答取决于受众的能力。修辞确证后的观点一定是知识。知识不是先天存在的，不是像事实一样等着人们去发现的，它是经过协商确证的观点。既然是由观点而来，知识只有相对的可靠，没有绝对的可靠，知识也无法达到绝对的真实。知识的可靠性是一个范围，而它没有绝对的标准。人的认识能力受时间和空间的限制，知识也受时间和空间的限制，在一定时期正确的知识经过一段时间或许被证明是错误的。因此，知识只有相对的可靠性。

知识的可靠性不仅取决于证据的说服力，而且取决于受众的水平。知识论证的可靠性是前提，知识必须经过严密的论证，才能达到相对高的可靠性。除了知识本身的论证，受众的认识水平也限制着知识的可靠程度。修辞是对可能性问题的确证，修辞者在论述观点前已经尽可能从受众的角度考虑问题，考虑如何增加说服受众的概率。受众必须靠着自己的洞察力，对修辞者的论述仔细斟酌，判断其论述是否有漏洞，才能和修辞者一起提高知识的可靠性。亚里士多德（2006）将修辞的或然式证明分为三类，分别是修辞者的性格、对受众造成的心情和论述本身的证明。受众只有清楚地分析接收的观点，衡量自己对观点的认识在多大程度上受到修辞者的性格和自己的心情的影响，理性地对待观点和论述，才能和修辞者一同增加知识的可靠性。

下面谈谈知识的客观性问题。波普尔（2005）曾提出两种知识类型——主观知识和客观知识，认为知识可以区分为主观认识或观点和客观知识。我们认为，知识不应简单地区分为主观知识和客观知识，因为经过修辞确证的知识具有的客观程度无法区分。实际上，绝对客观不过是人们对事物的理想化而已。客观是一个范围，知识的客观取决于知识本身论证的可靠性和接受知识的受众具备的能力水平高低。因此，我们认为，知识具有不同的客观性；而经过修辞论证的知识可被称为客观知识。从这个意义上看，波普尔的主观知识可以理解为未经修辞批判的观点。经过修辞批判的观点均可称为知识，经过修辞批判的知识均具有客观性，是不同程度上的客观。

另外，知识必须基于经过“接受”的证据（Manin，1977；Ernest，1999），接受是修辞者和受众双方的接受（Lehrer，1990），只有在公众场合进行验证并得到受众认可才可称为知识。知识需要经过特定场合下修辞者的证明和受众的批判与接受才可称之为知识。知识的可靠性取决于修辞者和受众双方共同对观点的验证。

四、学科

修辞不仅对知识进行确证，而且对知识进行分类。经过分类的知识一般称之为学科。学科的建立是为了使得知识得到更好的修辞确证。

学科不是天然存在的，而是人类出于某种目的创立的（Turner，2006）。建立的目的应是使经过修辞确证后的知识更加可靠。如前文所述，知识的可靠性取决于修辞者和受众共同对知识的确证。双方论辩智慧的高低直接影响到知识的真实概率。学科的建立为双方的论辩提供了一个特定的修辞社区。在这个修辞社区内，同一学科下的修辞者和受众（Shumway & Messer-Davidow，1991）更容易就相同问题进行论述、反驳和确证。学科内部的每个学者同时充当修辞者和受众两个角色。一般而言，多个学者共同合作，研究同一个问题，对同一问题有着相似程度的理解，但是又由于认知的差别，每个学者都有自己不同于别人的看法，同一问题经过学科内部成员的协商，达到一个相对高的可靠性。这便保证了知识的可靠性。另外，科研成果的对外公布也是一个不可或缺的环节。知识必须经过学科外部的质疑和批判才是合法的知识，才能得到大众的认可。

五、自然学科知识与修辞

根据学科门类，知识可分为自然学科知识和社会学科知识。（陈嘉明，2003）两类知识均需经过证明并且得到大众的认可才可称之为知识。

任何学科产生的动力都是为了提高知识的可靠性。自然学科知识也不例外。自然学科知识由于采用了实验仪器，将大众的注意力从人身上转移到实验仪器上，被视为客观不可错的。实际上，自然学科知识和其他知识一样，均需经过修辞者和受众的协商。自然科学知识中修辞的运作主要涉及研究问题、知识论证和研究论文。

第一，问题的提出和解决方式蕴含着修辞的元素。自然科学家首先提出问题，并且对所研究问题有一个预先的假设，之后进行试验验证自己的假设。无论是问题的选择，还是问题解决的方式，都是由科学家决定，提出问题本身预设着有一定的假设（Winsor, 1998），根据本文对修辞的界定，这一假设或者对于问题设想的答案便是修辞行为中要论述的初步观点。

第二，问题的整个解决过程甚至包括工程设计产品都渗透着修辞的元素。自然科学家解决问题或验证假设时，不仅观察，而且还要相互讨论问题解决的方式和结果（Winsor, 1998）。换句话说，知识呈现在普通大众之前，必须要在相应的小型社区内发生修辞行为。根据本文对知识的界定，这一过程是提高知识可靠性的过程。同一修辞社区内的科学家对同一观点有自己的认识和理解，有着相似的能力水平，每个科学家既是修辞者又是受众，知识在这一过程中得到一定程度的修辞确证。此外，科学产品的制造同样涉及论据的建立。产品本身就是一种论据（Winsor, 1998），证明知识的可确立性。甚至可以这样理解，科学家们在做的事整个过程可以说是一个经历可靠性论据的过程（Wilson & Herndl, 2007），尽管这种说法或许有些夸张，但是有一定的道理。

第三，研究成果总是以论文或者报告的形式公布于世，这一点最明显地体现了自然科学知识建立的修辞性。正如塞蒂纳（2003）所言，在知识工厂中，科学家们制造科学理论，做出科学发现，科学知识的建构过程包括实验中科学事实的建构和科学论文的建构。科学研究成果需要以论文的形式呈现在大众或者受众面前。这种论文呈现的证明方式是与所有说服方式相通的（Fahnestock, 2005）。科学家通过论文向受众证明科研成果，说服受众接受研究的成果，从而确立知识。

因此，自然科学知识的确立同样涉及修辞。整个科研活动可以看成是为验证某一假设，通过实验建立确凿证据，说服普通大众接受的修辞活动。它至少在三个方面涉及修辞。第一，问题的提出总是伴随着一个预先假设，不论这个假设是否正确，均为问题提出者的观点，这可以看作修辞者的观点。第二，问题的解决过程可以看作是为观点寻找论据的过程。学科内部的科学家，或者修辞社区中的修辞者和受众，需要共同合作，对同一问题提出自己的论点和论据。这里，每一个科学家既是修辞者也是受众，既说服别人，也被别人说服。即使是产品本身也是论据的一个构成部分，用以支持某个观点。第三，科研成果以论文的形式发布，这最直接地体现了修辞的运作。

六、结论

本文通过论述修辞和知识的内涵，从三个方面剖析了自然科学知识产生的过程。修辞不属于任何学科，但它参与任意知识的产生过程。修辞是一种说服行为。修辞者和受众就某一观点达到一致态度，这里的观点便是知识。知识是经过修辞确证了的观点，任何知识都离不开修辞确证。知识的可靠性取决于修辞者和受众共同的协商。知识的可靠性催生了学科的产生。学科为知识的产生提供了一个修辞社区。在这个社区里，修辞者和受众对同一论点具有共同的了解，知识的可靠性得以提高。

本文从修辞的角度剖析了自然学科知识的修辞运作，有助于人们更加深刻地认识这一学科知识。本文在一定程度上解析了自然学科知识的产生过程，但仍存在一些不足。本文剖析了自然学科产生的三个方面，没能近距离直接分析自然学科知识，未来研究可以选取某一自然学科，对其知识的产生过程进行跟踪调查，将得出更加深刻的认识。

参考文献

[1] Burke, K., *A Rhetoric of Motive*, Oakland, CA: University of California Press, 1969.

[2] Ernest, P., Forms of knowledge in mathematics and mathematics education: Philosophical and rhetorical perspective, *Educational Studies in Mathematics*, 1999, Vol. 38: 67-83.

[3] Fahnestock, J., Rhetoric of science: Enriching the discipline, *Technical Communication Quarterly*, 2005, Vol. 14: 277-286.

[4] Fuller, S., J. H. Collier, *Philosophy, Rhetoric, and the End of Knowledge*, London: Lawrence Erlbaum Associates, Inc., 2004.

[5] Gaines, R. N, Disciplinary relations in Ancient and Renaissance rhetorics, *Advances in the History of Rhetoric*, 2001, Vol. 4: 25-35.

[6] Herrick, J., *The History and the Theory of Rhetoric: An Introduction*, Needham Heights: A Pearson Education Company, 2001.

[7] Lehrer, K., *Theory of Knowledge*, Boulder: Westview Press, 1990.

[8] Manin, Y. I., *A Course in Mathematical Logic*, New York: Springer Verlag, 1977.

[9] Nygren, A., Local knowledge in the environment-development discourse: From dichotomies to situated knowledges, *Critique of Anthropology*, 1999, Vol. 19: 267-288.

[10] Shumway, D. R., E. Messer-Davidow. Disciplinarity: An Introduction, *Poetics Today*, 1991, Vol.

12: 201-225.

[11] Turner, B. S., Discipline, *Theory Culture & Society*, 2006, Vol. 23: 183-186.

[12] Wilson, G., C. G. Herndl, Boundary objects as rhetorical exigence: Knowledge mapping and interdisciplinary cooperation at the Los Alamos National Laboratory, *Journal of Business and Technical Communication*, 2007, Vol. 21:129-154.

[13] Winsor, D. A., Rhetorical practices in technical work, *Journal of Business and Technical Communication*, 1998, Vol. 12: 343-370.

[14] 柏拉图:《泰阿泰德·智术之师》,严群译,北京:商务印书馆,1963 年。

[15] 陈嘉明:《知识与确证》,上海:上海人民出版社,2003 年。

[16] 卡尔·波普尔:《客观知识:一个进化论的研究》,舒炜光、卓如飞、周柏桥、曾聪明等译,上海:上海译文出版社,2005 年。

[17] 卡林·诺尔-塞蒂纳:《制造知识——建构主义与科学的与境性》,王善博译,北京:东方出版社,2001 年。

[18] 亚里士多德:《修辞术·亚历山大修辞学·论诗》,颜一、崔延强译,北京:中国人民大学出版社,2003 年。

[19] 亚里士多德:《修辞学》,罗念生译,上海:上海人民出版社,2006 年。

学习型英语习语词典的语法信息处理研究

邓小玲 [*]　黄锦鸿 [**]

摘要：英语习语词典的语法信息对母语非英语的学习者正确使用习语至关重要。学习型习语词典应注重不同习语语法特征的描述和表征。本文采用对比的方法考察五本学习型英语习语词典的语法信息处理，发现词典在语法信息的描述和表征上存在不足，未能做到描述充分、表征清晰。提出针对学习者的特点和需求在词典的前页材料和微观结构中表征习语语法信息的具体做法，旨在促进学习型英语习语词典语法信息的完善。

关键词：学习型英语习语词典；语法信息；英语学习者

Abstract: Grammatical information in English idiom dictionaries plays a vital role in helping non-native English learners use idioms correctly. Idiom dictionaries for learners of English should attach great importance to the description and presentation of the grammatical features of different idioms. By comparing the treatment of grammatical information in five idiom dictionaries for learners of English, the study finds deficiencies in the description and presentation of grammatical information in the dictionaries. Taking learners' traits and demands into consideration, this paper makes suggestions for improvements in the front matter and microstructure of idiom dictionaries for learners.

Key Words: idiom dictionaries for learners of English; grammatical information; learners of English

一、引言

对英语非母语的学习者而言，准确恰当地使用地道的英语习语是其掌握英

* 邓小玲，女，厦门大学外文学院副教授，研究方向：词典学。

** 黄锦鸿，女，厦门大学外文学院硕士研究生，研究方向：词典学。

语的显著标志，也是衡量其英语水平的重要标准。习语是英语学习的难点，中国英语学习者在缺乏英语作为本族语环境的情况下，要学习和掌握习语通常要借助词典。英语学习词典受篇幅限制，不可能对习语进行充分的描述。学习者必须在专门的习语词典中查找有关习语的详细信息，而能否在习语词典中查询到有效的语法信息对学习者正确使用习语至关重要。

对词典语法信息的探讨上，国外学者多集中在单语学习词典（Lemmens & Wekker，1991：227-242；Herbst，1996: 328-337；Rundell，1998：329-330；Bogaards，2001：97-121），国内学者也大多探讨单语学习词典（章宜华，2002：64-68；刘爱平，2007：72-80；陈国华，2010：364-373），比较少人探讨习语词典的语法信息，大多只是稍加提及（陈玉，2001：25；孙玉娟，2008：103；骆世平，2006：281-282；李明一、周红红，2011：237-239）。

习语的语法特征比普通词汇复杂。一方面，习语结构的整体性和固定性特征使其相当于名词、动词、形容词等，在句中充当主语、宾语、补语等各种成分；另一方面，习语转换能力不足（transformational deficiency），不同习语具有不同程度的转换潜力（transformational potential）（Fraser，1970：32-42）。例如 fall down about someone's ears 可转换为被动态，若习语词条中未作说明，学习者无法知道该习语能否作语态的转变。因此，如何充分描写和呈现习语区别于普通词汇的语法特征是学习型习语词典编者不可回避的问题。

英国出版了多本内容较为丰富的学习型习语词典，例如《朗文英语习语词典》（*Longman Dictionary of English Idioms*，以下简称《朗文习语》）（Long，1979），《牛津当代英语成语词典》（*Oxford Dictionary of Current Idiomatic English*，以下简称《牛津当代》）（Cowie & Mackin，1995），《剑桥国际习语词典》（*Cambridge International Dictionary of Idioms*，以下简称《剑桥习语》）（Maxwell et al.，1998），《柯林斯 COBUILD 英语习语词典》（*Collins COBUILD Dictionary of Idioms*，以下简称《柯林斯习语》）（Sinclair，2000）和《牛津英语习语词典》（*Oxford Idioms Dictionary for Learners of English*，以下简称《牛津习语》）（Toby，2003）等。在习语语法信息的处理上，以上五本词典各具特点，各有不足。本文旨在讨论这五本词典语法信息的内容和表征方式，探索如何更有效地在学习型习语词典中呈现语法信息，使之更加符合学习者的认知特点和认知需求，获得更好的认知效果。

二、学习型英语习语词典的语法信息

语法信息指以语法为基础，编者呈现和用户查询的信息类别之一。词典中编入的材料可能包括词类指示（词类）、构词法、搭配和句型等（Hartmann & James, 2000：64）。本文谈及的语法信息主要指习语所属的词类、习语的句型结构和搭配等。

考察《朗文习语》《牛津当代》《剑桥习语》《柯林斯习语》《牛津习语》等词典，发现其语法信息分布在词典的前页材料、宏观结构和微观结构中，大致有五种表征方式，其中用法说明、词目标注、注释属于显性方式，而通过释义和例证呈现语法信息属于隐性方式。

（一）《牛津当代》《朗文习语》的语法信息处理

1. 前页用法说明

《朗文习语》和《牛津当代》两本词典延续了《朗文当代高级英语词典》（*Longman Dictionary of Contemporary English*）和《牛津高阶英语学习词典》（*Oxford Advanced Learners Dictionary*）的部分特色，例如使用语法代码呈现句法结构。《朗文习语》借鉴了《朗文当代英语词典》第一版重视词典语法信息处理的做法，采用一整套符号和代码，例如ⒹⒾⓅ^{mo} Adj1 Adj2 Adj3 N1 N2 N3 Pass1 Pass2 等呈现习语的语法信息并在前页用法说明中详细介绍。《牛津当代》沿用了《牛津高阶英语学习词典》第三版的做法，在前页材料中用较大的篇幅详细介绍词典中的信息，特别是有关习语语法结构和代码的说明，达五页之多。两本词典用法说明的内容虽然较为丰富全面，但篇幅过长、代码复杂，令学习者望而生畏，难以充分发挥其指导作用。

2. 微观结构

《朗文习语》《牛津当代》两本词典在微观结构习语语法信息的处理上内容较为丰富，但有些表征方式过于复杂。随机抽取词典中 C 字部的习语进行比较，以两本词典都收录的习语 chapter and verse 为例（见表 1）：

表1 《朗文习语》《牛津当代》中习语chapter and verse注释比较

词典	习语chapter and verse
《朗文习语》	complete details or a careful and exact description of a statement, where something can be found, etc.: *you must give me chapter and verse for your charge that he has been stealing. What exactly has he taken and when did it happen?* [Nm 2, usu. after give (+Ⓘ), get, etc,; usu. no Art; often foll. by for+ Ⓟ]
《牛津当代》	[O (NP)](give) the exact source of a text from the Bible, or of any other quotation; (provide) substantiating or authoritative detail **V:** quote, give; want, expect□*I haven't got one of those memories that can quote* ***chapter and verse****, but I think I can give you the gist of the passage that you're asking about.*□*'You weren't the first young man she's slept with. She's notorious for it—' And, he, pressing his advantage home, went on to give* ***chapter and verse.***□*The answer in Hanratty's case is a sadly familiar one to lawyers who practise in the criminal courts. He could give the* ***chapter and verse*** *for his truthful Rhyl alibi, so he tried to concoct himself one in Liverpool.*□ non-rev.

由表 1 可见，《朗文习语》《牛津当代》标出该习语的词类为名词短语，前者在例证后用注释体现习语为 Nm 2，即通常用作动词或介词宾语的物质性名词短语，后者在紧接着词语条目后的注释中用（NP）体现习语为名词短语。搭配信息方面，《朗文习语》在例证及注释中分别呈现习语的常用搭配，例证中体现习语常与 give 及 for 搭配，注释 [Nm 2, usu. after give (+ Ⓘ), get, etc,; usu. no Art; often foll. by for+ Ⓟ] 表明习语作为动词或介词宾语；常用在 give+ 间接宾语之后或用在 get 等动词之后；通常不加冠词；常后接 for+ 介词宾语。《牛津当代》用 [O] 表示习语作直接宾语，并标明习语与动词 quote, give, want 等搭配，且用三个例证来呈现习语常搭配的动词和介词。《牛津当代》最后的注释表明该习语不可转换为 verse and chapter。由上例可看出，尽管两本词典在微观结构中较为全面地描写了习语的词类、句法功能和常见搭配，但《朗文习语》所用的注释较难理解，《牛津当代》所用引证未加删减，较为冗长难懂。

（二）《剑桥习语》《柯林斯习语》《牛津习语》的语法信息处理

1. 前页用法说明

《剑桥习语》《柯林斯习语》《牛津习语》考虑到了学习者的认知特点，其中有关习语语法信息的用法说明尽量简化，不像《朗文习语》和《牛津当代》那般复杂详细。《剑桥习语》采用图解说明词典中的语法信息如何呈现，但未说明词典中表现习语屈折变化的方式，例如词典如何体现习语数的变化。《柯林斯习语》在前页材料中的说明较为简短，只举两例说明习语的语法信息。《牛津习语》的前页用法说明中未提及语法信息的处理。

2. 微观结构

总体上，《剑桥习语》《柯林斯习语》《牛津习语》三本词典微观结构的内容和表征方式未能充分全面地描述习语的语法功能。同样以习语 chapter and verse 为例（见表 2）：

表2《剑桥习语》《柯林斯习语》《牛津习语》中习语chapter and verse注释比较

词典	习语chapter and verse
《剑桥习语》	give/ quote (sb) chapter and verse to give exact information about something, especially something in a book · *The strength of the book is that when it makes accusations it gives chapter and verse, often backed up by photographic evidence.* · *I can't quote you chapter and verse, but I'm pretty sure it's a line from 'Macbeth'.*
《柯林斯习语》	If you say that someone gives you chapter and verse on a subject, you mean that they give you all the details of it, without missing anything out. / *It gives chapter and verse on how to select a product, advertising, distribution and finances. / But I'm going to need chapter and verse on all this before I can tackle the Home Office. / When we expressed doubts they handled us the proof, chapter and verse.*

续表

词典	习语chapter and verse
《牛津习语》	the exact detail of sth, especially the exact place where particular information may be found: *I can't give you chapter and verse, but I can tell you that the lines she quoted come from a Brecht play.*

表 2 表明三本词典都未标明习语的词性。《剑桥习语》比较独特，直接把 give/quote (sb) chapter and verse 作为词目，在词目上直接说明 chapter and verse 跟在动词 give 或 quote 之后作间接宾语。但这种做法排除了 chapter and verse 的其他搭配。《柯林斯习语》在释义和例证中分别体现习语在动词 give 后作间接宾语、直接宾语，在need后作直接宾语，及作为后置定语的用法。《牛津习语》仅用一例体现习语在动词 give 后作间接宾语。三本词典都未呈现习语的常见搭配 for，且未说明习语的句法功能。

整体上，编纂较早的《朗文习语》和《牛津当代》的语法信息内容较为全面丰富，但采用的语法代码表征方式过于复杂难懂，增加了学习者习得习语的负担；而《剑桥习语》《柯林斯习语》《牛津习语》等词典表征语法信息的方式较为简洁，但语法信息不全。

本文认为学习型词典编纂应从学习者的角度出发，针对学习者的需求，考虑其语言水平和认知特点，体现习语区别于其他词汇的语法特征，清晰有效地表征语法信息，注重信息的有用性和可用性。在语法信息的处理上做到内容全面、表征清晰才有助于学习者正确使用习语。

三、完善学习型英语习语词典语法信息的方法

学习型习语词典处理语法信息应将用户因素考虑在内。“最终所有的词典都由其查询者的词汇需求所推动和判断”（Hartmann，1983：9），说明了用户的重要性。词典的好用程度很大部分取决于用户能否在词典中查到所需信息，取决于其能否看懂信息的呈现方式。因而编纂针对外语学习者的英语习语词典，应考虑到学习者既需要尽可能全面的语法信息来辅助其准确使用习语，增加词典信息的查得率和有用性，也需要尽可能清晰的信息表征方式，增加词典信息的可用性，帮助其准确理解和使用习语。

句子习语通常无语法变化，不会给用户造成太大困难，短语习语自然成为语法描写的重点（Yong & Peng，2007：190）。本文主要探讨如何有效选取和表征短语习语的语法信息：建议在词典的前页材料中作整体语法信息的说明，在

微观结构中进行较为详尽的语法信息描写。

1. 前页材料

词典前页材料中的语法信息可通过略语表和用法说明进行表征。有必要在略语表中列出表征习语词法和句法信息的词汇或术语，例如 adv.=adverb，pl.=plural 等，便于用户查询和理解。而语法信息说明不必采用复杂的文字介绍，可用图解的方式，系统且具体地说明习语词条是如何呈现语法信息，以便用户更为清晰直观地了解获取习语的语法信息的方法，如图 1 所示。

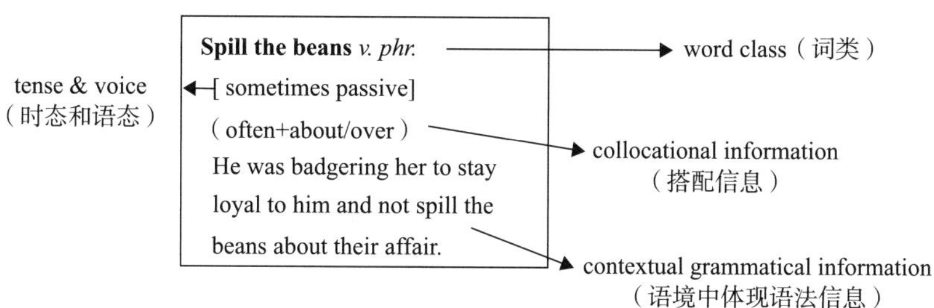

图 1　词典前页材料中用图解的方式说明语法信息的呈现方式

2. 微观结构

词典微观结构的信息密度相对较高，是用户查找信息的重要部分。短语习语从功能上分为名词性习语、动词性习语、形容词性习语、副词性习语等，不同的习语呈现出不同的语法特点。习语条目相当于词典中的“词目词”，处理习语在微观结构的语法信息，应考虑属于不同词类的习语所侧重的语法信息存在一定差异，表征时应尽量选择简明易懂的方式，便于用户理解。

（1）名词性习语

名词性习语应考虑可否进行数的变化及其句法功能。

名词性习语的数要注意四种情况。若习语只有单数形式，如 red tape，可用表征方式较为清晰的错误标示 ~~red tapes~~，说明不可用复数。②若习语只有复数形式，如 airs and graces，可用错误标示 ~~air and grace~~，说明不可用单数。③若习语可进行数的变化，则不必做说明，可在例证中分别体现习语的单复数形式。例如 a fair story 可配两例：I think you’re telling me **a fair story**, Peter. 和 He was glad that Mary could still accept **fair stories**. ④若习语单复数形式皆可，但意义不同，如 hard line（强硬路线）和 hard lines（厄运），应将两个习语分别立目，在释义和例证等形式中表现二者的差异，并在词条最后增加用法说明，提醒用户注意差异。

名词性习语的句法功能也应体现在条目中。若习语在句中可充当主语、宾语和表语，可不标注；若习语只能充当某种成分，需用注释加以说明。例如：

the inner man (only before verb)，说明只能作主语。

the gift of the gab (only after verb or preposition)，说明只能作宾语。

（2）动词性习语

处理动词性习语需考虑其常用的时态和语态，以及是否可作肯定式、否定式等变化。若习语能用于所有时态或语态，可不标注；若习语的使用受到限制，需加注说明。例如：

be in the arms (never future tense)，表示不能用于将来时。

bring sb to book (usually passive)，表示常用于被动态。

look a gift horse in the mouth (often negative)，表示通常为否定式。

（3）形容词性习语

形容词性习语应体现其句法功能。若习语在句中可充当表语和定语，可不标注；若习语只能充当某种成分，需加注说明。例如：

dyed-in-the-wool (only before noun)，说明只能作前置定语。

of a certain age (only after noun)，说明只能作后置定语。

par for the course (only after linking verb)，说明只能作表语。

（4）副词性习语

副词性习语应考虑句法功能及其在句中的位置。若习语在句中可充当表语和状语，可不标注；若习语只能充当某种成分，需加注说明。例如 in effect (only after linking verb)，表示只作表语。

部分副词性习语在句中的位置较为固定，应作说明。例如：

in/with one breath (only at the beginning of a sentence or clause)，说明只能用于句首。

to the bitter end (only at the end of a sentence or clause)，说明只能用于句末。

此外，应标注习语的词类和常见搭配。例如：

in commission (*adj. phr.*; *adv. phr.*)，说明该习语为形容词性或副词词性习语。

lay one's hands on (often+ book, paper, reference)，说明习语常搭配的宾语。

上文提到的习语 chapter and verse 可作如下处理：

chapter and verse *n. phr.* full, detailed information on a subject or issue (usually after give+ indirect object; used with give, quote, recite, want, expect, etc.; often +for; no article)□She can recite chapter and verse about her problems with insurance companies.□I cannot quote chapter and verse but I can give you the main point which the author was making.□You must give me chapter and verse for your charge that he has been stealing.

四、结语

本文采用对比方式考察五本学习型英语习语词典语法信息的内容和表征方式，发现《朗文习语》和《牛津当代》的语法信息内容较为全面丰富，但采用的表征方式较为难懂，不利于外语学习者有效习得习语；《剑桥习语》《柯林斯习语》《牛津习语》等词典语法信息的表征方式较为简洁，但不够全面。本文认为词典编者应站在目标用户的立场上，根据学习者的认知需求和认知特点考虑语法信息内容和表征方式的选取，提出应在词典的前页材料和微观结构中使用简明直观的方式呈现习语语法信息，帮助用户获取习语意义的同时了解其用法。前页用法说明可采用图解的方式系统具体地介绍词典语法信息的整体情况，微观结构中应考虑不同词类的习语处理的侧重点不同，有针对性地表征名词单复数、动词时态和语态、词类、句法功能及搭配等信息。致力于编纂积极型习语学习词典的编者应对语法信息处理加以完善，契合学习者的认知特点，满足学习者的认知需求，使学习者在使用词典时获得较好的认知效果。

参考文献

[1] 陈国华：《英语学习词典中谓词的语法搭配信息》，《外语教学与研究》2010 年第 5 期。

[2] 陈玉：《〈牛津当代英语成语词典〉评介及其教学指导意义》，《郑州航空工业管理学院学报》（社会科学版）2001 年第 1 期。

[3] 李明一、周红红：《双语词典编纂导论》（第 2 版），上海：上海外语教育出版社，2011 年。

[4] 刘爱平：《牛津高阶学习词典动词句型探究》，《辞书研究》2007 年第 4 期。

[5] 骆世平：《英语习语研究》，上海：上海外语教育出版社，2006 年。

[6] 孙吉娟：《略评〈牛津英语习语词典英汉双解〉——牛津大学出版社首次推出的双解版英语习语词典》，《宜宾学院学报》2008 年第 3 期。

[7] 章宜华：《外语教学词典中语法和话语信息解读》，《三峡大学学报》（人文社会科学版）2002 年第 6 期。

[8] Bogaards, P., The use of grammatical information in learners' dictionaries, *International Journal of Lexicography*, 2001, Vol. 14.

[9] Cowie, A. P., Mackin, R. & McCaig, I. R., *Oxford Dictionary of Current Idiomatic English, Volume II: Phrase, Clause and Sentence Idioms*, 北京：外语教学与研究出版社, 1995.

[10] Fraser, B., Idioms within a transformational grammar, *Foundations of Language*, Vol. 6.

[11] Hartmann, R. R. K., *Lexicography: Principle and Practice*, London and New York: Academic Press, 1983.

[12] Hartmann, R. R. K., James, G., *Dictionary of Lexicography*, Beijing: Foreign Language Teaching

and Research Press, 2000.

[13] Herbst, T., On the way to the perfect learners' dictionary: A first comparison of OALD5, LDOCE3, COBUILD2 and CIDE, *International Journal of Lexicography*, 1996, Vol. 9.

[14] Lemmens, M., Wekker, H., On the relationship between lexis and grammar in English learners' dictionaries, *International Journal of Lexicography*, 1991, Vol. 4.

[15] Long, T. H., *Longman Dictionary of English Idioms*, Britain: The Pitman Press, 1979.

[16] Maxwell, K., et al., *Cambridge International Dictionary of Idioms*, Cambridge: CPU, 1998.

[17] Rundell, M., Recent trends in English pedagogical lexicography, *International Journal of Lexicography*, 1998, Vol. 11.

[18] Sinclair, J., *Collins COBUILD Dictionary of Idioms*, 上海：上海外语教育出版社，2000.

[19] Toby, J., *Oxford Idioms Dictionary for Learners of English*, 北京：外语教学与研究出版社，2003.

[20] Yong, H. M., Peng J., *Bilingual Lexicography from a Communicative Perspective*, Amsterdam/Philadelphia: John Benjamins Publishing Company, 2007.

[项目信息：本文为厦门大学繁荣哲学社会科学专项资助（0650-Y07200）的部分成果]

批评性话语分析解读 2016 年《纽约时报》为希拉里 · 克林顿的背书

丁燕蓉 *

摘要： 本论文以批评话语分析理论（CDA）为依据，从及物性分析、词汇分类和情态系统这三个方面解读 2016 年《纽约时报》为希拉里 · 克林顿的背书，揭示其企图通过背书影响民众的投票。本论文的目的是表明批评话语分析能够帮助读者揭示媒体中隐藏的意识形态和操纵意图，以提高其语言批评意识，进而对背书重新审视以便做出正确的评价。

关键词： 批评话语分析；纽约时报；希拉里 · 克林顿；背书；意识形态；操纵意图

Abstract: This article, on the basis of critical discourse analysis (CDA), approaches the endorsement of *New York Times* for Hillary Clinton in 2016, from the aspects of transitivity, lexical category, and modality system, to disclose *New York Times*' attempt to influence on the public's vote. This article aims to show that CDA can help the readers understand the hidden ideology and the media's manipulation, so as to improve their critical mindset and obtain a justified remark on the endorsements.

Key Words: critical discourse analysis (CDA); *New York Times*; Hillary Clinton; endorsement; ideology; manipulation

一、引言

2016 年 9 月 24 日，美国总统大选前夕，《纽约时报》公开表态支持民主党总统候选人希拉里 · 克林顿，这是《纽约时报》1860 年对林肯的第 1 次背书以来的第 40 次背书。尽管这 40 次的背书对象中，有 15 次败选（包括希拉里的这次），但是研读了这 40 篇背书，还是能够发现《纽约时报》在很大程度上利用它

* 丁燕蓉，厦门大学外文学院副教授，研究方向：语言学、教学法。

长期以来拥有的权威和良好公信力，通过其公开的背书来影响民众的投票，影响美国总统的选举。本文主要是以 2016 年为希拉里的背书为例来分析。

二、批评性话语分析（CDA）简述

批评性话语分析（critical discourse analysis）简称 CDA，是 20 世纪以来，社会学家、哲学家和语言学家纷纷提出语言对社会过程和生活的干预作用，开始研究语言与权力关系以后，在语言学界兴起的一种语篇分析方法。继"批评语言学"这一概念首次出现在英国语言学家福勒（Fowler）等人于 1979 年出版的《语言与控制》（*Language and Control*）一书中，国内外学者纷纷开始研究批评性语言分析。其中，费尔克拉夫先后出版极具影响的《语言和权势》（*Language and Power*）和《批评语篇分析》（*Critic Discourse Analysis*），阐释了语言、权势、意识形态三者之间的关系，他指出，意识形态普遍存在于语言之中，因此语言同时也是社会控制和权力关系得以实现的一种重要手段，并直接参与社会现实和社会关系的构成（Halliday，1994/2000）。韩礼德认为：语言中的意义成分都是功能成分，所有语言都是围绕着"概念"意义和"人际"意义组织的，而这两类成分所表达的意义存在于所有的语言使用中，即用语言来认识、描述世界和世界中的事件，通过语言来建立和保持人际关系（转引自袁晓红、戴卫平，2008：171）。国内学者辛斌也指出，语篇为生成者在形式结构和意识形态两方面进行选择的结果，是一种社会空间，在其中同时出现两种基本的社会过程：对世界的认知与表述和社会交往互动，因而对于语篇的分析离不开对话语实践过程本身及其发生的社会语境的分析（辛斌，2005：54）。

也就是说，CDA 在通过分析语言特征及其生成的社会文化背景，挖掘隐含于语言中的意识形态，进而揭露语言、权势和意识形态之间的复杂关系。它不仅研究语言是什么，而且研究语言为什么是这样。它倡导对语篇，尤其是公众语篇进行批评性分析，主要目的在于增强人们的"语言意识"，提高他们对语言运用的鉴赏和批评能力。

三、背书的批评性话语分析

背书，是媒体公开支持某位总统的一种新闻语篇。迄今为止，新闻语篇一直是批评话语分析的主要分析对象。而也是通过语言表达的背书一直试图向选民传达这样的信息——应该投票给我们所支持的总统候选人，所以不可避免地会把其内容置于某种意识形态下，目的就在于干预和影响总统的选举。2016 年

《纽约时报》的背书更是明目张胆地表明自己的态度，利用语言极尽所能地影响读者，公开写道："We're aiming instead to persuade those of you who are hesitating to vote for Mrs. Clinton—"（我们的目的就是要劝说那些还在犹豫是否投票给克林顿夫人的人——）。事实上，任何背书都不能反映所有人的观点或代表所有人的利益，它仅仅代表支持该候选人的人，因此它不可能做到绝对客观公正地评价该候选人，一般都是大谈特谈其所作所为以及胜选后可能给国家和民众带来的好处。2016年《纽约时报》对希拉里·克林顿的背书更是极力吹捧宣传她的能力、特质、政绩等等。

四、解读2016年《纽约时报》为希拉里·克林顿的背书

在各类选举尤其是总统大选中，许多媒体公开表示支持，即"背书"某一位具体的候选人，是美国这个国家的常态。《纽约时报》背书的署名是编委会（editorial board或称社论委员会），代表着时报的声音，他们也正是在利用时报拥有的信息资源和分析能力，以及时报自己的判断来影响选民的选择，具有相当的操纵意图。下文将运用批评话语分析理论，从及物性系统、词汇分类和情态系统三方面解读2016年《纽约时报》为希拉里·克林顿的背书。

（一）及物性系统

根据韩礼德的系统功能语言学，及物性的作用在于把人们在现实世界的所作所为、所见所闻分成物质过程、心理过程、关系过程、言语过程和存在过程等不同的过程；他还认为通过及物性系统可表达语篇作者对事件的态度、立场以及写作意图（Halliday，1994/2000）。因此，及物性分析为读者提供了透过语篇的表面意义去寻求语篇背后隐藏的态度和意识形态意义的思路和方法。戴炜华等认为作者选择何种过程、何种功能成分（动作者、目标、感知者等），选择何种体现这些功能的语类（如名词短语、动词短语），在很大程度上取决于其思想观点和意识形态（戴炜华、高军，2002：42）。物质过程通常用于描述客观事物发生发展的情况或表示做某件事的过程，常常由动态动词来表示。

2016年《纽约时报》的背书主要在阐述希拉里的能力与政绩，物质过程的行为者就是希拉里，将陈述的重点聚焦于希拉里的行为上，用大量的动词逐一再现希拉里行为的过程，例如"declaring that"（宣布说），"threw her support"（支持），"rallied mothers of gun-violence victims"（集结），"produced detailed proposals on"（提出），"fought for money for farmers，hospitals，small businesses and environmental projects"（为……而奋斗），"led efforts to renew diplomatic relations with"（领导）等等，这些动词将希拉里从政过程中义不容辞的职务行

为美化为各种各样政绩，在背书中占据了主导和突出的位置。

整个背书只有一句话“Similarly, Mrs. Clinton's occasional missteps, combined with attacks on her trustworthiness, have distorted perceptions of her character.”（同样，克林顿夫人偶尔的失误，以及对她可信度的攻击，都扭曲了人们对她的看法）捎带提及了希拉里的“occasional missteps”（偶尔失误），随即跟上一段她的纠正过程，即以下段落：

> She is one of the most tenacious politicians of her generation, whose willingness to study and correct course is rare in an age of unyielding partisanship. As first lady, she rebounded from professional setbacks and personal trials with astounding resilience. Over eight years in the Senate and four as secretary of state, she built a reputation for grit and bipartisan collaboration. She displayed a command of policy and diplomatic nuance and an ability to listen to constituents and colleagues that are all too exceptional in Washington.

整个纠正过程（study and correct course）全部以物质过程、以动词“rebounded from”（反弹），“built a reputation for”（建立），“displayed a command of ”（展示）加以呈现。一方面，这反映了《纽约时报》力求以此体现背书的客观性及权威性（被背书人的优缺点均有提及），增强其可信度的意图，符合背书的目的。另一方面，正如沃尔特·福克斯在其《新闻写作》中指出，在任何句子中，动词都是让句子的其余部分流动起来的关键。通过挑选生动的、有表现力的动词，作者能使句子获得最高限度的流动感，为所表达的主题造成最强劲的冲击力（转自唐小玲，2016：113）。《纽约时报》通过动词的使用，让希拉里的所作所为给民众造成最有力的冲击，也就是说透过物质过程的展示，《纽约时报》隐含的意图非常明显：一是突出希拉里在方方面面的正面形象；二是力求将希拉里的负面影响转化为好的个性特质；三是先声夺人地为希拉里造势，以占据舆论上的有利地位。

（二）词汇分类

分类是指用语言赋予外部世界以秩序，而语言不是一种客观的分类工具。人们用语言（主要通过词汇）给事物贴上标签，而人们的认知水平和思想情感（即对事物的不同观点）也会导致不同的分类原则。反过来，不同的分类结果也就反映出生成者对该事物或经验的看法和立场。背书的分类系统是指背书对所支持的总统候选人及其相关事件的命名和叙述，主要通过对词汇的选择来实现。通过词汇来给事物分类是新闻媒体的主要手段之一，也是创造或产生偏见歧视等的途径。词汇的使用揭示出背书一方所代表的利益一方，代表着他们的意识形态。

2016 年《纽约时报》背书没有任何避嫌，一开头就认为特朗普和希拉里没得比，“A comparison like that would be an empty exercise”，认为对两者进行比较将是“没有意义的做法”（empty exercise）；认为希拉里“做了很多”（has a record of service），而且有“许多实际的想法”（a raft of pragmatic ideas），而特朗普什么也没做，只在那儿说大话，吹牛皮（promising the moon and offering the stars on the layaway，这里用“摘星星和月亮”比喻，类似汉语的“满嘴跑火车”）。这样“一褒（希拉里）一贬（特朗普）”的表达方式就把《纽约时报》的态度和偏见暴露无遗。接下来采用括注，补充说时报会另发一篇社论来说明特朗普是“最糟糕的候选人”（the worst nominee），对特朗普极其贬低。

《纽约时报》紧接着竭尽全力地说明和形容希拉里的“能力”（capacity），说明背书是基于她的“智慧，经验，韧性和勇气”（intellect，experience，toughness and courage），吹擂她的“渐进式成功”（incremental successes），夸她是个“意志坚定的领导者”（a determined leader），捧她是那个时代“最顽强的政治家之一”（one of the most tenacious politicians），有着“惊人的适应能力”（astounding resilience）等等。这些褒义表达法都体现出时报对希拉里一边倒的吹捧和友善，同时宣扬时报的影响力，体现了时报的操纵意图。

（三）情态

韩礼德在《系统功能语言学》中认为，人们在交际过程中，除了表达肯定和否定的两极之外，还有介于两者之间的可能性，即“中间状态”，即“情态”。情态是说话者对某个命题或者提议的态度、看法，表达出说话者的意愿或者判断。英语里，除了情态动词、情态形容词和情态副词之外，人称代词、实义动词、时态和直接 / 间接引语等都可以表达情态意义（Halliday，1994/2000）。研究背书的情态系统主要是为了：（1）搞清楚《纽约时报》对某位候选人及其所作所为的公开支持，以及对投票给该位候选人的公众所做的承诺；（2）了解《纽约时报》对读者公众和选举的态度、时报与读者公众之间的权力关系，以及时报通过背书所隐含的意识形态和操纵意图。本文将从时态和人称代词的使用分析 2016 年《纽约时报》的背书。

1. 时态

2016 年《纽约时报》的背书是对希拉里·克林顿的公开支持，主要讲述希拉里的“智慧，经验，韧性和勇气”（intellect，experience，toughness and courage）。当文章在讲述希拉里的具体事迹时，主要采用一般过去式，例如

earned the respect，fought for money for，led efforts to，helped promote 等，表示她过去经历过的事件和所具备的处理事件的能力。同时，采用过去式也意味着她已经具备足够的阅历和经验，将来胜选后如果碰到同样的事件，她同样可以得心应手地处理好。

而在叙述希拉里本人的特质和作为总统候选人的资质时，文章主要采用现在时和现在完成时。例如 has a record of，has studied these forces，has struggled，has spanned，have produced，has explained，has shown herself to 等等。采用现在时和现在完成时不仅仅是为了表达时间，更主要是用来表示希拉里的所作所为是一种从过去到现在再到将来始终存在的状态，一种持续性和重复性的行为，也就是说她作为参议院议员，到第一夫人，再到国务卿具有怎样的影响力，将来当了总统也会有怎样的影响力。所有这一切是要说明《纽约时报》对希拉里的公开支持是有凭有据的，她将来如果当了总统，照样也可以做到这些，大家应该选她当总统。这也可以看出时报就是要利用自己在媒体界的权威性来影响读者的选择。

2. 人称代词

比尔德（Beard）指出，政治家和他们的撰稿人颇费心思处理演讲中人称代词的使用情况。人称代词的选择使用，隐藏他们对演讲所产生后果和责任的承担意愿程度，以及预计民众对他们演讲的接受程度（转自曾亚平，2009：20）。而背书，也可以看作演讲，同样非常注重人称代词的使用，引出背书人对背书所产生后果和责任的承担意愿程度，以及预计民众对他们背书的接受程度。2016年《纽约时报》对希拉里的背书，通过人称代词的使用，传达时报本身意图，企图掌控公众接受程度。

首先，虽然说背书的目的就是说服读者，但是，2016年《纽约时报》背书那么明目张胆地写明自己背书意图的，还真是它的一大特色。请看以下一段原文：

> But this endorsement would also be an empty exercise if it merely affirmed the choice of Clinton supporters. We're aiming instead to persuade those of you who are hesitating to vote for Mrs. Clinton—because you are reluctant to vote for a Democrat, or for another Clinton, or for a candidate who might appear, on the surface, not to offer change from an establishment that seems indifferent and a political system that seems broken.

这里，背书直言要说服的读者群体，不仅仅是希拉里的“支持者”（supporters），更主要的还有其他读者：“you who are hesitating to vote for Mrs.

Clinton—because you are reluctant to vote for …"（还在犹豫的你，还不乐意投票给希拉里的你）。背书运用代词you，明明白白地坦言《纽约时报》要说服的读者群体。这种人称代词的使用在很大程度上不同于以往《纽约时报》的背书。可见这次《纽约时报》是完全站在希拉里这一边的。当然，这种霸道也有悖于《纽约时报》作为媒体所应有的客观中立，反映了时报的意识形态。

其次，2016年《纽约时报》的背书费尽心思地赞扬他们的主角"希拉里·克林顿"，全文用了6次Hillary Clinton和14次Mrs. Clinton，除此以外，代表这个主角的人称代词she使用了21次，her使用了28次。整篇背书对希拉里歌功颂德，她偶尔的失误都被他们说成是她这个"顽强不屈的"（tenacious）政治家的佐证。这也可以看出《纽约时报》把所有的宝都压在希拉里身上，想尽一切办法，特别是利用媒体的影响力来左右选民，企图操纵选举。因为他们的霸道背书，也难怪后来特朗普上任后，就跟《纽约时报》等主流媒体杠上了。

五、结束语

背书，是媒体对候选人的公开支持，既可以看作一种新闻语篇，也可以看作一种演讲，有着自身的语言特点。本文从批评性话语分析的角度，解读2016年《纽约时报》为希拉里·克林顿的背书，旨在通过分析背书语言特征及其生成的社会文化背景，挖掘隐含于语言中的意识形态，进而揭露语言、权势和意识形态之间的复杂关系，便于增强读者在阅读背书时的"语言意识"，提高他们对背书中语言运用的鉴赏和批评能力。

参考文献

[1] 戴炜华、高军：《批评语篇分析：理论评述和实例分析》，《外国语》2004年第6期。

[2] 唐小玲：《批评性话语分析视角下的灾难新闻报道探究》，《兰州工业学院学报》2016年第1期。

[3] 沃尔特·福克斯：《新闻写作：报刊记者指南》，李彬译，北京：新华出版社，1999年。

[4] 辛斌：《批评语言学：理论与应用》，上海：上海外语教育出版社，2005年。

[5] 袁晓红、戴卫平：《韩礼德"语言功能"探略》，《广西社会科学》2009年第4期。

[6] 曾亚平：《从批判性话语分析角度解读奥巴马的总统选举获胜演讲》，《外语与外语教学》2009年第2期。

[7] Fairclough, N., *Critical Discourse Analysis*, London: Longman, 1995.

[8] Fowler, R., et al., *Language and Control*, London: Routledge, 1979.

[9] Halliday, M. J. K., *Introduction to Functional Grammar*, London: Edward Arnold, 1994/ 北京：外语教学与研究出版社，2000.

[10] https://www.nytimes.com/2016/09/25/opinion/sunday/hillary-clinton-for-president.html?mcubz=0, 2017-07-11.

外交部新闻发布会记者提问中的礼貌策略——基于语料库的研究

杨小蓉 *

摘要：本文基于礼貌理论并结合语料库，对外交部新闻发布会中记者提问的礼貌话语模式进行考察分析。记者在提问中使用不同的礼貌策略以达到不同的目的，主要以消极礼貌为主，具体包括“回避第二人称”“视角推远”“表示悲观”“表示谦恭”和“模糊限制语”五种策略。积极礼貌策略仅占小部分，包括“关注、注意”“你知预设”和“避免分歧”三种。研究结果表明，记者提问话语的礼貌建构模式受中国政治文化背景下的机构语境的制约，其语言策略以最大程度降低冒犯程度，体现尊重，维护发言人的“政治面子”为出发点。记者问的礼貌策略也体现了外交部新闻发布会机构话语高度正式化和仪式化的特色。

关键词：礼貌；话语；语料库；新闻发布会

Abstract: Within the framework of politeness theory, this article investigates the politeness strategies utilized by journalists in the regular press conferences of Chinese Foreign Ministry. The corpus analytical tool is also used to identify the language patterns in the journalists' questions. The results reveal that journalists mainly use negative politeness to mitigate their face threatening acts in questions and take care of the spokesperson's political face. Their choice of politeness strategies shows that the highly formal and ritualized feature of the regular press conference as an institutional discourse.

Key Words: politeness; discourse; corpus; press conference

一、引言

新闻发布制度起源于19世纪末期的美国（Craig, 2016: 87）。1913年美国总统伍德罗·威尔逊举办了第一场正式的新闻发布会（Smith, 1990: 26）。从

* 杨小蓉，厦门大学外文学院讲师，研究方向：语言学。

20世纪50年代后，各国政府纷纷效仿美国建立新闻发布制度，设立发言人。我国于1983年正式建立外交部发言人制度。自此，外交部发言人承担了发布中国重要外交活动信息、阐述中国对外政策、阐明中国对国际事务的立场和看法以及回答记者提问等主要职责，一直都是中国对外发布信息的重要途径。外交部新闻发言人制度发展至今已逐渐完善和成熟，从开始的只发布信息不回答问题到现在增设现场问答环节，发布会内容除了外交，还涉及国内政治、经济和社会等各方面的问题。出席新闻发布会的大多是代表主要大国的外国传媒记者，国内几家重大媒体记者也有派代表参加，出席人数多则二三百人，少则上百人（邹建华，2011：72）。

新闻发布会从体裁讲是一种政治语篇。冯·戴伊克（1997）认为，绝大多数政治行为（如制定法律，做决策，举行会议，竞选等）大多是话语行为。这里的政治语篇被定义为政治行为的一种特例，政治语篇也是政治进程的一种工具或策略，具有目的性强和情境化的典型特色。因此，新闻发布会可视为一种政治行为或政治交际行为（Atkinson & Heritage，1984；Van Dijk，1997），或更具体地说，它是一种机构话语，也就是"有局外人（电视和或互联网观众）当观众的两组专业人士之间的对话"（Partington，2003：30）。机构话语和日常闲聊的不同之处在于它具有较强的目的性和可操作性，而且话语行为相对受限于机构语境。外交部新闻发布会属于机构语境，新闻发言人和媒体代表的话语属于机构话语。外交部新闻发布会遵循一定的程序，由两个环节组成：新闻发言人先发布重要新闻，然后回答记者提问。有时没有要发布的新闻则直接进入"答记者问"环节（刘艳春，2010），答问持续半个小时到一个小时，而且很特殊的一点就是每个记者通常只能问一个问题。

"答记者问"包括记者提问和发言人回答。相对于对新闻发布会"问"的研究，"答"的研究较多，很多文章主要分析发言人的应答语，其中针对发言人的语用策略研究文献占绝大多数。吕细华（2006）依据维索尔伦（1999）的顺应论，分析发言了外交部发言人答记者问中的语用含糊的"变异性"和"顺应性"。熊永红、彭小妹（2009）从对合作原则的偏离或违背的角度分析了外交语言使用过程中的四种策略，即语用回避策略、语用闪避策略、转移焦点策略及语用模糊策略。蓝纯、胡毅（2014）分析了发言人的闪避回答并将其分为三种：对事实有所闪避、对立场有所闪避和对事实兼立场皆有所闪避。对记者提问的语言学研究文献比较鲜见。刘艳春（2010）以新闻发布会中的记者问为分析样本，从提问数量、提问方式、问题指向、语体色彩和礼貌系数等几个方面考察和分析了"记者问"。高秀平（2008）重点分析外交新闻发布会记者提问的问题前述，并阐述了前述的三种功能：提供背景，限制发言人的回答以及嵌入预设。从目前的研究来看，外交部新闻发布会中的问答话语并未成为学者研究的重点，已有的相关文献大多集中在发言人的“答”，对“问”的研究少之又少。其中涉及分析该机构话语礼貌模式的文章屈指可数，而对记者提问话语的礼貌研究则极为罕见。笔者以外交部 2014 和 2015 两年间共 361 场新闻发布会中的“记者问”为分析样本建立了一个小型语料库，共计 136181 字，并借助语料库分析软件 AntConc 3.4.4（劳伦斯·安东尼，2016），应用布朗和莱文森（1987）的礼貌理论框架对记者在提问中如何建构礼貌话语进行了考察和分析。

二、外交部新闻发布会中的礼貌现象与“面子”

在外交部新闻发布会这样特定的机构语境中，新闻发言人的“政治面子”（Dailey, Hinck & Hinck，2008：3）和媒体记者的公众形象或都处于风险之中，因为有全世界的观众在观看、讨论并且评价交际双方的专业素养以及他们在各种问题上的立场。双方的言语交锋为观众的评判提供了很多参考依据。外交部发言人代表了中国政府，而媒体记者则来自不同的社会政治背景。他们在人权，环境保护，核武器扩散，战争，恐怖主义，互联网安全，经济发展等问题上有时有一致意见有时有很大分歧。双方在言语交际过程中使用不同的言语策略以达到不同的目的。很多时候，他们需要采用礼貌策略以缓和气氛，化解言语冲突从而使发布会能顺利进行。从这个角度讲，礼貌是记者和发言人在发布会语境中“构建和维持关系的重要组成部分”，也是他们“控制潜在的言语冒犯行为的工具”（Eelen，2014：24），因此，礼貌为我们研究机构话语提供了一个很有趣而且有用的视角。本文针对的是记者提问话语中的礼貌模式，新闻发布会上专业记者如何提问以及使用何种礼貌策略，既能展示其专业水准和良好的公众形象，又能顾及发言人的“政治面子”，这个问题很值得研究也很有意思。

三、礼貌理论（Brown & Levinson，1987）

礼貌理论源于戈夫曼（1967）的面子概念。戈夫曼认为人际交往中个人身份最值得关注，因为个人社会形象即脸面在人际交往过程中时时都有风险。布朗和莱文森（1987：1）认为即便交际者能意识到维护彼此社会形象的必要性，面子威胁行为总是广泛存在。一旦个人的社会脸面受到威胁，挽救面子的工作就变得很重要，因为不这么做的话人际交往就没法继续下去，因此礼貌对于人们日常交往中潜在的言语冒犯行为起调节作用。他们（1987：2）的论点是礼貌是通过一整套规范人们日常言语交际并在规范过程中起控制社会作用的语义系统所获得的一种社会成就。

布朗和莱文森（1987：62）根据交际者的需要而不是社会标准把面子分为两种，即积极面子和消极面子。前者指的是每个社会成员对自身的需求至少能有人给予关注的渴望，后者指的是每个有能力的成年人对自己行为不受他人妨碍的渴望。相应地，礼貌也分为积极礼貌和消极礼貌，以满足不同的面子需求。该理论认为绝大部分言语行为本身都会威胁到说话人或听话人的面子，而礼貌则可以弥补这些威胁面子的言语行为。针对某一言语行为采用哪种礼貌和需要的礼貌程度由该言语行为的“严重程度”决定。其“严重程度”取决于如下三方面：听者和说者感觉到的权势差距，双方感觉到的社会距离，以及该言语行为在某一特定文化中的严重性或危害性。布朗和莱文森（1987：78）提出了五大礼貌策略：（1）不使用补救策略，公然实施面子威胁行为策略（bald-on record politeness）；（2）积极礼貌策略（positive politeness）；（3）消极礼貌策略（negative politeness）；（4）非公开实施面子威胁行为策略（off-record politeness）；（5）不实施面子威胁行为策略（don’t do the FTA）。布朗和莱文森认为礼貌具有缓解社会冲突的功能，因而他们提出的礼貌模式具有普适性。

四、记者提问话语中的礼貌策略

（一）研究方法

在理解了礼貌的深刻内涵之后，下文将对记者提问话语中出现的礼貌现象加以考察分析。笔者认为基于语料库的研究与话语分析相结合的方法为新闻发布会机构话语研究提供了一个更具说服力的方法。将语料库分析软件 AntConc 3.4.4（Laurence Anthony，2016）的搜索、定位及统计功能和礼貌话语研究有机结合起来，并通过该软件观察文本中词频、词丛（clusters）、主题词、搭配及检索的语言形式，然后在此基础上对礼貌语言模式特征加以分析阐释，二者相得益彰，可以帮我们更深刻地理解外交部新闻发布会作为机构话语的语言特色。

（二）记者提问话语中的礼貌策略统计总结

笔者仔细阅读文本后发现记者所用的礼貌策略绝大部分以消极礼貌为主，积极礼貌比较少。这一点也可以从 AntConc 软件生成的以词频排序关键词表（见图 1）得到印证：

Rank	Freq.	Keyness	Keyword
1	2213	1122.354	中方
2	2209	6500.896	问
3	1278	3770.544	有何
4	1177	2540.389	对此
5	1032	33.531	在
6	999	2704.088	评论
7	767	1784.381	据
8	765	1319.049	报道
9	668	36.161	将
10	648	1653.623	是否
11	583	106.546	日
12	578	60.496	对
13	557	3.865	了
14	390	1084.520	称
15	365	192.401	有

图 1　记者提问话语中的关键词表截图(前 15 位)

由图 1 可见，记者共有 2209 问，前 15 位关键词中没有出现体现积极礼貌特征的词，体现消极礼貌的关键词比较多，比如第 1 位的“中方”，第 7 位的“据”，第 8 位的“报道”，第 10 位的“是否”，以及第 14 位的“称”。第一个体现积极礼貌特征的词是出现在第 32 位的“近日”，截图展示见图 2。

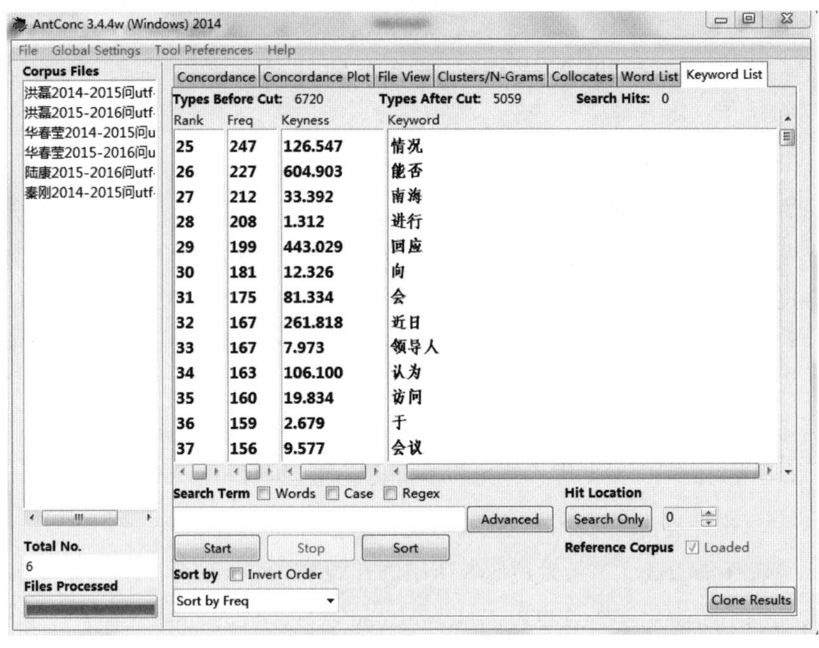

图 2　记者提问话语中的关键词截图(第 25 位至第 37 位)

笔者对记者提问话语中出现的积极和消极礼貌策略进行统计总结，结果见表 1。

表1　记者提问话语中的积极/消极礼貌策略总结

礼貌策略	数量	百分比
积极礼貌策略		
关注、注意（Notice, attend to）	642	11.1%
你知预设（Presuppose H's knowledge）	432	7.47%
避免分歧（Avoid disagreement）	98	1.7%
消极礼貌策略		
回避第二人称（address terms as "you" avoidance）	2213	38.3%
视角推远（point-of-view distancing）	1150	37.2%
表示悲观（Be pessimistic）	875	15.1%
表示谦恭（Give deference）	263	45.5%
模糊限制语（hedge）	109	1.9%
总计	5782	100%

从图 3 可以看出，记者在提问中使用的积极礼貌策略只占礼貌策略总数的 21.3%，而消极礼貌比例则达到 78.7%，所以“记者问”的积极礼貌特征并不显著。出现这种情况的原因有以下两方面。首先，记者在新闻发布会的主要任务是通过提问来获取自己撰写新闻报道所需要的信息，而他们的提问本身由于将发言人的谈话自由限制在特定的语境中而威胁到了发言人的消极面子，尤其是提问涉及的话题比较敏感或双方存在较大意见分歧时，记者更需要使用消极礼貌策略以降低冒犯程度，缓和气氛。其次，外交部新闻发布会比较特殊的一点就是发言人和提问记者都是专业人士（Partington，2003：36）。这一点和其他机构语境不同，比如在法庭、医院门诊室或教室中，提问的都是专业人士，权势较大，而回答问题的是外行人，权势较小。福柯（1977：27）指出权势和知识密不可分。因此，相比于以获取信息为目的的记者，发言人的权势较大。发言人作为“把关人”（gatekeeper）掌握记者所想了解的信息来源，发言人说什么、不说什么，说多说少很大程度取决于记者怎么提问。这种权势差距也决定了记者以消极礼貌为主。

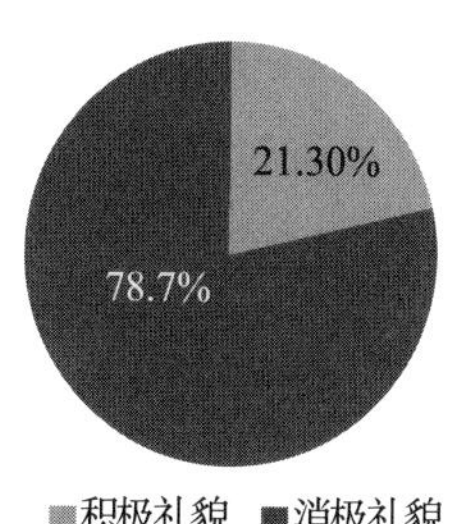

图 3　记者提问话语中的积极礼貌和消极礼貌百分比

表1中还有一点值得注意的就是布朗和莱文森（1987）书中提出的礼貌策略在“记者问”中并未全部出现，仅出现了表中所罗列的策略项目。记者不使用有些策略是有道理的，比如，“开玩笑”（joke）这一积极礼貌策略就完全没出现过，这一点也体现了外交部新闻发布会庄重正式而且高度仪式化的机构语境特点。因此，提问问题的记者拿捏好礼貌尺度很重要。

下文将结合布朗和莱文森（1987）的礼貌理论对记者在提问中实现礼貌的语言模式进行举例分析。

（三）记者提问的积极礼貌策略

斯科隆等人（1983）把积极礼貌称为“团结性礼貌”，意在强调交际者共有的立场，并设定交际者之间的社会距离和权势距离小到可以忽略不计。外交部新闻发布会上作为信息索求者的记者和作为掌握信息源的发言人之间是存在一定的社会和权势距离的，所以并不适合过多使用显示双方亲密度的积极礼貌策略。不过记者适当用一些积极礼貌策略可以弱化这种差距，同时也让发言人有更多发挥的空间。下面是记者提问中常用到的三种积极礼貌策略。

第一种是“关注、注意到（听话人希望问话人看到的积极正面的事物）”，如例（1），记者对中国取得的发展等可喜变化给予了及时关注，而这些都是发言人乐以畅聊的话题。

例（1）

问：近日，有研究机构调查结果显示，中国已成为最受坦桑尼亚民众欢迎和认可的国家。中国的发展模式、影响力、经济实力、对坦援助效果等指标均位居前列。中方对此有何评论？

第二种是“你知预设”，即暗示双方在某个话题上有共同的认知背景，表明和对方的合作关系和意愿，如例（2）中的“改革换资金”，说明记者在潜意识里认同发言人的知识背景，认为发言人熟知问话中的术语并愿意对希腊全民公决发表评论。

例（2）

问：昨天，希腊就是否接受债权人“改革换资金”协议举行全民公决。中方如何看待公投结果？

第三种是“避免分歧”，如例（3），记者为避免分歧用“似乎”模糊词弱化提问时的言语威胁，以此预设了记者和发言人之间在对待日本问题上的共同立场，并且给予了发言人在常识范围内对该话题进行阐释或辩解的空间。其类似作用的模糊词还有“类似”“可能”“相似”等。

例（3）

问：中国政府近期似乎加大了向西方国家说明日本在历史问题上错误言行的宣传力度，比如驻英国大使在当地报纸撰文批评日方……中方相关举措是否旨在提醒美澳等西方国家，日本也曾对它们犯下侵略罪行，所以相关国家应与中国站在一起？

（四）记者提问的消极礼貌策略

斯科隆等人（1983）把消极礼貌称为“尊重礼貌”，意在强调交际者之间的社会距离。记者的语言策略以消极礼貌为主，体现了对发言人的尊重。记者的消极礼貌策略主要有以下五种。

第一种是“回避第二人称”。记者提问发言人时大多用“中方”称呼，而很少用似乎是针对发言人本身的第二人称“你”以避免显得咄咄逼人，让发言人没有退路。“中方”一词在图 1 关键词列中排第 1 位，出现次数高达 2213 次，图 4 是用 AntConc 软件索引（concordance）该词的截图。

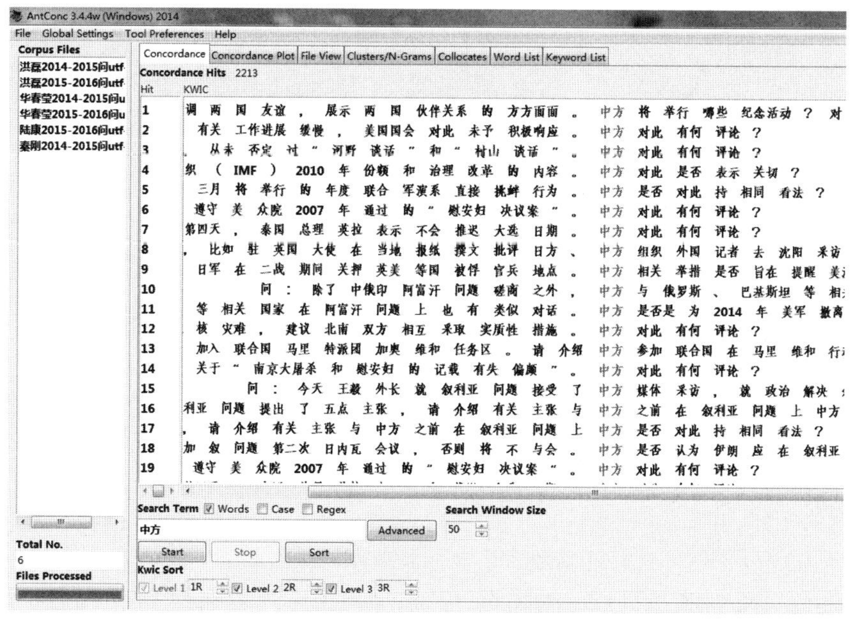

图 4　称呼语“中方”的索引结果

记者用称呼将双方去人格化，和发言人保持一定距离，如例(4)、例(5)中，记者摆明对“占中”和“印度”两个话题持就事论事的态度。

例(4)

问：中方是否仍认为有外国势力参与组织“占中”活动？是否收集到了足够证据？

例(5)

问：中方对印度争取成为联合国安理会常任理事国持何立场？

第二种是“视角推远”，该策略体现在记者大量使用间接转述语。记者提问的“前述语”(prefatory statement)(Heritage & Greatbatch, 1991)普遍都带有“据……报道/了解”和“称”等这类转述性动词的间接转述语。在图1关键词列中“报道”排第8位，是出现频率最高的转述性动词，共765次，以下是索引该词的截图(见图5)。

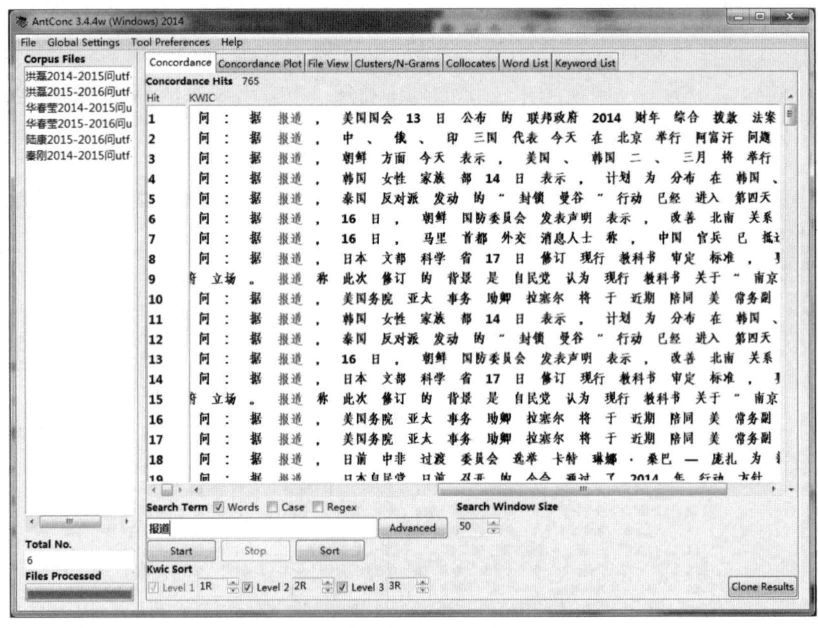

图5 转述性动词“报道”的索引结果

记者使用的间接转述语还有一大显著特点就是不具名转述，这一点从转述性动词的词丛可以看出来。图6是“报道”一词的词丛列表，“据……报道”和“有……报道”频率最高，排前两位，合计719次，都不具名。这意味着含“报道”

这一转述性动词的 756 个转述句中有 719 句是不具名转述，比例高达 95%。

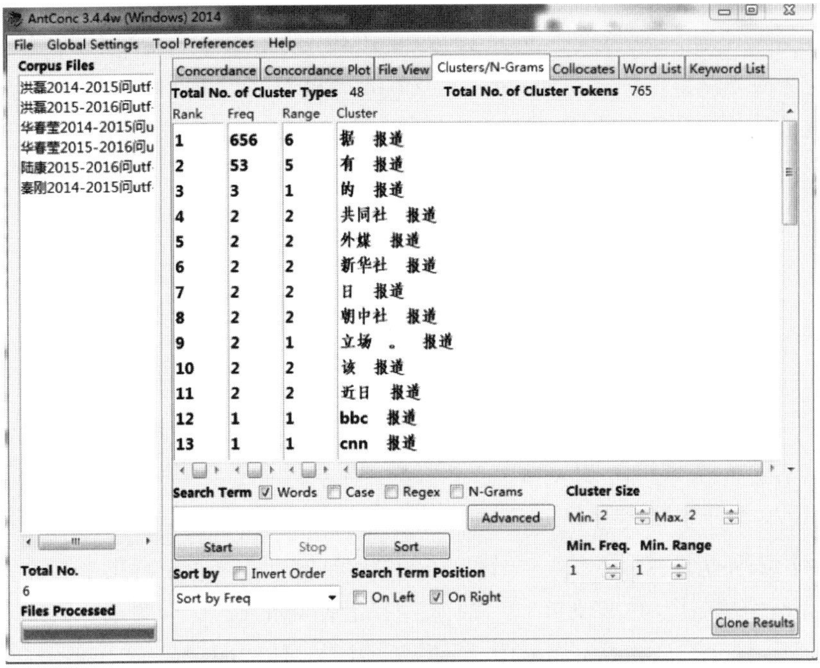

AntConc 3.4.4w (Windows) 2014

File Global Settings Tool Preferences Help

Corpus Files: 洪磊2014-2015问utf / 洪磊2015-2016问utf / 华春莹2014-2015问u / 华春莹2015-2016问u / 陆康2015-2016问utf / 秦刚2014-2015问utf

Concordance | Concordance Plot | File View | Clusters/N-Grams | Collocates | Word List | Keyword List

Total No. of Cluster Types 48   Total No. of Cluster Tokens 765

Rank	Freq	Range	Cluster
1	656	6	据 报道
2	53	5	有 报道
3	3	1	的 报道
4	2	2	共同社 报道
5	2	2	外媒 报道
6	2	2	新华社 报道
7	2	2	日 报道
8	2	2	朝中社 报道
9	2	1	立场 。 报道
10	2	2	该 报道
11	2	2	近日 报道
12	1	1	bbc 报道
13	1	1	cnn 报道

Search Term ☑ Words ☐ Case ☐ Regex ☐ N-Grams Advanced Cluster Size Min. 2 Max. 2

Start Stop Sort Min. Freq. 1 Min. Range 1

Sort by ☐ Invert Order Search Term Position ☐ On Left ☑ On Right Sort by Freq Clone Results

Total No. 6 Files Processed

图 6　转述性动词“报道”的词丛

坦嫩（2007：102）把转述语（reported speech）定义为“说话者后来复述的别人的话”，分直接转述和间接转述。布朗和莱文森（1987：218）认为直接转述属于积极礼貌，因为它生动再现所引用的话语而增强了听话者的兴趣。相反地，间接转述则属于消极礼貌，因为说话人从听话人的观点出发来调整表述角度，和听话人的距离拉开，将视角推远。记者对引言进行加工，适当取舍，其间接转述语缺少了原汁原味，但变得言简意赅。此时记者更侧重于对引用话语进行阐释，从而避免透露自己和第三方的社会信息，特别是在涉及敏感话题时让自己置身事外，以免牵涉其中，这也意味着拉开了和发言人的社会距离，如下面例（6）。从维护面子工程的角度讲，间接转述语冒犯程度小得多，因为记者把自己的立场观点即“在香港选举行政长官可不需先经中央政府‘筛选’”暗藏其中，避免长篇大论。更重要的是，通过不具名的转述语，记者隐去了“主讲人”（principal speaker）（Goffman，1981），并“模糊了话语的出处”（Holsanova，2006：262）。

例（6）

问：据报道，英国首相卡梅伦近日谈到香港政改问题时表示，希望在香港选举行政长官可不需先经中央政府“筛选”。中方对此有何回应？

第三种是“表示悲观”。关键词列第10位的“是否”和第26位的“能否”是记者实现该策略的常用词，分别出现648次和227次，合计875次。记者向发言人质询、求证或确认信息时用该礼貌策略可以避免给发言人施加太多压力，令其有台阶可下，从而保全发言人的消极面子，比如例（7）、例（8）。

例（7）

问：近期中日友好医院简称去掉了“友好”二字，这个改变是否反映了中国政府对日态度？背后是否有外交上的考虑？

例（8）

问：据报道，中方正在努力说服世界遗产委员会成员国不将日本“明治工业革命遗址”列入世界遗产名录。中方能否证实。

第四种是“表示谦恭”。关键词列第23位的“请”字是记者用来实现消极礼貌策略的敬语，共出现263次，主要用在记者要求发言人介绍某方面具体信息或证实某消息时。这一点从图7“请”字的词丛可以看出来，其中的“请介绍”出现频率最高，达202次，如例（9），其次是“请证实”，有49次，如例（10）。

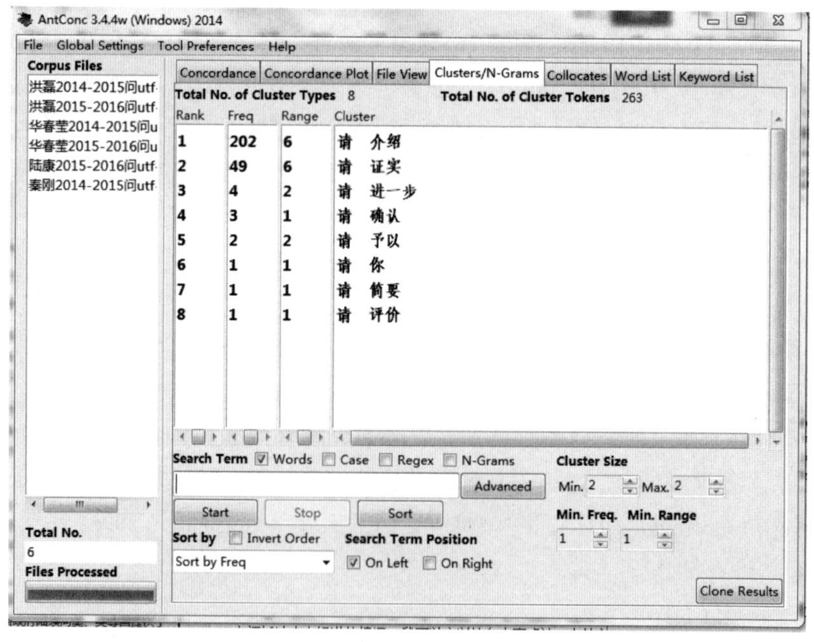

图7 敬语“请”的词丛

例(9)

问：据报道，中国近日启动“天网”行动，中国政府陆续向美、英等国提供了遣返涉嫌贪腐官员名单。请介绍有关情况。

例(10)

问：据报道，中国军舰已抵也门撤侨，请证实并介绍有关情况。

第五种是“模糊限制语”，其功能是“弱化陈述中的推断语气”(Brown & Levinson, 1987: 165)，让语气显得不确定以避伤及彼此的面子。记者主要使用的模糊限制语包括虚词限制语“如果……”，如例(11)；“你(是否)认为”或“你(是否)觉得”这样开始问题的表达，如例(12)；以及像“至少”“约”“多名”“多人”“如”“似乎”这类模糊表达，如例(13)。

例(11)

问：美国总统奥巴马将参加全美祈祷早餐会。如果达赖喇嘛出席的话，中方有何回应？是否会影响中美关系？

例(12)

问：昨天北京发布了雾霾红色预警，与此同时，中方正参与气候变化巴黎大会谈判，期待达成协议。你是否认为中国雾霾问题会影响中方在气候变化巴黎大会中的立场？

例(13)

问：据报道，泰国方面证实，日前已遣返100多名非法入境的维吾尔族人回中国。你能否证实？他们将会受到怎样的惩处？

五、总结

德鲁和和赫里蒂奇(1992: 22)认为机构话语以目标为导向并受规约化形式制约，而机构话语参与者通常受到特殊限制，受话语目的或机构功能的影响。外交部新闻发布会上记者的礼貌话语建构模式也体现了这一点。提问的记者使用各种礼貌策略以维持和发言人的互动关系从而顺利获得自己需要的信息。由于权势不对称以及提问中的话题，尤其是敏感话题可能导致的言语冲突、意见分歧等原因，记者主要使用消极礼貌策略降低冒犯程度。他们的语言策略所表现出来的尊重和对发言人的“政治面子”的维护也符合“中国文化体系下的礼貌标准”(顾曰国, 1992: 11-12)。记者的礼貌话语模式这也体现了中国外交部新闻发布会正式庄重而且高度仪式化的特点。这一点和西方国家新闻发布会或议会辩论中有很多打趣、开玩笑(Partington, 2003)甚至剑拔弩张、互相攻讦的语言现象非常不同(Harris, 2001)。布朗和莱文森(1987)的礼貌模式虽基于盎格鲁-撒克逊文化,但具有普适性,而且本身是一个不断发展的开放系统。本文用该礼貌理论考察记者在中国政治文化背景下的外交部新闻发布会这一机构语境中的礼貌语言模式,这对礼貌研究起了一点补充作用,而且由于基于语料库的机构话语礼貌研究在学界极为欠缺,本文作为尝试,也算在这方面做了点小小的贡献。

参考文献

[1] 高秀平:《中国外交新闻发布会中问题前述的语言学研究》,北京:北京外国语大学2008年硕士论文。

[2] 顾曰国:《礼貌、语用与文化》,《外语教学与研究》1992年第4期。

[3] 蓝纯、胡毅:《外交部新闻发言人闪避回答的语用分析》,《中国外语》2014年第6期,第21-28页。

[4] 刘艳春:《新闻发布会"答记者问"之"记者问"语言研究》,《现代语文:语言研究版》2010年版第3期,第80-82页。

[5] 吕细华:《中国外交部新闻发布会中的语用含糊策略研究》,广州:广东外语外贸大学2006年硕士论文。

[6] 熊永红、彭小妹:《外交语言的语用策略分析——以外交部发言人答记者问为例》,《湖南农业大学学报社会科学版》,2009年第10卷第3期,第71-74页。

[7] 邹建华:《走进外交部发言人——新闻发言人面对媒体的策略与技巧》,北京:中国中共中央党校出版社,2011年。

[8] Atkinson, M., *Our Masters' Voices: The language and Body Language of Politics*, Cambridge: Psychology Press, 1984.

[9] Bousfield, D., Locher, M. A., (Eds.), *Impoliteness in Language Studies on Its Interplay with Power in Theory and Practice*, Berlin/New York: Mouton de Gruyter, 2008.

[10] Brown, P., Levinson, S. C., *Politeness: Some Universals in Language Usage*, Vol. 4, New York: Cambridge university press, 1987.

[11] Craig, G., *Performing Politics: Media Interviews, Debates and Press Conferences*, Cambridge, England/Malden, Massachusetts: Polity, 2016.

[12] Dailey, W. O., Hinck, E. A., & Hinck, S. S., *Politeness in Presidential Debates: Shaping Political Face in Campaign Debates from 1960 to 2004*, New York/Plymouth, UK: Rowman & Littlefield, 2008.

[13] Drew, P., Heritage, J. (Eds.), *Talk at Work: Interaction in Institutional Settings*, Cambridge, UK: Cambridge University Press, 1992.

[14] Eelen, G., *A Critique of Politeness Theory*, Vol. 1, New York: Routledge, 2014.

[15] Foucault, M., *Discipline and Punishment*, New York: Pantheon, 1977.

[16] Goffman, E., *Interactional Ritual*, Garden City: Anchor, 1967.

—, *Forms of Talk*, Philadelphia: University of Pennsylvania Press, 1981.

[17] Harris, S. Being politically impolite: Extending politeness theory to adversarial political discourse, *Discourse & Society*, 2001, Vol. 12, No. 4: 451-472.

[18] Heritage, J., Greatbatch, D., On the institutional character of institutional talk: The case of News Interviews, In D. Boden, D. H. Zimmerman (Eds.), *Talk and Social Structure: Studies in Ethnomethodology and Conversation Analysis*, 93-137, Cambridge: Polity Press, 1991.

[19] Holsanova, J., Quotations as a Vehicle for Social Positioning, in H. Hausendorf (Ed.), *Analysing Citizenship Talk: Social Positioning in Political and Legal Decision-making Processes*, 251-276, Philadelphia: John Benjamins Publishing Company, 2006.

[20] Partington, A., *The Linguistics of Political Argument: The Spin-doctor and the Wolf-pack at the White House*, London/New Yok: Routledge, 2003.

[21] Scollon, R., S. B. Scollon, 6 Face in interethnic communication, *Language and communication*, 1983: 156.

[22] Smith, C. D., *Presidential Press Conferences: A Critical Approach*, New York: Praeger Publishers, 1990.

[23] Tannen, D., *Talking Voices Repetition, Dialogue, and Imagery in Conversational Discourse* (2nd ed.), Cambridge: Cambridge University Press, 2007.

[24] Van Dijk, T. A., What is political discourse analysis, *Belgian Journal of Linguistics*, 1997, Vol. 11, No. 1: 11-52.

[25] Verschueren, J., *Understanding Pragmatics*, London/New York: Oxford University Press, 1999.

会话叙事的互动性与开放性研究

彭 欣* 张 惟**

摘要：本文运用会话分析的方法，考察会话分析本体研究中，特别是汉语会话研究中还触及不多的交谈中的故事叙述，旨在说明其互动与开放的属性。通过分析会话叙事过程中不知情倾听者的参与方式及讲述者的回应，本文讨论会话叙事在人际层面上的互动性以及组织结构层面上的开放性。首先，研究发现倾听者与讲述者不同的互动模式会影响叙事的进展。其次，正因为倾听者与讲述者的实时互动，会话叙事的组织结构呈开放模式，会话叙事会不会暂停、讲述者会讲到哪里等方面都是开放的，而不是提前预设的。本文研究思路及方法可用于考察自然交际中其他类型的叙述结构以及互动语言学的相关课题。

关键词：会话叙事；会话分析；汉语会话

Abstract: The present study investigates storytelling in naturally occurring conversation and explicates its interactive and open nature from the perspective of conversational analysis. Through examining the unknowing story recipients' participation during the telling sequence and how the interaction between story tellers and recipients shape the trajectory of storytelling, we discuss (1) the interactive nature of storytelling at the interpersonal level and (2) the open nature of storytelling in terms of its organizational structure. Our findings show that, firstly, unknowing story recipients actively participate in storytelling in various ways, and the interaction between tellers and recipients has impact on the development of storytelling. Secondly, the interactive nature of storytelling leads to the open organizational structure of a story. The methods of this research are applicable to the study of other forms of narrative in human social interaction as well as related issues in interactional linguistics.

Key Words: storytelling; Conversation Analysis; Mandarin conversation

* 彭欣，厦门大学外文学院助理教授，研究方向：会话分析、多模态话语分析。

** 张惟，香港城市大学翻译及语言学系助理教授，研究方向：会话分析、互动语言学。

一、引言

互动语言学领域中，社会交际的"互动"自然属性近来逐渐受到关注，而"互动"这一属性是如何具体体现在日常语言使用中的，则需要提供例证。本文从自然会话中故事叙述这一常见现象的考察出发，通过探讨叙述过程的互动性与开放性，论证社会交际的"互动"属性。

会话叙事是人们日常交谈中非常常见的现象。在见面时或电话中人们常常讲述自己的亲身经历或者从别人、别处听来的故事。然而自然会话中的"讲故事"并不只局限于讲述者从头至尾不间断地叙述故事，其他人一言不发只扮演倾听角色。自然会话语料显示，除了故事讲述者，倾听者也积极参与故事的叙述。本文运用会话分析的研究方法，通过分析故事叙述过程中倾听者的各种话语行为以及讲述者如何回应，从讲述者及倾听者的角度探讨交谈中会话叙事的互动性与开放性。

关于"故事叙述"的定义，拉波夫（Labov，1972）指出它是针对过去曾经发生过的事情，通过一系列小句来实现的。戈夫曼（Goffman，1974）则认为故事叙述并不是简单地对过去事件的报告，而是表达个人观点的一种方式，而且对于事件各方面的叙述也是基于个人观点的。与戈夫曼较为相似，波拉尼（Polanyi，1985）也认为讲述者对于已发生事件的叙述，是服务于当前讲述者与倾听者所进行的社会交际。基于自然会话中故事叙述的研究，萨克斯（Sacks，1995b）和谢格洛夫（Schegloff，1997）更明确地指出，故事叙述能够实现多种话语行为，例如解释、说明、抱怨、告知、吹嘘、警告、戏弄等。

自然会话中，话轮转换机制有其特定规律，当前话轮单位（Turn-Constructional Unit，即 TCU）结束时，另一人可能接过话轮（Sacks，Schegloff & Jefferson，1974）。然而由于故事叙述通常需要通过多于一个话轮单位来完成（Sacks，1995b），会话叙事的话轮转换有自己的特点。正如杰斐逊（Jefferson，1978：220）指出，故事叙述是从"一个话轮接一个话轮"的自然会话中发展出来，通过多个话轮单位完成，叙事完成后，话轮转换机制又回到自然会话中参与者们通常所采用的话轮构建和分配方式。

会话叙事具有可长可短、可详可略等特点，因此其结构与其他会话组织相比（例如，话轮转接、话语修补等）较难概括描述。但萨克斯（1974a）指出会话叙事的组织结构还是有规律可循，它是由一系列相邻的序列组成的[①]，即，在故

① 萨克斯解释说这并不意味着所有的故事叙述都由这三个序列组成，或者其中没有任何中断，但他这种对故事序列的区分为我们现在的研究提供了很好的基础。

事开始之前，通过发起一个“引言序列”（preface sequence），讲述者可以表明将要讲故事而需要得到多个话轮单位的意图，倾听者可以赞同或者不赞同讲述者进行故事叙述[1]；当倾听者同意讲述者开始故事叙述，讲述者便进入故事叙述过程，即“叙述”序列（telling sequence）；而当故事完成时，参与者对已完成的故事做出回应则会构成“回应序列”（response sequence）。其实，在以上序列中，讲述者和倾听者的积极参与都体现会话叙事的互动性和开放性，例如，故事叙述能否开始，及到什么时候结束，不仅取决于讲述者，而且受到倾听者参与的影响。在本文中，我们将集中考察故事叙述过程。

二、故事倾听者

进入故事叙述序列后，讲述者便得到了拥有多个话轮单位的资格，可这并不意味倾听者就得保持沉默。C. 古德温（C. Goodwin，1984）及曼德尔鲍姆（Mandelbaum，1987、2013）均指出故事叙述是由讲述者和倾听者共同完成，它是讲述方与倾听方互动的结果，而且杜兰蒂（Duranti，1986）也认为观众 / 听众常常扮演了类似“合著者”（co-author）的角色。萨克斯（1974b）明确地指出当故事进入叙述序列后，倾听者的各种话语行为诸如表达对叙述的关注、理解及立场，要求澄清等都是合理的（intended lawfulness），即使倾听者的这类话语造成了故事叙述实际上的中断（interruptive status）。

根据会话叙事之前倾听者对其是否知情，他们可以分为“知情倾听者”（knowing recipient）和“不知情倾听者”（unknowing recipient）（C. Goodwin，1979：100）。知情倾听者是指以前曾经听说过或经历过同一事件；不知情倾听者则没有听说或经历过当前叙述事件（C. Goodwin，1979；Sacks，1995b）。从讲述者角度出发，他们会根据倾听者是否知情调整故事叙述（例如 C. Goodwin，1979）；从倾听者看，知情与否会影响他们在故事叙述过程中做出不同的回应，例如，知情倾听者常常“监督”故事的叙述（Sacks，1995a），而且有时会成为“合讲者”（co-teller）（story consociate，Lerner，1992）。知情倾听者通过不同方式参与故事叙述，例如发起修补、说出另一个版本、转换为讲述者、配合叙述等（Beach，2000；C. Goodwin，1986a；Lerner，1992；Mandelbaum，1987）。与知情倾听者相比，不知情倾听者则会通过不同方式对故事做出实时回应，因此也会不同程度地影响故事叙述发展。然而相关研究针对不知情倾听者回应的研究相对较少，主要集中在不知情倾听者所发出的“提问”（Koike，2009；Monzoni &

① 杰斐逊（1978），谢格洛夫（2007），萨克斯（1995a、1995b）都指出故事并不是都由引言序列开始。杰斐逊（1978）就指出在一些情况下会话叙事是直接开始的。

Drew, 2009)。在本文中,我们将通过系统地考察倾听者在不知情状态下的故事叙述结构,探讨会话叙事的互动性与开放性。

三、语料及研究范围

本文采用会话分析作为研究方法,收集自然会话中的故事序列,进行定性分析。在时长 7 小时 32 分钟的 17 组对话[①]中,我们一共找出 147 个倾听者均为不知情倾听者的故事序列。

由于我们的研究问题是针对故事的互动性及其开放性特质,此研究的对象不包括"嗯""mm"等回应。虽然它们的出现频率非常高,杰斐逊(1993)和谢格洛夫(1982)曾指出,类似"mm hm"以及"uh huh"的回应相当于放弃了一个话轮,而把继续讲话的机会留给讲述者;曼德尔鲍姆(1987、1993)也认为这一类回应反映了故事倾听者的被动接受(passive recipiency);斯蒂弗斯(Stivers, 2008)则进一步提出这种回应其实体现了倾听者对正在进行的故事叙述在结构层面上做出的配合(align with the activity in progress)。正如下例所示,虽然倾听者通过"mm"在讲述者的叙述过程中对故事做出回应,第 2 行和第 4 行的"mm"并未引起讲述者的回应,从而未对故事叙述的进行和发展产生明显影响。

(1)SR_M01_1318_见面

01 苏玫: 我想早一点见我妈嘛,=[然后我就-.h我就管他的我〉就〈说好谢谢那我去=
02 李茜: → [mm
03 苏玫: =圣淘沙找你们,=然后[后来我就自己去那里吃了个饭,
04 李茜: → [mm

与以上一类不会对故事叙述产生明显影响的倾听者回应相比,倾听者的"提问"就体现了其更积极主动的特性(Mandelbaum, 2013)。当然,在故事叙述过程中还存在更多种较为主动积极的回应,譬如,评论(comments, Sacks, 1995a)、幽默的评论(playful commentary, M. Goodwin, 1997)、评价(assessment, C. Goodwin, 1986b, Mandelbaum, 1987)、讽刺(sarcastic remarks, Sacks, 1995a)、话语修补(recipient-initiated repair, Mandelbaum, 1987)等等。本文将通过考察倾听者此类积极的回应及他们如何影响故事叙述,探讨故事叙述所具有的互动性及开放性。

"互动性"和"开放性"是会话叙事所具有的两个紧密相连的特性。虽然这

① 每组对话的参与人有两到三人。

两个概念都跟社会交际的“互动”属性关系密切，但它们又各有偏重。互动性是更着重于人际层面上（interpersonal）的特性，它指故事叙述是在讲述者和倾听者互相作用下组织起来的，它使故事叙述呈现一种动态；开放性则是更着重于组织结构层面上（organizational structure）的特性。会话中的故事叙述常常是服务于某个交际目的或抖出某个“包袱”，但由于倾听者不可预期、没有预演的参与，故事叙述呈现“边走边讲”的模式。因此故事结构的开放性质指的是故事到底会“怎样走、走到哪里、中间会不会暂停”的不确定性，故事最终的形态取决于讲述者与倾听者的实时互动。以下我们将针对这两个特性分别论述。

四、会话叙事的互动性

首先，讲述者与倾听者双方的实时互动体现在，除了讲述者叙述故事，倾听者也通过多种方式进行参与，譬如询问细节、配合故事叙述、展示理解及立场等等。其次，互动性还表现在，故事叙述如何组织下去还取决于讲述者对倾听者的积极参与所做出回应。因此，下面各小节分别分析倾听者的参与、讲述者的回应、互动性作用下的故事。

（一）倾听者的参与

在叙述过程中，倾听者所发出对细节的询问、对故事的配合、理解以及立场的展示等都说明故事叙述并不是由讲述者单方面完成的，倾听者也获得空间及时间，对正在进行的叙事实时回应。

如下例所示，讲述者丁芮正在回忆她上网的时候碰到了中文系的人在发帖子，当她准备继续讲述时，李贞打断她并开始询问关于学校背景的细节。

（2）a. ES_M04_0148_中文系

01	丁芮:		e- 那很有意思huh huh昨天我还上网,网-碰到几个中文系的人,= 然后在
02			网上发帖子,=[然后-
03	李贞:	→	[哪个::学校的中文系.=

虽然丁芮明显表现出会继续叙述故事的意图（如第二行的“然后 -”所示），李贞仍然在询问丁芮碰到的那几个人来自哪个学校的中文系（第三行）。

我们的语料显示，故事叙述过程中，倾听者最常发起的参与行为就是询问故事细节。倾听者针对讲述者已叙述的故事内容，并没有等到讲述者完成故事时再询问细节，而是选择在叙述过程中提问。

倾听者还可以根据现场得知的故事情节配合讲述者的故事叙述，与讲述者一起共同组织故事叙述。

如下例所示，故事讲述者吴娜正在叙述她在北京旅行时，晚上住在同学的学生宿舍感觉太热。当吴娜正在描述自己如何在走廊找一块地方打扫干净时，倾听者陈曦开始配合吴娜。

（3）a. ES_M11_0918_学生宿舍

01	吴娜:	然后-我一个人很热.(0.3)然后我就去把他们那-外面那个(.)外面那块
02		走廊的一块地方s-(0.7)扫扫干(h)净(h)
03	陈曦:	→ huh huh〈躺在地上〉

当吴娜描述到她把走廊的一块地方打扫干净时（第一行、第二行），陈曦配合说出了下一步吴娜会做的事情就是“躺在地上”（第三行）。

虽然在我们考察的语料中，倾听者在故事开始前对其是不知情的，处于 K-（K=Knowledge，Heritage，2013：556）状态，但随着讲述者的叙述，倾听者也逐渐从 K- 状态发展到 K+。由于倾听者对故事的理解到达一定程度，他 / 她能够配合讲述者完成某个话轮单位或者下一个故事情节的构建。例如在（3）a 中，通过吴娜之前的叙述，陈曦对故事的了解从 K- 的状态逐渐变为 K+，由于对故事情节的了解加深，陈对故事接下来的发展有一定的预测，并主动参与到故事的叙述过程当中去。

故事叙述过程中，倾听者还会通过表明立场或表示理解来参与叙事。具体来讲，倾听者会对已完成的叙述部分做出一个实时评价，或表明不同观点，或表达某种情绪。

下例中，倾听者通过表达自己的观点展示了立场。讲述者何帆正在叙述跟妈妈在马来西亚旅游时，自己认为山竹很好吃，但是她妈妈认为山竹不好吃。当何帆叙述到自己的妈妈通过山竹的样子就判定它的味道不好时，倾听者于慧便提出了不同的观点。

（4）a.SR_M09_0605_山竹

01	何帆:	那个时候,(.)我们去马来西亚的时候,(.)我妈就-她-我就很喜欢吃我就
02		说啊::我们吃这个吧,(.)然后我妈就-看这个样子就觉得不好吃嘛.=
03	于慧:	→ =超好吃的.=

当何帆转述她妈妈的观点（即山竹不好吃）的时候（第二行），于慧直接表达了自己的观点“超好吃的”（第三行）。从字面意义看来，“超好吃的”是于慧对“山竹”的评价，而与此同时，于慧这一评价也表示了不认同故事主人公“妈

妈”的观点而是与故事另一主人公即“讲述者何帆”站在同一战线上。

本小节着重于阐述叙述过程中倾听者的积极参与，下节中我们将分析讲述者如何应对倾听者的参与。

（二）讲述者的回应

针对倾听者的参与，讲述者常常会停止当前的叙事，转而回应倾听者。

在以上（2）a 的第三行中，倾听者李贞询问关于学校的细节，接下来，如（2）b 的第四行所示，讲述者丁芮针对此提问做出应答。

（2）b. ES_M04_0148_中文系

丁芮:　e- 那很有意思huh huh昨天我还上网,网-碰到几个中文系的人,= 然后在
　　　网上发帖子,=[然后-
李贞:　[哪个::学校的中文系.=
丁芮:　(　=应该-(0.3)不知道因为网上嘛,=然后他们就说他们是中文系,

虽然丁芮不知道那几个中文系的人是来自哪个学校，但是她还是停止当前叙述转而回应李贞的询问。

在（3）a 中，故事倾听者陈曦根据讲述者吴娜所描述的故事情节，配合说出下一步可能发生的事情，即“躺在地上”。而其实与此同时，如（3）b 的第四行所示，吴娜也继续叙述故事“铺上报纸铺张席子”。

（3）b. ES_M11_0918_学生宿舍

吴娜:　然后-我一个人很热.(0.3)然后我就去把他们那-外面那个(.)外面那块
　　　走廊的一块地方s-(0.7)扫扫干(h)净(h)
陈曦:　huh huh[〈躺在地上〉]
吴娜:　→ [铺上报纸铺张席子.]= 对. hh然后:(.)就睡在地(h)上(h)

从（3）b 看出，陈曦的主动配合与吴娜的继续叙述发生重叠，这在吴娜叙述完“铺张席子”后，对陈曦的配合立即进行了肯定（如第四行的“对”所示）可以得知。

在（4）a 中，倾听者于慧在叙述过程中表达自己的立场，认为山竹非常好吃，我们在（4）b 中看到，针对于慧的立场讲述者何帆做出回应。

（4）b.SR_M09_0605_山竹

何帆:　那个时候,(.)我们去马来西亚的时候,(.)我妈就-她-我就很喜欢吃我就
　　　说啊::我们吃这个吧,(.)然后我妈就-看这个样子就觉得不好吃嘛.=
于慧:　=超好吃的.=

何帆: → =对啊我觉得好好吃的.

针对于慧在第三行的观点“超好吃的”，何帆停止叙事，转而回应于慧，通过“对啊我觉得好好吃的”（第四行）表示赞同于慧的观点并再次表达了对山竹的喜爱。

本节展示了倾听者的参与如何得到讲述者的回应。这样的回应放弃了当前叙事的进行，显示了会话叙事过程中讲述者与倾听者在人际层面上的互动特性。下节我们分析讲述者及倾听者的相互作用如何影响故事叙述的发展。

（三）互动性作用下的故事叙述

我们的语料显示，讲述者与倾听者不同的互动模式会影响叙事的发展以及最后故事轨迹的形成。具体来说，本节将比较分析叙述过程中不同的互动模式下所产生的两种故事叙述轨迹。

如以下（2）c 所示，讲述者丁芮在回应了倾听者李贞的询问后，即短暂地搁置故事之后，继续她的叙述。

（2）c. ES_M04_0148_中文系

丁芮: e- 那很有意思huh huh昨天我还上网,网-碰到几个中文系的人,= 然后在
网上发帖子, =[然后-
李贞: [哪个::学校的中文系.=
丁芮: =应该-(0.3)不知道因为网上嘛,= 然后他们就说他们是中文系,因为他们当
→ 年学了什么中国当代文学史什么的,=然后就-(.)那个贴-那个-(0.5)版是那个
娱乐八卦版.h然后他们发的帖子说的那个他们学的中国当代文学史.h就是
整个一个八卦的课程, ((丁芮继续讲故事))

故事中断之前（第一行及第二行），丁芮正在叙述她碰到几个中文系的人在网上发帖子。从第五行开始（如阴影部分所示），丁芮继续讲述关于那个帖子的故事情节。由于李贞与丁芮在故事叙述过程中的互动，丁芮的叙述被稍稍打断。当丁芮完成对李贞提问的应答，便回到自己的叙事。

以下一例中，也是由于倾听者陈丹针对细节的提问使得梁思的叙述中断，但是由于倾听者继续追问更多细节，讲述者并没有马上继续故事，因此讲述者梁思的叙述中断了较长的时间。

（5）ES_M01_0453_实事通讯

梁思: 我就:::把-(0.3)我就把:那个.hh呃:我们学校寄给我的newsle[tter,
陈丹: [mm mm

03			(.)
04	梁思:		呃:给他:::拿了一份儿[让他作ce-(.)参考咯.=
05	陈丹:		[mm
06	陈丹:		=mm mm=
07	梁思:		=mm(.)[我没有.h(.)就是::没有具〈体〉跟他讲[(.)(yue:)
08	陈丹:	Q	[哦[是:也是用英文做的吗.=
09	梁思:		=是啊,是[啊,
10	陈丹:	Q	[mm:(.)是::就说是他们:::.hh(.)嗯:::你们原来的faculty:
11			[还是::
12	梁思:		[对对-faculty的.
			((此处省略24行, 陈继续追问关于newsletter的一些细节))
37	梁思:	→	mm(.).hh然后:::::.hh(.)nn:我想让他拿过来n-看:当一个sample吧.
38			(0.4)
39	陈丹:		m[m
40	梁思:		[° 嗯° 我没有sh-没有给他.hh在信中具体说应该怎么做.

此例中，在陈丹的第一个提问（第八行）得到梁思肯定回答后（第九行），陈丹提出第二个问题（第十行），即询问更多关于 newsletter 的细节。当梁思在十二行再次给出一个肯定回答后，陈丹继续追问下去。双方如此互动，直到第三十七行时梁思才重回叙事。

（2）c 与（5）相比，（2）c 的讲述者在完成应对倾听者的询问后，利用已经得到的话轮，开始继续之前中断的叙事，而（5）中倾听者还未等讲述者完成回答（如第九行与第十行的重叠所示）便争抢话轮，并提出下一个询问。由于倾听者与讲述者互动模式不同，最后的故事叙述轨迹便各有不同。

本节中，我们通过分析倾听者的积极参与、讲述者对倾听者的回应，以及倾听者与讲述者的互动如何影响故事叙述发展轨迹探讨人际层面上故事叙述的互动属性。

在文章开头部分，我们提到故事叙述的互动性与开放性紧密相连，其中一点就体现在讲述者与倾听者人际层面上的互动性是故事叙述在组织结构层面上具有开放性的根源。在下节中，我们将探讨故事叙述的开放性。

五、会话叙事的开放性

由于故事讲述者与倾听者的互动，会话叙事具有较为开放的特性，即讲述者到底会怎样组织叙述故事呈现“边走边讲”的模式（“怎样走、走到哪里、中间会不会暂停”都是不确定的）。本节将主要通过会话叙事的结构以及叙事的交际目的的动态发展探讨会话叙事组织结构层面的开放性。

（一）叙述结构

我们在 4.3 中展示了不同的互动模式会导致不同的叙述轨迹。如果从会话叙事的开放性角度来看，例（2）c 与例（5）很好地示范了一种结构，即由于倾听者与讲述者互动所产生的叙事中断。这在一定程度上显示了会话叙事的开放性，即由于倾听者没有事先预定的参与及讲述者的回应使故事的组织结构呈现开放模式。

除了叙事的中断，倾听者的参与还有可能会使叙事停止。

在下例之前，孔娅讲述了一段自己读书期间父母禁止她恋爱但工作以后被催着找男朋友的经历，向莉在本例在第一行就显示出讲述自己相似经历的意图（“我妈也是这样子的”），在第三行及第四行中向莉叙述了其故事的时间以及部分内容。但由于孔娅提出的询问（第五行），向莉的叙事自此停止。

（6）SR_M15_1108_找对象

向莉:　　很奇怪的:,那:我妈也是这样子的,[就是-
孔娅:　　[你现在会急吗?你父[° 母°
向莉:　　[〈不会〉,她-那时
　　　　　候初-小:学::(0.4)[uh在读书的时候(.)[妈-妈妈就经常-
孔娅: Q　[嗯[他读书你妈妈知道吗?
向莉:　　经常就° 是° 说,
　　　　　(0.5)
向莉:　　哦-我妈知道一个.=
孔娅:　　=嗯° 嗯° =
向莉:　　=〈我爸〉不知道
　　　　　(0.6)
　　　　　((在这之后所录得的对话中向莉没有再继续叙事,即小学时妈妈说了什么.))

当讲述者向莉正要叙述读书期间发生了什么事情的时候，倾听者孔娅针对向莉读书期间的恋爱情况提出询问“他读书你妈妈知道吗？”，即读书期间妈妈是否知道她有男友的事情。虽然向莉想要继续叙述（如第六行的“经常就° 是° 说”所示），她还是暂停叙事转而回答孔娅说她妈妈知道一个（第八行）但是爸爸不知道（第十行）。此例中，其实在向莉回答孔娅的问题时成为当前话轮的持有人，回答完问题后是有机会利用这个话轮继续她的故事的，但是向莉并没有选择继续，因此叙事终止。

虽然与上一节中例（2）c以及例（5）的叙事结构暂时中断不同，例（6）中故事叙述因倾听者的提问而就此终止，但它们都显示了故事叙述在组织结构层面上的开放性，即叙事的轨迹并不是提前确定的而是取决于会话参与者的实时互动。

（二）会话叙事的互动目的

会话叙事组织结构层面的开放性还体现在它可以承载叙事互动目的的动态发展。叙事刚发起时所预期达到的互动目的会由于倾听者的参与以及叙事过程中所发生的其他事情而改变，而会话叙事的组织结构就是互动目的动态发展的载体。

如下例所示，何帆最开始叙述关于山竹的故事是因为许菲拒绝了何帆请她吃山竹的邀请，但当何帆得知许菲刚才是因为还有荔枝没吃完而拒绝她时，何帆叙事的互动目的就由“劝说”转变成“搞笑”。

（4）c. SR_M09_0605_山竹

何帆: 〉你们〈要吃这个吗?((手里拿着一个山竹))
许菲: ((摇头))
何帆: 这个蛮好[吃的.
于慧: [mm山竹啊.=
何帆: =山竹啊.
(0.7)
何帆: → 那个时候,(.)我们去马来西亚的时候,(.)我妈就-她-我就很喜欢吃我就
说啊::我们吃这个吧,(.)然后我妈就-看这个样子就觉得不好吃嘛.=
于慧: =超好吃的.=
何帆: =对啊我觉得[好好吃的.
于慧: [前-我觉得很像大蒜huh [huh huh
何帆: [〈对啊〉.哎(.)吃咯,吃咯
(1.2)
何帆: 你是不喜欢吃吗?
(.)
于慧: 她喜欢吃啊.
(0.5)

何帆: 对啊那为什么[不吃啊.

许菲: [其实我刚刚荔枝没有[吃完.

于慧: [嗯嗯=

何帆: =哦:(0.8)还有吃这些.((给于慧一个剥好的山竹))

(3.1)((何帆把山竹壳扔进垃圾桶))

何帆: → 然后(.)后来最后我就吃完之后就好像有一点,(0.4)不知道怎么:有点那个,(.)然后我妈就说(.)是不是那个.

(1.5)

许菲: 有点什么.

(1.3)

于慧: 有点悲[伤huh huh huh huh [huh huh

何帆: [不太舒服拉肚子了嘛.

许菲: [有点悲伤.[huh

何帆: [然后我妈就说(0.7)到底什么原因啊,是不是(.)那个((剥山竹的动作))的原因huh [huh huh huh

于慧: [huh huh huh

许菲: [huh huh huh

((三人继续大笑))

何帆: 她每次吃的时候都是这样((剥山竹的动作))剥huh huh [huh huh

许菲: [huh huh

由于许菲拒绝了何帆请她吃山竹的邀请(第一行及第二行),何帆从第七行开始讲述了自己在马来西亚吃山竹的经历,其中一个重要的情节就是她妈妈从山竹的形态判断这种水果的味道不好(第八行),而这有可能是很多人不想试吃山竹的原因。因此,这时候何帆发起故事的互动目的可以被理解为“劝说许菲吃山竹”。而随后何帆在十二行所说的话(“吃咯,吃咯”)及十八行提问(“那为什么不吃啊”)也明显地体现出她的劝说意图。但当许菲解释说她是由于荔枝没有吃完(第十九行)而没有接受何帆的山竹,何帆已经没有继续“劝说”的理由。也就是说,在叙事搁置期间(第九行至第二十二行),随着何帆、许菲以及于慧的互动,叙事最开始的目的已经达到。从第二十三行开始,虽然何帆继续故事叙述,即吃完山竹后她有点拉肚子。而此时,互动的目的就发展为单纯的“搞笑”,因为何凡模仿妈妈问她是不是由于吃山竹导致拉肚子时剥山竹的动作(三十二行及三十六行)引起了所有人的大笑(如三十二行至三十七行所示)。

在此例中,叙事的互动目的呈现一种动态的发展模式,而只有具有开放性的会话叙事组织结构才能承载因互动而可能变化的叙事目的。

六、讨论与结语

本文首先考察了会话叙事在人际层面的互动性。我们发现不知情倾听者在讲述者叙事过程中的询问、配合、理解或展示立场等实时参与构成了人际层面上说与听的双方互动。而当讲述者开始回应倾听者的参与时,例如,给予更多细节、肯定或否定倾听者的配合、表示赞同或不赞同倾听者的立场,双方的互动会实时地影响叙事的发展。其中最常见的一个后果就是讲述者的叙述暂停。而故事叙述会暂停多久,还是就此终止则取决于讲述者是否会在再次拥有话轮时回到故事叙述以及倾听者是否还有后续的话语行为。我们首次使用的普通话自然会话语料为"故事并不是由讲述者单方面完成的,而是在多方会话者的互动过程中构建出来"(C. Goodwin,1984;Duranti,1986;Mandelbaum,1987、2013)提供了证据。

其次,本文论述了会话叙事在组织结构层面的开放性。由于倾听者与讲述者的实时互动,会话叙事呈动态发展,其组织结构具有较为开放的特性。交谈中的故事叙述结构并不是提前设定好的,而是由许多互动因素决定的。在这方面,我们的语料也提供了例证。

本文采用了会话分析的方法,对会话分析本体研究中,特别是汉语会话研究中还触及不多的一个题目做了一些分析。我们的研究着重关注了倾听者在不知情状态下跟讲述者一起积极参与会话叙事的组织,从而展示了故事叙述组织结构与社会交际"互动"属性的紧密联系。由于在自然会话中还存在不同种类的"叙述"结构(Polanyi,1985:9),譬如计划、详尽的描述、对日常状态的叙述、活动报告等,因此我们的研究思路与方法也可用于考察交谈中这些类型的叙述结构。同时,会话分析已成为近年新兴的互动语言学的基本分析方法,从这个角度说,我们的研究对发展汉语互动语言学也有一定的实际的意义。

参考文献

[1] Beach, W., Inviting collaborations in stories about a woman, *Language in Society*, 2000, Vol. 29: 379-407.

[2] Duranti, A., The audience as co-author: An introduction, *Text*, 1986, Vol. 6, No. 3: 239-247.

[3] Goodwin, C., The interactive construction of a sentence in natural conversation, in G. Psathas (Ed.), *Everyday language: Studies in ethnomethodology*, 97-121, New York: Irvington, 1979.

[4] Goodwin, C., Notes on story structure and the organization of participation, in M. Atkinson, J.

Heritage (Eds.), *Structures of Social Action*, 225-246, Cambridge: Cambridge University Press, 1984.

[5] Goodwin, C., Audience diversity, participation and interpretation, *Text*, 1986a, Vol. 6, No. 3: 283-316.

—, Between and within: Alternative sequential treatments of continuers and assessments,*Human Studies*, 1986b, Vol. 9: 205-217.

[6] Goodwin, M., By-Play: Negotiating evaluation in story-telling, in G. R. Guy, et al. (Eds.), *Towards a Social Science of Language: Papers in Honour of William Labov. Vol. 2: Social Interaction and Discourse Structures*,77-102, Amsterdam/Philadelphia: Benjamins, 1997.

[7] Heritage, J., Action formation and its epistemic (and other) backgrounds, *Discourse Studies*, 2013, Vol. 15: 547-574.

[8] Jefferson, G., Sequential aspects of storytelling in conversation, in J. Schenkein (Ed.), *Studies in the Organization of Conversational Interaction*, 219-248, New York: Academic Press,1978,

[9] Jefferson, G., Caveat speaker: Preliminary notes on recipient topic-shift implicature, *Research on Language and Social Interaction,* 1993, Vol. 26: 1-30.

[10] Koike, C., *Interaction in Storytelling in Japanese Conversations: An Analysis of Story Recipients' Questions*, PhD dissertation,University of California, Los Angeles, 2009.

[11] Labov, W., *Language in the Inner City: Studies in the Black English Vernacular*, Philadelphia: University of Pennsylvania Press, 1972.

[12] Lerner, G., Assisted Storytelling: Deploying Shared Knowledge as a Practical Matter, *Qualitative Sociology*, 1992, Vol. 15: 247-271.

[13] Lerner, G., On the "semi-permeable" character of grammatical units in conversation: Conditional entry into the turn space of another speaker, in E. Ochs, E. Schegloff, S. Thompson (Eds.), *Interaction and Grammar*, 238-276, Cambridge: Cambridge University Press, 1996.

[14] Goffman, E., *Frame Analysis: An Essay on the Organization of Experience*, Cambridge: Harvard University Press, 1974.

[15] Mandelbaum, J., *Recipient-driven Storytelling in Conversation*, PhD dissertation, The University of Texas at Austin, 1987.

—, Assigning responsibility in conversational storytelling: The interactional construction of reality, *Text*, 1993, Vol. 13: 247-266.

—, Storytelling in conversation, in J. Sidnell, T. Stivers (Eds.), *The Handbook of Conversation Analysis*, 492-507, Oxford: Wiley-Blackwell, 2013.

[16] Monzoni, C., P. Drew, Inter-interactional contexts of story-interventions by non-knowledgeable story recipients in (Italian) multi-person interaction, *Journal of Pragmatics*, 2009, Vol. 41: 197-218.

[17] Polanyi, L., *Telling the American Story: A Structural and Cultural Analysis of Conversational Storytelling*, Norwood, NJ: Albex Publishers, 1985.

[18] Sacks, H., An analysis of the course of a joke's telling in conversation, in R. Baumanand, J. F. Sherzer (Eds.), *Explorations in the Ethnography of Speaking*, 337-353, Cambridge: Cambridge University Press, 1974a.

—, Some consideration of a story told in ordinary conversations, *Poetics*, 1974b, Vol. 15: 127-138.

—, *Lectures on Conversation, Vol. 1*, Oxford: Blackwell, 1995a.

—, *Lectures on Conversation, Vol. 2*, Oxford: Blackwell, 1995b.

[19] Sacks, H., E. Schegloff, G. Jefferson, A simplest systematics for the organization of turn-taking for conversation, *Language*, 1974, Vol. 50, No. 4: 696-735.

[20] Schegloff, E., Discourse as an interactional achievement: Some uses of "uh huh" and other things that come between sentences, in D. Tannen (Ed.), *Analyzing Discourse: Text and Talk*, 71-93, Washington, DC: Georgetown University Press, 1982.

—, *Sequence Organization in Interaction: A Primer in Conversation Analysis*, Cambridge: Cambridge University Press, 2007.

[21] Selting, M., E. Couper-Kuhlen (Eds.), *Studies in Interactional Linguistics*, Vol. 10, Amsterdam/Philadelphia: John Benjamins Publishing, 2001.

[22] Stivers, T., Stance, alignment, and affiliation during storytelling: When nodding is a token of affiliation, *Research on Language and Social Interaction*, 2008, Vol. 41: 31-57.

[项目信息：本文为中央高校基本科研业务费专项资金资助项目“自然交谈中故事讲述的会话分析研究”（项目编号：20720171053）的阶段性成果]

翻译学研究

林译《永别了，武器》新旧译本对比研究

李美华 *

摘要：《永别了，武器》是美国著名现代派作家海明威的小说。林疑今是国内第一个翻译这部作品的译者。该书初版时间为1940年，书名译为《战地春梦》。中华人民共和国成立初期，林疑今对第一个版本做了一次修订，把书名改为《永别了，武器》。20世纪80年代，林先生对译本又修订了一次。对比林译初版和修订版，笔者发现，译文在诸多方面皆有或大或小的变化。本文试图对林译新旧两个版本之间的不同做一比较，说明随着时代的不同，读者群的变化，名著译文也应相应修改，以满足不同时代读者的要求和阅读期望。

关键词：林疑今《永别了，武器》翻译

Abstract: *A Farewell to Arms* is the novel by the American modernist writer Ernest Hemingway. Lin Yijin is the first Chinese translator of this book and it was first published in 1940 with the title of "战地春梦". After 1949, Lin revised it and changed the title to "永别了，武器". In the 1980s, Lin made another revision. This paper is to make a comparison between the two versions, pointing out that as time goes on, with the change of the reader, certain revisions of the translation of this masterpiece are necessary in order to meet the requirements and expectations of new readers in the new ages.

Key Words: Lin Yijin; *A Farewell to Arms;* translation

一、引言

林疑今教授是著名的翻译家和作家，是我国最早翻译和研究美国文学的知名教授之一，也是最早翻译海明威作品的翻译家。海明威的小说《永别了，武

* 李美华，厦门大学外文学院教授，研究方向：英美文学、生态文学。

器》初版于1929年。30年代初，早在上海圣约翰大学读书期间，林疑今已经开始翻译这本名著，并于40年代正式初版，以后一版再版，流传至今，在众多版本中独占鳌头，成为拥有一代接一代读者群的经典译著。但是，林先生的版本并非沿袭最早的版本至今。在中华人民共和国成立初期，林疑今对初版译文做了一次修订。80年代，也就是距离初版六十年后，林疑今又修订了一次。所以，这本译著分为初版和修订版两个版本。本文拟就林译《永别了，武器》新旧两个版本作一比较，以探究两个版本存在的不同点。

二、林疑今其人其作

林疑今教授是福建漳州人，但出生于上海。他早年就读于厦门寻源书院和上海东吴中学，后就学于上海圣约翰大学，大学毕业后赴美国哥伦比亚大学留学，获文学硕士学位。回国后他在香港、贵州、上海等地任教，同时开始文学创作活动。抗战期间，林疑今在中央银行兼职，并随银行迁至重庆工作。抗战胜利后，他先后在上海交通大学、沪江大学、复旦大学等高校任教。1959年他被调至厦门大学任教。

说起翻译，林教授是有家学渊源的。林教授的父亲林玉霖也是从事翻译教学的教授，曾经执教于厦门大学外文系，直至20世纪60年代初才退休。而林教授的五叔林语堂，更是如雷贯耳、学贯中西的文学大师和翻译家。

林疑今很早就开始了翻译活动。还在上海读中学时，他已经开始试译美国小说《西部前线平静无事》。在上海圣约翰大学，除汉语课外全部课程都用英语上课，这给林教授打下了良好的英文基础。哥伦比亚大学的留学经历更是使林教授的英文水平如虎添翼。也就是在上海圣约翰大学就读的时候，林教授开始翻译海明威的《永别了，武器》。20世纪30年代是林疑今先生翻译成果最为丰硕的时期，这些作品包括《戴赛·米勒尔》(1934)、《西部前线平静无事》(30年代)、《西线归来》(1934)、《战地春梦》(30年代)等多部英译汉作品，他的汉译英作品则有《孔乙己》(30年代)、《四库全书总目提要》(30年代)、《老残游记》(合译，1939)。此后，林先生还陆续翻译了《奥德河上的春天》(1954)、《裘诺的孔雀》(1981)、《犁和星》(1982)、《奥凯西戏剧选》(1982)、《拍卖第四十九批》(1982)和《第七个十字架》等著作。此外，林教授还参与了《英语词典》的编撰，曾任中国外国文学学会理事、会长等职。

林教授不仅是个翻译家，还是个作家。20世纪30年代，他创作了长篇小说《无轨电车》《旗声》《水门汀》等，并为《语丝》《宇宙风》《人世间》等杂志撰稿。其中，《语丝》和《宇宙风》都是林语堂主编的。

三、《永别了，武器》书名翻译

林译《永别了，武器》初版时书名译为《战地春梦》。中华人民共和国成立初期，林疑今修订了一次，即改为《永别了，武器》。为什么有这个修改？这个修改是比前译更好还是不如前译？我们先来看看小说讲的故事。第一次世界大战期间，身为中尉的男主人公亨利和护士凯瑟琳在前线相遇，从相识到相知再到相爱。但在战争背景下，他们根本无法平静地享受爱情生活。最后两人逃离战场，到了中立国瑞士，等待他们爱情的结晶降临人世。遗憾的是，凯瑟琳遭遇难产，母婴双双撒手人寰。爱情在战争背景下被消解，亨利被孤零零地留在这个世界上，在雨中一个人落寞地走回宾馆。因为战争，相爱的人不能平静地生活，还要承受失去爱人和孩子的痛苦。战争让人们失去亲人，失去生命，失去家园。人们无法过正常的生活，包括爱情生活和家庭生活。所以，这是一个在战争中发生的爱情悲剧。

第一次世界大战后，美国文坛出现了“迷惘的一代”作家。“他们怀疑一切、厌恶一切，鄙视高谈阔论，厌恶理智，几乎否定一切传统价值，认为人生一片黑暗，到处充满不义和暴力，总之，万念俱灰，一切都是虚空。”（林疑今，1995：3）他们“悲观、怀疑、绝望”（林疑今，1995：3）。而海明威是“迷惘的一代“作家的代表人物。他亲身经历了第一次世界大战，负过伤，失过恋，身心俱遭到严重的创伤。所以，海明威对战争抱着谴责的态度。《永别了，武器》自然就散发着强烈的反战情绪。虽然小说也有两个层面的意思，第一是告别战争，第二是告别爱情。但是，在这两个层面中，告别战争显得更为重要，因为这是从全人类的角度去思考的层面，而爱情只是个人层面的东西。再者，小说中，爱情的毁灭是由战争导致的。如果不是战争，爱情就可能继续延续。所以，笔者认为，题目译成《永别了，武器》非常贴合小说的主题。

但是，英文“Arms”除了“武器”的意思外，还有另一层意思，那就是“双臂”。伸开双臂，就是拥抱，而与这个温暖的拥抱告别意味着与爱情告别。这种理解也不无道理，因为在小说最后，亨利失去了凯瑟琳，当然就得与凯瑟琳的拥抱告别，进而与爱情告别。所以，有人认为《战地春梦》这个译法更符合原文要表达的意思，因为它既把战争背景译出来了，也把爱情幻灭的意思翻出来了。然而，笔者认为，“战地春梦”削弱了小说的反战主题。在某种意义上说，这个主题是比爱情主题更为重要的。因为“战地春梦”是一个偏正结构，主体部分是春梦，而战地只是一个背景。《战地春梦》没有把小说原有的反战主题很好地诠释出来，而《永别了，武器》反战意味明确，听起来掷地有声，是更可取的译法。

林疑今教授在给杨仁敬教授的学术著作《海明威在中国》一书写的序中曾经提过关于题目翻译的修改。他说："译文起初的译名叫作《战地春梦》，不无颓废主义的色彩，常遭非议。……（1949年后），改名《永别了，武器》，想不到在国内一个不大不小的重点大学，又遭到图书馆'内部控制，禁止流通'，理由是书名宣传无原则的和平主义。"（杨仁敬，1990：1）可见，之所以把《战地春梦》改为《永别了，武器》，是因为前者带有颓废主义的色彩。至于说《永别了，武器》是"宣扬无原则的和平主义"，这一点，我想，不但林教授不认同，广大读者也不会认同。因为人类社会要想和谐发展，需要的当然不是战争，而是和平。和平共处是所有人都向往的理想生活状态。

四、新旧版本不同之比较

《永别了，武器》初译于20世纪30年代，并于40年代出版。距离原文初版六十年后，林疑今又修订了一次，这就是我们今天市面上看到的版本。时隔六十年，译文在语言文字及表达方法上有些什么不同呢？

林译《永别了，武器》从出版之日起一版再版，受到广大读者的欢迎和好评，仅此一点便能说明，该版本是个成功的译界典范。对于该版本的成功之处，诸如忠实原文，很好地体现了海明威简洁的写作风格，文字流畅，可读性强，有极强的审美价值等等，我在这里不再赘述。本文主要是对比新旧版本，归纳总结新旧版本的不同之处。总体来看，林译《永别了，武器》新旧版本在以下几个方面有明显的不同，即人名翻译、地名翻译、食物翻译以及表达等方面的不同。

（一）人名翻译的不同

在20世纪30、40年代，翻译英语文学作品虽然已经不是稀罕之事，但不论是翻译理论、翻译标准还是翻译规律都还不像现在这么成熟。至于英语人名的翻译，也还没有相应的英语人名译名手册或是人名词典这类工具书。人名大多依据音译。但是，因为汉语有四声，每一声又都有很多不同的字，所以，虽然大家都依据读音来翻译人名，但选用的字可能都不一样。

在林译《永别了，武器》新旧译本中，人名的变化是比较明显的。举例如下：

英语原文	旧版翻译	新版翻译
Catherine	卡萨玲	凯瑟琳
Caruso	卡露索	卡鲁索
Ferguson	福开森	弗格逊
Rocca	罗加	罗卡

新版中，除了文字的改变，林先生还用脚注的方式对一些名字加以说明。如卡鲁索，脚注里不但有该人的生卒年月，而且还注明他是意大利著名男高音歌唱家。这么做的好处是能帮助读者更多地知晓这个人物。而在旧版中，只是译出人名，没有脚注说明。

（二）地名翻译的不同

地名的翻译也是新旧版本中变化比较大的。在旧版本中，很多地名并没有译出，而被虚化掉了。但在新版本中，地名不再被省略，而是全部译出。

例如，第一章写到意大利国王视察战场时的居住地点：

原文：He lived in Udine ...（Hemingway，1957：4）
旧版译文：他的行营设在意大利东北边境某地……（林疑今，1981：2）
新版译文：他住在乌迪内……（林疑今，1995：6）

可见，在旧版中虚化的一个地名在新版中已经补译出来。不但如此，林疑今还用脚注的方式对其做了说明，指出这个地点的具体位置和当时的用途："乌迪内在意大利东北部，当时意军的总司令部所在地。"（林疑今，1995：6）

还有很多地名，林先生在新版中一律改成现在通用的译名。如：

英文原文	旧版翻译	新版翻译
Florence	佛罗兰斯	佛罗伦萨
Abruzzi	阿布卢齐	阿布鲁息
Somme	桑姆	索姆
Pittsburgh	毕茨堡	匹兹堡
Minnesota	敏尼索它	明尼苏达
Michigan	米西根	密执安

对比新旧版本，可以发现新版采用了脚注说明原文中的地名。地名"阿布卢齐"在新版中改成了"阿布鲁息"，且加了脚注："阿布鲁息为意大利中东部一古地区名。"（林疑今，1995：10）"桑姆"改成了"索姆"，且加了脚注："索姆是法国北部河名，于 1916 年和 1918 年发生剧烈战役。这里指 1916 年战役，英法联军初次运用新武器——坦克——进攻德军，以解除德军围攻凡尔登的压力。"（林疑今，1995：21）

（三）食品饮品翻译的不同

对于食品饮品的翻译，新旧版本也有不同。这主要体现在：在旧版中，林疑今忽略了一些具体食品或者饮品的名称，只是用泛指的酒或者食物来代替。即使有译出，也没有注释说明。而在新版中，他不但翻译了具体名称，而且用脚注说明。例如，第三章中有一种酒，叫作 Strega，在旧版中，他只是翻译成酒，但在新版中，他翻成“施特列嘉酒”，并且用脚注加以说明：“一种桔子味[①]的甜酒，金黄色。”（林疑今，1995：16）另一种酒英文叫 Grappa，旧版虽也有译成“格拉巴”，但没有说明。在新版中，林疑今加上了脚注：“一种意大利白兰地。”（林疑今，1995：20）

（四）表达方面的不同

除了在人名、地名和食品饮品名称等方面翻译的变化之外，林疑今对旧译版中一些词句经过重新理解，修订了原来的译文，使翻译更为精确，更加忠实原文。

例如，第一章开篇，表示时间的状语：

> 英语原文：In the late summer of that year we lived in a house in a village that looked across the river and the plain to the mountains.（Hemingway，1957：3）
>
> 旧版译文：那一年炎夏，我们住在乡下一间小房子里。从我们那座房子，看得见隔河的平原，平原同山连在一起。（林疑今，1981：1）
>
> 新版译文：那年晚夏，我们住在乡下一幢房子里，望得见隔着河流和平原的那些高山。（林疑今，1995：5）

对比新旧版本和原文，旧版把时间译为“炎夏”，其实没有把英文的 late 翻译出来。而新版译为“晚夏”，才是精确的原文意思。再者，旧版中用“一间”来形容一幢房子，也不太合适。新版改成“一幢房子”就贴切多了。而对比后半段译文，新版的理解显然是对的，而旧版的理解就有些偏差。

再如，第一章第二段，描写战场附近的田野果园的场景：

> 英语原文：The plain was rich with crops; there were many orchards of fruit trees and beyond the plain the mountains were brown and bare.（Hemingway，1957：3）
>
> 旧版译文：平原上一片丰收景象，果实累累。平原的后面是紫褐色的空山。（林疑今，1981：1）

① 现常写作“橘子味”。——编者注

新版译文：平原上有丰饶的庄稼；有许许多多的果树园，而平原外的山峦，则是一片光秃秃的褐色。（林疑今，1995：5）

对比新旧版译文，旧版的翻译似乎把这平原译成了一派丰收景象。可是，从原文的上下文可以看出，这里是战场，虽然平原上种有庄稼，但被战火蹂躏的庄稼或者果园都不可能是庄稼茂盛、果实累累的样子。相对而言，新版只译成“平原上有丰饶的庄稼”和“许许多多的果园”应该是更符合原文的意思的。

还有一些句子，在旧版中，因受英文影响，译文的英文痕迹比较重，中文读起来便会产生歧义。在新版中，林先生也修改了不少这样的句子。例如，第四章中有这样一个句子：

英语原文：Were you on permission？（Hemingway，1957：16）

旧版译文：你不是刚刚有了个假期吗？（林疑今，1981：11）

新版译文：你是休假才回来吧？（林疑今，1995：18）

这里英文用的是过去时，而从上下文也知道，亨利刚刚休假回到前线。所以，新版译文就是很到位的译文。旧版译文不但英文痕迹很重，而且有可能会被读者误认为亨利刚刚获批一个假期。

再比如，书的最后一句话，写男主人公亨利离开医院，在雨中走回宾馆。

英文原文：After a while I went out and left the hospital and walked back to the hotel in the rain.（Hemingway，1957：332）

旧版译文：过了一会儿，我走了出去，离开医院，冒雨回到客栈。（林疑今，1981：309）

新版译文：过了一会儿，我走出去，离开医院，在雨中走回旅馆。（林疑今，1995：358）

林先生为什么在新版中把“冒雨”改成“在雨中”呢？因为“冒雨”一词偏主动。而在小说中，亨利历尽千辛万苦才协同凯瑟琳逃离了战争，来到中立国瑞士，以为从此可以拥有自己的爱情，过上幸福美满的生活。可是，事与愿违，凯瑟琳因为难产导致母婴双双撒手人寰。此时的亨利万念俱灰，悲伤至极，根本不能正常地思维和选择，所以说“冒雨”不太合适。在新版中，林先生把“冒雨”改成了“在雨中”，这就更符合原作的故事背景。这句话中还有一处改动就是，新版中把“客栈”改成了“旅馆”。估计是林先生认为“旅馆”比“客栈”常用的缘故。

有一些词语的表达，经过林先生在新版的翻译中的重新考虑，也有了细微的变化。其中之一就是对妓女一词的翻译。在旧版中，大多用“娘们”来指前线的妓女，不无贬义。虽然妓女的存在是文明社会所不容的。但是，在战争前线，参战官兵其实都被当作政治的工具。他们冒着生命危险，为虚幻而无用的荣誉而战，实则心情苦闷，空虚寂寞，提心吊胆。在这种情况下，到妓院找妓女，也是他们分散注意力、缓解空虚苦闷的方式之一。从某种意义上说，妓女在调节官兵的心情、释放心理压力等方面起到了积极的作用。所以，不该用贬低、瞧不起的语气来诋毁这些妓女。故此，在新版中，林疑今改用了中性的“姐儿”来指称妓女。

还有一些习语的表达也有类似的情况。第三章中，雷那蒂向亨利借钱，亨利爽快地借给了他。他向亨利说了些好话，亨利接着说：

英文原文：Go to hell!（Hemingway，1957：13）

旧版译文：说鬼话。（林疑今，1981：9）

新版译文：活见鬼。（林疑今，1995：16）

这里，显然新版译文比旧版译文来得确切。

对比新旧版译文，类似的改动还有很多，本文就不一一赘述了。

（五）因语言发展而产生的表达不同

语言是随着时代发展而发展的。随着历史的发展，一些表达法在某个历史阶段很流行，很适用，但是，随着时代的推移，有些表达法就会遭致时间的淘汰。新时代的读者不再熟悉旧的表达法，也不习惯旧的表达。所以，即使是同一部文学作品，随着时间的推移，也存在扬优汰劣的情况。林译《永别了，武器》初版于20世纪40年代。那个时代流行或者被广泛接受的一些表达，到了20世纪末，不见得还一样流行或者被接受。在林译新旧版本的对比研究中，笔者发现，林疑今在新版中改掉了一些初版的表达法。例如小说各个部分的译法，旧版用“卷”来表示，而新版则用“部”来表示。第一部分，旧版译为“卷一”，新版译为“第一部”。显然新版的译法比较为现今读者所接受。

再如，第二章中的一个句子：

英文原文：The captain spoke pidgin Italian for my doubtful benefit ...（Hemingway，1957：7）

旧版译文：上尉为了让我完全听得懂，故意说着洋泾浜意大利话。（林疑今，1981：4）

新版译文：上尉据说是照顾我，叫我完全听得明白……所以故意说着不纯粹的意大利语。（林疑今，1995：9）

洋泾浜，原是上海的一条河滨，位于从前的公共租界和法租界之间，后来被填成一条马路，即今天的延安东路。所谓“洋泾滨英语”，是指那些没有受过正规英语教育的上海人说的蹩脚英语。它的特点，一是不讲语法，二是按中国话“字对字”转成英语。可见，这是有历史来源的，洋泾浜位于上海，而且只有洋泾浜英语，没有洋泾浜意大利语。所以，旧版用“洋泾浜意大利话”显然不合适。况且，过去的读者兴许对洋泾浜还知道是怎么回事。如今，连洋泾浜都不复存在了，中国年轻一代的读者估计有不少人对洋泾浜是不甚了了的。所以，新版的修改很有必要。

第三章中，教士和上尉的对话：

英文原文：Priest not happy. Priest wants Austrians to win the war.（Hemingway，1957：14）

旧版译文：教士不开心，他希望奥人打胜仗。（林疑今，1981：10）

新版译文：教士不开心，他希望奥地利打胜仗。（林疑今，1995：17）

虽然说奥人和奥地利都没有背离原文的意思，但现今的读者对奥人的说法并不熟悉，而且一般也不说奥人，而说奥地利人。所以，新版翻成“奥地利”，更能为读者所接受。

在20世纪上半叶，“喜欢”和“欢喜”在代表喜爱某一事物或者人的时候是通用的。但是，随着语言的发展，两者的意思渐渐被剥离。“喜欢”还是有这层意思，而“欢喜”则更多代表“高兴”的意思了。这种区别在林译《永别了，武器》新旧版本中也同样看得出来。

例如，第四章中凯瑟琳和亨利的对话：

英文原文：Do you like it？
Every much.（Hemingway，1957：19）

旧版译文：你欢喜它吗？
很欢喜。（林疑今，1981：15）

新版译文：你喜欢吗？
很喜欢。（林疑今，1995：22）

同样，还是在第四章：

英文原文：Never. We do not like the English.
Not like the English? Not like Miss Barkley?
（Hemingway，1957：21）

旧版译文：我们不欢喜英格兰人。
不欢喜英格兰人？你不欢喜巴克莱小姐吗？
（林疑今，1981：17）

新版译文：我们不喜欢英格兰人。
不喜欢英格兰人？不喜欢巴克莱小姐？
（林疑今，1995：24-25）

还有一个例子就是“nurse”。旧版中都翻译成“看护”，“护士长”翻成“看护长”，显然不太确切。新版都改成了“护士”和“护士长”。虽然说过去“看护”也有“护士”的意思，但现代汉语里“看护”和“护士”的职责和身份是截然不同的。

类似的情形还有“office”，旧版译成“办事室”，这显然是过去的说法。新版全都改成了“办公室”这个现今读者习惯的说法。汽车 Fiat，旧版译为“飞霞车”，现在的读者根本不知道这么一种车型。新版改成了“菲亚特牌汽车”，读者就都能明白了。

五、结语

《永别了，武器》从 20 世纪 40 年代一版再版至今，特别是经过林疑今先生 80 年代的重新修订后，译文更加精准，更加符合原文，也更加符合当今语言的习惯，从而可读性更强，读者群更大。毋庸置疑，《永别了，武器》已经以其充分展示原著魅力、保留原著风格及译文文字优美流畅的特点而成为美国文学译著的经典作品。

参考文献

[1] Hemingway, Ernest, *Farewell to Arms*, New York: Scribner, 1957.
[2] 林疑今：序，《海明威在中国》，杨仁敬著，厦门：厦门大学出版社，1990 年。
[3] 欧内斯特 · 海明威：《战地春梦》，林疑今译，贵州：贵州人民出版社，1981 年。
[4] 欧内斯特 · 海明威：《永别了，武器》，林疑今译，上海：上海译文出版社，1995 年。

基于语篇词汇衔接的俄汉口译表达研究

顾鸿飞 * 李宣莹 **

摘要：语篇是翻译的基本单位，词汇衔接则是构成语篇、实现语篇功能的重要手段。不同语言有不同的语篇词汇衔接手段。在口译过程中，译员如果能够充分考虑到源语和目的语词汇衔接手段的差异，兼顾他们的特点，就能够有效避免误译。本文通过对比分析俄汉双语语篇词汇衔接手段的使用，论述口译的表达。

关键词：语篇；词汇衔接；口译表达

Abstract: Discourse markers are connections and transitions that make a discourse an organic and meaningful passage. Different languages feature different discourse markers. If a Chinese-Russian interpreter is sensitive to the difference in transitions and connections used in the two languages, many mistakes will be avoided. This paper analyzes and summarizes distinctive features of transitions and connections used in the two languages in hope of helping interpreters achieve a greater awareness of the cohesive strategies and discourse markers used in the two languages so that their interpretation may be more accurate.

Key Words: discourse; discourse markers; comparative interpretation strategy and method

一、语篇词汇衔接和口译的相关性

语言是人类最重要的交际工具，语篇是言语创造过程的产品，……言语产品具有明确的意向和语用目的，包括名称（标题）及一系列独立单位（超句统一体），并通过词汇、语法、逻辑、修辞等各种联系手段，把它们结合为一个整体，

* 顾鸿飞，厦门大学外文学院教授，研究方向：俄语口译。

** 李宣莹，厦门大学外文学院硕士研究生，研究方向：俄语口译。

在意义上具有完整性（华劭，2003：267）。连贯性是语篇的主要特征之一，因为语篇是通过意义联系组织起来的连贯话语，所以无论语篇以何种形式出现，都要求语义连贯，形式衔接。因此，语篇连贯性研究成为语篇语言学研究的核心问题。俄罗斯学者柯热芙尼科娃将连贯性类型划分为语义连贯性和形式连贯性两种，其中包含既属于词汇衔接，又属于语法衔接的重复、同义词、指代等（Кожевникова，1979）。连贯性在西方语言学著作中被称作"衔接"和"连贯"，其代表是韩礼德和哈桑的语篇"衔接理论"（Halliday，1976：374）。他们认为，语篇的连贯性手段包括照应、替代、省略、连接等词汇衔接手段，这与俄罗斯学者们的观点不谋而合。

语篇是实际使用的语言单位，是一种信息表现形式，其功能是为了实现话语双方的交际活动，完成双语意义与功能的转换。口译也是以语篇为翻译单位的言语交际活动，作为跨语言、跨文化交际的一种语言使用形式，译员在进行两种语言之间意义的相互转换时，实际上是在寻求两种语言语篇意义的对等。口译实践要求口译员具有很强的语言能力，而语篇能力则是构成语言能力的三大要素之一，指译员用词汇衔接和修辞等多种手段把在意义上有所联系的不同成分构成语篇的能力（Bachman，1900：87）。语篇是译员理解原文的前提，亦是准确表达的保障。可以说，语篇分析制约着口译的具体过程，对源语与译语语篇意义和功能的识别与重新编码是制约口译成败的关键。因此，如果译员掌握语篇知识，具备语篇意识，在口译时善于运用语篇分析，则能够有效地提高口译能力和口译工作质量。

词汇是构建语篇最基本的要素，词汇衔接是语篇中连接语言单位和语言模式的手段，用于连接意义和概念，因为"只有词汇相对集中，才能保证语篇的主题和语义场取得统一"（胡壮麟，1994：112）。在韩礼德和哈桑的文本分析中，词汇衔接占所有衔接的42%（金铠，2009：36）。因此，口译员需要准确掌握双语语篇的词汇衔接知识以及在译语表达时灵活运用词汇衔接手段。这是提高口译质量切实有效的方法之一。

二、词汇连贯衔接手段在口译源语语篇和译语语篇的运用与分析

演讲作为一种语言交际活动，其文本具有语篇的全部特征。演讲人为达到讲话的预期目的，在语篇建构过程中，会有目的地选择合适的词汇和恰当的词汇衔接手段。本文以习近平主席和普京总统在2013年俄罗斯"中国旅游年"开幕式的讲话[①]为例，选取源语语篇与译语语篇中较为常见词汇衔接手段——词

① 译文是本文作者根据口译内容记录下来的。

汇重复、同近义词、上下义关系和泛指词等，通过对这些手段应用情况的对比、分析和统计，总结双语词汇衔接手段运用的异同，判断译语语篇对源语语篇的偏离程度和口译的交际效果。

1. 词汇重复

词汇重复是词汇连贯衔接中最直接的方式，指具有同样语义、同一形式的一个单词或词组在同一语篇中反复出现。词汇重复分为简单重复和复合词汇重复。简单重复是指原词以同一语义、同一形式出现在语篇中，而复合词汇重复则指词义同现，但时态和体貌不同或重复同一词义而词性和语用不同（胡壮麟，1994）。俄语词汇有丰富的词形变化，故简单词汇重复使用得较少，复合词汇重复使用得相对较多。

例 1：旅游是传播文明、交流文化、增进友谊的桥梁，是人民生活水平提高的一个重要指标，出国旅游更为广大民众所向往。旅游是综合性产业，是拉动经济发展的重要动力。旅游是修身养性之道，中华民族自古就把旅游和读书结合在一起，崇尚“读万卷书，行万里路”。

Туризм—это мост для распространения цивилизации, обмена культурами и укрепления дружбы, это один из красноречивых показателей повышения уровня жизни народа, в том числе и любимые туристские поездки за границу. Будучи комплексной индустрией, онсущественно стимулирует экономическому развитию. Туризмявляется, помимо всего прочего, способ самосовершествования. Не случайно, что путешествие в Китае издревле сопровождается чтением. Этим и объясняется наша популярная пословица «Читай десять тысяч томов книг, проходи десять тысяч дорог».

习近平主席在演讲中使用了排比，连续 3 次提及“旅游是……”，旨在强调旅游在国家经济发展中、在人民生活中的重要性，从而彰显出其对提高国民素质和生活质量的作用。对应的译文“турзм”出现了 2 次，第三次译员用人称代词“он”代替了“турзм”，目的是为了避免不必要的重复，符合俄语语言的表达习惯。

2. 同近义词

同近义词指具有同样或相近意义的不同词项之间的接应关系（胡壮麟，1994：118），它们能够帮助言语避免一成不变的重复，能帮助语篇达到句子互相衔接和语义连贯的目的，也是完善语篇主题的关键手段。

例 2: Китай—страна с многовековойисторией, богатейшей культурой, философией. Это уникальные памятники, изысканная кухня и древнее искусство врачевания.

中国是文明古国，有悠久历史，灿烂文化和丰富哲学，有独特的景点，非常美好的菜肴和悠久的医学。

使用同近义词可以用不同的语言形式描写一个事物，但本质上他们的所指却是同一个。在强调中国悠久历史和灿烂文化的时候，普京总统使用了同义词“древний”和“многовековой”，汉语译文重复使用了“悠久”一词。

例 3: 俄罗斯是旅游大国。古老的文明和灿烂的文化在世界上独树一帜，快速发展的现代风貌吸引着世人眼球，伏尔加河、乌拉尔山、贝加尔湖的美丽风光享誉世界，莫斯科、圣彼得堡、叶卡捷琳堡、索契等城市的独特魅力备受青睐。我记得，中方去年拍摄了《你好，俄罗斯》百集电视专题片，展现出俄罗斯秀丽的自然风光和各民族的多彩风情。

Россия—туристская держава. Здесь древняя история и блестящая культура, пользующаяся первым признаниями уважения. Здесь динамичная развития и быстрые темпы современной жизни, привлекающей мировое сообщество. Россия— это изумительно красивая Волга, хребты Урала, голубой Байкал, это уникальные живописные города: Москва, Санкт-Петербург, Екатеринбург и Сочи. Я помню, китайской стороной в прошлом году снят стосерийный телефильм «Здравствуй, Россия». Страна-соседкапредставлена во всем свое великолепие, ее живописные пейзажи и самобытные традиции, никого не оставляет равнодушный.

在习近平主席的演讲中“俄罗斯”是关键词，且不止一次地被使用。而译文不仅使用了“俄罗斯”，还用了它的同义词“在这里”和“邻国”。

由此可见，在语篇中使用同近义词可以通过不同的表达形式把本质上一致的意义在语篇中灵活地表现出来，有效避免了重复可能带来的单调和冗赘。

3. 上下义关系

上下义关系指的是在两个词之间，其中一个词的意义包含了另外一个的意义。上下义词在语篇中同时出现，可以使语篇结构衔接连贯，深化语篇语义，使其更生动形象。如：

例 4：Китай—страна с многовековой историей, богатейшей культурой, философией. Это уникальные памятники, изысканнаякухняи древнее искусство врачевания.

中国是文明古国，有悠久历史，灿烂文化和丰富哲学，有独特的景点，非常美好的菜肴和悠久的医学。

普京用“культура”一词谈中国文化，其下义词在文中体现为“философия, памяники, кухня, искусство врачевания”，而这几个词之间的关系又为同下义关系。译文也保留了这样的连接形式，最大限度地贴近了源语。

4. 泛指词

泛指词是指用一些泛指概念的词汇代替在语篇中遇到的有关人、物、事情或地点。人称代词和指示代词是主要的表达形式。泛指词的主要功能在于避免因词语重复使用过多而给人带来的词汇贫乏之感。泛指词是高级上义词，其衔接力取决于语境。只有当它们在语篇中有同一个预指词项，并伴有指代词项时，它们才具备语篇衔接力。相较于上义词而言，泛指词更加模糊抽象，抛开语境则很难凭空猜出其指代的是什么。

例 5：Нами успешно реализованы такие масштабныепроекты, как национальные Годы России и Китая, Годы русского и китайского языков, проведены сотни ярких,запоминающихся мероприятий, вызвавших живой отклик наших граждан наших стран. Многие из совместных начинаний обрели постоянно действующий формат.Регулярными стали студенческие фестивали, конкурсы на лучшее знание китайского и русского языков,форумы ректоров вузов, кинонедели,молодежные спортивные игры.

双方已经成功举办了大规模的人文活动，包括国家年、语言年活动。我们举办了数百个精彩活动，而且我们很多共同活动已经实现了常态化，包括大学生艺术节、俄语和汉语比赛、校长论坛、电影周和青年运动会。

在普京总统的演讲中，泛指词“проекты”指“национальные Годы России и Китая, Годы русского и китайского языков, сотни ярких, запоминающихся мероприятий”，词组“многие из совместных начинаний”和“студенчсскис фестивали, конкурсы на лучшее знание китайского и русского языков, форумы ректоров вузов, кинонедели, молодежные спортивные игры", 他们为下文使用词汇重复和同义词替换提供了方便。

三、词汇连贯衔接的口译表达

词汇衔接为口译实践提供了理论指导和方法，学会分析词汇衔接手段对于理解源语和表达译语都很重要。在口译过程中，译员可以通过分析讲话人对词汇衔接手段的选择，准确地理解源语语篇内各部分之间的关系、衔接的所指对象等，同时根据源语和对目的语语篇词汇衔接手段的认知和把握，合理利用词汇衔接手段，进行意义及功能的转化，重组译语语篇。这样，译员既能够最大限度保留源语语篇的意义与功能，又可以实现译语语篇的合理衔接连贯。

参考文献

[1] 胡壮麟:《语篇的衔接与连贯》，上海：上海外语教育出版社，1994 年。

[2] 华劭:《语言经纬》，北京：商务印书馆 2003 年。

[3] 金铠:《语篇的词汇模式理论与实践》，成都：西南交通大学出版社，2009 年。

[4] Кожевникова К., *Об аспектах связности в тексте как целом—Синтаксис текста*, М.: Наука, 1979.

[5] Bachman, L. F., *Fundamental Consideration in Language Testing*, Oxford: OUP, 1900.

[6] Halliday, M. A. K.,*Cohesion in English*, London: Longman, 1979.

[项目信息：本文为 2014 年度国家社会科学基金一般项目“基于语篇语言学的俄语口译研究”和 2014 年福建省新世纪人才支持计划的阶段性研究成果]

老舍作品俄译中的误译类型及其原因

李春雨*

摘要：随着中俄文学交流的日益加深，中国现当代文学作品存在巨大的俄译需求。对俄译过程中的误译进行分析，探究如何尽量避免事实性误译，对于保障译作质量，避免作品失真和文化扭曲具有重要意义。本文以老舍作品为例对汉文学俄译中的误译进行分析。笔者通过对最具有代表性的老舍俄译作品进行研读，总结归纳其中的误译类型，分析探讨其误译原因。

关键词：老舍；俄译；误译

Abstract: With the deepening of Sino-Russian literary exchanges, there is a huge demand for Russian translation of modern and contemporary Chinese literary works. It is of great significance to analyze the mistranslation of Chinese literary works into Russian and to explore how to avoid factual mistranslation, so as to ensure the quality of translation and avoid the distortion of works and cultural distortions. This article takes the Russian translation of Lao She's works as an example for analysis. Through the study of typical Russian translations of Lao She's works, this paper sums up the types of mistranslation and analyzes the causes of these mistranslations.

Key Words: Lao She; Russian translation; mistranslation

一、老舍作品俄译概述

在中国文化“走出去”的宏观背景下，对中国现当代文学在俄罗斯的译介情况展开翻译学层面的研究，具有不言自明的重要意义。其中，对于误译的研究是一个极具学术价值和现实意义的视角。本文选择老舍作品作为研究对象，

* 李春雨，厦门大学外文学院助理教授，研究方向：俄罗斯文学，比较文学。

因为其极具代表性。

老舍是俄罗斯读者最为热爱、关注最多的中国现当代作家之一，俄苏对老舍的翻译与研究自 20 世纪 50 年代以来从未间断。正如著名汉学家 Н. 司格林（Н. Спешнев）教授戏言：在俄苏“没有‘老舍热’，因为没有凉过”。（曾光灿，1987：145）其作品的小人物主题所折射出的人道主义关怀和市民社会批判主题所秉持的批判现实主义文学传统与俄罗斯文学两大光辉文学传统相契合，与俄罗斯读者在“期待视野”上达到融合，令其倍感亲近。自 1944 年老舍作品首次被译成俄文以来，俄罗斯汉学界在老舍作品翻译方面取得了巨大成绩。据笔者统计，截至目前被译成俄语的老舍作品不下 126 种（包括长篇小说 10 部、3 部中篇小说、32 部短篇小说、7 部戏剧、74 篇文章），几乎涵盖了作家各个时期、各种体裁的全部重要作品。据俄罗斯当代著名汉学家罗季奥诺夫统计，俄罗斯共计发行老舍译作单行本 22 种，总印数逾一百万册。就俄文译作单行本数量而言，老舍在中国现当代作家中位列第一；就总发行量而言，老舍仅次于鲁迅，远高于其他人[①]（Родионов, 2012：10）。

在七十余年的老舍俄译进程中，涌现出一大批优秀的翻译家和精品译作。《骆驼祥子》《月牙儿》《猫城记》等作品都堪称俄罗斯翻译文学宝库中的经典之作。老舍俄文译者队伍近二十人，其中包括多位杰出翻译家，如季什科夫 [译作有 *Серп луны*（《月牙儿》）等]，司格林 [译作有 *Сказители*（《鼓书艺人》）等]，沃斯克列先斯基 [译作有 *Под пурпурными стягами*（《正红旗下》）] 等等。不过，从翻译作品的数量、质量以及译作的影响力来看，最主要的老舍俄译者当属罗日杰斯特文斯卡娅和谢曼诺夫。

罗日杰斯特文斯卡娅一共翻译了十五部老舍作品，包括长篇小说三部：《骆驼祥子》（*Рикша,* 1956），《小坡的生日》（*День рождения Сяо-по,* 1966 合译），《离婚》（*Развод,* 1967）；短篇小说 11 部：《阳光》（*Солнечный свет,* 1969），《微神》（*Дивный сон*, 1957），《黑白李》（*Братья*, 1957）等；戏剧两部：《西望长安》（*Этому не бывать*, 1957），《茶馆》（*Чайная*1957 年第一幕，1991 年全本）。

谢曼诺夫共翻译了七部老舍作品，包括长篇小说四部：《猫城记》（*Записки о Кошачьем городе*, 1969），《赵子曰》（*Мудрец сказал*, 1979），《牛天赐传》（*История небесного дара*, 1986），《二马》（*Двое в Лондоне*, 1988）；短篇小说三部：《眼镜》（*Очки*, 1959），《同盟》（*Союз*, 1965），《马裤先生》（*Господин в бриджах*, 1965）。

① 该文统计数据如下：鲁迅俄译作品单行本共 20 种，总印数 1463225 册；老舍共 22 种，1014700 册；张天翼共 11 种，862000 册；茅盾 13 种，680600 册；巴金共 7 种，555000 册；郭沫若 11 种，460000 册；叶圣陶共 3 种，210000 册。

目前老舍被译成俄文的长篇小说共计十部，其中七部出自罗日杰斯特文斯卡娅和谢曼诺夫之手，仅此足见二人对老舍俄译贡献之大。由于工作经历、教育背景，性格气质迥异，二者在文本选择和翻译技巧上均表现出显著差异。罗日杰斯特文斯卡娅最为青睐老舍的“京味儿”系列，尤其擅长传递老舍作品语言的俗白口语特色，在翻译策略选择上表现出鲜明的归化倾向；谢曼诺夫则更倾向于老舍的幽默讽刺作品，对作品幽默讽刺意味的把握较为准确。但二人的翻译水准均受到高度肯定，罗日杰斯特文斯卡娅翻译的《骆驼祥子》，谢曼诺夫翻译的《猫城记》均已成为俄罗斯翻译文学中的经典，广泛流传。

不过，在老舍俄译作品中，即便出自最优秀译者的最杰出译作也存在不少误译。本文旨在对老舍经典俄译作品中存在的误译进行分析，总结归纳误译类型，分析探讨导致误译的原因，以期为汉文学作品俄译提供借鉴。

二、误译的两种类型

从内容层面来看，老舍俄译作品中的误译可以分成语言类和文化类两种。

（一）语言类误译

翻译是不同语言之间的转换活动。不同语言在形式、语音、语法、结构、语义等各方面的差异，给翻译活动造成了难以逾越的障碍。众所周知，使用北京方言、俗白口语正是老舍作品语言的最大特色。而在老舍作品俄译过程中，译者在语言层面所遭遇的最大困难恐怕恰恰源自于此。

方言属于“文化局限词”的范畴，其形成和使用与不同地方人们特殊的文化心态、风俗习惯、宗教信仰、生活生产方式等密不可分（白松强，2009：118）。老舍是一位地地道道的北京人，他用北京方言写北京人、讲北京事、话北京城，创造了地道浓郁的“京味儿”文学。比比皆是的北京方言词汇给译者的理解与表达制造了巨大障碍。在很多情况下，译者因为无法准确理解源语词汇的内涵，而造成了表意上的偏离，未能做到语义对等。试举两例加以分析。

例 1. “咱们一搬回去，管保挺起胸脯，谁也不敢斜眼看咱们；咱们要是老在这儿忍着，就老是一对黑人儿，你说是不是？”（3：132-133）[①]

Вот тогда будем ходить с гордо поднятой головой, никто не посмеет на нас коситься! Здесь нельзя оставаться надолго, иначе будем всю

① 本文中全部老舍作品均引自《老舍全集》，人民文学出版社 2013 年版。括号中表示本引文出自第三卷第 132-133 页。以下仅标注卷号和页码。

жизнь бедняками.（Лао Шэ, 1991：437）

“黑人儿”是北方方言，指的是不被大家认可的人。小说中，虎妞先与祥子私通，后不顾父亲反对，执意嫁给祥子，并因此与父亲决裂。在父母之命，媒妁之言的年代，这对夫妻自然成了“黑人儿”，被人在背后指指点点。译者没有正确理解这个词语的意思，将其误译为“穷人”（бедняк）。现将译文划线部分试译为 иначе будем всю жизнь ходить с плохой репутацией。

例 2. “你甭看着我办事，你眼儿热！看见？我早就全看见了，哼！”（3：121）

Не думай, что я был занят только гостями, бесстыжие твои глаза!Я всё вижу!（Лао Шэ, 1991：427）

“眼热”本为南方方言词汇，加上儿化音之后变得京腔京调。“眼儿热”与“眼红”相近，意为“看见美物美事因艳羡而渴望得到，含嫉妒情绪”（贾采珠，1990: 100）。小说中，刘四爷过寿，搭了喜棚，虎妞想借机向父亲摊牌，借现成的喜棚与祥子完婚。刘四爷对虎妞的心思有所察觉，才说她“眼儿热”。俄语中的“бесстыжие глаза”是一句詈语，意为“不要脸的东西”，与“眼儿热”一词差距较大，因而不妥。试将译文划线部分改为 а ты не завидуй!。

除方言词汇之外，口语词汇和语法也是翻译中的一大难点。老舍提倡在作品中使用大白话，即人们日常生活中使用的语言，特别是在人物话语和内心独白中。比如下面这个例子：

例 3. 我把一裤袋的国魂，有十块一个的，有五块一个的，都扔在地上，让他们自己分吧，或是抢吧，我没精神去管。（2：215）

Запустив руку в карман, я достал пятнадцать национальных престижей и швырнул на землю, пусть сами делят.（Лао Шэ, 1969：118）

译者显然将原文划线部分误以为“有一个十块的，有一个五块的”，因此直接将其译为“十五块”（пятнадцать）。实际上，“十块一个的”属于口语用法，意思是“面值 / 价格为十块的”，“有……的，有……的”则为口语句法，表示“有的……，有的……”。所以原文的正确意思应该是“有很多国魂，有的面值十块，有的面值五块”（многие национальные престижи, некоторые стоимостью 10, а другие 5)。无独有偶，汉语口语中常用的“百八十块”在《离婚》中出现时（2：

406)，被罗日杰斯特文斯卡娅误译为“一百八十块”（Сто восемьдесят юаней）（Лао Шэ, 1991：128），而正确译法应为 юаней восемдесят。

口语中有些独特的句式也会造成译者的误读。比如在《茶馆》中王利发回应给茶馆增添人手的时候说：

例 4. 王利发：添人得给工钱，咱们赚得出来吗？我要是会干别的，可是还开茶馆，我是孙子！（11：280）

Ван. Еще одного? А где взять средства ему на жалованье? Доход у нас и так мизерный. Можно бы, конечно, заняться чем-нибудь другим. Но чайная досталась мне по наследству,—и я не могу ее бросить!（Лао Шэ, 1991：636）

汉语中划线部分是典型的口语句式，其基本形式为：“我要是……，我是……！”这是一个虚拟条件句，“我是孙子”并非实指，而是发誓赌咒，意思是“以人格担保，前边的条件不会发生”。“要是会干别的，可是还”是一个插入句，表转折关系，增加了原文理解的难度。整句话的意思是“假如我会干别的，而仍旧开茶馆的话，我就不是人”。而译者将其理解为“我虽然可以干别的，可是我还得继续开茶馆，因为我是孙子（要继承爷爷的事业）。”由此造成误译。故将这句话试译为：Если бы я умел что-нибудь другое, то я давно бы эту проклятую чайную закрыл! 。

综上所述，老舍作品语言的俗白口语化，方言词汇等对俄译者们构成了极大的挑战。此外，还有一些文语，比如“压惊”“接风”，一些民俗色彩过于浓郁的俗语，如“猫咬尿泡——空欢喜一场”等，也都为译者造成了理解和表达上的困难，对于这些词汇的不熟悉同样会导致误译。

（二）文化类误译

文学翻译不但受到语言的严重制约，而且也时刻遭遇文化方面的重要障碍。由于不同民族在自然环境、历史发展、宗教信仰、风俗习惯等方面的差异，原语文化与译语文化之间存在文化错位。背负译语文化的译者，如果不能正确解读原作文本中所蕴含的文化信息，就会导致原作文化信息的流失或变形，从而出现误译。

老舍作品中包含大量丰富多彩的民俗文化信息和众多特殊的文化现象及风俗习惯。其中很多在今日中国已经不复存在，有些即便仍然存在也已发生了显著变化，甚至连今天的中国读者都会感到陌生，更遑论外国译者了。在这些作品中，“标志某种文化中特有事物的词、词组和习语”可以被称为“文化负载词”，它们“反映了特定民族在漫长的历史进程中逐渐积累的，有别于其他民族的独特的活动方式。”（廖七一，2000：232）这些文化负载词的翻译对于译者无疑是一个巨大挑战。请看下例：

例 5. 钱就和流水似的，他的手已拦不住；死者总得抬出去，连开张殃榜也得花钱。（3：172）

Деньги уплывали из рук Сянцзы, как вода. Покойницу надо было похоронить, да ещё предстояли расходы на умилостивление духов.（Лао Шэ, 1991：469）

“开秧榜”这一词语在今天看来已经十分陈旧了。所谓“开殃榜”指的是“旧时人死后安排处理各项丧事的具体时间，一般由阴阳生执行”（杨玉秀，1984：70）。“阴阳生”即风水先生，负责通过卜卦，选择适合出殡与下葬的日子。对于安葬横死之人，开秧榜尤其重要，否则就会闹鬼，不得安宁。从译文来看，罗日杰斯特文斯卡娅显然不知道“开秧榜”这一词汇的含义，因此将其译成“安抚亡灵”（умилостивление духов），从而造成了文化信息误差。试将其译为назначение гадателем подходящего времени похорон。

老舍作品中含有大量节庆习俗的描写，涉及众多的老北京文化习俗和文化现象。由于译者背景知识的欠缺，常常导致误译。

例 7. 一切讲好，她自己赶了身红绸子的上轿衣；在年前赶得，省得不过破五就动针。喜日定的是大年初六，既是好日子，又不用忌门。（3：126）

Так же быстро ей сшили наряд из красного шелка. Хуню хотела управиться с делами еще в старом году, чтобы к пятому дню нового года все было готово. Свадьба была назначена на самый счастливый – шестой день.（Лао Шэ, 1991：431）

例 8. 父亲……还去把大绿瓦盆搬进来，以便储存脏水，过了“破五”再往外倒。（8：499）

Отец принес в комнату большой глиняный таз, чтобы сливать в него грязную воду. После «пятидневного срока»[В пятый день января заканчивалось празднование Нового года (праздник Весны)] таз обязательно полагалось опростать за воротами дома.（Лао Шэ, 1981：361）

以上两例分别出自《骆驼祥子》和《正红旗下》，讲述的都是老北京春节习俗。两个句子中都提到了一个词——“破五”。所谓“破五”，据“《民社北平指南》载：‘初五日谓之‘破五’，破五之内，不得以生米为炊，妇女自元旦至是日不出门，虽同院合居亦然，谓之‘忌门’。初六日始贺戚友，新嫁女子亦于是日归宁。”（转引自陈文良，1992：515）此外，破五之内，屋内不能搞卫生，因为动扫帚会把好运气扫掉。产生的杂物脏水等只能在屋内存放，不许朝屋外倒垃圾。到了初五这一天，家家放鞭炮，吃饺子，还要来一个大扫除，将垃圾扫出大门，堆到一处，在垃圾堆上点燃一个大炮仗，轰隆一声，穷气和穷鬼就被赶跑了，此之谓“崩五穷”。

反观两位译者的译文，不难发现，他们对于破五的传统并不了解。在罗日杰斯特文斯卡娅的译文中，将“省得不过破五就动针”理解为“到初五以前做好”。至于初六为什么“既是好日子，又不用忌门”，译者打了一个马虎眼，只说初六是“最吉利的日子”。现将划线部分试译为：Хуню хотела управиться с делами ещё в старом году, а то придется нарушить старый обычай, по которому людям нельзя было шить до пятого дня после праздника Весны. Свадьба была назначена на шестой день, который считается благоприятным. К тому же с этого дня после праздника Весны люди прекращают табуировать дрери дома для гостий。《正红旗下》的译者将破五解释为“到正月初五春节的庆祝就结束了”，这显然也是不符合事实的，有中国文化常识的人都知道到了正月十五新年方尽。现将例 8 划线部分试译为：потом, на пятый день после праздника Весны его опростать за воротами дома, как полагается по традиции。

再比如，长篇小说《赵子曰》有这样一段话：

茶棚里的娇美的太太们，豆汁摊上的红袄绿裤的村女们，庙门外的赌糖的，押洋烟的，庙内桥翅下坐着的只顾铜子不怕挨打的老道士……这些个才是值得一看的。（1：257）

这里描述的是 20 世纪 20 年代老北京人过年逛庙会时的习俗，茶棚、豆汁摊、赌糖、押洋烟这些习俗虽然早已销声匿迹，但理解起来尚不会有太大困难。但是划线部分提到的“老道士”是怎么一回事呢？原来，北京著名道观白云观内有一座窝风桥，桥下无水，旧时桥洞中有一座道士塑像，正襟危坐，鹤发童颜。老道的头前脑后各悬一枚大铜钱，钱眼内有一铜铃，香客游人以铜钱掷铜钱，若击中铜铃则大吉大利，诸事顺遂。但十有八九是砸在老道身上，故戏之曰“打老道”。时至今日，在盛况依旧的白云观春节庙会上，游人们仍然会兴致勃勃地以现钱换取铜板来投掷刻有“铜响福兆”的古铜钱模型，但老道的踪迹却已无处寻觅。由于对于这一传统习俗的不了解，译者谢曼诺夫将原文划线部分误译为：“старые монахи, сидящие под обеим сторонам ворот и готовы на все, лишь бы получить милостыню.”（Лао Шэ，1979：162）其意为：庙门口两旁坐着的只顾“乞讨”不怕挨打的老和尚们。这里，译者不仅用了 монах 这个词（该词多指佛教僧侣或基督教修士，道士应为 даос）而且极大扭曲了源语文本中的文化信息，以至于呈现在译文读者脑海中的完全是另外一幅图景。

三、导致误译的三类陷阱

以上举例论证了语言类和文化类两种误译类型。不管哪一类误译，其根本原因都在于译者语言或文化知识掌握不足。语言差异和文化错位是翻译过程中的两类显在障碍，能否克服主要取决于译者的知识和水平。除了这两类显在障碍之外，老舍俄译者还经常遭遇三类陷阱——望文生义、只知其一、张冠李戴。遭遇显在障碍时，译者会感到棘手，对可能的误译心知肚明；可是，在误入三类陷阱时则有可能浑然不觉。

（一）望文生义

汉语具有形象生动的特点。很多词语可以根据其文字构成猜到其大致意思。比如，北京方言中经常以“牛脖子”来比喻某个人的性格倔强，脾气执拗。这个词在《骆驼祥子》和《赵子曰》中都出现过。译者们根据词语本身的形象性以及上下文语境，均比较准确的传达了这个词的含义。然而，有些词语是不能“望文生义”的。比如《离婚》中的这个例子：

例 10. 一天遇上三个人情，两个放定，碰巧还陪着王太太或是李二婶去看嫁妆，守时间是不可能的。（2：297）

За день ему пришлось улаживать три сердечных дела, он уже уладил два, когда подвернулась то ли госпожа Ван, то ли невестка Ли, пришлось идти смотреть приданое.（Лао Шэ，1991：26）

“人情”指“有喜事、丧事时，亲朋好友，前往庆贺或吊唁，送份子礼，帮着张罗，参加仪式，吃宴席”（高艾军，2013：941）。放定指“旧时婚俗，定婚时，男方赠送女方礼品”（高艾军，2013：278）。而译者分别将其理解成“私己之事”（сердечные дела）和“搞定，办妥”（уладить），进而将“三个人情，两个放定”误译为“要办三件私事，其中两件已经办妥”。书中的张大哥是“业余而专业”的媒人，这里的人情、放定、看嫁妆等都是他分内之事。故将上句拟译为：“У него каждый день по два-три свадьбы или обручения, еще нужно то с госпожой Ваной, то с тетушкой Ли вместе посмотреть на приданое, соблюдать время просто невозможно.”

再比如《正红旗下》的这个例子：

例 11. 大姐婆婆不知由哪里找到一点钱，买了头号的大糖瓜，带芝麻的和不带芝麻的。（8：459）

Правда, свекрови все-таки удалось добыть немного денег, но она потратила их на засахаренные тыквенные семечки с кунжутом - самые что ни на есть дорогие.（Лао Шэ, 1981：316）

“糖瓜”是汉族传统名点，既是春节年节食品，又是祭祀用品（祭灶神）。用黄米和麦芽熬制成粘糖，扁圆如瓜，故称糖瓜。旧时腊月二十三过小年，传说这天灶王爷会离灶上天向玉皇大帝陈述家家户户在即将过去的一年中的功过表现。人们以祭灶糖供奉灶王爷，既有请他多多美言之意，又有用糖粘住灶王爷的嘴，不让他多说之心。译者将其译为“засахаренные тыквенные семечки”（蘸了糖的南瓜子）显然是犯了望文生义的毛病。现试译为“сладости из пшеничной муки, риса и сахара”。

（二）只知其一

汉语中存在大量多义词，在同一词语的多种意义中，有些常见，有些冷僻；不同意义之间有些联系密切，有些相去甚远。如果译者只知其一，不知其二，就无法准确理解原文，导致误译。比如“找寻”这个词，当用于普通话时，意同“寻找”；而当用于方言时，意为“故意挑剔”，“使人难堪”。在《离婚》中这个词语两个意思都出现了，但译者由于没有掌握方言的用法而造成了表达上的偏差。再比如下例：

例 12. 他的本领只足以叫他去作枪手，替崇家的小罗锅，或明家的小瘸子去箭中红心，得到钱粮。是呀，就是这么一回事：他自己有本领，而补不上缺，小罗锅与小瘸子肯花钱运动，就能通过枪手而当兵吃饷！（8：

476）

Со всеми своими уменьями он в лучшем случае мог рассчитывать на службу у какого-нибудь колченогого богача или горбуна - стать его личным стрелком. Посылай себе стрелу в красное яблочко и зарабатывай на пропитание! Вот и все! Обладая талантами, Фухай устроиться на службу не мог, а в то же самое время убогий горбун или колченогий барин, швыряя серебро на развлечение, брал его к себе в услужение и платил жалованье лучника.（Лао Шэ，1981：334）

原文出自《正红旗下》，其中包含两个多义词，“枪手”和“运动”。“枪手”原指宋朝时期广州的非正规民间武装力量，因其调遣频繁而没有正式俸禄，富裕人家经常花钱招人顶替。久而久之，“枪手”就变成了“拿钱顶替别人做事”的代名词。而“运动”这个词，除了“体育运动”“物理运动”这一基本意义组以外，还有“为买通人情或表示酬谢而送钱送礼”（高艾军，2013：999）的贬义。在原文中，两个词均应取其衍生意，意思是“身带残疾的纨绔子弟通过行贿舞弊，找人替考，从而进入军队编制，享受军饷”。译者恰恰选取了这两个词语的本意，将原文误解为“有钱人家的纨绔子弟雇佣弓箭手，供其消遣娱乐”。原文这段叙述包含很重要的信息，讲述八旗军队徇私舞弊，导致军力衰落，是对晚清时期腐败黑暗的社会现状的深刻揭露。然而，由于译者的误读，这段晚期社会现实的真实写照被严重扭曲了。

（三）张冠李戴

汉语中有很多文化负载词，词义相关，词形相近，却又有本质差异。老舍作品中就出现了很多这样的词语，如果译者对这些词的了解不够透彻，强不知以为知，就会张冠李戴，导致误译。比如下例：

例 13. 门上的春联依然红艳，黄的挂钱却有被风吹碎了的。（3：127-128）

Над дверьми всё ещё алели полосы бумаги с новогодними пожеланиями, ветер гнал по мостовой жертвенные бумажные деньги. (Лао Шэ，1991：432)

这句话描述的是过春节贴春联、挂挂钱的民间习俗。对于异文化持有者而言，春联更加普及，因此译者的翻译是基本准确的。而“挂钱”对于他们而言则相对陌生。所谓挂钱，“一般用红纸剪成，也有用彩纸剪成，长方形，上部为各种剪纸图案及吉祥语，底部为‘流苏’式”（陈文良，1990：511），春节期间将挂钱挂在门上，以图吉利，寓意钱财满屋。从译文来看，译者将“挂钱”与“纸钱”搞混了：“祭祀用的纸钱，被风吹着，在路上跑”。现将原文划线部分试译为“а некоторые вешенныена притолокудверей желтые полоскибумажнойвырезки испортенны ветером”。

正所谓“明刀易躲，暗箭难防”。当译者遇到陌生词汇的时候，会通过积极参阅上下文，查阅工具书或以其他方式排疑解难。如果实在无解，译者还可以选择忽略或者打马虎眼的方式。这样虽然会漏掉一些信息，但至少不会导致误译。怕就怕译者自认为理解了，而实际上却犯了上述三种毛病。所以，文学翻译理应如履薄冰，切忌想当然。

四、结语

比较文学认为：“误译反映了译者对另一种文化的误解与误释，是文化或文学交流中的阻滞点。误译特别鲜明，突出地反映了不同文化之间的碰撞、扭曲与变形。”（谢天振，2007：80）通过以上分析可见，地道的方言口语和浓郁的文化习俗不仅是老舍作品两大鲜明特色，也是老舍作品的魅力之源，同时也恰恰是老舍俄译中误译集中的所在。这充分说明，这两个层面恰恰是中俄文化交流和文学交流的阻滞点。对于中国读者而言，老舍作品因此而通俗易懂，喜闻乐见，而这两大特色对于外国译者却构成了理解和表达上的巨大障碍。无论是语言类，还是文化类的误译，其根本原因都是译者对于原作的语言内涵或者文化背景缺乏足够的了解。为了避免此类误译，译者应该加强自身的语言文化修养，以期准确把握作品的文化背景和意蕴，这是从根本上避免或者减少误译的不二法门。除此之外，译者务必小心谨慎，多查字典，切忌望文生义和想当然，避免误入以上所列举的三类陷阱。老舍作品的俄译大多完成于20世纪，彼时中俄学界的交流并不总是畅通无阻，网络等信息检索工具又欠发达，译者在面对疑难时只能凭借自身积累，因此，很多误译虽然低级，却情有可原，不必苛责。但令笔者深感遗憾的是，这些错误在译作再版之际也并未得到纠正，而是被原封不动地保留下来。因此，无论经典作品重译，还是经典译作的审校，都应得到应有重视。除此之外，新时期文学作品外译如能采取中外合译的模式，或许能够最大限度避免误译，确保译作水准。

参考文献：

[1] 白松强,《方言与民俗》,《哈尔滨学院学报》2009 年第 4 期。

[2] 陈文良,《北京传统文化便览》, 北京：燕山出版社, 1990 年。

[3] 高艾军、傅民:《北京话词典》, 北京：中华书局, 2013 年。

[4] 贾采珠：北京话儿化词典, 北京：语文出版社, 1990 年。

[5] 老舍:《老舍全集》(19 卷), 北京：人民文学出版社, 2013 年。

[6] 廖七一:《当代西方翻译理论探索》, 南京：译林出版社, 2000 年。

[7] 谢天振:《译介学导论》, 北京：北京大学出版社, 2007 年。

[8] 杨玉秀:《老舍作品中的北京话词语例释》, 北京：北京大学出版社, 1984 年。

[9] 曾广灿:《老舍研究纵览(1929—1986)》, 天津：天津教育出版社, 1987 年。

[10] Лао Шэ, Записки о кошачьем городе./Пер. В. Семанова, *В журнале Новый мир*, (6).

—, *Избранные произведения,* М. : Худож. лит, 1991.

—, *Избранное: Сборник*, М. : Прогресс, 1981.

—, *Мудрец сказал ... /Пер. В.Семанова*, В кн.: Осень в горах: Восточный альманах. Вып. 7. М., 1979.

[11] Родионов А. А, Постижение духовного и художественного мира Лу Синя в России, *Проблемы литератур Дальнего Востока*, 2012 Т .2.

[本文受中央高校基本科研业务费专项资金资助, 项目名称《老舍作品在俄罗斯的译介与接受》,(项目编号 20720161034)]

文化学研究

论梅耶荷德戏剧艺术中的“霍夫曼情结”

徐 琪*

摘要：在梅耶荷德40年的戏剧生涯中，宫廷剧院时期的创作极具戏剧性，以“达佩尔图托博士”之名进行了大量戏剧实验，德国作家霍夫曼则是解开梅耶荷德这个复杂的“戏剧综合体”谜团的一把钥匙。本文将探讨梅耶荷德戏剧艺术中“霍夫曼情结”的源起及其深远影响，从戏剧理论与舞台实践两条线索追溯梅耶荷德戏剧思想中的西方源头。

关键词：梅耶荷德；霍夫曼情结；达佩尔图托；怪诞；双面人

一、引言

符谢沃洛德·艾米里耶维奇·梅耶荷德（1874—1940）是20世纪上半叶俄罗斯戏剧革新的中心人物，新戏剧观念的创造者。他穷尽一生，勇于挑战戏剧的经典教义，以建设新戏剧、破除僵化的旧戏剧为己任，被誉为“未来戏剧的奠基人”，“戏剧界的毕加索”。1908年3月梅耶荷德意外地被聘请到彼得堡宫廷剧院工作，同时担任亚历山大剧院、马林斯基剧院和米哈伊洛夫剧院的导演。在梅耶荷德戏剧旅程中这一站停靠的时间最长，近十年之久，直至1917年的十月革命。对梅耶荷德而言，宫廷剧院时期的创作极具戏剧性——他以“双面人”的身份进行戏剧活动，一面是冠冕堂皇的宫廷剧院的导演兼演员，另一面则是化名“达佩尔图托博士”的业余戏剧爱好者，频频出现在各种家庭剧院、戏剧爱好者俱乐部、戏剧学校、私人小戏院，甚至出国演出。

在已有的梅耶荷德研究文献中，虽然德国作家霍夫曼这个名字很少被人提及，但“达佩尔图托博士”却是梅耶荷德研究的一个关键词。实际上，达佩尔图托是霍夫曼的小说《新年前夜的奇遇》中的主人公，他过着神秘莫测的双重生活。正是在霍夫曼作品的启迪之下，梅耶荷德采用“达佩尔图托博士”这一化

*　徐琪：厦门大学外文学院教授，研究方向：俄苏戏剧，俄语语言文化。

名开始了自己在彼得堡的“双面人”生活——既是宫廷剧院的大导演，又是“地下剧院”的滑稽剧演员。在某种程度上可以说，被众人遗忘的霍夫曼乃是开启梅耶荷德“秘密”的一把钥匙。梅耶荷德从早期的象征主义戏剧实验到晚期的讽刺怪诞戏剧无一不是“霍夫曼情结”的表现，他被意大利假面喜剧、莎士比亚和莫里哀的喜剧、果戈理和苏霍沃-科贝林的讽刺喜剧所吸引，在很大程度上也是“霍夫曼情结”作用的结果。

二、怪诞能手霍夫曼

恩斯特·特奥多·阿玛德乌斯·霍夫曼（1776—1822）是19世纪德国后期浪漫派的重要作家，一生经历丰富，历经坎坷，职业本是法务官，却曾经先后担任过乐队指挥、舞台美术、作曲、音乐教师、音乐评论等，因主持正义反遭贬职与迫害。霍夫曼出生在柯尼斯堡（后属苏联，现更名为加里宁格勒），生活于社会动荡变化的多事之秋，特殊的人生经历、独有的敏锐与洞察力使其以幻想的“无限”来对抗现实的“有限”，丑恶的社会现实、光怪陆离的生活、人生的阴暗面以及种种扭曲异化现象都是他描写与针砭的对象。霍夫曼多才多艺，他的创作辐射到文学、音乐、绘画等多个领域，一生共创作了50多篇中短篇小说和3部长篇小说，写了2部歌剧，1部弥撒曲和1部交响乐。他的代表作之一《卡洛风格的幻想篇》仿效17世纪法国铜版画家卡洛讽刺、怪诞的艺术风格，将人的世界和动物世界交织在一起，主要探讨艺术家与社会的矛盾，对轻视艺术和艺术家的封建-资产阶级社会进行了猛烈的抨击和嘲讽。他的童话作品最为经典，将魔幻和鬼怪的东西同人们的日常生活奇妙而有机地融合在一起，达到了德国艺术童话的高峰。霍夫曼的文学创作受浪漫派的影响，作品具有神秘怪诞的色彩。他笔下的人物常受一种神秘的幽灵般的力量支配，无法主宰自己的行动。但他并不颂扬黑暗或逃避现实，而是对黑暗势力亦即现实社会进行批判。他善于以离奇荒诞的情节反映现实，发展了一种别具一格的轻快的讽刺文学。他的作品以神秘怪诞的风格见长，以奇特的想象、漫画式的手法放大了生活中的各种诡异和荒诞，凸显出被“正常社会”扭曲的现实真相。他的作品像多棱面的哈哈镜，幻象百出，怪影缭乱，令人应接不暇。（范大灿，2007：134）通过夸张的手法，霍夫曼对现实世界里的庸俗、虚伪和丑恶进行深刻的揭露、辛辣的讽刺和无情的鞭挞。霍夫曼作品所描写的人际关系的异化以及采用的自由联想、内心独白、夸张荒诞、多层次结构等手法和后来的现代主义文学有着很深的渊源关系。“尽管他描写了许多鬼怪、魔法、精灵变幻的故事和荒诞恐怖场面，却明白无误地告诉读者，那些引起悚惧的事物来源于庸俗的社会生活，鬼怪妖魔只是现实世界中丑恶事物的比喻、影射和夸张。”（吴昌雄，1984：78）因此，将幻想的奇异世界和世俗的现实世界紧密交织的幻实相生的魔幻色彩、超乎寻常的怪诞风格、别出心裁的创作手法成为霍夫曼兼容并包而又独树一帜的艺术特征，对后人产生了十分深远的影响。与在德国境内遭受的批评形成鲜明对比的是其在国外的接受和影响。自19世纪霍夫曼的作品就引起欧洲、美洲许多作家的关注，而这种关注表现在模仿和继承上。西方许多文学家、艺术家，如黑贝尔、施托姆、王尔德、瓦格纳、霍夫曼斯塔尔、托马斯·曼以及大仲马、缪塞、巴尔扎克、狄更斯、波德莱尔、爱伦·坡都受到过他的启发，俄国作家茹科夫斯基、普希金、陀思妥耶夫斯基、果戈理、莱蒙托夫的创作也有其影响的痕迹，卡夫卡那些近乎荒诞的小说中也出没着霍夫曼的影子。

三、“霍夫曼情结”的源起

早在年轻时梅耶荷德就深受列米佐夫的影响，开始喜欢上霍夫曼的作品，从此“霍夫曼情结”伴随他一生的创作，其根本原因在于梅耶荷德本人在许多方面与霍夫曼及其作品中的人物具有高度的相似性。霍夫曼自幼受到良好的教育，天资聪颖，在音乐与绘画方面表现出禀赋和兴趣，尤其深谙音乐，因崇拜莫扎特而在年近不惑之时为自己更名。梅耶荷德的成长道路与霍夫曼何其相似：出生于一个德裔制酒商家庭，在浓厚的家庭文化艺术氛围熏染之下，梅耶荷德自小就喜爱文学和音乐，曾经是一位小提琴手，尤其迷恋戏剧，很早便展现出特有的艺术敏锐性与才情。幼时的演戏经历奠定了他对戏剧的终身热爱，激发了他对俄罗斯文化艺术的兴趣，甚至为此接受东正教。为纪念他喜爱的作家符谢沃洛德·米哈依洛维奇·迦尔洵[①]而将自己的名字也改为了符谢沃洛德。1895年梅耶荷德从奔萨中学毕业并考入莫斯科大学法律系，却在大学二年级时毅然决然地放弃了法律系的学业，怀着对戏剧艺术的热爱，转而考入由涅米洛维奇-丹钦科创办的高等音乐专科学校，开始学习戏剧表演，由此开始跌宕起伏的戏剧人生。

霍夫曼本人就是个典型的“双面人”，白天他是个道貌岸然的法务官，晚上则变成一个充满灵异的科幻小说家，在另一个变幻莫测的世界里制造出种种荒诞不经和诡怪神奇。梅耶荷德在宫廷剧院的十年也是以“双面人”的身份进行创作与实验的。众所周知，宫廷剧院历来是欧洲戏剧革新家们最为痛恨并力图摧毁的顽固堡垒，那里聚集着许多一流的演员，但都十分世故保守，他们对初来

① 符谢沃洛德·米哈依洛维奇·迦尔洵（1855—1888），俄国作家，因精神抑郁而自杀身亡。

乍到的"新戏剧"人物梅耶荷德十分不屑，甚至称他是"从动物园跑出来的疯袋鼠"。梅耶荷德的同人 В.П. 什卡菲尔曾经在回忆录《俄罗斯歌剧舞台上的四十年》中详尽描绘了梅耶荷德当时的处境："我承认，剧团里的一些情绪给我们的工作带来了很大的难度。我每时每刻都能感受到。仿佛 В.Э. 梅耶荷德是'瘟疫'，会在剧院传染一样，而我，他的战友，差点没成撬动歌剧旧桥墩的卑鄙小人。"面对非议、排挤、敌对、不信任，梅耶荷德表现出前所未有的忍耐，不得不压制内心的傲气，忍受对他的不解，有时甚至是演员表现出来的无知和粗鲁，小心翼翼地在极其压抑的环境下开始排演工作。在与宫廷剧院签订聘任合同之时，梅耶荷德就曾明确表态，他将以排演俄罗斯国内外古典剧目为主要任务。然而，这并不意味着他不再进行任何戏剧实验，而是把一系列的实验性创作严格地限制在实验室里。于是，梅耶荷德充分施展其天性中的"双重个性"，一如"双面人"霍夫曼：日间在宫廷剧院担任总导演，夜间则流连于"塔楼剧院"和"小喜剧之家"。他一面严谨地导演着宫廷剧院的大戏，一面出现在各色小剧场里表演哑剧、讽刺小品、小喜剧；一面表现得沉稳老练、有理有据，一面嬉笑怒骂、标新立异、怪诞百出。梅耶荷德就这样游走在"人"与"假面"之间。开始时两条路线平行而行，后来逐渐交织贯通，人们在亚历山大剧院舞台上所看到的种种创新就是梅耶荷德在"塔楼剧院"和"小喜剧之家"等实验剧场的产物，而十月革命前夜上演的《假面舞会》正是这一时期的巅峰之作，亦是象征旧时代消亡的一曲挽歌。

四、"霍夫曼情结"中的"怪诞"

在梅耶荷德的"霍夫曼情结"中，"怪诞"无疑是关键之关键。如前所述，在 19 世纪 30—40 年代，霍夫曼对一大批俄国作家产生了巨大的影响，其中受其影响最为直接、最为鲜明的就是普希金、果戈理和陀思妥耶夫斯基。梅耶荷德曾经多次引用普希金关于戏剧假定性的论点：戏剧不应该追求制造幻觉，而是应该更直接地通向自己的目标，戏剧应该是假定性的。当我们陶醉于普希金的诸如《骑士时代的几个场景》这样的作品时，不难设想，假如普希金没有受到霍夫曼或卡洛的怪诞"因子"的影响，那么我们就不可能有机会欣赏到这一奇幻之作。然而，《骑士时代的几个场景》难以呈现在戏剧舞台上，因为至今仍然没有能够让动物在舞台上表演的手段。因此，梅耶荷德认为，只有最终引入假定性戏剧，将怪诞作为一种特殊的风格，才有可能将《骑士时代的几个场景》搬上舞台，呈现给观众。简而言之，在怪诞领域需要假定性。

1918 年 8 月梅耶荷德在主持彼得格勒国立高等导演讲习所时，就曾经以

“怪诞”为题给学员们授课。在回答“什么是怪诞”这个在各种百科全书中都找不到恰切解释的问题时，梅耶荷德开门见山地引用了霍夫曼在《论卡洛风格中的荒诞特征》的前言中对“怪诞”所做的阐述：在源于生活的绘画中存在完全独特而充满活力的脸孔，它赋予形体和群体以某种既熟悉又陌生的东西。即使是源自日常生活的最普通的东西，例如农民的舞蹈，如果音乐家们像小鸟一样坐在树上演奏，那么这一画作就具有了与众不同的浪漫主义色彩，让倾向于荒诞性幻觉的内心产生无比丰富的联想。（Мейерхольд，2001：139）在卡洛笔下由人和动物混合而成的可笑的形象，它们让严肃的、有思想的观察者揭开了所有隐藏于滑稽可笑之中的暗示……众所周知，受卡洛铜版画风格的影响，霍夫曼笔下的许多人物都是包含人形与动物或植物的混合体。在小说《侏儒查赫斯》中，霍夫曼描绘了一个相貌奇特的“怪物”：这个小侏儒的脑袋瓜深深地埋进高高的两肩之间，胸背拱起，身躯很短，从两只长长的蜘蛛小腿看，整个人像一只插在叉子上的苹果，人们看来不免要做出笑脸。显然，在这一描述中十分鲜明地体现出霍夫曼所阐述的“怪诞”的关键要素——混杂，怪异，滑稽可笑。授课中梅耶荷德直接借用14—15世纪法国插图中的人形与动植物的混合体图片，直观展示何为“怪诞”——人与非人、动物与植物这样完全异质的东西之间奇异地混合在一起，异质混杂性带来强烈的视觉冲击与陌生化效果。梅耶荷德进而将源于模仿的戏剧与怪诞联系在一起：在戏剧诞生之初，人们努力把人和动物放在一起，而且不分彼此。例如印第安人的舞蹈模仿打猎的场景，人们穿着动物的皮毛起舞，人尽其所能去模仿动物的动作，竭力成为一个不像自己的“人”，仿佛给自己戴上某种面具，把人的一面尽量从自身上抛弃掉。他还以萨普诺夫设计的服装为例说明霍夫曼给萨普诺夫以形象构思风格的启迪：萨普诺夫不是直接让演员穿着飞鸟的服装，而是用一种更加巧妙的办法——改变燕尾服的样式，使得演员行动起来成为观众的笑点，从而让观众自然联想到鹦鹉。当俄罗斯开始对哑剧产生兴趣之时，艺术家们带着对怪诞的追求开始赋予服装一些怪诞的特点，让观众联想到某种动物或鸟禽。梅耶荷德明确指出，“卡洛影响了霍夫曼，霍夫曼影响了果戈理，而果戈理影响了萨普诺夫，由此构成了艺术领域的传承之链。”（Мейерхольд，2001：142）

霍夫曼怪诞讽刺的创作风格十分契合梅耶荷德的艺术追求。梅耶荷德研究学者阿里耶·艾尔卡纳认为，在梅耶荷德犹太血统奠定而成的个性中具有明显的悲剧讽刺的倾向，他竭力追求极度的夸张、高度的概括、辛辣的讽刺，追求极富怪诞性的果戈理式的“含泪的笑”：“难道生活不是悲喜剧吗？生活的所有脚本都是在笑的背景下发展的。人们常常这样哭泣，他们的哭听起来像笑。似乎最高程度的痛苦正是体现在面带的微笑之中。”（Арье Элкана，2006：169）“谈到怪诞，一般想到的是可笑，而往往忽略了其悲剧性的一面。其实，还存在悲剧性的怪诞。”（Мейерхольд，2001：142）认识到这一点便使梅耶荷德更加清晰地意识到果戈理《钦差大臣》的核心要义，他将第一次排演《钦差大臣》失败的原因归为“那是因为没有找到能够把这些东西呈现在舞台上的真正的艺术家”，（Мейерхольд，2001：142）其历史使命不言而喻。唯有悲剧讽刺才能使人因痛苦而大笑，因喜悦而哀号——在梅耶荷德对生活的诠释中包含着狂欢化的两重性，这也是霍夫曼作品吸引梅耶荷德的本质意义——探寻、追求一种在远方的精神价值，未来的道路朦胧不清，但始终在召唤着他，吸引着他。梅耶荷德一生都试图通过自己的创作来诠释霍夫曼的风格：具有双重个性的人物形象，带有怪诞式刻意夸张、变形的人与物，对市侩、庸俗之气进行最无情的揭露，最辛辣的讽刺。悲剧讽刺性怪诞的特点尤为鲜明地体现在梅耶荷德十月革命后创作的戏剧作品中，《肥缺》《森林》《委任状》《钦差大臣》等无一不是对恶的暴力进行冷酷无情讽刺、鞭挞，达到了讽刺怪诞戏剧的顶峰。

五、以“达佩尔图托博士”之名

自“塔楼剧院”的成功之后，梅耶荷德更加痴迷于不受任何约束与监督的小剧场表演，大胆进行民间戏剧的探索。不久之后，在彼得堡就出现了一个奇特的人物——“达佩尔图托博士”——戴着另一张“面具”的梅耶荷德。20世纪10年代梅耶荷德借用霍夫曼笔下达佩尔图托博士之名进行狂欢化的戏剧实验，表演哑剧、讽刺小品、短小戏剧，极尽民间游艺、嬉笑怒骂与奇异怪诞之手法。达佩尔图托博士是霍夫曼笔下的人物，它象征着梅耶荷德从自己身上发现的许多矛盾性格。正如意大利语中“达佩尔图托”所表示的意义“到处”，化名的梅耶荷德频频出现在各种业余演出场所，表演哑剧、讽刺小品、短小喜剧等等，随心所欲地实验着他的戏剧理想，期间在“小喜剧之家”[①]排演的《科伦宾娜的围巾》则是达佩尔图托博士的杰作。《科伦宾娜的围巾》是阿尔图尔·什尼茨莱尔创作的一出哑剧，通常以芭蕾和歌舞剧的形式表演，梅耶荷德第一次让它呈现在话剧舞台上。之所以选择哑剧，是因为梅耶荷德相信：“当代导演必须从哑剧开始古老戏剧的重构，因为在这些没有台词的剧本中，在改编时戏剧最原始的所有力量都会向演员和导演展现出来：面具、手势、动作和情节的力量。”（Арье Элкана，2006：297）《科伦宾娜的围巾》中的角色与布景都与当年上演的《滑稽草台戏》有几分相似，但演出更充分地吸收了意大利即兴喜剧的表演方

① “小喜剧之家”是鲍里斯·普罗宁借用位于彼得堡大街上的一座私邸改建的小剧院。

法，充满浓烈的杂耍、怪诞的味道，给彼得堡的观众造成强烈的冲击，令人印象十分深刻，还赢得斯坦尼斯拉夫斯基的赞赏。

在此期间，梅耶荷德于1914年第三次排演勃洛克的《滑稽草台戏》。不同于之前的演出，这次《滑稽草台戏》是和勃洛克的另一部抒情剧作《陌生女郎》同时上演，剧中人物都是由新开办的鲍罗丁大街实验剧社的学员扮演。梅耶荷德对剧本进行新的诠释，更加凸显出他对东方戏剧的态度。演出是在杰尼舍夫斯基学校的礼堂进行的。梅耶荷德打破了惯常的舞台空间，撤去观众席的所有椅子，制造出一个三面敞开的表演区，好似杂技演出的圆形演技场的一半。表演区后面，用粗木板钉成一个高台，让人想起游艺场的草台子。后面的舞台通过两边的阶梯与主要表演区连接起来，阶梯的左右两侧都有很宽的通道，通向观众休息室。梅耶荷德把这些通道以及中间过道也利用起来进行表演。结果出现了一个相当明显的民间游艺场（草台子）和杂技（圆形演技场）基本元素的组合，更具粗俗的民间戏剧表演的属性。

梅耶荷德以充满讽刺的怪诞形式来诠释勃洛克的剧作。一群庸俗之人在街头小酒馆中，在“陌生女郎”的资产阶级的客厅中，戴着假鼻子和五颜六色的假发套：有的戴绿色的纸质假发，有的戴红黄相间的条纹假发。梅耶荷德把《滑稽草台戏》中的那群神秘主义者变成了机械的玩偶，他们穿着硬纸板做的礼服。根据勃洛克的舞台指示，他们在“受惊吓”一场戏中全都躲到桌子底下，留在桌面上的只是他们由硬纸板裁成的空荡荡的礼服。梅耶荷德给演员分别配上彩色的假发，让穿着日本和服和灯笼裤的仆人出现在幕前区。在《陌生女郎》中他给幕前仆人以更大的自由，他们好似演员表演的伴奏。和服宽大的衣袖让他们的手能够自由地进行实物表演。仆人出现在演出的最开始，他们有时搬来家具和道具，有时当众把分成两半的活动拱形桥合拢，有时用竹竿举起五彩的幕布，有时把象征飘雪的白纱抛向演员，有时把演员身上斗篷的皱褶捋平。

狂欢化是霍夫曼创作的重要特点，他的狂欢世界是滑稽可笑的对映体。“霍夫曼的狂欢化是与他娴熟地运用鬼怪题材、光怪陆离的情节以及怪诞夸张的风格联系在一起的，而奇幻性又往往与诙谐、幽默、讽刺相并存。”（夏宗宪，2000：86）霍夫曼对狂欢的理解并不是单纯的疯狂的喜悦，而是某种变形、分裂。狂欢作为对世界的游戏，作为反映世界生活的图画，包含了反讽、辛辣讽刺、暴露，甚至残酷的特点——所有这些都体现在霍夫曼的创作本性之中，在混合着快乐和恐惧的狂欢中最鲜明地体现了怪诞的成分。为了突出创新精神和有别于资产阶级沙龙观众的趣味，梅耶荷德用特殊的“脚灯”将舞台与观众席分隔开：沿着舞台几个幕前仆人跪成一排，她们手持燃着蜡烛的烛台，面朝“客厅”，背对观众——这就构成了别具一格的“活人脚灯”。幕间休息时，舞台上出现一群真正的中国人艺人，他们是在大街上表演时被梅耶荷德发现并特意招募而来的，目的就是让他们在幕间休息时表演杂技的。中国人舞弄着小刀，与此同时舞台上的仆人则向观众席投橘子，并且故意把橘子投给那些对演出公开表示不满的人。梅耶荷德认为，在演出的幕间休息时观众的注意力同样不该被分散。为了让观众准备好观看接下去的演出，不能让他们在短暂的间隙期间失去情绪。按照梅耶荷德的观点，应该像在古希腊的剧院、旧时日本和中国的剧院那样充分利用幕间休息，即在休息时保持演出的节奏，或者按照对立反差的原则，给观众提供某种完全独特的东西，也是其他许多传统的戏剧体系所采用的手法。对立反差的舞台熏陶培养着观众，使他对戏剧演出的接受更加紧张，让他的意识从滑稽可笑的转向严肃悲剧性的。梅耶荷德重新在怪诞方法中发现民间戏剧的真谛，发现了自己肩负的戏剧使命——复兴古老的民间戏剧传统。

霍夫曼对梅耶荷德的启示性影响还不止于此。霍夫曼认为，音乐是艺术的最高境界，因为它"绝对的，即最高程度上独立于词语或绘画的联想。"（Арье Элкана，2006：170）霍夫曼极其反对音乐家试图以音乐来图解现实世界，因为音乐是唤醒不可言语的感觉，是不可图解的"心灵的状态"。"创作的顶峰是与永恒的、非言语所能表达的碰撞。"（Арье Элкана，2006：170）霍夫曼的音乐观点燃了梅耶荷德对音乐本质意义的认识。而音乐也正是梅耶荷德一直在寻找用以反映创作者心灵感受，而非剧作内容的手段。音乐成了霍夫曼和梅耶荷德共同的"艺术上帝"。

此外，霍夫曼对梅耶荷德的影响还体现在演员 - 傀儡的思想上。在中篇小说《一个剧院经理非同寻常的痛苦》中，霍夫曼通过剧院经理之口说出了带有悖论性质的一句结语："理想的演员——这就是傀儡。"因此，霍夫曼称得上是提出"演员 - 傀儡"思想的第一人，此后戈登 · 克雷将其思想继续发展为"超级傀儡"的理论，而梅耶荷德则是在舞台实践中不断体现他们的创新思想。

六、结语

梅耶荷德的戏剧思想形成于 19 世纪末至 20 世纪初，其艺术追求是在 20 世纪之交各种思想、探索相互交织、碰撞、渗透、交融的共同轨道上得以发展的。全面开放、广泛接纳西方文化和文学是白银时代俄罗斯思想界、文化界的一种共识。梅耶荷德戏剧思想的形成同样离不开西方文学艺术思想的滋养，"霍夫曼情结"的产生及其影响正是梅耶荷德戏剧艺术海纳百川的重要体现。毋庸置疑，揭示梅耶荷德戏剧艺术中所蕴含的"霍夫曼情结"是全面解读其"怪诞"艺术的一把钥匙。霍夫曼的悲剧讽刺性怪诞风格对梅耶荷德戏剧革新与探索、对假定性戏剧思想的创立具有巨大而深远的意义。

参考文献

[1] 俄罗斯科学院高尔基世界文学研究所:《俄罗斯白银时代文学史》(1—2卷),谷羽、王亚明等译,兰州:敦煌文艺出版社,2006年。

[2] 范大灿主编:《德国文学史》(第3卷),北京:译林出版社,2007年。

[3] 刘法民:《怪诞艺术美学》,北京:人民出版社,2005年。

[4] 图尔科夫:《勃洛克传》,郑体武译,上海:东方出版中心,1996年。

[5] 吴昌雄:《漫话霍夫曼》,《外国文学研究》1984年第3期。

[6] 夏忠宪:《巴赫金狂欢化诗学研究》,北京:北京师范大学出版社,2000年。

[7] Арье Элкана Карл-Казимир-Теодор-Всеволод Мейерхольд. М., 2006.

[8] Мейерхольд: к истории творческого метода: Публикации. Статьи. Сост. Н.В. Песочинский, СПб.: Культ Информ Пресс, 1998.

[9] Мейерхольд В.Э. Лекции 1918-1919. М.:О.Г.И., 2001.

[10] Мейерхольд В.Э. Статьи, письма, речи, беседы (1891-1917). М.:Искусство, 1968.

[11] Мейерхольд В.Э. Статьи, письма, речи, беседы (1917-1939). М.:Искусство, 1968.

[12] Рудницкий К.Л. Режиссер Мейерхольд. М.: Искусство, 1969.

近代日本知识分子视野下的甲午战争——以德富苏峰与内村鉴三为例

吴光辉*

摘要：1894—1895年期间的甲午战争，是引发东亚文明格局发生巨变的重大事件，同时也是引发日本知识分子走向转型的一大事件。围绕这场战争，以德富苏峰(SOHO−TOKUTOMI)为代表，一批日本知识分子自自由主义者转向了国家主义者、帝国主义者；以内村鉴三(KANZO−UCHIMURA)为代表的一批知识分子则转向了“世界化的日本”的立场。不过，他们的转向并非是基于作为战争被害者的关心，亦缺乏对朝鲜、中国近代化命运的关怀，故而欠缺了一种彻底的反省。

关键词：甲午战争；知识分子；德富苏峰；内村鉴三

Abstract: The Sino-Japanese War during the years of 1894-1895, is a major event which not only triggered the upheaval of the East Asian civilization pattern, but also caused the Japanese intellectuals to move toward the transformation. Centering on the war, represented by SOHO-TOKUTOMI, a group of Japanese liberal intellectuals turned nationalists, or imperialists, and the other group of intellectuals represented by KANZO-UCHIMURA turned to the position of "Cosmopolitan Japan". However, their transformation, being short of a thorough introspect, was not based on the concern as victims of the war, and also lacked the care about the modernization fate of North Korea and China.

Key Words: the Sino-Japanese War; intellectuals; SOHO-TOKUTOMI; KANZO-UCHIMURA

* 吴光辉，厦门大学外文学院教授，研究方向：比较文化学。

一、引言

日本文学家夏目漱石（1867—1916）在概述现代日本的文明开化之际，提到了这么一段话：“推动日本现代开化的浪潮乃是西方的潮流，而要横渡这一浪潮的日本人又并非西方人，所以，每当新的浪潮席卷而来时，日本人总会像寄人篱下的食客一般无所适从，生涩而拘谨。……受到这样的开化的影响，国民必定会在内心深处感到空虚，或是怀有不满和不安的念头。”（青木保，2009：13）夏目漱石在此深刻批判了现代日本文明之际的“欧洲志向”，提示了这一志向将会给日本带来重大的精神危机。事实上，西方浪潮的来临到了 19 世纪末这一时期，与其说是日本被动地接受西方的“现代化”，倒不如说日本一改潜移默化地接受之态度，主动地对之加以引介，并尝试将这样的“欧洲性”视为普遍观念，且通过宣扬自身的“欧洲性”来使之传播到整个东亚（黄家甯、石之瑜，1998：187）。

就这一事实而言，引发这样的文化转型的最大契机或者说最为直接的大事件，就是 1894—1895 年期间的甲午战争。甲午战争，应该说是近代中日之间的一大事件，它直接导致了两国数千年来的文明地位大逆转；同时，它也是东亚历史上的一大事件，意味着东西方之间的文明冲突以一个“亚洲内部”的问题而得以呈现出来。它不仅改变了整个东亚的文明格局，同时也引发了整个世界接踵而来的持续动荡。在这样的一个历史进程之中，作为欧化主义或者日本主义的宣传者、作为日本人的思想引导者，日本知识分子究竟是如何看待这一场战争，他们的立场是否出现了转移或者分裂，审视这一问题将会为如今的我们提供启示与警戒。

二、德富苏峰的“大口本扩张”论

以曾经大力鼓吹“平民主义”的思想家、新闻记者德富苏峰（1863—1957）为代表，一批日本知识分子经历了这场战争的体验，开始在思想上急剧转向“国家主义、权力主义、帝国主义”的立场。

德富苏峰曾经作为欧化主义的代表，批判传统的国体论，尝试树立自由主义的思想。1887 年 10 月 21 日出版的《国民之友》之中，德富指出：“日本的国体必须是由日本的人民来维持的国体，因此，要使这一人民的品格得到提高，就必须使日本国体的品格得以提高。……吾等要提高日本人民的品格，增加他们的能力，扩充他们的知识，活跃他们的心智，我相信，只有使他们成为与文明世界相吻合的文明之人，否则我们就没有任何对策可以维持我们的日本国。”（坂野润治，1993：167）通过这一论断，我们可以认识到较之日本的国家主义，德富更为注重的是以自由主义为核心的世界文明主义的思想。

但是，甲午战争爆发之后，德富苏峰将这样的思想进一步加以延伸，指出：“我国之所以采取这样的方法（战争），目的在于日本国的对外开放。对他国发动战争，目的就在于给予世界上的愚昧以沉重打击，把文明的荣光注入野蛮的社会之中去。”（德富苏峰，1979：32）日本的野心也就在这一时期开始急剧地膨胀起来。正如德富苏峰在1894年发表的《大日本扩张论》所言：“本书……的目的在于论述大日本的扩张，也就是将征清作为了论述大日本的扩张这一问题的前提。有征清未必有扩张，有扩张才有征清。”（德富苏峰，1979：33）征服与奴役“中国”这一他者，由此也就成为日本确立自我“身份”的前提与手段。由此，德富苏峰也急剧地转向为一个“帝国主义者”。

不过在此，德富苏峰的所谓“转向”，是针对德富苏峰的政治立场，同时也是针对德富苏峰的欧洲与日本的认识视角而言的一种转向。[①] 正如之前所阐述的，德富苏峰的观念之中不曾改变的，首先是“世界”的文明主义。这一世界的文明主义，并不是以日本来取代欧洲，而是将欧洲与日本皆包容于整个世界，应该说德富苏峰这一带有价值观念的立场始终没有出现改变。其次，就是作为日本进入世界的工具的“中国”。无论是自由主义观念下的日本的中国认识，还是走向扩张主义的日本的中国认识，中国的文明地位始终是低下的、被忽视了的，它不过是日本人证明自身、日本这一国家证明自身的工具而已。

甲午战争的缘由，在于朝鲜的问题。日本以所谓的“文明·和平”的理由发动了这一场战争。以明治天皇敕令为证，“朝鲜为（日本）帝国一开始予以启诱，使其就列国之伍伴之独立一国也，而清国每自称以朝鲜为属国，或阴或阳干涉其内政，于其内乱之际借口拯救属国，出兵朝鲜。”因此，日本帝国为了率先保障朝鲜独立国家之地位，“以不损害帝国之权利利益，以永保东洋之和平”（松本三之介，2011：112）为由，决定向清国开战。就在这样一个所谓为了朝鲜的独立、保护帝国利益的借口下，日本发动了以侵略朝鲜、控制朝鲜为目的的战争。这样的一场战争，也正是德富苏峰所突出的，乃是一场日本为了“扩张”，并以此为目的的战争。

不过，德富苏峰的这一“扩张论”，应该说提供给了我们两条新的线索。首先，作为政治的延续，甲午战争亦与这一时期日本的政治，尤其是日本外交所

① 围绕德富苏峰的思想核心转变或者说“变节”的问题，日本学者植手通有突出强调了《大日本扩张论》一书，认为它是德富苏峰思想转向的完结。参考刘岳兵：《近代以来日本的中国观》，南京：江苏人民出版社2012年版，第347、353页。

面临的重大问题——“条约改正”密不可分。曾担任日本首相的犬养毅就曾在1894年5月18日的国会会议之中提到:“面对世界诸国之中的强大之国,伊藤(博文)内阁采取柔软、儒弱的外交政策实不足以为惊诧。面对世界上最为优柔的弱国——朝鲜,面对世界上最为羸弱的中国,日本究竟要如何呢? ……提到世界上的最为弱小的国家——朝鲜,面对朝鲜伊藤(博文)施展不出任何的力量,世界上最为卑贱的就是中国,就是朝鲜,若是面对他们也无法发挥出自己的力量,那么,日本何以实现改正条约?”(坂野润治,1993:245-246)针对于此,德富苏峰亦提到:外国强迫日本开国,乃是“日本国史上的难以拂去的污点”,征服清国的战争,就是发泄“五十年郁积之磅礴元气”、洗刷历史污点的重要时机(植手通有,1974:261)。就此而言,甲午战争不仅需要站在中国与日本之间来加以考量,同时也需要站在国际政治,即日本这一国家与欧洲列强之间的视角来进行思考。日本将这样的一个问题视为外交问题,即1854年以来“条约改正”的重要一环,以此来证明自身是一个脱离欧洲殖民主义、走上独立自觉的国家。就这样,日本将甲午战争诠释为一场自我身份的证明,诠释为日本是亚洲的优越国家,中国与朝鲜则是亚洲的劣等国家的“正名”之战。这样一个诠释,无疑成为后来日本发动所谓“解放”的大东亚战争的前奏,同时也会令我们深刻地体会到日本如今要成为所谓“正常国家”的社会病理之所在。

其次,德富苏峰的“扩张论”视野下的中日关系,正如德富苏峰所描述的,“我国将来的历史,无疑就是日本国民在世界各地建设新故乡的扩张史。……日清两国的国民,毋宁说是两个人种,也许会在世界各地形成扩张上的冲突史。”(植手通有,1974:249)也就是说,中国与日本之间的战争,绝不只是两国之间的战争,而是日本走向世界性的扩张的开始;中国与日本之间的战争,并不是固有的国家与国家之间的战争,而是争夺世界性的扩张的战争,或许也就是带有了“帝国主义”性质的战争;中国与日本之间的历史,绝不是单纯的过去的友好交往的历史,而是以世界为目标的“冲突史”,且是“人种”之间的冲突史。也就是说,德富苏峰将甲午战争的问题放置在了所谓两个“帝国主义”的世界性的扩张这一视角来进行诠释。换而言之,甲午战争乃是日本展现自身意志与武力的一场自我表演,是日本这一国家与国际政治,不仅是与中国,更是将来与欧洲列强争夺“世界史”的一场战争。因此,这样的战争绝不仅仅是福泽谕吉笔下所谓的文明与野蛮之间,即文明征服野蛮、光明战胜黑暗的所谓的“文野明暗之战”(福泽谕吉,1958-1971:491)。不言而喻,这样一个诠释带有了世界的历史文化的误读与偏见,颠覆了东亚传统的历史事实。不过在此,我们也可以清楚地认识到,德富苏峰的“欧化主义”与国家主义,或者说日本主义、帝国主义的立场既不是处于绝对的对立,亦无所谓思想的“变节”,而是呈现出一个

"共谋"的关系。

三、内村鉴三的"世界化的日本"论

与德富苏峰转向"帝国主义者"的立场不同，作为基督教徒的内村鉴三（1821—1901）则是经历了一场自西方文明主义到宗教式的"非战论"的立场的转变。换而言之，经历了"大逆事件"或者说带有了天皇制国家的问题之后，内村鉴三不可避免地与国家主义保持了一定的距离，并开始站在自我、宗教的立场来思考战争的问题。但是，这样的一个转变，是否是一场真正的转变，或者说，是否与德富苏峰一样，并不存在着所谓的"变节"，而不过是一个目的下的自我表述的转换而已？

众所周知，内村鉴三一开始站在文明进步的视角，认为甲午战争的性质是一场"义战"，并向整个世界解释这样一场战争的实质，指出："日中两国的关系，是代表新文明的小国与代表旧文明的大国之间的关系。"所谓小国与大国、所谓新文明与旧文明，熟谙欧洲历史的内村借助希腊与普鲁士来加以对比，指出二者分别代表了"自由与压制、希望与回顾、进取与保守、欧洲主义与亚细亚主义"，就是截然不同的两种文明，且认为他们绝对不能长期并存且保持和平，中国与日本之间的战争"绝对不可避免"（内村鉴三，1981：17-18）。

也就是说，甲午战争的"大义"，是日本代表了新文明——自由、希望、进取、欧洲主义，也就是"欧洲性"的实践者，日本的立场完全是欧洲式的立场，日本的大义乃至整个战争的大义，就是欧洲主义征服世界、欧洲主义领导世界。不仅如此，内村还进一步指出，战争的目的"在于警醒中国，在于使其知晓其天职"。那么，日本的天职就在于作为"东西两洋的中裁人（中间人）"，将西方文明介绍到亚细亚，以进取的西方来打开保守的东方，这也就是"日本帝国"的天职（内村鉴三，1981：17-18）。

但是，战争之后的内村鉴三，针对战争本身开始产生了深刻的反思，尤其是到了日俄战争之际，基本转向了"非战的逻辑"的立场。不言而喻，在这样的立场转变之中，内村鉴三的基督教思想发挥出了主导性的影响。内村指出："战争要废止，这并不是因为我们作为非战主义者提倡非战论，而是神下了命令，天然要求如此，故而最终必须加以废止。"无论是站在"生存的伦理"，还是站在"生存的逻辑"，战争皆必须废止。"神的法律"要求如此，"天然的法则"亦是如此（野村浩一，1981：27-28）。也就是说，作为一名虔诚的基督徒，内村鉴三本能地意识到了战争是与神的法律、天然的法则相违背，是不可取的行为。换而言之，在作为基督徒的伦理与作为日本人的国民的义务之间，内村鉴三选择了基督教的伦理，走向了自身区别于同时代的日本国民，以基督教的理想为目标的思想境界。

内村反对战争的深刻反思，并不只是来自一名基督教徒的内在精神，应该说同时也是基于一个世界的、现实的判断与思考。内村曾高度赞美诞生了弥尔顿、克伦威尔的英国，并期冀日英只要缔结同盟，就可以警戒野蛮专制的俄罗斯。但是，甲午战争之后的“三国干涉”，而后的布尔战争，使内村认识到了文明之背后的“不义”，指出：“英国与盟国日本日益扩张军备，……分割中国，割让朝鲜，将黄金存于国库，以富强而炫耀万世。”（内村鉴三，1981：21）但是，这样却丝毫掩盖不了日益腐败、日益堕落的事实。换而言之，内村鉴三并不是针对日本在中国战场的杀戮、针对甲午战争的问题而展开的深刻反思，而是认识到英国作为帝国主义国家的“背信弃义”，看到了西洋文明的“虚伪”与“欺瞒”，故而站在现实主义的立场采取了“非战论”的主张。

不仅如此，内村亦依旧将这样的反思视角投向了中国，或者说，内村在进行这样的思想反思之际，亦不可避免提到中国的立场。内村指出：“相信打倒中国，而后日本应该崛起的人，不可不称之为最不了解宇内大势之人。东洋的和平来自振兴中国，朝鲜的独立、日本的进步，应该同是中国兴起的（真正的）结果。……以中国的废灭来谋求东洋的和平与安全，乃是最为自欺欺人者也。”（内村鉴三，1953：45）也就是说，国家的进步与独立乃是一个超越了“自我·他者”之差异，必须加以尊重的普遍性的原理。这样的原理超越了国家的层次，以追求自身的独立来压制他国的独立，强制性地占领他国，不过是一种自欺欺人的伎俩而已。但是，内村鉴三大力反对日本“废灭”中国，并不是基于和平的理念，而是“宇内大势”决定了东洋决不能只是日本的独立觉醒，而必须是整个东洋，也就是中国振兴、朝鲜独立、日本进步的格局。只有这样，东洋才能真正地融入“宇内大势”，才能在这一大势下拥有自身的权力。因此，日本要站在“东洋”是一个整体的立场，由此来谋求“东洋的和平”，以此来反对“西洋”的战争的逻辑。

就在日俄战争结束之际，内村撰写了《成就和平》这篇文章，指出：“我们必须谋求……我国的和平的扩张。……所谓和平的扩张，就是以人类的观念为基础的教育之普及。……将世界引入日本化，日本最终将灭亡；将日本引入世界化，日本最终成为世界的大强国。”（内村鉴三，1981：28-29）就在这样的表述之中，内村鉴三作为宗教者与日本的一名国民，实践了为“日本（JAPAN）与神（JEDUS）”服务的主旨，也就是作为日本人与基督徒的双重身份的融合，提示了“世界化的日本”这一定位。但是，不无遗憾的是，内村并没有完全脱离国家主义的立场。所谓希望日本成为“世界的大强国”这一目标，也就是潜藏着以自我来压制他者的逻辑；所谓“和平的扩张”，应该说也并非是我们如今所谓的“文化的手段”，亦不排除文化殖民的内涵，同时也没有否定一种“力”（Power）的逻辑。就此而言，以所谓“强大”为目的的国家主义，依旧是内村鉴三，同时也是整个近代日本知识分子所不可跨越的一大陷阱。

四、结论

首先，近代以来，日本一直作为他者，冷静地看待中国的“失败”，且产生了一种蔑视中国的情绪，而甲午战争的结果延续了中国近代以来对外战争的失败历史，也使这样的蔑视感成为一种普遍的中国认识。如果说过去的中国认识还是基于同为亚洲的国家的前提下的，且中国不过是一个“冥顽固陋之国”而已的话，那么经过了“脱亚”“入欧”的时代潮流洗礼之后的日本，则是将中国视为了一个“文明・野蛮”框架下的文化他者，同时也由此而出现了以蔑视论为背景，“指导”或者“解放”中国走向独立的一股思潮，且这样的思潮一直延续到二战结束。

其次，甲午战争的结果改变了日本知识分子的立场。但是，这一改变，我认为并不意味着他们的思想的“断裂”，反而是一种“共谋”关系下的“延续”。日本知识分子一开始将甲午战争描述为“文明野蛮之战”，将日本的成功归列到自身的“欧洲性”之中。但是，亦正是通过甲午战争这一结果的论证，日本知识分子开始尝试打通过去的西方主义与东方主义、欧化主义与日本主义这样的二元对立框架，从而为“欧洲性”转向“亚细亚主义”提供了可能。在这样的打通的逻辑下，各个思想之间形成了一个“共谋”的关系，日本知识分子也在一个“共谋”的观念下实现了日本近代思想的“延续”。

最后，通过日本知识分子的战争评价，或者说战争的思索，我们可以认识到“国家主义”给予日本知识分子的一个巨大陷阱。德富苏峰认识到了日本的“扩张”是一个必然，直接地忽视了作为战争被害者的中国人的立场；内村鉴三识破了西方文明主义外衣下的欺瞒性与伪善性，却只是失望于西方，而并非是针对落后的、被侵略的中国民众所获得的反思。他们不曾忘却“国家主义”留给他们自身的文化责任，但是却失去了一个作为“社会良心”的知识分子的本职；他们关注到了日本人、日本这一国家的生存或者命运，但是却忽略了同样作为亚洲的、作为“他者”而存在的中国人的“生存的伦理”与“生存的逻辑”。

参考文献

[1] 青木保:《日本文化论的变迁》,王敏主编,杨伟、蒋葳译,北京:中国青年出版社,2009 年。

[2] 黄家甯、石之瑜:《不是东方:日本中国认识中的自我与欧洲性》,台北:台大政治系中国中心,1998 年。

[3] 坂野润治:《近代日本的出发》,东京:小学馆,1993 年。

[4] 德富苏峰:《战争与国民》,载自和田守、竹山护夫、荣泽幸二:《近代日本的思想》(2),京都:有斐阁,1979 年。

[5] 松本三之介:《近代日本的中国认识》,东京:以文社,2011 年。

[6] 植手通有:《德富苏峰集》,《明治文学全集》(34),东京:筑摩书房,1974 年。

[7] 福泽谕吉:《日清战争是文野战争也》,《时事新报》1894 年 7 月 29 日,庆应义塾编,《福泽谕吉全集》(第 14 卷),东京:岩波书店,1958-1971 年。

[8] 内村鉴三:《征世界历史论日支关系》,载自野村浩一:《近代日本的中国认识》,东京:研文出版,1981 年。

[9] 内村鉴三:《日清战争之义》,《日本国的天职》,载自野村浩一:《近代日本的中国认识》,东京:研文出版,1981 年。

[10] 内村鉴三:《慰布尔人》,载自野村浩一:《近代日本的中国认识》,东京:研文出版,1981 年。

[11] 内村鉴三:《内村鉴三著作集》(第 2 卷),东京:岩波书店,1953 年。

[12] 内村鉴三:《成就和平》,载自野村浩一:《近代日本的中国认识》,东京:研文出版,1981 年。

新美国研究背景下的美国文学研究

陈 奔* 刘梦笛**

摘要：从“美国研究协会”到“美国研究国际协会”，在过去的半个多世纪里，作为独具美国特色的新兴学科，美国研究方兴未艾，新作辈出，前途似乎一片光明，研究理论与方法也层出不穷，但20世纪末以来的美国研究却面临前所未有的挑战。进入21世纪之后，新美国研究及其研究者均面临着挑战与机遇并存的契机，要如何完成视角的转换，进行理论与方法的变革，乃至摆脱美国研究者深陷的困境。本文仅以美国文学为例，试图通过其在美国研究中的发展脉络，探究视角的转换与理论方法的变迁给新美国研究产生的影响。

关键词：美国研究；神话－象征；理论与方法

Abstract: From American Studies Association to American Studies International, the American Studies, with its unique unique characteristics and bright future, is producing continuous works in its ascendant in the past half a century. However, the New American Studies since the end of the 20th century is facing unprecedented challenges in spite of its new theories and methods in an endless stream. The 21st century is bringing it both challenges and opportunities in terms of perspective transformation and revolutionary changes in theory and method, as well as the trouble the research individuals confront themselves. Taking American literature studies as example, this essay aims at exploring its relevance and influence by means of perspective transformation and theoretical/method changes in the field of New American Studies.

Key Words: American Studies; Myth-Symbol; theory and method

* 陈奔，厦门大学外文学院副教授，研究方向：美国历史与文化。

** 刘梦笛，厦门大学外文学院硕士研究生，研究方向：美国文化。

一、“神话 - 象征”的传统主题

作为以研究美国文化为宗旨的跨专业新兴学科，美国研究创建于20世纪30年代，其主要特点是从历史、文学、艺术、哲学和宗教等领域全方位、多角度地研究美国文化，探讨和宣扬美国民族特点和美国精神，即美国文明的独立性、统一性和优越性，因此，一开始就打上强烈的盎格鲁 - 撒克逊民族认同的烙印。1931年，耶鲁大学文学教授斯坦利 · T. 威廉斯（Stanley T. Williams）与历史学教授拉尔夫 · H. 加布里艾尔（Ralph Henry Gabriel）合作开设的“美国思想与文明”（American Thought and Civilization）课程标志着美国研究的正式诞生，两年后该校建立了包括历史、艺术、文学等学科的跨学科体系。1937年，哈佛大学建立了有关美国研究的培养计划。第二次世界大战后，美国研究在一片质疑声中逆势发展。1949年，明尼苏达大学创办首家美国研究刊物《美国季刊》。1951年，全国性美国学会成立，随后世界范围从事美国研究机构蓬勃兴起。1962年，华盛顿大学创办了反映国际美国研究状况的《美国学国际》。至20世纪末，设置美国研究课程的美国高校已达近300所之多。虽然美国研究因其具有鲜明的时代特色在美国方兴未艾，但其内容繁杂、缺少主线、研究方法单一、缺乏纵深历史感和作为一个学科的重要标志——研究主题和范围的连续性、研究理论的关联性等缺陷一直为学界所垢病，这些均构成美国研究过去乃至将来所面临的挑战性课题。

作为社会意识形态的重要组成部分，文学是民族文化的核心组成，文学具有民族认同的重要功能，也是体现国家影响力兴衰的重要领域。文学还通过其特有的语言表达方式塑造历史和现实中的人物形象反映社会生活，成为特定背景下社会生活在人们头脑中反映的产物，其呈现的文学作品，尤其是经典作家的作品无疑具有洞察和传承历史文化信息的功能。一方面，阅读文学作品所涵盖的信息等同于文化研究的组成部分；另一方面，有文学专业背景的学者占据了整个20世纪美国本土美国研究的核心位置。长期以来，美国研究领域普遍将“神话 - 象征”（myth-symbol）时期的美国研究文化概念视为经典文学的代名词。[①] 亨利 · N. 史密斯（Henry N. Smith）就曾经指出，“美国研究以研究美国文化为目标。美国研究发展初期的文化通常表现为在美国历史上产生过重大影

① “神话 - 象征”流派指利用国民神话与文化象征两大概念研究美国群体文化意识的一批美国学学者，如该流派的代表人物亨利 · N. 史密斯在他的《处女地：作为象征和神话的美国西部》一书中不但对象征和神话进行了界定，而且运用这两大概念分析了美国西部的文化意识，详见 Henry N. Smith, *Virgin Land: The American West as Symbol and Myth*, Cambridge, MA: Harvard University Press, 1950.

响的几大主要思想意识流派。在普遍认为的鼎盛时期，抽象和超越时空存在的神话 - 象征成为美国文化最重要载体。”（转引自张涛，2004：365）

然而后现代以来，世纪之交的新美国研究却一反“神话 - 象征”的传统特征，转向重视文化的人类学定义、社会解构、自我反省、多元化趋势、注重对个别现象的研究、关注文化经历的覆盖面而非其本质（张涛，2004：366）。诸多迹象表明，新美国研究开始逐渐疏远传统上的文学决定论，具体表现为文学作品在美国研究中所占的比例明显下降，20 世纪 70 年代以来，在《美国季刊》中代表美国文化有关经典文学论文的比例急剧下降。这种文学力量的丧失包含两个方面的含义：第一，美国文化研究中文学分量和地位的下降；第二，即使在必须引用文学作品的情况下，作品所拥有的作者群以及读者的反应比作品本身蕴含的信息更为重要（张涛，2004：367）。助长美国研究中文学力量的丧失的作家并不鲜见，理查德・E. 塞克斯（Richard E. Sykes）就认为，文学作品不宜作为文化研究的主要基础，因为文学作品仅仅是“严密想象力的产物”。“无论是人物或是场景，人物发表的评论或是叙述者的用词，都不能从字面加以理解。在某种意义上，小说存在于真实的文化之外。小说是作为文学创作出来的，因此应该按照文学标准作出判断”（1963：265-266）。在美国文化研究的文学边缘化问题上，戴维・布里翁・戴维斯（David Brion Davis）的态度则比塞克斯更为坚决，在他笔下文学作品不再是文化研究的中心所在。文化尽管仍然以价值观和信仰体系为核心内容，但研究者对其载体的关注已经从文学作品转向现实生活（1968：704）。R. 戈登・凯利（R. Gordon Kelly）则给文学主导美国研究的倾向最后一击。他认为文化知识论不仅代表美国研究中心的转移，而且还意味着研究方法的改变。美国研究由于“神话 - 象征”的作用而向文学过度倾斜的现象得以纠正（1999：97-99）。无疑，塞克斯、戴维斯和凯利等当代文学大师对美国研究的重新诠释和定义无疑最终使文学研究主宰美国研究的传统成为历史。但即便如此，作为美国研究不可或缺组成部分的美国文学研究从 20 世纪 30 年代起就紧随美国研究的主流，阐明了其诠释美国并为世界范围内“美国化”献言献策的理论目的，但对于后现代理论模式，美国文学研究总是与之格格不入，甚至势不两立，比如现代的现象学、法兰克福学派、结构主义、后结构主义以及解构主义，一直到当代诸如种族批评理论、女权主义、同性恋理论、后殖民理论以及文化研究等不一而足。进入 21 世纪之后，无论是研究方法还是思维模式，美国文学研究都面临全方位的挑战。

二、从视角的转换到理论与方法的变迁

纵观美国本土的文学研究，我们不难发现，其在美国研究中的特征和影响随着时代的变迁而变化，研究理论与方法也随着视角的转换发生变迁。如果说美国研究创立初期最大的特征是试图将文学与历史研究合而为一，并通过文学作品和历史文献互为补充、相得益彰的方式达到诠释美国思想之目的的话，那么后现代主义则目睹文学在美国研究中“力量的丧失”，里奥·马克斯（Leo Marx）等人所信奉的“文学力量”① 论遭到摒弃，并且随着社会调查与历史文献等实证资料取代文学作品在美国文化研究中的基础资料地位，文学作品不再具有与生俱来的诠释并代表文化走向的功能（张涛，2004：443-444）。诚然，美国研究面临方法与理论创新的挑战，一味地通过虚拟与神话般的文学作品解读美国文化已经难以诠释全球化背景下美国研究中美国人的文化意识这一鲜明主题。另一方面，自 20 世纪 60—70 年代以来，美国高校人文学科的课程设置仍然以传统的课题和文本为主，偶尔也例外地涉及女权主义、种族研究等美国研究项目，但由于经费不足，在体制方面仍然处于边缘化的境地。然而即便如此，这些人文学科仍然在教学与科研方面为美国本土的后现代文学研究做了基础性的铺垫。事实上，正是种族研究、妇女研究、文化研究在教学与科研的联盟使得这些领域的学者们得以将长期处于大学边缘的学科和课程上升为后现代大学教育的核心内容。

与此同时，后现代美国文学研究仍然一如既往地惯用“清教徒起源论”或“神话 - 象征”研究方法，即基于这样的假设：美国成为一个民主国家模式，其他国家在不同的发展阶段都有可能或应该加以模仿或改造。从文化主体的层面看，美国本土的后现代美国研究彰显的文化优越感与美国人与生俱来的民族优越感如影随形。事实上，“在对自我认识和对世界认识的基本观念上，美国人通常将文化因素解释为个人的性格特点，而忽略全球化文化交流与碰撞中的他国文化因素。作为美国文化的代言人，美国中产阶级一般把自己看作个体，把世界看作是无生命的，把其他人看作有合作能力的竞争对手，并把行动看作生存的必要手段。”（斯图尔特，贝内特，2000：17）但具有讽刺意义的是，他们素以为某些美国特色的人际关系甚至具有世界范围普遍意义，适用所有的外国

① 文学力量（literary power）的内涵是，文学作品——尤其是经典作家的作品——具有洞察和传承文化信息的能力。信奉“文学力量”论的美国学者，如里奥·马克斯，认为研究美国文化几乎等同于解读文学作品蕴含的信息。但这种力量往往不是文学作品所固有，而是研究者人为赋予的。

人。美国人潜意识里心怀偏见，尤其是在描述非西方社会时表现得尤为突出：理解与自己相同的东西，贬低与自己不同或有差异的东西（斯图尔特，贝内特，2000：15）。这种源自“天定命运论”的美国思维方式恰恰是他们对他国文化产生漠视与误解的原因所在。

后现代主义给美国本土的文学研究带来的影响和变化是巨大而深远的，从其理论思潮到创作手法再到文学批评等诸多方面，无不打上时代的烙印。美国研究背景下的后现代主义美国文学也在以其独特而全新的模式对诠释美国文化进行有机的互动。作为美国研究不可或缺的重要组成部分，美国文学研究一开始就与美国历史研究一道夺得先机，沿袭美国文学创作中历史、蛮荒和变迁的三大主题，并以其再现历史事件和人物的表征与写意等独特文学表现形式处于美国研究的前沿。与此同时，后现代主义作家的民族主题意识也无不再现于其文学创作与批评作品，其民族意志也扎根于美国本土的人文与自然的土壤之中。

进入21世纪后，美国文坛佳作不断，新人辈出。杰西卡·哈格多恩（Jessica Hagedorn）的族裔小说《梦幻丛林》（*Dream Jungle*，2003）因其对美菲文化碰撞大胆叙述而闻名；阿里森·贝茨德尔（Alison Bechdel）的《快乐之家：一个家庭的悲喜剧》（*Fun Home*：*A Family Tragicomic*，2006）以图文实录的形式，通过一个家庭在殡仪馆的经历，再现含哥特式曲折、性焦虑和欢乐为一体；朱诺·迪亚兹（Junot Diaz）的《奥斯卡·瓦的奇妙生活概述》（*The Brief Wondrous Life of Oscar Wao*，2007）则为我们再现当代美国经历以及以爱情的名义不断探索人类潜能；安妮·卡松（Anne Carson）为纪念其死去弟弟，创作了墓志铭诗集《诺克斯》（*Nox*，2010）；马特·约翰逊（Mat Johnson）的《皮姆》（*Pym*，2011）描述一群非裔美国人探险者在白人领地喜剧般奇遇，以及柯尔松·怀特海德（Colson Whitehead）的《第一街区》（*Zone One*，2011）通过成功颠覆21世纪类型惯例和解构僵尸神话，试图重塑美国文明……这些作品均在21世纪以来美国文学界占据一席之地。

诚然，仅就新世纪以来不到四分之一的时间给充满活力、气象万千的美国文学做出评价未免草率和为时过早，但其创作的基本特征却已可见一斑。其一，伴随着美国文学界因“9·11”事件、伊拉克和阿富汗战争以及美国实体经济的衰退等引发对新殖民主义的思考，族裔文学因其广阔拓展空间与疆界重绘进入了全新的发展时期；其二，后现代主义文学的影响不仅远远没有褪去，其反传统、反常规写作、自相矛盾、随心所欲以及虚实结合的创作手法反而发挥得更加淋漓尽致。此外，20世纪以来美国国内与国际上愈发的不确定性也为其发展和变化提供前所未有的题材和机遇。诸多迹象表明，充满活力的美国文学将与其他人文学科一样与时俱进，并在开拓创新的道路上与美国文化的传统遗产相向而行。

与其他人文学科一样，美国研究在视角转换以适应理论创新和社会变革的大背景下，也面临全球化的正面冲击。全球化引发美国学者争论的领域主要涉及美国研究的名称问题、美国研究理论全球化的可能性以及美国民族国家的意义。美国研究学者采用与之相适应的新研究理论包括后国家主义、跨国主义以及后殖民主义，其中后国家主义和跨国主义是全球化包括美国研究在内的人文领域最为直接的理论反映（张涛，2004：431）。诸多迹象表明，在进入全球化的今天，处于美国文化扩张学术前沿的美国研究早已将诠释美国思想和主张视为己任，日益彰显其学术外衣下的政治理念和意识形态。正像著名美国学者爱德华·W. 萨义德（Edward W. Said）所言，"力量与合法性并存，一种力量存在于直接的统治之中，另一种力量存在于文化领域。这两种力量的并存是老牌帝国主义霸权的一个特点。在美国的世纪中，它的不同之处在于文化扩张范围的突飞猛进"（2003：415）。世界历史上从未有过像今天这样，一种文化对另一种文化实行如此大规模力量与思想上的干预，像美国对世界的干预一样（萨义德，2003：454）。美国传统上把自己界定为一个全球性大国，因而文化研究中普遍存在对欧美帝国主义及新帝国主义各种形式的全球控制的起源、合法化以及永存化的兴趣，其中含有的理性与政治意图可以显而易见联系上"国内殖民主义"这一传统命题（Rowe，2000：102）。这种建立于殖民主义理论基础之上的后殖民主义思维模式在美国本土的美国研究甚至文学研究中屡见不鲜。在学术界首部系统阐述该理论的著作《东方主义》中，萨义德认为，这种思维方式不是"欧洲人对东方毫无现实基础的幻想，而是人为创造但几代人都对其进行巨大物质投资的一套理论和实践"（Said，1978：6）。继美国史学和美国文学之后，后殖民主义理论必将给整个美国研究带来全方位的影响和启示，埃米·卡普兰（Amy Kaplan）的《美国的帝国主义文化》（*Cultures of U. S. Imperialism*）以及C. 理查德·金（C. Richard King）的《后殖民主义美国》（*Postcolonial America*）等代表人物及其作品便是最有力的佐证。

三、美国研究学者的困境

在过去的近半个世纪里，美国研究无论从全球范围内诠释美国文明和美国精神以及推介美国的普世价值观，还是到学科建设以及研究理论方法的变革与创新均有长足的进步。然而，在美国研究经历了一系列的视角转换和研究理论与方法变革的同时，美国研究学者们也同样面临前所未有的困境。

一方面，美国研究传统上代表的各种不同类型的学科似乎一刻不停地受制于合法性危机以及厘定权威引发的争议，甚至发展到美国研究的许多领域有可能并入更具包容力的框架之中的多学科的学院。某些学者总是这样批评文化研究，指责它包容的广度不可能实现，批评它没有办法界定关键术语，缺乏理论意识，对历史一无所知，它的教学和科研的课题都太“松散”，它对“相关性”过分痴迷，它对“种族、阶级以及性别”进行的研究只是条件反射，它还拒绝仔细阅读，对任何东西只要展开就会对它实行政治化（罗，2008：117）。事实上，美国研究涵盖的学科繁杂是由其自身条件决定的。面对如此浩瀚的研究内容，任何一个单一的知识分子，不管他怎样与众不同，怎样卓越非凡，都无法尽数掌握分析流行的文化现象的基本状况时所需要的所有不同门类的知识（罗，2008：118）。

上述针对美国研究学者的批评显然有失公允，因为我们不应该将文化研究看成是一个敌人或残酷的竞争对手，而是要把这个研究领域视为一个学术上和政治上的同盟者。如果充分发挥优势，文化研究就可以为美国研究所代表的多学科工作提供一种更具包容力的范围。因为文化研究是在全球性和跨国性的语境中处理它的课题，所以它为美国研究提供了多种方法，使之能对自己的、在严格的民族国家意义的模式之外学术研究项目进行再想象。与此同时，又对这种在许多社会、文化以及其他群体的身份构成中存在的民族国家主义保持尊重（罗，2008：117）。这种对文化研究的抵制显然蕴含着意识形态的原因，并且相比对学术研究的严谨扎实和理论构建的要求更加根深蒂固，也在所难免。正如保罗·德曼（Paul de Man）在其《对理论的抵制》一文所说的那样：“任何东西都不可能克服对理论的抵制，因为理论本身就是这样的抵制”（1986：19）。同时，在最为基础的层面上，文化研究建立在社会构成的基本元素上：那些元素将民族特有的知识历史性地和社会性地置于比较的语境之中。这种综合性的研究方法使美国研究学者能够把美国视为一个民族 [国家]，而不是含蓄地炮制例外主义的假设，或者将美国民族国家主义当作其他民族 [国家] 和社会的模式并使之普遍化而不加以批评（罗，2008：120）。

另一方面，美国研究被紧紧地与美国政治左派联系在一起。共和党当局和美国市民社会中的保守派知识分子不遗余力地对那些涉及政治左派的学术领域进行贬抑或攻击。在将来很长的一段时间里，美国政府中的保守派无疑将把美国研究学者视作靶心，就如同“9·11 事件”之后及近年中东极端组织的猖獗客观上使中东研究学者成为被攻击的目标一样。然而，美国研究学者所拥有的政治立场远比政府或民间的保守主义理论家通常愿意相信的范围要广泛得多。甚至可以说，在过去的 25 年里，美国研究已经与反帝学术传统联系起来。该传统以一种批判性眼光，从美国在西半球的征服史和战后美国争夺全球霸权方面审视美国的历史与文化。由于评论战后美国历史的“契论”模式以及对美国社会形成了多元文化及明显冲突的理解，美国研究有时被扣上蛊惑国家分裂的罪名，对此美国研究学者做出了回应。他们掀起一股强大的学术浪潮，强有力地表明“一致的美国文化”并非形成美国民族国家凝聚力的必要方式，还表明“文化”与“民族”的融合的确在对美国历史中的暴力进行自然化的同时歪曲了美国历史。美国研究的国际化及重新解读美利坚帝国将是其工作重心的必然特点。同时，美国研究学者们将重新接纳美国冲突性文化的“两面性”及其谴责、捍卫、确信和断言的能力（Bérubé，2004）。

正像美国前外交关系委员会资深研究员迈克尔·克洛（Michael Carol）在谈到21世纪美国研究的发展方向时所言，21世纪的美国研究“必须开发出一种新型的、去中心程度更强的管理模式，一种有能力调节美国的政治——文化系统越来越大的多样性模式”（Clough，1997：M1）。这一模式将关注不同的知识界，因为与以前的美国研究相比，它能够更贴切地再现美国国内外政策的决定性因素。此外，一方面，美国研究还应该重建其研究领域，尤其是在美国声称要为全球政治、经济、文化及身份认同承担更大责任的时候，可将“比较美国文化”作为美国研究领域门类中的一部分纳入其比较研究范畴，并且更多地致力于全球人权思想，而不是对国家主权指手画脚；更多地致力于平均民主思想及参与各方地位、力量均衡的世界主义表达，而不是为捍卫美国思想摇旗呐喊（Bérubé，2004）。无独有偶，美国研究学者约翰·卡洛斯·罗（John Carlos Rowe）也断言：“美国研究领域的学者应该承认，在文化研究中，存在着具有补充作用的智性的事业，它涵盖全球的研究范围可以促使美国研究所需要的那种比较主义的文化工作，这样才能克服狭隘的民族国家主义和例外主义的模式。”（2008：138）与此同时，美国研究的国际化还应当避免片面的、通常属于早期美国研究中的新帝国主义性质的世界主义，并有可能补足已经形成学院和大学地区社团的既定国际关系（罗，2008：110-111）。此外，即便是一门新兴学科，美国研究多元的主题涵盖了众多相关领域，仍然可以从传统研究方法中获取某些有益的成分，因为“即使在我们对我们的知识遗产持批评态度的时候，美国研究的未来也应该建立在传统研究方法的基础上，并且还要赋予传统方法以新的意义”（罗，2008：26）。

四、结语

在过去的半个多世纪里，作为独具美国特色的新兴学科，美国研究方兴未艾，新作辈出，前途似乎一片光明，研究理论与方法也层出不穷。但作为美国研究不可或缺的美国文学研究，如何摆脱对稍纵即逝的人间万象与经典文学作品之间的差异产生的忧虑感，转而关注对带来重大社会变革的历史事件进行话语式解读的理论与方法的研究与探讨，这成为当代美国文学研究首当其冲的核心议题。从现代主义到后现代主义，美国文学研究以其鲜明的学科特征和多元的表现方式再现和诠释了美国文化所倡导的人文思想和精神。但随着美国研究中文学力量的衰退及文化研究的不断拓展和深化，传统的“神话 - 象征”表现手法面临前所未有的挑战，随之而来的是美国研究中文学力量的丧失，这种变化必将与文化定义的变化如影随形。另一方面，美国本土的美国文学研究也面临来自其内部的挑战。在美国文学的空间拓展与疆界重绘的同时，如何完成视角的转换和进行理论与方法的变革乃至摆脱美国研究学者深陷的困境，是新美国研究及其研究者们新世纪面临的前所未有的一大课题。

无疑，美国的美国研究学者首当其冲的任务之一就是将美国视为一个通常意义上的民族或国家，而不是出于政治需要一味地炮制“美国例外论”的假设，或是为宣扬美国所谓的普世价值观鸣锣开道，并在克服狭隘的民族主义国家意识和“美国例外论”的思维模式的同时，补充和丰富自身研究的理论和方法，即如何在美国研究学科界限日趋模糊的背景下保持本学科的独立性、弹性和特性，拓展学科发展空间，服务于客观、理性地诠释美国文化以及跨文化交际功能。这些涵盖全球范围的研究理论和方法有助于世界层面的美国研究在一条更加健康、可持续的道路上不断发展。这也许正是包括美国文学研究在内的美国研究学者们首先应该达成的广泛共识和主张。

参考文献

[1] 爱德华 · C. 斯图尔特、米尔顿 · J. 贝内特：《美国文化模式：跨文化视野中的分析》，卫景宜译，天津：百花文艺出版社，2000 年。

[2] 爱德华 · W. 萨义德：《文化与帝国主义》，李琨译，北京：三联书店，2003 年。

[3] 约翰 · 卡洛斯 · 罗：《美国研究的未来》，蔡新乐译，北京：中国社会科学出版社，2007 年。

[4] 张涛：《美国学运动研究》，北京：商务印书馆，2004 年。

[5] Bérubé, Michael, The loyalty of American studies, *American Quarterly*, 2004, Vol. 56, No. 2: 223-233.

[6] Clough, Michael, Birth of nations, *Los Angeles Times*, M1, 1997.

[7] Davis, David Brion, Some recent directions in American cultural history, *American Historical Review*, Vol. 73, No. 3: 696-707.

[8] Kelly, R. Gordon, literature and the historian, in Lucy Maddox (ed.), *Locating American Studies: The Evolution of a Discipline*, Baltimore: Johns Hopkins University Press, 1999.

[9] Paul de Man, The resistance to theory, in Wlad Godzich (ed.), *The Resistance to Theory*, Minneapolis: University of Minnesota Press, 1986.

[10] Rowe, John Carlos, *Literary Culture and U. S. Imperialism: From the American Evolution to World War II,* New York: Oxford University Press, 2000.

[11] Said, Edward W., *Orientalism*, New York: Vintage Books, 1978.

[12] Skyes, Richard E., American studies and the concept of culture: A theory and method, *American Quaterly*, 1963, Vol.15, No. 2, 253-270.

[13] Smith, Henry N., *Virgin Land: The American West as Symbol and Myth*, Cambridge, Massachusetts: Harvard University Press, 1950.

试论21世纪以来
国内早期美国非裔文学的研究状况

臧康华 * 王烺烺 **

摘要: 美国非裔文学在中国的译介和研究已有百余年的历史,至今已颇具规模,成为美国文学研究的焦点之一。然而,早期美国非裔文学在中国的研究状况这一话题却较少被论及。基于以上情况,本文在对早期美国非裔文学进行时间界定、研究内容大致梳理的基础上,参照国内外研究成果有关数据,探究21世纪以来国内早期美国非裔文学研究的状况。结果表明,21世纪以来国内相关研究虽然取得了一定的成果,但总体上出现了关注度不高,研究对象集中于少数作家和作品,大批早期作家受到忽视、研究视野狭窄等明显的超经典化(Hypercanonization)现象。因此,为了进一步促进我国美国非裔文学研究的发展,国内研究者在今后的研究中应提起对早期美国非裔文学研究的重视,进一步拓展研究的广度和深度。

关键词: 早期美国非裔文学; 研究现状; 超经典化

Abstract: With its history traced back to about one hundred years ago, the translation and studies of African American literature in China have obtained sizable achievements, and become a focus of academia attention in the field of American literature studies. However, early African American literature studies in China has not been much explored so far. Therefore, this paper, through defining the starting and ending time of this period and taking its major writers and works as research objects, aims to make a comparative survey of early African American literature studies at home and abroad. According to this survey, it is easy to see that although African American literature studies in China has made significant achievements since 21st century, there exists a high degree of hypercanonization manifested as the

* 臧康华,厦门大学外文学院硕士研究生,研究方向:美国文学。

** 王烺烺,厦门大学外文学院副教授,博士,硕士生导师,研究方向:美国文学。

negligence of a lot of early African American writings, excessive concentration on a limited number of writers and works, and lack of broadened vision or multiplicity of research approaches. In view of the above problems, this paper suggests that Chinese researchers should pay more attention to early African American literature studies and further expand it in both width and depth.

Key Words: early African American literature; research status; hypercanonization

一

近年来，美国少数族裔文学异军突起，发展迅猛，成为当代美国文坛一道独特而靓丽的风景。族裔作家频频获奖，有时甚至连续包揽国家图书奖和普利策奖等重要文学奖项（张龙海、解友广，2017：174）。萌生于 18 世纪中期的美国非裔文学，作为美国少数族裔文学的重要分支，在经历约 300 年的历史风雨后，逐渐从美国文学的边缘走向中心，硕果累累、群星闪耀。尤其在进入 21 世纪以来，美国非裔文学不仅成为国际学界的研究热点，同时也引发了中国学者的研究兴趣。同时，一些学者开始关注“美国非裔文学在中国的研究状况”这一话题。如程锡麟的《对我国非裔美国文学研究的几点思考》、王玉括的《非裔美国文学研究在中国：1994—2011》、朱小琳的《美国非裔文学研究的政治在线与审美困境》以及 2016 年由谭惠娟和金兰芬合作发表的《美国非裔文学研究在中国：状与问题》等论文从不同的视角对美国非裔文学研究在中国的发展状况进行了探析。这些研究或是从宏观角度进行梳理与讨论，或是对理论研究、政治倾向等方面的研究状况进行具体探讨。然而，遗憾的是，这些研究均未论及早期美国非裔文学在中国的研究状况。基于以上情况，本文着力在确定早期美国非裔文学时间界定并在历史框架内梳理研究内容和对象的基础上，对照国外同期研究状况，探究 21 世纪以来国内早期美国非裔文学研究的动向，以期为国内美国非裔文学研究状况这一话题进行补充，并为今后的研究者提供一点参考。

二

关于早期美国非裔文学的起源问题，国内外的划分基本是一致的：“非裔美国文学起源于早期非洲黑人来到北美大陆后所创作的民间口头文学”（庞好农，2013：23）。露西·泰莉（Lucy Terry）于 1746 年创作的诗歌《巴尔斯之战》（“Bars Fight”）被公认为已知最早的美国非裔文学作品（Gates，2004：186）。这首最初以手稿形式流传，直至 1855 年才得以正式出版的诗作标志着美国非裔文学的发展由口头传承进入了书面创作时期。

但是，对于早期美国非裔文学的结束时间，中外学界并没有给予明确界定。不同的研究者往往给出不同的答案。笔者更倾向于赞同一些学者将哈莱姆文艺复兴运动的开始作为早期美国非裔文学结束标志的划分办法。

以哈莱姆文艺复兴运动作为分水岭主要基于此阶段文学发展的时代背景和创作风格的变化。早期美国非裔文学是在蓄奴制度和种族歧视双重压迫的社会背景下产生和发展的，这使得早期美国非裔文学成为美国非裔作家争取解放及平等权利的重要武器。“早期的黑人文学是为种族生存呐喊的文学，是为争取黑人在美国社会中做一个平等的人的权利而奋争的文学”（王家湘，2006：3）。哈莱姆文艺复兴运动则是在战后西方传统观念分崩离析的年代形成的。新一代的非裔美国作家和当时美国“迷惘的一代”青年作家一样，抛弃了传统价值观念，不因循守旧，具有独立的见解（王家湘，2006：58）。在哈莱姆文艺复兴运动时期，非裔美国人在音乐、诗歌、戏剧、小说等领域的创作都变得成熟起来，文学创作不再局限于对黑白冲突的描写，而是更多地关注非裔美国人自身的心灵建设和发展，作家的创作越来越显示出强烈的个人色彩。与此同时，非裔美国作家的作品开始被有影响的大公司出版，许多全国性的重要杂志也开始刊登非裔作家的作品，文学创作向着专业化的方向进一步发展，影响力获得了空前的提高。这些变化与早期零星的、不被认可的创作是截然不同的。因此，从哈莱姆文艺复兴前后的这些变化中不难看出早期美国非裔文学的结束时间。此外，一些中外学者对美国非裔文学史的划分也为这一时期的时间界定提供了一些思路。如在由刘海平和王守仁主编的《新编美国文学史》（第二卷）中，作为整个美国文学史大框架下的美国非裔文学被安排在第五章“有关美国黑人的文学”。虽然作者并未提及“早期”二字，但是，在这本书的第三卷第四章作者换而阐述了“黑人文艺复兴与黑人文学的兴起”这一话题，显然是将早期美国非裔文学的探讨放到了前面第二卷中；再如在《早期非裔美国作家经典》（*Early African-American Classics*）一书中，编者安东尼·阿皮亚（Anthony Appiah）列出的代表作品：W. E. B. 杜波依斯（W.E.B. Du Bois）的《黑人的灵魂》（*The Souls of Black Folk*）、弗雷德里克·道格拉斯（Frederick Douglass）的《弗雷德里克·道格拉斯：一个美国奴隶的叙述》（*Narrative of the Life of Frederick Douglass, an American Slave*, *Written by Himself*）、哈丽雅特·雅各布斯（Harriet Jacobs）的《一个女奴的生平记事》（*Incidents in the Life of a Slave Girl*）等均属于哈莱姆文艺复兴前的创作。亨利·路易斯·盖茨（Henry Louis Gates, Jr.）和内利·Y. 麦凯（Nellie Y. McKay）主编的《诺顿美国非裔文学选集》（*The Norton Anthology of African American Literature*）中对于哈莱姆文艺复兴运动也进行了单独划分。

由此可见，将早期美国非裔文学的结束时间选择在哈莱姆文艺复兴运动之前，是一种比较合理的划分方法。

三

目前，学界一般将 1901 年由林纾与魏易合作翻译成文言文出版的《黑奴吁天录》（即《汤姆叔叔的小屋》）视为国内译介和研究美国非裔文学的开山之作。从严格意义上讲，这部由白人废奴主义者斯托夫人撰写的小说并不属于美国非裔文学作品。不过，该译作的出版的确标志着国内学界及读者对美国非裔群体及其相关文学创作开始产生关注。自 20 世纪 30 年代开始国内的美国非裔文学作品译介逐步增多，而真正的学术研究则起步于改革开放之初。经过近 40 年的发展，美国非裔文学研究在我国已颇具规模，渐成繁荣之势（罗功良，2012：12）。

进入 21 世纪以来，国内美国非裔文学研究呈现出百花齐放、异彩纷呈的局面，但总体说来，国内的研究多集中于哈莱姆文艺复兴时期及 20 世纪的作家作品，现当代获奖作家和获奖作品尤其受到青睐，而早期美国非裔文学在国内学界则颇受冷遇。

在国内为数不多的美国非裔文学综合性研究中，早期美国非裔文学史往往被一笔带过。由谭惠娟、罗功良等编著，2016 年出版的《美国非裔作家论》一书对一百多年来美国非裔文学在中国的译介和研究情况做了较为完整的梳理。但是，在该书涉及的 33 位重要的非裔美国作家中，早期作家的人数也只占到了 4 位，他们分别是菲利斯·惠特莱（Phillis Wheatley）、道格拉斯、杜波依斯和詹姆斯·韦尔登·约翰逊（James Weldon Johnson）。庞好农于 2013 年出版的《非裔美国文学史（1619—2010）》是国内第一部系统介绍美国非裔文学历史和文化并以文学为主线的文学史专著。该书研究了非裔美国人 400 多年的历史和文学，着重探究了 76 位有代表性的作家及其代表作品。其中重点介绍的早期非裔美国作家共 25 位，是迄今国内介绍早期美国非裔作家作品数最多的专著。然而，如果参照《诺顿美国非裔文学选集》中所介绍的 39 位早期非裔美国作家，国内有关早期美国非裔文学史的梳理和作家介绍则仍有不少遗漏。由此可见，大片的早期美国非裔文学作家作品研究的处女地尚待开垦。

为了具体探究 21 世纪以来国内早期美国非裔文学作家作品的研究状况，后文将以历史框架下作家作品的梳理为线索，展开国内外早期美国非裔文学研究成果数据的对比，以期找出 21 世纪以来国内研究的缺漏和不足。

四

美国非裔文学起源于早期被贩卖到北美大陆的非洲黑人所创作的民间口头文学（庞好农，2013：23）。其主要形式包括美国非裔民间传说、劳动歌曲、蓝调爵士、歌谣和灵歌等。伴随着奴隶制度在北美大陆的逐步确立，为了使黑人成为彻彻底底的奴隶，白人统治者一方面在身体上奴役、摧残黑人，另一方面通过立法的形式剥夺了黑人学习文化知识和传承非洲根文化的权利，从而在精神和文化上对黑人进行扼杀和隔离。但是，即使是在这样的时期，仍有少量的黑人奴隶通过各种机会掌握了读写能力，这就为早期书面文学的产生创造了条件。这一时期涌现出了朱庇特·哈蒙（Jupiter Hammon）、奥拉多·厄奎阿娄（Olaudah Equiano）、惠特莱、大卫·沃克（David Walker）等作家。厄奎阿娄 1789 年出版的《奥拉多·厄奎阿娄或非洲人嘎斯塔哇斯·瓦萨的生平趣叙》（*The Interesting Narrative of the Life of Olaudah Equiano, or Gustavus Vassa the African, Written by Himself*）是最早由非洲奴隶自己创作的自传。厄奎阿娄的一生极不平凡，他 11 岁时在非洲部落被奴隶贩子绑架并贩卖到了美洲，在西印度群岛和英国海军里做了 10 年奴隶，而后获得自由身份，在欧洲和美洲游历，见证并参与了许多重大的历史事件。他的自传被认为是 18 世纪最有影响的非诗歌类作品、早期反奴隶制的力作，在国外的美国非裔文学研究中具有重要的地位。如加州大学伯克利分校英语系教授布赖恩·瓦格纳（Bryan Wagner）在 2016 年秋季学期开设的《早期美国非裔文学》课程的课程大纲中就将厄奎阿娄的作品列为必读书目。笔者在国外数据库“现代语言学会国际文献目录”（MLA International Bibliography）中查找到的 21 世纪以来国外有关厄奎阿娄研究的学术期刊文章为 87 篇，学位论文为 8 篇。与此对照的是，在国内的学术论文数据库“中国知网”（CNKI）和“读秀学术搜索”中没有找到与厄奎阿娄相关的任何国内研究成果。

1776 年《独立宣言》的发表和 1787 年《美国宪法》的颁布对非裔美国人产生了重大的影响，其中所包含的“人人生而平等，天赋人权”等思想极大地启发了他们的思想政治觉悟，同时伴随着美国经济的快速发展和美国西部大开发的火热进行，1800 年到 1865 年，废奴运动在这一时期轰轰烈烈地进行着。索杰纳·特鲁斯（Sojourner Truth）、雅各布斯、道格拉斯、弗兰西斯·E.W. 哈珀儿（Frances E. W. Harper）等人既是这一时期的代表作家，也是著名的废奴主义者。其中，特鲁斯不但是著名的废奴主义者，还是妇女权利的倡导者。1843 年，为响应上帝的号召，她将自己的姓名改为“Sojourner Truth”，意为做一个周游世界（Sojourner）传播真理（Truth）的人，为人们指明罪孽，昭示神意。而她的一生也以此为己任，不畏质疑和讽刺，果敢坚定地传播着她的废奴和女权主义思想。《难道我不是一位女人？》（*Ar'n't I a Woman?*）的著名演说使她声名远播。遗憾的是，这位受到国外学者高度关注的早期美国非裔作家（MLA的文献目录显示，21世纪以来，有关特鲁斯的学术期刊论文有31篇，学位论文2篇），在国内竟然找不到任何与之相关的研究文章。被公认为19世纪废奴运动的杰出领袖、演说家和政治活动家的道格拉斯以其三部自传《弗雷德里克·道格拉斯：一个美国奴隶的叙述》、《我的奴隶生涯和我的自由》（*My Bondage and My Freedom*）和《弗雷德里克·道格拉斯的生平和时代》（*Life and Times of Frederick Douglass*）闻名于世。三部自传成书于不同时期，反映了道格拉斯在个人境遇和社会环境变迁的背景下思想的变化。对于道格拉斯个人及作品的相关研究无论是国内还是国外，与同时期的其他作家相比都处于佼佼者的位置（MLA文献目录显示，21世纪以来国外相关研究的学术期刊论文有187篇，学位论文33篇）。笔者在知网和读秀数据库查找到的16篇与道格拉斯有关的国内研究成果中，以《弗雷德里克·道格拉斯：一个美国奴隶的叙述》这部作品作为研究文本的论文有9篇，而5篇学位论文中，也有4篇是以这部自传作为研究文本的。由此可以看出，道格拉斯其他两部自传尚待研究者们挖掘。

内战结束后，非裔美国人并未迎来所谓的春天，虽然奴隶制被废除，但他们的政治、经济状况并未得到明显改善。伴随着南方重建的进行，随之而来的种族歧视法律、种族制度和3K党的白色恐怖都将他们的生活再次置于水深火热之中。这一时期从事创作的有第一位获得全国声誉的诗人保罗·劳伦斯·邓巴（Paul Laurence Dunbar）、被评为美国黑人现实主义文学的开路人的查尔斯·W. 切斯纳特（Charles W. Chesnutt），以及既是作家也是著名黑人领袖的布克·T. 华盛顿（Booker T. Washington）和杜波依斯。邓巴是第一位靠创作养活自己的非裔美国人。他的作品以善用黑人方言和民间素材闻名，这一创作风格极大地影响了后人的创作。MLA文献目录显示，21世纪以来国外相关研究的期刊论文有64篇，学位论文10篇，然而，国内正式发表的邓巴研究成果迄今只有一个。作为南方重建时期著名的社会学家、历史学家、民权运动者、泛非主义者和作家的杜波依斯影响深远。他发表的散文集《黑人的灵魂》从黑人的历史、宗教、政治、社会等方面揭示出美国种族歧视政策对黑人自我意识和黑人社会的深刻影响，并提出了“双重意识”的观点。杜波依斯认为非裔美国人永远生活在这种双重意识的斗争中：“一个美国人，一个黑人；两个灵魂，两种思想，两种互不妥协的斗争”，非裔美国人的历史就是这场斗争的历史，“这是一种对获得自我成熟的渴望，希望把他的双重自我融合成一个更完美更真实的自我。”在这一融合当中，非裔美国人既不会把美国非洲化也不会被美国主流的白人文化所同化（杜波依斯，1989：3）。这种对黑人自我意识的探究使得美国非裔文学的创作主题进一步深化，同时也对后期非裔美国作家的创作产生了深远的影响。杜波依斯不但是国外美国非裔文学研究热点，也是国内学界的重要研究对象。MLA 文学目录显示 21 世纪以来国外杜波依斯研究期刊论文高达 232 篇，学位论文 41 篇，而国内有关杜波依斯的研究，也以 21 世纪前后为分界点，呈现出了不同的研究状况。21 世纪以前，国内有关杜波依斯研究的期刊文章为 8 篇，学位论文 0 篇，而 21 世纪以后，有关杜波依斯研究的期刊文章增加到了 20 篇，学位论文也增加到了 6 篇。21 世纪以前，国内学界对杜波依斯的研究视角多集中在对其个人生平和民权运动的探讨上，21 世纪以后，学界对杜波依斯的研究视角则呈现出更加多元化的态势。

为了全面了解国内早期美国非裔文学研究成果，笔者参考《诺顿美国非裔文学选集》和《非裔美国文学史（1619—2010）》中收录的 39 位早期美国非裔作家的中英文姓名从国内外的数据库中分别进行了全面检索。MLA 国际文献目录的检索显示，21 世纪以来国外有关早期美国非裔文学研究的研究对象涵盖近 30 位早期美国非裔作家，研究成果包括期刊论文 891 篇，学位论文 174 篇，平均每位作家 27.10 篇。国外的早期美国非裔文学研究可以说是硕果累累。

用知网（CNKI）和“读秀学术搜索”检索 21 世纪以来国内相关研究成果，在检索的 39 位作家中，只有惠特莱、沃克、雅各布斯、威廉・威尔斯・布朗（William Wells Brown）、道格拉斯、华盛顿、切斯纳特、杜波依斯、詹姆斯・威尔顿・约翰逊（James Weldon Johnson）和邓巴共 10 位作家有相关的研究成果，而剩下的 29 位早期美国非裔作家则无法查找出与其相关的期刊论文或学位论文。对于上述 10 位作家的研究成果包括期刊论文 52 篇、学位论文为 31 篇，一共 83 篇，平均每位作家 2.12 篇。从下列图示可以看出，目前国内研究者对于雅各布斯、道格拉斯和杜波依斯的研究最为集中，其他早期作家的研究比较稀少。

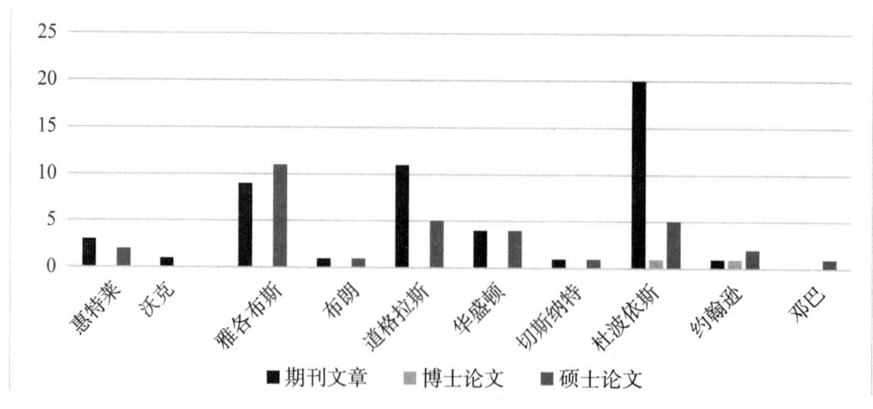

图 1　21 世纪以来国内早期美国非裔作家研究成果图

五

针对以上研究，笔者提出了以下几点思考：

（一）1999年，美国学者乔纳森·阿拉克（Jonathan Arac）在《新文学史》发表的题为《为什么没人关注"哈克贝利·费恩"的美学价值》一文中说道："数十年过去了，《哈克贝利·费恩》在二战时期确立的文化地位仍未被动摇，马克·吐温的小说仍然是被普遍指定的课程小说和学术界研究批评的热点。"由此，他提出了"超经典化"（Hypercanonization）的概念，即"超经典化就是学者和批评家们为将某一部作品选为世界文学的代表作和美国最高形象而订立评价标准的过程"（778）。后来，阿拉克将"超经典化"的概念进一步解释为"文学的批评与研究由单一几个作家的几部作品垄断的现象，如《红字》《白鲸》和《哈克贝利·费恩历险记》在小说领域里的超群地位"（1992：14）。"超经典化"这一术语是在后殖民语境下形成的，目前并未发展成为一个完整的理论。但当我们将这一概念的解释扩大后就不难发现，21世纪以来国内美国非裔文学研究也出现了同样严重的"超经典化"现象。这既表现在当下国内美国非裔文学研究中学者们对于早期美国非裔文学这一历史时期及其作家作品的极大忽视，也表现在当前国内早期美国非裔文学研究多集中在某一早期作家及其某一部作品身上，而一些具有研究价值的早期作家和作品却受到了国内研究者的忽视。从某种程度上说，这是一种很不正常的研究状态。"超经典化"的现象不仅不利于我们理清美国非裔文学的发展脉络，了解美国非裔文学的源流及其传承与变革，也不利于我们全面了解美国非裔文学在发展过程中出现鲜明的种族性和极强的斗争性的历史原因。因此，研究者们应当进一步探究"超经典化"这一现象背后所反映的社会政治经济发展趋势的变化和文化环境的调整，做到有的放矢，同时也要进一步拓展国内美国非裔文学的研究广度，不仅要对早期美国非裔文学的研究提起足够重视，还应进一步发掘那些被忽视的作家、作品以及尚未被解读的代表作家及作品。

（二）笔者在研究的过程中也发现，21世纪以来，国内有关早期美国非裔口头文学的研究可以说是凤毛麟角，而能如国外的研究者一样将这种深受宗教和非洲传统文化影响的口头文学与美国非裔文学的其他表现形式联系在一起加以透彻分析的研究更是寥寥无几。贝尔曾在其所编著的《非洲裔美国黑人小说及其传统》中提到：口头文学与书面文学是相互关联的两种叙述手法。作为一种文化扩张的结果，伊斯兰教、犹太教和基督教的文学惯用技巧在读写世界很多文化名流中处于支配地位。这就使得每位黑人小说家在寻找权力、自治和独创性的过程中，不可避免地成为自己文化遗产某个部分的继承人(2000: 4)。早期美国非裔口头文学对于后世非裔美国作家的创作具有极其重要而深远的影响，忽视了对早期美国非裔口头文学的研究及其与20世纪、现当代美国非裔文学的联系，将在很大程度上使得研究的权威性、可靠性和完整性受到质疑。所以，我们应该将研究的深度进一步拓展，重视对早期美国非裔口头文学的研究，从而进一步加深对非裔文学作品的传承性、呼应性和互文性的认识，更加充分挖掘美国非裔文学的宝库。

(三)此外，在研究过程中笔者也发现早期美国非裔女性作家的表现令人瞩目。如泰莉、惠特莱、特鲁斯和雅各布斯等女性作家所创作的作品无论是在数量上还是质量上几乎可以与同时期的男性作家平分秋色。美国非裔女性文学在早期的发展已经如此星光熠熠、令人瞩目，这也就不难解释为何当今美国非裔女性作家占据了美国非裔文学创作的半壁江山。读者同样也可在早期美国非裔女性作家的作品中发现非裔女性面临性别压迫和种族压迫的双重困境，从而寻得现当代非裔女性作家作品中这一创作主题的发端源头。

(四)最后，通过国内外研究状况的对比，我们不难看出，21世纪以来国内早期美国非裔文学的研究仍在一定程度上存在着很大的滞后性，无论是在研究成果的数量上还是研究视角的广度和深度上都存在着很大的不足。为了促进我国美国非裔文学研究乃至美国文学研究的发展，我们一定要了解自己的不足，力戒“超经典化”的学术浮躁之气，以“苟日新，日日新，又日新”的学术态度扎扎实实地推动这一学术领域的发展。

参考文献

[1] 伯纳德·W. 贝尔:《非洲裔美国黑人小说及其传统》，刘捷，潘明元，石发林，宋红英，王琳译，成都: 四川人民出版社，2000年。

[2] 李权文:《美国非裔文学理论: 中国学术中的不足与策略》，《山东外语教学》，2012年第6期，26-30页。

[3] 刘海平，王守仁:《新编美国文学史》(第二卷)，上海: 上海外语教育出版社，2000年。

[4] 庞好农:《非裔美国文学史(1619—2010)》，北京: 中央编译出版社，2013年。

[5] 孙银娣，李笑蕊:《中国美国非裔文字研究特点》，《中国比较文学》，2010年第3期，第122-130页。

[6] 谭惠娟，金兰芬:《美国非裔文学研究在中国 : 现状与问题》，《山东外语教学》，2013第2期，第18-25页。

[7] 谭惠娟，罗功良:《美国非裔作家论》，上海: 上海外语教育出版社，2016年。

[8] 王家湘:《20世纪美国黑人小说史》，南京: 译林出版社，2006年。

[9] 王玉括:《非裔美国文学研究在中国: 1994—2011》，《外语研究》，2011年第5期，第108-111页。

[10] 张军:《断代史框架下的美国黑人文学研究》，《河北学刊》，2008年第28卷第1期，第110-113页。

[11] 张龙海，解友广：《美国族裔文学研究的界域重绘——全国美国文学研究会第十八届年会综述》,《当代外国文学》, 2017 年第 2 期，第 176-178 页。

[12] 赵一凡，张中载，李德恩：《西方文论关键词》，北京：外语教学与研究出版社，2013 年。

[13] 郑建青 ,2012,《美国非裔文学研究管见》,《山东外语教学》, 2012 年第 6 期，第 12-15 页。

[14] 郑建青，罗良功：《在全球化语境下：美国非裔文学国际研讨会论文集》，载自程锡麟：《对我国非裔美国文学研究的几点思考》，武汉：华中师范大学出版，2011 年。

[15] 朱小琳：《美国非裔文学研究的政治在线与审美困境》,《山东外语教学》, 2013 年第 2 期，第 14-17 页。

[16] Appiah, Anthony, *Early African-American Classics,* New York: Bantam Dell, 1990.

[17] Arac, Jonathan, *Nationalism, Hypercanonization, and Huckleberry Finn*, Durham: Duke University Press, 2016.

—, Why does no one care about the aesthetic value of "Huckleberry Finn?" , *New Literary History*, 1999, Vol. 30, No. 4, 769-784.

—, Revisiting Huck: Idol and target, *The Mark Twain Annual*, 2005, No. 3, 9-15.

[18] Du Bois, W. E. B., *The Souls of Black Folk*, New York: Bantam Classics, 1989.

[19] Gates, Henry Louis, Nellie Y. McKay, *The Norton Anthology of African American Literature,* New York: W. W. Norton & Company, Inc., 2004.

[项目信息：中央高校基本科研业务费项目（ZK1014）]

“命运是自我选择”：《波德莱尔》的存在主义自由观解读

项颐倩*

摘要：在《波德莱尔》这部作品中，萨特以“存在先于本质”为出发点，指出在个人命运的形成过程中，对自由的理解与把握至关重要。萨特深入分析了波德莱尔生平各种荒唐行径，揭示了其后隐藏的“自欺”动机，颠覆了长期以来西方批评界对这位法国诗坛奇才的主流认知，进而证明了“命运是自我选择”这一观点，同时也为当代作家研究提供了新的视角。

关键词：萨特；波德莱尔；自由观；自欺；选择

Abstract: In this work about Charles Baudelaire, by the well-known assertion “Existence precedes essence”, Sartre indicated that for individual destiny, the understanding of freedom is fundamentally important. Sartre made a profound analysis of Baudelaire’s absurd behaviors in order to find the “bad faith”. This work has changed the dominant opinion on this famous French poet in the field of literary criticism. Finally, this work, which has proved that destiny is a free choice, proposes a new approach for the study of authors.

Key Words: Sartre; Baudelaire; freedomconcept; bad faith; choice

一、引言

法国19世纪诗人波德莱尔（Charles Baudelaire）因其在象征主义诗歌方面的杰出成就以及他与“现代性”之间的重要关联，一直是哲学、文学、艺术等领域的研究热点。19世纪法国文坛对波德莱尔及其诗作《恶之花》褒贬不一，保守派认为波德莱尔的诗歌颓废粗俗，而雨果和郎松（Gustave Lanson）乃至普鲁斯特等具有进步思想的文学家则对其持肯定态度。普鲁斯特曾经热情赞美波德莱尔，他认为“在表现苦难的感觉、死亡的感觉和谦卑的同情心方面，波德莱尔

* 项颐倩，厦门大学外文学院助理教授，研究方向：法国现当代文学、当代西方文艺理论。

是古往今来所有人中最出色的一位”(刘波, 2002: 25)。

20世纪以来西方批评界从事波德莱尔研究的学者不在少数,其中最出名的有犹太哲学家本雅明(Walter Bendix Schönflies Benjamin),法国作家、哲学家萨特(Jean-Paul Sartre),以及法国哲学家福柯(Michel Foucault)。本雅明于20世纪30年代末撰写《波德莱尔,发达资本主义时期的浪漫诗人》[①],他从“现代性”、空间审美等角度分析波德莱尔与城市之间的关系,以及波德莱尔的“闲逛者”(Le flâneur)形象。1947年,萨特出版《波德莱尔》一书,该书以存在主义为理论基础深度剖析了波德莱尔的命运选择。1984年,福柯在美国做了题为“何为启蒙运动?”[②] 的报告,他在报告中从“现代性”和现代艺术审美的视角对波德莱尔作品的现代性特征进行了梳理。

谈到萨特的文学批评,国内外批评界一般将《什么是文学?》视作萨特的代表著述,而萨特在传记批评方面的成就并未得到足够重视。萨特著有四部重要的传记批评作品,除了《波德莱尔》之外,《圣热内,喜剧演员和殉难者》(1952年)研究法国现代作家让·热内(Jean Genet),《词语》(1964年,又译作《文字生涯》)研究萨特本人,《家中的低能儿》(1971—1972年)则以福楼拜为分析对象。《波德莱尔》与另外三部作品相比篇幅较为短小,但是作为萨特传记批评的首部实验性作品,其重要意义不言而喻。

中外评论界对于波德莱尔的生平一直存在主流论断。由于“波德莱尔在生前受到社会的攻讦,他的诗集《恶之花》曾被法院起诉,被判处罚款。”(郑克鲁, 2003: 108)波德莱尔的落魄文人形象因此根深蒂固。批评家们在惋惜他时运不济、命运多舛之余称其为“受诅咒的浪荡子”(Louette, 2002: 417)。萨特对此提出质疑:“他本人与他的一生难道真的有那么大的差别吗?假如他的一生与他这个人恰好相称呢?假如,和普遍接受的观念相反,人们的一生从来都是与他们相称的呢?”(萨特, 2006: 1)通过这几句诘问,萨特告诉人们他的意图所在:对于评论界对波德莱尔命运的误读,他要进行一次彻底的“拨乱反正”。

二、波德莱尔的“自由观”

与传统传记或传记批评作品不同的是,《波德莱尔》不是按照编年顺序来讲述主人公生平。萨特将存在主义关于“自由”的观念作为理论基础,挖掘并研

① 参见 Walter Benjamin, *Charles Baudelaire. Un poète lyrique à l'apogée du capitalisme*, trad. fr. J. Lacoste, Paris, Payot, 1982.

② 参见 Michel Foucault, *What is Enlightment?* (*Qu'est-ce que les Lumières?*), in *Dits et écrits*, Paris, Gallimard, "Bibliothèque des sciences humaines", 1994, IV, n. 339.

究了波德莱尔生平的若干重要事件，引证了包括波德莱尔的作品、书信以及其他证人证词在内的文字素材，夹叙夹议、逐次递进地证明了波德莱尔的命运必然性。因此，这部作品在外在形式上呈现出传记、小说和随笔等多重特征。

萨特的存在主义“自由观”以“存在先于本质”为前提，该命题也是存在主义哲学体系的第一原理。萨特认为，人首先存在，然后自己塑造自己的本质。他在《存在主义是一种人道主义》一文中对此做出解释：“我们说存在先于本质的意思是指什么呢？意思就是说首先有人，人碰上自己，在世界上涌现出来——然后才给自己下定义。如果人在存在主义眼中是不能下定义的，那是因为在一开头人是什么是说不上的。他所以说的上是往后的事，那时候他就会是他认为的那种人了。”（萨特，1988：8）“存在先于本质”更意味着人的命运是自我选择和自我塑造，作为文坛奇才的波德莱尔也不例外。

在自我选择方面，波德莱尔终其一生都处于犹豫不决和摇摆不定当中，比如：他渴望去旅行，却几乎从未真正远游过；他希望自己始终被一道兼具善恶的目光所包围，这是因为他惧怕建立属于自己的道德规范；他希望周遭的一切是既成的，无论对错，他只需享用就好。我们似乎可以据此认为波德莱尔一生中很少主动做出选择，他只是在按照命运的安排随波逐流而已。萨特却指出，波德莱尔优柔寡断的性格只是他刻意呈现给世人的表象，而他的人生与他写下的诗句一样，都是经过了认真推敲和精心设计的。

萨特在解读波德莱尔生平的过程中，强调各种人生事件折射出的自由选择问题。这其中包含存在主义理论中的三个“存在”概念，即“自在的存在”，“自为的存在”以及“为他的存在”。其中，“自在的存在”是现象的存在，与意识没有关联，因而是没有经过反思的存在；“自为的存在”则是对“自在的存在”的虚无化，是向着自由彼岸的超越。萨特认为波德莱尔不断在这两种存在之间摇摆不定。“他刚让自己走向两种决定中的一种，马上就躲藏到另一种之中。”（萨特，2006：54）一方面他渴望通过“自为”进行超越，另一方面他因为惧怕外界的恶意而刻意回避反思。他通过“物化”（réification），即“企图让自己在其他人眼中和他自己的眼中成为物。”（萨特，2006：54）进而将自己隐蔽在一副安全的假面背后。“物化”的背后就是第三种存在，即“为他的存在”，强调“他人”对个体命运的影响力，萨特名言“他人即是地狱”阐释的正是“为他的存在”。

事实上，萨特认为“自在和自为并不是双峰对峙的”（萨特，2007：750），人是这两种存在的综合体。波德莱尔与外部世界之间模糊胶着的关系决定了他摇摆不定的态度，他必须求助于“他人”替他做出决断。在波德莱尔内心深处，“他人”首先是上帝，因为他需要一种能够“包围他，承担他的纯粹外部目光”。波德莱尔对上帝的信赖并非他是一个虔诚的基督徒，而是他把上帝的存在视为自在的存在，是具有原始偶然性的存在。他将上帝的存在归结为一个理由，即"一切存在皆有理由"，进一步他对自身的存在也不抱怀疑，他这样解释："因我的存在有个目的。什么目的？我不知道。因此不是我标出这个目的的。因此是某个比我更有学问的人做的。因此必须求这个人指点我。这是最高明的做法"（萨特，2006：38）。在波德莱尔的观念中，上帝就是绝对审判者，他不用费尽心力再进行反思，一切由上帝代劳。

其次，波德莱尔为自己找到了上帝之外的"他人"，这个"他人"可以是奥比克将军[①]，他的母亲，或者法官，也可以是法兰西学院的院士。这些人的共性是，他们都以严厉的态度对待和指责波德莱尔。在萨特看来，波德莱尔的一生当中，最具有"他人"特质的依然是他的母亲。波德莱尔的母亲最初并不具有他继父严苛的性格，但在继父过世之后，他母亲逐渐占据了审判者的角色，并且如将军魂魄附身一般，也开始严厉地要求自己的儿子。萨特认为面对"他人"对于波德莱尔来说至关重要。波德莱尔要求被"物化"时，"他人"是他周围的旁观者；他希望得到对人生意义的解释时，"他人"就是上帝；而他需要别人来审判他的时候，"他人"就是奥比克将军，是他改嫁的母亲。

萨特这样总结波德莱尔的自由观：他虽然热爱自由，但是他在自由面前感到恐惧，因为"自由必定引向绝对孤独和完全责任"（萨特，2006：45），这是他无法承担的重负。于是，波德莱尔一边挑战着社会道德标准，又同时找寻来自制度守护者的裁决和审判，这样一来他可以既享受自由又不至于丧失安全感。他"是在有意识的作恶时，而且通过他在恶中的意识依附善的"（萨特，2006：44），这便是波德莱尔的阴谋，在看似放弃选择的表象背后实质上是主动的选择。他企图给自己一种责任有限的自由，而不是无限无边界的绝对自由，因为那只会使他恐慌。萨特指出，波德莱尔的诗歌创作行为就是他的"自为"的举动之一，是向着自由的超越。波德莱尔厌恶一切有用的事物和行动，在他看来有用的必定是为了达到一定的目的。他认为他的诗是无目的或者说是无用的，这些超越现实的诗句是代用品，代替了他对自主行动的向往。

三、波德莱尔的"自欺"

波德莱尔生前因其行事荒唐而饱受指摘，但是萨特认为是时候重新理解这些构成波德莱尔命运主线的行为。他用一句话加以概括，即"这个特殊灵魂生活在自欺中。"（萨特，2006：55）"自欺"（mauvaise foi）是波德莱尔所有荒唐

① 奥比克将军是波德莱尔的继父。

行为的共同属性，也是其背后的真正动机。

（一）"自欺"的概念

萨特认为，"焦虑"（angoisse）是人在现实处境当中最常遇到的情绪反应之一。引发焦虑的原因通常是我对自己对处境的反应产生了怀疑，比如"对恐惧的恐惧"就是一种焦虑。恐惧常常是因为具体事件引发的情绪反应，但是"对恐惧的恐惧"描述的是我对我自己对某种处境的会产生恐惧情绪这一点表示怀疑和不确定。因此焦虑并不指向具体事件，而是朝向自身。

克尔凯郭尔和海德格尔都考察过"焦虑"。克尔凯郭尔认为焦虑是在自由面前的焦虑，而海德格尔认为焦虑是对虚无的把握。萨特则更进一步，他认为人在焦虑中获得了对自由的意识，焦虑是作为反思意识的结构出现的。为了对抗焦虑情绪，"自欺"作为一种求生策略应运而生。"我"如果要向自身掩盖焦虑情绪，那么最好的方法不是脱离它，而是通过经常想它才能达到习以为常不去想它的境地。萨特说："应该懂得，我不仅必须永远将我想逃避的东西携带在'我'身上，而且同样，为了逃避我害怕的对象，我应该追随它。"（萨特，2007：75）自欺最终的结果是为了逃避焦虑，并因此成为焦虑本身。

萨特在《存在与虚无》中对"自欺"的定义是意识对自己的掩盖和撒谎行为。"自欺"是意识在肉体中自我构成一种可能性的虚无化，是自我否定，是人在意识与行为的统一中努力要消除他提出的东西。它提供要人相信的东西为的是不被人相信，它的肯定是为了否定，而它的否定则是为了肯定。这样一种自我否定的行为就是自欺。自欺同时也是一种超越行为，是人对自身掩盖真情。

自欺与通常意义上的说谎有着本质区别。首先，说谎的对象是他人，而自欺的对象是自身。其次，说谎作为一种否定行为，并不指向意识本身，它针对的只是超越的东西，而自欺指向意识，是在同一个意识里表现出来的存在与不存在的统一。

对于自欺的目的，萨特解释说："自欺的原始活动是为了逃避人们不能逃避的东西，为了逃避人们所是的东西。然而，逃避本身向自欺揭示了存在内部的内在分裂，自欺希望成为的正是这种分裂。"（萨特，2007：106）一个自欺的人，通过承认所有归咎于自己的行为，他为了生存下去必须不断地通过自欺来进行逃避，以避开集体的可怕审判。通过"我不是我所是的"的逻辑，自欺的人完成一次又一次的自我拯救。

自欺的行为方式千变万化，在日常生活中非常普遍，比如自欺可以是表演。萨特在《存在与虚无》中举出了几个例子，包括初次赴约的女子，和咖啡馆的侍者。关于咖啡馆侍者的例子相当能够说明问题。萨特描述了他在咖啡馆里端着盘子穿梭自如的身姿举止，他所有的语言、表情和行动都符合一个熟练侍者的身份，而这一切都像游戏和表演。他通过他的身体表演来实现这一身份。这个身份所附带的一切行为和语言标准都是公众舆论所要求的。但是在他下班走出咖啡馆之后，他就跟这个身份再无瓜葛。“如果我代表这主体，我全然不是他，我与他分离，正如主体和对象被乌有分离一样，但是这乌有把我从主体中孤立出来，我不能是他，我只能扮演是他，就是说，只能想象我是他。”（萨特，2007：93）这就是萨特的“我是我所不是”和“我不是我所是”的命题。这个命题的公设就是，我按照自在的样式已经是我应该是的。这种运动是可逆的，即从是其所是的存在向不是其所是的存在永恒的过渡，反之亦然，即从不是其所是的存在向着是其所是的存在永恒过渡。其目的就是为了逃避自己所是，或者说对自己所是的否定。

（二）波德莱尔的“自欺”

萨特认为波德莱尔正是通过自欺行为得以游走于善恶之间。通过自欺的表演，波德莱尔不断掩盖着真实的自我。但是他的表演往往太过投入，兼之时常会在各种选择之间左右为难，以至于他甚至无法辨清自己原本的意图。对此，萨特没有像不负责任的精神分析师那样用潜意识或者无意识的说法来应付了事，他直击问题核心所在：“波德莱尔的此一选择，这便是他的意识，他的主要谋划。”（萨特，2006：56）波德莱尔的选择从最初就是对自身罪恶感的自欺行为。萨特指出，波德莱尔的罪恶感并非是结果，而是他主动做出的选择。这里所说的罪恶感并非我们通常认为的实施犯罪或者做了错事之后所产生罪恶感。波德莱尔对自己的判决先于罪行的实施。他对自己的判决是真诚的，绝非是糊弄世人或是为自己开脱。

为此，萨特重新分析了波德莱尔的浪荡子（Le dandy）形象，借以解读波德莱尔的自欺行为。萨特摘录了卡米叶・勒莫尼埃[①]（Camille Lemonnier）的经典描写片段：“波德莱尔迈着缓慢的脚步，以一种略带摇摆，稍微女性化的姿态穿过拿穆尔门的土台。他留心避开粪堆，假如下雨，他就踮起漆皮浅口鞋尖跳跃前进，他喜欢观看在鞋面上映出自己的身影。胡子刮得干干净净，头发卷成螺旋状掠向脑后，衬衣洁白的软领超出宽袖长外套的领子，那样子既像教士，又像演员。”（萨特，2006：111）波德莱尔的装扮无疑令人联想到浪荡子乃至同性恋。但是“萨特指出，波德莱尔的外形并不符合19世纪以强健体魄为标准的浪子形象，同性恋的说法也站不住脚。”（项颐倩，2017：128）上文中波德莱尔的行为举止显然缺乏阳刚气，他那染色的发卷，修剪整齐的指甲以及玫瑰红色的手套

① 卡米叶・勒莫尼埃（1844—1913），比利时作家。

为当时真正的浪荡子所不齿，波德莱尔对自身形象的刻意营造另有缘由。

首先萨特认为，对于波德莱尔来说“浪荡作风代表一种比诗更高的理想”（萨特，2006：109），波德莱尔只是暂时求助于这个形象而已。萨特从波德莱尔在《浪漫派艺术：现代生活的画家（九）·浪荡子》中的一段话中解读出他的浪荡作风是他自己的努力要求，如同修道士从早到晚无可指摘的衣着言行，是通过强化意志进而制服灵魂的训练。波德莱尔貌似放荡不羁，实际是从各个方面对自己吹毛求疵地进行苛求。他对无限自由这一深渊既怕又爱，于是用无数的戒律来约束自己，这些戒律在更深的层次上代表着他的理想。萨特反驳了公众对于波德莱尔“放任自流”的评判，萨特认为，从自我约束这点来看，波德莱尔从未放松过，他时刻处于紧张之中，波德莱尔始终致力于“占有自身”，即如何面对自身的问题，“在善中和在恶中一样，人处于紧张的极点时才真正是他自己”（萨特，2006：100）。

此外，萨特认为波德莱尔精心营造的形象是一种自我保护策略。波德莱尔与那几个由他选定的审判者在一起时感到安全自在，但是街头陌生人对他的随意一瞥却令他愤怒不安，因为目光的发出者可以不动声色地对他进行审判。最初，波德莱尔面对陌生人的注视时手足无措，随着自身成长与不断摸索，他想到了乔装打扮的办法。波德莱尔开始用具有女性气息兼具同性恋特征的衣着将自己包裹起来，就如同披上了一层厚厚的盔甲。他在这阴柔怪异形象的庇护之下找回了失落已久的安全感。此外，刺激眼球的穿着代替了波德莱尔自己的目光，他得以用充满挑衅与嘲讽的方式回击他人的注视。

最后，萨特通过镜子的功能进一步揭露了波德莱尔浪荡做派的真实意图。萨特认为，波德莱尔面对镜子时所要寻找的正是“他为自己构造的那个自己”（萨特，2006：118），是另一个自己。对于波德莱尔来说，镜子里的影像从外观到思想情感都由他自己掌控，如同他扮演的角色，一切由他说了算。萨特指出，乔装打扮的行为改变了波德莱尔原有的消极性，他主动要求的新形象是他积极性的反映。这一举动是波德莱尔为消除自在存在与自为存在之间的矛盾而做出的努力，也是他超越性的显现。

四、结语

《波德莱尔》是萨特首次尝试进行作家研究的成果。将之与其他三部作品对比，我们无法否认《波德莱尔》在其形式与内容方面存在的缺陷，如主题不明晰，叙述线索稍显混乱。此外，该书在证言与资料方面也不如其他几部作品丰富，导致对部分观点的论述不够充分。但是瑕不掩瑜，该作品在文学批评方面的重要作用不应被忽略：首先，萨特重新解读了波德莱尔的生平，揭示了其生前种种荒诞行径背后隐藏的真相，为我们证明波德莱尔曾经公认的那随波逐流的凄惨一生，实则是"自己精心编织的"（萨特，2006：148），并进一步指出"人对他自己所做的自由选择，与所谓的命运绝对等同。"（萨特，2006：149）。其次，《波德莱尔》的问世为作家研究提供了新的思路，即摒弃完全依赖史料的表象分析，以存在主义的"自我选择"为出发点对作家的生平及其创作动机进行深入探究，不失为一种全新的文学批评方法。

参考文献：

[1] 刘波：《普鲁斯特论波德莱尔》，《外国文学评论》2002 年第 3 期，第 23-28 页。

[2] 让 - 保罗 · 萨特：《存在主义是一种人道主义》，周煦良、唐永宽译，上海：上海译文出版社，1988 年。

—《波德莱尔》，施康强译，北京：北京燕山出版社，2006 年。

—《存在与虚无》，陈宣良等译，北京：三联书店，2007 年。

[3] 项颐倩，《萨特存在主义精神分析理论中的"他者"问题》，《东南学术》，2017 年第 6 期，第 130-136 页。

[4] 郑克鲁，《一针见血的批评：普鲁斯特对圣伯夫的批驳》，《外国文学评论》，2003 年第 2 期，第 104-110 页。

[5] Louette, J.-F., Jean-Paul Sartre en classe, *Revue d'histoire de la littérature française*, 2002, Vol.102, 417-441.

浅析西班牙黄金世纪理想爱情的重生

李文进 *

摘要：本文从西班牙文学中理想爱情议题的式微出发，先介绍15世纪末到16世纪初四位重要意大利哲学家的新柏拉图主义思想，再分析西班牙两位重要诗人（博斯坎与加尔西拉索）如何致力于将意大利文艺复兴的爱情思维与创造风格引入西班牙，使原本奄奄一息的理想爱情主题获得新生。

关键词：柏拉图式爱情；西班牙黄金世纪；博斯坎；加尔西拉索；《臣廷论》

Abstract: Beginning with the waning of ideal love in the Spanish literature, this article presents four prominent Italian philosophers and their neoplatonic ideas during the end of the 15th century and the beginnig of the 16th, and it also analyzes how Juan Boscán and Garcilaso de la Vega, important Spanish poets, contributed to introducing the fashionable love theory and literary styles in the Renaissance Italy to Spain, giving a new life to the dying topic of ideal love.

Key Words: Platonic love; Spanish Golden Age; Juan Boscán; Garcilaso de la Veg; *The Book of the Courtier*

一、引言

以理想爱情（amor ideal）或柏拉图式爱情为题材的创作影响西班牙文学发展至深，从中世纪到20世纪，在各类型的文学创作中都可以见到这类题材的身影。但在西班牙进入黄金世纪（16—17世纪）前，由于社会环境变化，封建制度逐渐瓦解，教会不再一如往常发挥强而有力的道德规范作用，此外骑士的牺牲、奉献、坚忍精神也因为西班牙光复战争（Reconquista）的紧张局势趋缓而逐渐式微，不再受到贵族重视。因此当初以基督宗教和骑士精神两股力量所建立起

* 李文进，厦门大学外文学院助理教授，研究方向：西班牙黄金世纪文学。

的理想爱情模式开始动摇，很快便沦落为一种掩饰内心原始欲望的同义词。

最著名的例子表现在1499年问世的对话小说《塞莱斯蒂娜》里。男主角卡利斯多在作品一开头遵守礼仪之爱的游戏规则，赞扬心仪的女子梅丽贝亚，并将自己喻为上帝的圣徒，在世间欣赏上帝创造的美形体（也就是梅丽贝亚），但他的内心不断受到外在世界的影响，使他欣赏的视角只停留于物质层面，最后与梅丽贝亚发生了肉体关系。根据美国评论家格林（Green）的看法，这部小说至少有三个地方违反了当时的道德规范：（一）男主角的内心既不纯真也不虔诚，没有像骑士一样甘心为女主角受苦，没有与她保持适当距离，最后也没有选择与她结婚；（二）仆人找来淫媒促成男女之爱，让原本纯洁的爱情变了调；（三）女主角没有忏悔，反而以自杀的方式结束了这段以自由恋爱为名的感情（1969：505-508）。

这是一种对礼仪之爱的嘲讽和滑稽模仿，反映了理想爱情模式在现实社会中最赤裸的一面，同时也指出文艺复兴时期，当商业活动变得热络，城市居民开始大量迁移，教会无法有效控制人心，而唯一的道德标准又不再值得信赖时，理想化的概念需要更多精神化的元素和形而上的哲学理论来支撑，才得以继续生存和持续发展。正如西班牙20世纪评论家、思想家马埃斯图（Maeztu）分析这部作品时所强调：无论男性或女性，我们都不是他人的另一半，也不只是单纯的肉体或灵魂，相反地我们自身就是灵肉结合的完整个体，所以在每一个人的内心都存在着自我反思、自我匡正的力量，但这股和谐的力量不源自于外在世界，必须靠自身的力量来努力获得；向外乞求救兵或将希望寄托在他者身上，无疑是提早宣告失败（1972：112）。

既然此类题材在15世纪末期已经式微，为何能够持续存活到20世纪，甚至在西班牙黄金世纪时被大量引用在文学创作当中呢？这正是笔者撰写本文的主要目的。透过分析当时四位重要意大利人文主义学者的论文，以及两位重要西班牙诗人的翻译与创作，剖析理想爱情题材如何在16世纪受到精神化元素的滋养，被净化，最后获得重生的过程。

二、意大利人文主义学者的影响

16世纪的西班牙文学中，同时存在三种爱情创作思路：（一）融合了吟游诗人的曲子和传统抒情歌谣中的礼仪之爱（fin' amor 或 amour courtois），由服侍女子、对女子献殷勤等元素所组成；（二）受到意大利温柔的新颖风格（dolce stil nuovo）、彼特拉克和彼特拉克追随者的影响，恋爱的女子被形容为冷酷、高不可攀，有如天使般高贵的女性；（三）由柏拉图主义或推动新柏拉图主义思潮者所支持的概念，他们将女性和爱神的形象理想化，将爱情视为升华情人心灵的原动力，受到爱情的推动，情人将向上追求，最后得以和最崇高的爱（即上帝）结合。这三大爱情思路在意大利人文主义学者，费奇诺（Marsilio Ficino, 1433—1499）、埃布雷奥（Leone Ebreo, ca.1465—ca.1523）、本博（Pietro Bembo, 1470—1547）以及卡斯蒂廖内（Baldassare Castiglione, 1478—1527）的经营下完美结合，在情人、恋人和爱情之间建立起和谐的关系。此哲学思想在16世纪中叶传入伊比利亚半岛，成了西班牙黄金世纪许多作家创作爱情主题的元素（Mata, 2000：641-642）。

费奇诺是文艺复兴时期新柏拉图主义的首位巨擘，他不仅在15世纪末将柏拉图对话录的全集、普罗提诺的《九章集》和托名狄奥尼休斯的作品从希腊文翻译成拉丁文，还是当时第一位全力发展新柏拉图主义爱情观的思想家。他相信灵魂不灭，在《柏拉图神学》（*Theologia platonica*）中将灵魂视为人的本质，是远离死亡不安的幸福希望，也是将人的内心导向康庄大道的重要指引（Villa Ardura, 1986：16）。另外他在《柏拉图〈会饮篇〉评论》（*Commentarium in Convivium Platonis*）中探讨个人和上帝、爱情与灵魂、欲望与理性、表象与真理、爱情主体与客体的灵魂交流等关系，最后从第俄堤玛的爱情升华阶梯的理论（见柏拉图《会饮篇》，210a-212a）出发，提出灵魂本体上升的概念：个人通过理智达到太一，也就是上帝的至善。美国学者克里斯特勒（Kristeller）直言不讳地说：在费奇诺的概念中，柏拉图式的爱就是神圣之爱。神性的美和善投射在世间的人和物身上，因此当情人对恋人展开追求时，其实是灵魂以上帝原初的爱为基础，从而建构人本质上的一种交往，这种爱或友谊成了费奇诺思想核心中“内心沉思向上”的基本特色（1985：69-70）。费奇诺的哲学思想和他对柏拉图主义爱情观的重新诠释，在16世纪对意大利和欧洲文学产生强烈的影响，其著作不仅在他活着时就传播到欧洲大部分国家，更在他死后不断重印，被大量阅读和引用。

埃布雷奥，本名犹大·莱昂·阿布拉瓦内尔（Judah Leon Abrabanel），是葡萄牙国王司库的儿子，1483年因为政治因素全家逃到西班牙（托莱多或塞维利亚）。1492年，西班牙颁布驱逐犹太人的谕令，埃布雷奥被迫流亡那不勒斯。他从小在宫中接受良好的教育，熟稔犹太宗教的经典、文化和《旧约》的思想，并且对于中世纪经院主义者和犹太思想家最喜好的柏拉图和亚里士多德哲学也略知一二。在定居那不勒斯期间，他游历意大利各城市，结识许多前卫的人文主义学者，例如：撰写《论人类尊严》（*Oratio de hominis dignitate*）和《论柏拉图和亚里士多德的和谐》（*De concordia Platonis et Aristotelis*）的皮科（Giovanni Pico della Mirandola, 1463—1494），同时也接触到当时盛行的人文主义思想。

这种种环境和教育的条件，促使他在 1501 至 1503 年间完成巨著:《爱的对话》(*Dialoghi d'amore*)，于 1535 年在罗马出版。这是一本结合当时爱情知识的百科大全，透过知识(Sophia)和爱(Philo)的对话，巧妙地将全书分成三个部分:第一卷《论爱和欲望》、第二卷《论爱的普世性》、第三卷《论爱的起源》。他按照亚里士多德的《尼科马克伦理学》，将爱分为愉悦的、有用的和贞洁的；接着从精神生活出发，谈论爱情与欲望的关系，寻求两者力量的结合，并探究上帝之爱和人类之爱议题。他认为美不存在于物质(因为物质是丑陋的)，而是内藏于与物质相符的概念中；虽然物质之美驱使心灵去爱她，但唯有驱使灵魂同时去寻求其精神之美，这样爱才是恰当的(Parker，1986：62)。此外，他还提出，爱不仅是结合物质与身体的媒介，也是链接受造物和造物主的力量。最后在追溯爱的根源和本质时，得到这样的结论：真正的爱在于使人享受美、拥有美，并且使人趋向至善(Reyes Cano，1986：11-46)。此论文不仅启发本博和卡斯提廖内的爱情创作，也对西班牙黄金时期重要诗人，如博斯坎(Juan Boscán, 1492—1542)、加尔西拉索(Garcilaso de la Vega，ca.1501—1536)，以及 16 世纪中后期的塞维利亚派作家，留下深刻的影响，甚至塞万提斯亦在《唐吉诃德》前言中赞誉：埃布雷奥的这部作品是谈论爱情时必读的经典之作。该书光是在 16 世纪的西班牙就出现了三个西文译本，分别于 1568、1584 和 1590 年出版，广泛的影响力也难怪塞万提斯在《唐吉诃德》的序言中说道：大家在谈论爱情时，不妨去问问莱昂·埃布雷奥(转引自杨绛，2004：8)。

第三位思想家本博是第一位刻意且巧妙地结合新柏拉图主义和彼特拉克文风的哲学家兼诗人。他不仅在 1501 年出版了彼特拉克的《歌集》，还在 1525 年出版的《俗语散文》(*Prose della volgar lingua*)中推崇彼特拉克的意大利文学创作，甚至在自己的两部诗歌作品《段落》(*Stanze*)和《韵文》(*Rime*)里模仿彼特拉克的诗歌风格和优雅文字。此外，本博从自身的三段感情生活出发，在夹议夹叙的《阿索罗人》(*Gli asolani*)中，一方面仿效薄伽丘《十日谈》以主角流说故事的方式呈现青年男女的爱情故事和经验，另一方面借由小说人物表达如何看待痛苦的爱、愉悦的爱的和精神上的爱，强调柏拉图式爱情的重要性(Reyes Cano，2002：3-14)。本博的这部作品结合了哲学和文学、说理和诗意，可说是一部“思索生活”“思索感知”的成功之作，将新柏拉图主义爱情和彼特拉克的精神思想推进了一大步(Fortini，1984：389-398)。虽然我们在历史记载中看不到本博与西班牙文学有直接的关系，但是文艺复兴时期西班牙和意大利往来密切，本博汇整的彼特拉克《歌集》一出版便立刻传遍西班牙创作圈；再者，他鲜明的精神主义个性也在下一位思想家卡斯蒂廖内的笔下，化身为乌尔比诺宫廷里的心灵导师，引导贵族们追求德性与至善。

第四位是与西班牙文人有最直接联系、接触最频繁的卡斯蒂廖内。1525至1529年间，他奉教宗克勉四世之令，到西班牙担任外交使节，结识诗人博斯坎和加尔西拉索，并且创作了一部影响两人以及其他诗人极深的对话式散文《臣廷论》(*Il Cortegiano*)，于1528年在威尼斯出版。该作品分成四卷，第一到第三卷，作者根据宫廷爱情和骑士精神传统，教导朝臣和仕女必须具备什么特质和能力才会变成受欢迎、有德行、在道德上完美的人；在第四卷提出两个主要议题：臣子和主人之间的关系以及恋爱理论。探讨爱情议题是整部著作的核心和高潮，作者在最后的两章中，借由主人公本博的口吻，呈现了普罗提诺的"流出说"。他认为神圣的至美是世间物质和个体美的源头，也是爱情欲望的推手；真正的美是无形的，唯有透过理性所主宰的听觉和视觉，才能感受到它的善与真；随着美被提升到精神层面，情人在追求爱情的过程中，可以借由想象力永远保持美的形象，不必害怕丧失它或与它分离(Castiglione, 2009: 429-452)。这是一部不可多得的论文，被20世纪极具分量的西班牙学者和院士梅嫩德斯·佩拉约(Menéndez Pelayo)喻为"忠实呈现宫廷生活和当时社会教育的佳作"(1945: 87)。它受欢迎的程度可从下面两则轶事窥见：(一)佩斯卡拉侯爵夫人，同时也是女诗人维多利亚·科隆纳(Vittoria Colonna)在抢先读完此作后，顾不得与作者事先的约定，到处赞扬作品，急着将它的内容分享给其他好友(Gallego Morell, 1974: 285)；(二)加尔西拉索在意大利读罢此作也难掩心中的激动，立刻将它寄到巴塞罗那与好友博斯坎分享，并要求他将书译成西班牙文，与更多西班牙读者分享。

从费奇诺到卡斯蒂廖内，新柏拉图主义在欧洲文化圈和诗坛逐渐扩散开来，成为思想主流，也使得爱情与灵魂的议题在文艺复兴时期被广泛讨论、运用：爱是渴望达到更高形式之美的一种实践，也是达成个人精神完美的一种媒介，更是理智和精神上获得至美、至善、至爱的一种最高享受(Reyes Cano, 1990: 17-18)。此时的理想爱情模式，一方面承袭15世纪礼仪之爱的主题，赋予了女性崇高的地位，使情人在追求理想、有德行的女子过程中，将自己的欲望从物质、肉体的层面，借由理性过渡到精神层面；另一方面在唯心论哲学思想的影响下，情人受到理性牵引，意识到愈是远离尘事的物质，愈是崇高的美，从而超脱感官的诱惑。这样的认知使得爱变成一种纯洁的关系，以心智或意志的结合作为基础，最后将情人引导至欣赏普世的、终极的、唯一的美，即上帝。简言之，新柏拉图主义将世俗的爱情置于神圣场域，并且赋予它精神价值，在此规范下，情人放弃了感官的享受，同时美丽的女子也转变成联系情人和上帝的一个环节，这样的世俗爱情最终将无可避免地通向上帝的神圣之爱。按照美国学者帕克(Parker)的说法："那是一种在生活之中依循宗教或神的概念，尽可能地使世俗之爱变得理想、崇高的哲学”（1986：63）。

三、西班牙诗人的引介

若要营造一股革新的力量，只有外来影响力是不够的，还需要本土创作者的努力。在这个部分，我们不得不提及加尔西拉索。他不仅是第一位成功引进意大利文风，同时也是16世纪文坛最重要、最具影响力的西班牙诗人，其贡献可以分作两方面来看：（一）委托诗人好友博斯坎将卡斯蒂廖内的礼仪之爱著作译成西班牙文；（二）他接受博斯坎的请求，引进意大利诗歌的韵律，如十一音节诗句、七音节诗句、五行诗体、八行诗体、十四行诗、里拉琴体等，同时也将当时意大利文学中流行的题材，如彼特拉特主义的爱情和古希腊罗马时期的神话与牧歌，融合在自己的诗歌创作里。

关于第一部分，我们可以从西班牙文版的《臣廷论》正文前，两位诗人分别写给赫洛尼马・帕洛瓦・德・阿尔莫加维（Gerónima Palova de Almogáver）夫人的信中证实。当加尔西拉索在意大利期间（也许是1529至1530年间，不过更有可能是1532年，那时他第二次前往那不勒斯长住），读完这本新出炉的虚构对话录后，对于书中所传达的理念大表赞同，因此立刻将书寄给巴塞罗那好友博斯坎，请求他翻译成西文并且出版。博斯坎写给帕洛瓦夫人的信一开头说道：

> 加尔西拉索将这本名由卡斯蒂廖内以意大利文写的《臣廷论》寄来没多久，在他的极力推荐下，我孜孜不倦地读完了它。在读到书中许多美好的知识时，我不得不佩服作者的智慧，除了觉得他讲得很有道理，对我们做人处事有帮助之外，我还认为大家都应该人手一卷。我希望西班牙人可以不受语言的隔阂，和我一起享受这样的好书，也因此激起了我将它翻译成西班牙语的意愿。（Boscán，2009：77）

另外，在加尔西拉索的信中，我们不仅看出他对卡斯蒂廖内的著作赞誉有加，更可看出他在准备译介此书给西班牙读者时，所表现的热情和渴望：

> 我不知道我们怎么那么不幸，在我们的语言中几乎没有人写过这么优秀的作品（……）。我竭尽所能，兢兢业业地经营每一行字，就是怕自己多增加了一个字在这部作品里，或更切确地说，害怕破坏了它的完美，所以我与博斯坎合作，一心期待尽快将它出版，以防止蹩脚的作家早我们一步付

梓。（Garcilaso, 2009：80-83）

关于第二部分意大利诗歌创作风格的引进，事实上在15世纪上半叶，西班牙和意大利的文化便交流密切，当时的宫廷诗人积极引进盛行于意大利的人文思想。以巴埃纳（Juan Alfonso de Baena, 1375—1435）、洛佩斯·德·门多萨（Íñigo López de Mendoza，1398—1458）和梅纳（Juan de Mena，1411—1456）为首的文人，组成了意大利流派，视但丁、彼特拉克、薄伽丘为模仿对象，临摹、翻译他们的作品，甚至透过十一音节诗句和十四行诗等文体的创作，企图达到大师的完美境界。然而此人文思想的引介算是失败的尝试，因为这些诗人的努力仅止于在诗句表面添加装饰性的细节，缺乏大师作品中细致和高雅的特色，也少了人文主义的气息（García López, 1979: 49-54）。根据法国学者勒让蒂尔（Le Gentil）分析，他们所引进的只是"对于譬喻和严肃探讨的偏好，那是一种矫作、充满对照和比较的形式，成为西班牙中世纪末的诗歌特色"（1980: 313）。此外，英国学者温诺姆（Whinnom）从量化的角度来分析15世纪的歌谣创作，指出三大特色:（一）诗歌的词汇不够丰富;（二）有一半以上的字都和情绪与感官有关，而且在概念的表达上都过于抽象，不够具体;（三）从很多文字表现和诗歌意象来看，作者们谈论的似乎并非精神的、纯洁的、柏拉图式的爱情，而是肉体的、沉重的、令人无法承受的欲望。上述种种因素使得15世纪源自意大利风格的创作令读者产生充满情欲的印象（1980：346-349）。

意大利文风的移植必须等到1526年，当博斯坎与意大利外交使节纳瓦杰罗（Andrea Navagero，1483—1529）在格拉纳达花园聚会，鼓励加尔西拉索全力投入意大利风格的诗歌创作，才算真正成功。对西班牙诗坛而言，1526年是决定性的一年，据博斯坎在1534年出版的作品集第2卷前言中所示：

> 那一年，我和纳瓦杰罗在格拉纳达，（……）和他讨论学术和文学创作之事，特别是许多语言之间的差异性，他跟我提到，为什么不试着在西班牙语中加入十四行诗以及其他意大利杰出作家曾经创作过的诗体。（……）但是，如果加尔西拉索没有答应我的请求，我不可能会给对方进一步的答复。（Boscán, 1999：118）

格拉纳达历史学家加列戈·莫雷利（Gallego Morell）从搜集来的文献推断，当时围绕在皇帝身旁的文人不只博斯坎与纳瓦杰罗两人，还包括16世纪上半叶西班牙文坛的许多主要人物（1974：281-288）。此外，研究加尔西拉索生平的专家巴克罗·塞拉诺（Vaquero Serrano）怀疑博斯坎在作品集前言所说的话，认为他可能只是想宣传自己的新作品，因此对此提出质疑："难道1525年，当博斯坎和加尔西拉索在托莱多时，就没有和纳瓦杰罗讨论过文学？"、"有这么多意大利人到过西班牙，难道他们都没有和其他人谈论过同样的议题？"（2002：139-140）。虽然各家意见分歧，但根据雷耶斯·卡诺（Reyes Cano）教授总结，我们可以将博斯坎的一席话看作是"推动西班牙彼特拉克风格创作的正式宣言"（2002：16）。

博斯坎野心勃勃，有意发扬意大利诗学。他创作了几百首该风格的作品，并且审慎地控管作品出版流程。克拉韦里亚（Clavería）教授仔细研究他与书商和印刷业者于1542年订定的契约书，认为博斯坎亲自监督绝大部分的出版细节，编排自己和友人加尔西拉索的诗作，与出版社协商，抽看样书，也因此博斯坎1543年出版的作品集可以算是最值得信赖的版本（1999：18）。然而，这次文学革新运动如果少了加尔西拉索的支持和参与，可能又会像上一世纪的宫廷文学，仅停留在表面的模仿。博斯坎的散文创作质量没话说，在《臣廷论》西文版的序言中，加尔西拉索称赞其译文"不作做，但又不失韵味，文风干净，用字得体、悦耳"（Garcilaso，2009：81）。不过，说到他的韵文，彼特拉克文风的研究专家富西利亚（Fucilla）则认为他的诗歌："缺少想象、韵律、影像和整体情感的氛围"（1960：7）。

与博斯坎的大量创作相比，加尔西拉索的作品精简，意大利风格的作品只有38首十四行诗、4首长诗歌、3首牧歌、2首哀歌、1首颂歌和1首韵文书信。诗歌中充满了想象的画面，诗句散发出悦耳的韵律与声音，并且在模仿彼特拉克和维吉尔等经典作品中加入了个人的恋爱经验，尤其在牧歌中，牧羊人的吟唱时而虚幻，时而与作者的生命历练相联，时而写实，时而又有如人间仙境一般地纯洁，使得作品呈现特有的个人特色和巧思。该作品自1543年出版后便广受好评，尽管已屡次与好友博斯坎的作品作为合集出版，1569年萨拉曼卡书商伯尔哥尼翁（Simón Borgoñón）仍首次尝试单独发行。在短短不到30年的时间，他的作品就单独再版了7次，与好友的作品也联合出版4次（Rivers，1966：121-129），自此获得"西班牙诗歌王子"的美名，而博斯坎只能勉强算是西班牙文坛引进意大利诗歌风格的媒人（Clavería，1999：16）。由此可见加尔西拉索在这次的文学革新运动中的重要性。

另外值得一提的是，从加尔西拉索现实的感情生活来看，1526年也是"美妙的年份"（annus mirabilis）。根据大多数的学者研究，当年王室在格拉纳达举行国王婚宴，诗人对王后的仕女伊莎贝尔·弗莱蕾（Isabel Freire）一见倾心，将她视为唯一的、理想的爱情，如同彼特拉克对劳拉所付出的情感一般，并且以她作为创作的灵感，化名艾莉萨（Elisa），不时在诗歌中赞扬她美丽的倩影和美德

(Prieto, 1975: 41-55)。虽然近几年巴克罗·塞拉诺(2000、2003、2007、2011)和西伯德(Sebold, 2008: 55-64)两位学者根据诗人的生平事迹和世系表，推断他的创作灵感可能不是来自于伊莎贝尔，而是与他有非婚生子的同乡姑娘吉奥玛尔·卡里利奥(Guiomar Carrillo)，并且还宣称作品中的艾丽萨可能是影射加尔西拉索哥哥的第二任妻子贝亚特丽斯·德·萨(Beatriz de Sá)，但无论真相为何，从16世纪到20世纪，读者已经将作品中女主角的形象与诗人的理想恋爱对象紧紧地结合在一起。这样的意象构成加尔西拉索独一无二的诗歌特色，也意味着加尔西拉索成功创作出具有个人色彩的爱情神话。

加尔西拉索在形式上巧妙地运用韵律学技巧，成功结合西班牙诗歌与意大利诗歌格律；在内容上效法但丁和彼特拉克，选择单一高贵女子作为情歌的女主角，借由女子贞洁的特质让情感表现更加崇高、理想化。除此之外，他在创作中添加长期旅居意大利期间吸纳的人文主义色彩，例如：上述几位哲学家的新柏拉图主义思想，维吉尔和桑纳札罗(Jacopo Sannazaro, 1458—1530)的牧歌元素，同时也汲取当时彼特拉克文风的爱情创作形式与内容，以高度的抒情手法，还有高超的和谐诗艺臻至个人的创作理念，并在显而易见且为数不少的模仿诗句当中，深深地烙下个人影像，以致读者几乎忘记这些元素出自于其他经典的作品(Fucilla, 1960: 14)。

四、结语

西班牙文学中理想爱情题材从式微到重生，需要的不只是外来刺激，更需要的是内在的自我成长。加尔西拉索集大成，一方面接受15世纪从意大利传来的诗歌形式，改良成适合西班牙语的音韵，另一方面不仅直接提议将16世纪初意大利思想家的作品引进到西班牙，翻译成本国语言，更身体力行，在自己作品中实践新柏拉图主义：他将爱情诗歌从原本的情感抒发层面(体现在传统歌谣和绝大部分的十四行诗创作中)，提升至对爱的反思，对爱的重新认识(反映在哀歌、颂歌以及韵文书信里)，随后创造出新的爱情神话(牧歌)。就像柏拉图对美的升华一样，从一开始对于个体美的追求，到最后渴望获得美的知识和崇高的至善、至美。

加尔西拉索的名声在西班牙黄金世纪大放异彩，以他为宗师，在16世纪下半叶的文坛产生了萨拉曼卡学派和塞维利亚学派，又在17世纪的巴洛克文学中延伸出概念主义(conceptualismo)和夸饰主义(culteranismo)两种风格。他的作品不仅深受塞万提斯、洛佩·德·维加(Félix Lope de Vega, 1562—1635)等大师的推崇，他笔下的牧羊人也屡屡出现在其他作家的作品里，与后人对话、说教、述说爱情。加尔西拉索把原本发展陷入瓶颈的宫廷爱情诗歌从一滩死水里解救出来，注入了新的元素，如同在古老的伊比利亚土地上插上新枝，令“理想爱情”主题在16世纪西班牙文坛重获新生。

参考文献

[1] 杨绛:《杨绛文集5堂吉诃德·上》，北京：人民文学出版社，2004年。

[2] Boscán, Juan, *Obracompleta*, ed. Carlos Clavería, Madrid: Cátedra, 1999.

—, “A la muymagnífica señora doña GerónimaPalova de Almogáver,” in Baltasar de Castiglione, *El cortesano*, trad. Juan Boscán, ed. Rogelio Reyes Cano, Madrid: Espasa-Calpe, 2009.

[3] Castiglione, Baltasar de, *El cortesano*, trad. Juan Boscán, ed. Rogelio Reyes Cano, Madrid: Espasa-Calpe, 2009.

[4] Clavería, Carlos, “Introducción,” in Juan Boscán, *Obracompleta*, ed. Carlos Clavería, Madrid: Cátedra, 1999.

[5] Fortini, Laura, “Itinerari di scrittura: Pietro Bembo egli Asolani,” in La Rassegna della letteratura italiana, , 1984, 88:3.

[6] Fucilla, Joseph G., *Estudios sobre el petrarquismo en España*, Madrid: Consejos Superiores de Investigaciones Científicas, 1960.

[7] Gallego Morell, Antonio, “La corte de Carlos V en la Alhambra en 1526,” in *Miscelánea de Estudios dedicados al profesor Antonio Marín Ocete*, vol. 1, Granada: Universidad de Granada, 1974.

[8] García López, José, *Resumen de historia de las literaturas hispánicas*, Barcelona: Teide, 1979.

[9] Garcilaso de la Vega, “A la muymagnífica señora doña Gerónima Palova de Almogáver,” in Baltasar de Castiglione, *El cortesano*, trad. Juan Boscán, ed. Rogelio Reyes Cano, Madrid: Espasa-Calpe, 2009.

[10] Green, Otis H., *España y la tradición occidental. El espíritucastellano en la literatura desde “El Cid” hasta Calderón*, trad. Cecilio Sánchez Gel, vol. 1, Madrid: Gredos, 1969.

[11] Kristeller, Paul O., *Ocho filósofos del Renacimiento italiano*, trad. María Martínez Peñaloza, México, D. F.: Fondo de Cultura Económica, 1985.

[12] Le Gentil, Pierre, “Trayectoria de los cancioneros,” in Francisco Rico (ed.), *Historia y crítica de la literatura española*, vol. 1, Barcelona: Crítica, 1980.

[13] Maeztu, Ramiro de, 1972, *Don Quijote, Don Juan y La Celestina*, Madrid, Espasa-Calpe.

[14] Mata, Carlos, “Neoplatonismo en la lírica del Siglo de Oro,” in *AnuarioFilosófico*, 2000, 33.

[15] Menéndez Pelayo, Marcelino, *Antología de poetas líricos castellanos*, vol. 10, Madrid: Consejo Superior de Investigaciones Científicas, 1945.

[16] Parker, Alexander A., *La filosofía del amor en la literatura española 1480-1680*, trad. Javier Franco, Madrid: Cátedra, 1986.

[17] Prieto, Antonio, *Garcilaso de la Vega*, Madrid: Sociedad General Española de Librería, 1975.

[18] Reyes Cano, José María, "Introducción," in León Hebreo, Diálogos de amor, trad. Carlos Mazo del Castillo, Barcelona: PPU, 1986.

—, "Introducción," in Pietro Bembo, *Gli asolani/Los asolanos*, ed. José María Reyes Cano, Barcelona, Bosch, 1990.

—, "Petrarca-Bembo, Garcilaso-Herrera: el proyecto de un nuevo canon," in *Atti del XX Convegno*, vol. I, Roma, Associazione Ispanisti Italiani, 2002.

[19] Rivers, Elias L., "Garcilaso divorciado de Boscán," in *Homenaje a Rordíguez-Moñino. Estudios de erudición que le ofrecen sus amigos o discípulos hispanistas norteamericanos*, vol. 2, Madrid: Castalia, 1966.

[20] Sebold, Russell P., "Las dulces prendas de Garcilaso: Guiomar, Elena y Beatriz (Aunque uan de ellas acaso no lo fuera demasiado)," in *Salina*, 2008, 22, 55-64.

[21] Vaquero Serrano, María del Carmen, "Doña Guiomar Carrillo: la desconocida amante de Garcilaso," in *Lemir*, 2000, 4: http://parnaseo.uv.es/Lemir/Revista/Revista4 (Retrieve on 2017/10/30).

—, *Garcilaso. Poeta del amor, caballero de la guerra*, Madrid: Espasa-Calpe, 2002.

—, "Doña Beatriz de Sá, la Elisaposible de Garcilaso. Su geneología," in *Lemir*, 2003, 7: http://parnaseo.uv.es/Lemir/Revista/Revista7 (Retrieve on 2017/10/30).

—, "Dos sonetos para dos Sás: Garcilaso y Góngora," in *Lemir*, 2007,11: http://parnaseo.uv.es/Lemir/Revista/Revista11 (Retrieve on 2017/10/30).

—, "La fecha de la muerte de Beatriz de Sá: la más que posible Elisa de Garcilaso," in *Lemir*, 2011, 15, http://parnaseo.uv.es/ Lemir/Revista/Revista15 (Retrieve on 2017/10/30).

[22] Whinnom, Keith, "Constricción técnica y eufemismo en el *Cancionero general*," in Francisco Rico (ed.), *Historia y crítica de la literatura española*, vol. 1, Barcelona: Crítica, 1980.

[项目信息：中央高校基本科研业务费项目（项目编号：ZK1074）]

托马斯 · 杰斐逊与中国 ①

李丽婵 *

内容摘要： 托马斯·杰斐逊不仅是美国历史上举足轻重的政治家，他在其他领域的个人造诣也相当深厚。在他立体多元的世界里，中国的印迹十分明显。中国文化渗透至他的个人生活，中国的农业道路对他的治国理念产生过影响，中美贸易的乐观前景促使他积极打通美国西北通道。此外，中国的儒家思想与杰斐逊的民主思想在内容和表达形式上存在诸多相似之处。

关键词： 托马斯·杰斐逊；中国

Abstract: Thomas Jefferson is not only an outstanding statesman in American history but also a man of multiple talents. In the different faces of his life, connections between him and China are found: Chinese culture permeated into his personal life; China as a prosperous agricultural empire was considered as a model for his infant country; the prospect of China trade encouraged him to explore the American northwest to establish the shortest route between America and China. What's more, there exist striking similarities between Jeffersonian democracy and Chinese Confucianism both in content and expression.

Keywords: Thomas Jefferson; China

在美国学者眼中，托马斯·杰斐逊堪称"美国的斯芬克斯"（Ellis，1997：著作标题），他的政治作为、思想遗产、迷一般的性格和杰出的个人造诣长久以来为学者提供了魅力无穷、多向多角度的研究空间。在中国，托马斯·杰斐逊主要以政治家的形象进入学者和大众的视野。本文试图以托马斯·杰斐逊与

① 本文在罗伯特·史密斯-杰斐逊国际研究中心（Robert H. Smith International Center for Jefferson Studies）的资助下完成。

* 李丽婵，厦门大学外文学院副教授，研究方向：美国历史和英语语言文学。

中国的各种关联作为研究的切入点，期望能弥补以往对杰斐逊研究之不足，同时促进世人从另一个角度看待历史上中美之间的文化交流。

一、杰斐逊的个人生活与中国

1. 中国建筑元素

杰斐逊个人兴趣广泛，在建筑设计领域造诣尤其深厚。杰斐逊的建筑设计风格主要为欧洲新古典主义，其显著特征是高大穹顶、白色立柱和对称结构，但其中往往又揉入一种不同寻常的中国元素——中国明清家具中常见的格子图案。这些具有中国特色的格子图案构成了白色的“中国围栏”（Chinese railing）并被安装在建筑物的露台、楼梯、过道或门廊上。杰斐逊的传世之作，如蒙蒂赛洛庄园、弗吉尼亚大学、普林斯 · 乔治县的布兰登楼（Brandon in Prince George County）以及丁维迪县的巴特希楼（Battersea in Dinwiddie Country）等均不乏“中国围栏”的身影[①]。对杰斐逊而言，“中国围栏”既传递一丝浪漫的异国情调同时又朴素低调，并不喧宾夺主。杰斐逊的中国设计元素对其生活的时代以及美国后来的建筑风格产生了一定的影响。仅以蒙蒂赛洛为例。它虽然是私人庄园，但由于主人热情好客且又兼具政治家、发明家、收藏家和建筑设计师等多重身份，这座建筑物多年来接待了远近无数前往拜谒的客人，其中不乏从中获取设计灵感的地产者（Davis，2008）。

较之于有限的存世之作，杰斐逊留给后人更多的是因各种缘由未能付诸实施的设计草图和笔记，其中包括各种中国元素的想法。1769 年，杰斐逊在当年的备忘录“杂项”部分记录下制作一张写字桌的想法，希望桌子的“背面和案几两端带有中国格子”（Wigren，1988）。1771 年，杰斐逊尚未买下蒙塔图山地（Montalto），但他的账本里留有这样一行字：在蒙塔图的西侧建造一座两层楼的殿堂，屋顶为中国的或希腊的风格（Randall，1858：61）。此外，他还曾打算在蒙蒂赛洛的花园中建造中国凉亭（Nichols，1978：1），在附楼平台两个对角的位置上矗立两座中国塔等等（Kimball，1968：126）。

杰斐逊不仅阅读广博，而且特别擅长通过书本学习技能（Cunningham, Jr.，1987：8）。杰斐逊的中国设计理念在很大程度上直接受益于有关中国建筑的书籍。杰斐逊本人收藏有威廉 · 钱伯斯的《中国建筑、家具、服装、机器以及用具的设计图样》（1757 年版）以及齐本德尔的《绅士及木匠指南》（1754 年版）

① 蒙蒂赛洛庄园的“中国围栏”主要安装在主楼北面和南面的阳台上。弗吉尼亚大学的“中国围栏”主要分布在老园区（Academical Village）。巴特希楼和布兰登楼的楼梯扶栏部分均为白色的“中国围栏”。值得一提的是，目前杰斐逊国际研究中心的正门上方也装饰着“中国围栏”。

（Gilreath & Wilson，1989）。这是两本风靡欧洲的建筑书籍，书中均附有中式建筑、家具及“中国围栏”的插图。1771年杰斐逊在《蒙蒂赛洛建筑笔记》中写下这样的话：“这两座中国塔将依照钱伯斯博士所绘之“亭”的插图建造”（Davis，2008：124）。对杰斐逊产生影响的可能还有另两本书，一是威廉·哈弗彭尼和约翰·哈弗彭尼所著的《中国风格的乡村建筑》（1750年版），二是罗伯特·莫里斯所著的《建筑精选》（1755年版）。前文提及的巴特希楼的楼梯扶栏和《中国风格的乡村建筑》的第50幅插图几乎完全一致（United States of Department of the Interior，2008），而布兰登楼的中国元素则明显带有《建筑精选》的痕迹（Lancaster，1951：3-10）。

杰斐逊的设计灵感还可能源自亲身体验。18世纪中期，杰斐逊有可能见过“位于巴尔蒙特花园里一座中国亭子式样的消暑屋以及安纳波利斯·威廉皮卡家花园里的中国小桥”（Wigren，1989）。杰斐逊出使法国期间的一次游历也可能加深他对中国建筑元素的印象。1785年他和心仪的贵妇玛丽·考斯威一同游览了巴黎的知名花园。这些花园多数带有中国元素，尤其是建有中式凉亭（Butterfield，1948：26-33）。

2. 中国语言文学

杰斐逊不仅在建筑设计上从中国文化汲取养分，他还表现出对中国语言文学的极大兴趣。杰斐逊28岁那年，妻弟罗伯特·斯奇普维斯为充实个人图书馆写信向他求教。杰斐逊在回信中附上书单一张，上面列有他心目中北美最好的书籍，其中包括英文版的《赵氏孤儿》和《好逑传》（Oberg & Looney，2008）。杰斐逊对这两本书的青睐可谓意义非凡。其一，《好逑传》的英译本《愉快的故事》刚刚在欧洲出版不久，说明杰斐逊很可能是最早了解中国才子佳人小说的北美大陆人士之一。其二，杰斐逊向来注重哲学和伦理书籍，他认为小说“大多数是垃圾，引发的是浮肿的想象、病态的判断以及对生活所有真实面的蔑视”，仅有为数不多的例外“令人兴趣，是传播健康道德的有效工具”（Dewey，1946：19）。显然，杰斐逊认为他在书单里所列的中国戏曲和小说正是这种例外。1789年，杰斐逊还将《愉快的故事》收藏于个人图书馆，成为他屈指可数的小说收藏之一（Aldridge，1994：96）。

杰斐逊任总统期间曾将题为“一首非常古老的中国颂歌”（“A Very Ancient Chinese Ode”）的英译诗歌从报纸上剪下并收藏于他的个人剪贴本中（Gross，2006：163）。经过笔者比对，这首诗实为《淇奥》，选自《诗经》第一卷《国风》之《卫风》，所颂扬的是卫国公武和的感人事迹。杰斐逊之所以收藏此诗有可能是被其中的道德寓意和优美诗韵所感动。

杰斐逊对中国语言的兴趣也有一系列佐证。退休后他的个人藏书中增加了两本有关中国语言的书籍——《中文的对话和独立句——附意译和直译》以及《从哲学角度看中国》。这两本书的作者罗伯特·莫里森在中国传教时曾因语言不通饱受挫折，因此他特意出书为外籍人士提供学习中文的机会。尽管杰斐逊曾对亚当斯说过，新近购买的这两本书可能纯属消遣，但他在退休期间竟打算将自学中文作为消遣的方式之一，这一点非同寻常（Hayes，2008：580）。不仅如此，杰斐逊还就中国文字发表过看法。1818 年 7 月 20 日，杰斐逊致信宾夕法尼亚州议会代表查尔斯·杰瑞英格索尔，对对方所赠的中国礼物——其中可能包括书本或卷轴——表达谢意。他在信中同时写道，中文的表意文字“如此复杂、数目庞大却又不足以达意”，因此它会造成一个人智性成长的困难。为此，他预测，将来在某种特殊情势之下，中国人将注意到欧洲语言中简单字母的优势。他最后还表达了这样的观点：如果西方传教士能够教授中国人学习欧洲字母，他们将取得更加令人瞩目的成就（Aldridge，1994：97）。

3. 中国物品

杰斐逊的私人物品中有不少来自中国的东西。蒙蒂赛洛庄园有一座由杰斐逊亲自设计、构造精妙的大钟。1792 年杰斐逊开始设计大钟的时候，他写信给当时国务院主管外国事物的亨利·雷蒙森谈及购买中国铜锣事宜。他写道：“中国有一种发出铃响的东西叫‘锣’，它被安放在大房子的门口作为报时使用……我希望能够买到这样的‘锣’作为大钟的响铃，这样我的整个农场就能听到报时声了”。他还指出，希望在中国购买铜锣的原因是，这样的铜锣美国无法制造——美国找不到那样具有良好的延展性同时又能发出洪亮声音的混合铜类金属（Oberg & Looney，2008）。杰斐逊文集记录了两笔购买中国铜锣的款项，时间分别为 1794 年 10 月和 1795 年 12 月。这两个铜锣杰斐逊自用一个，另一个于 1797 年 1 月赠予朋友阿奇尔博尔德·斯图亚特（Wigren，1989）。

杰斐逊对中国物品的喜好还表现在收藏、使用中国瓷器上。杰斐逊出使法国期间曾经委托商人威廉·麦卡锡购买中国瓷器，其中主要是咖啡杯和茶杯。由于受到当时商业条例的限制，杰斐逊所需物品无法直接进口至巴黎。杰斐逊为此费尽周折。他致信荷兰官员安德烈·林姆金（Limozin），希望他从中组织协调（Boyd，1955：479-480）。这批中国瓷器最终是否到达杰斐逊手中目前尚无从知晓，但考古工作者对杰斐逊故居进行考古时的确发现了不少中国出口的瓷器。2008 年 8 月 24 日笔者参观蒙蒂赛洛庄园时看到展出的出土物品中有两个瓷碟、一个茶碗和一个瓷盘来自中国。2007 年考古学家挖掘杰斐逊的白杨林种植园老屋（Poplar Forest）时，B 号坑出土了 19 个中国瓷器（The Corporation for Jefferson's Poplar Forest，2008）。关于白杨林种植园的中国瓷器，杰斐逊留有一次文字记录。1812 年杰斐逊购买了从中国进口的专门制作小馅饼的瓷碟并于 11 月 23 日留下付款记录（Bear, Jr., 1997：1284）。

杰斐逊还将中国植物引种到自己的花园。1807 年，杰斐逊通过费城苗圃商人伯纳德·麦克马洪手里获得中国石竹（China Pink）的种子并在蒙蒂赛洛椭圆形花圃中栽培成功（Thomas Jefferson Library, 2008a）。

二、政治家杰斐逊与中国

1. “中国模式”

美国初立时期，时任驻法大使的杰斐逊经常就新生美国的发展问题同侨居法国的友人进行探讨。1785 年，当友人问他对“鼓励美国发展商业之权宜”有何看法时，杰斐逊回答如下：“如果让我坚持自己的理论，我情愿美国既不发展商业也不发展海运，而是站在中国的立场处理我们同欧洲的关系。这样我们就可以避免战争，我们的公民都成为农人……”（Boyd, 1953：633）。显然，杰斐逊对“中国模式”充满幻想。他希望新生美国一如古老中国成为自给自足的农业国家并以孤立政策立足于世界。

杰斐逊农业立国的思想渊源颇为复杂，但他提出“中国模式”并非毫无缘由。杰斐逊并不缺乏深入了解中国农业文明的途径。他早年接触法国重农学派的经典著作，后又与重农学派主要成员杜邦保持常年通讯往来。1810 年 7 月 28 日，杜邦在致杰斐逊的信中就与他详细探讨了中国税制问题（Looney, 2005：630-631）。此外，一本有关中国农业、在欧洲风靡一时的书籍也可能对他产生了重要影响。1768 年《一个哲学家的旅行》在欧洲出版，1778 年该书的美国版本问世。此书宣扬农业文明，认为农业是中国及其他国家繁荣富足的根本。书中还特别指出，中国庞大、幸福的人口并非科学技术发展的结果，而是完全仰仗理性的农耕手段以及人民的辛勤劳作而得（Aldridge, 1994：151）。根据杰斐逊和友人的信件往来可以推断，他对该书作者皮埃尔·波弗尔的生平和著述相当熟悉（Aldridge, 1994：156）。

杰斐逊的农业理想国并未成为现实，但是他却在特定的历史条件下实施了孤立锁国政策。1807 年 12 月 22 日，杰斐逊签署《禁运法案》，下令美国同拿破仑战争中的交战国中止贸易关系，目的是使新生美国的中立国地位获得尊重，在险恶的国际环境中求得生存。回顾杰斐逊早年的治国言论，我们不能排除“中国模式”的思路在某种程度上对他的决策产生影响的可能。

杰斐逊虽然诟病商业贸易，但他也承认，建立农业理想国“仅仅是理论而已”（Boyd, 1953：633）。杰斐逊的领袖人生表现了实用主义精神以及对农业和工商业合理配比问题的现实态度。任职总统期间，就在他为发展国家经济而致力于改善国内交通状况之际，工程师罗伯特·富尔顿进入他的视线。富尔顿推崇运河经济，曾撰文《论运河航运的发展》并赋《运河》诗一首。他在文中强调，诸如中国这样的农业帝国虽然从不鼓励外贸，但它们似乎借助网布全国的无数运河进行内贸同样使国家富足。杰斐逊对其观点相当认同，并且任命他主导国内的道路和运河建设（Harrison, Jr., 1987：335-349）。

2. 对华贸易

1784 年“美国皇后号”起航，中美贸易首次展开。杰斐逊对首航事件极为关注。1785 年 5 月 19 号，该船商务代理（大班）赛穆尔·肖（又译山茂召——笔者注）致信时任外交大臣约翰·乔伊详述此次航行。赛穆尔·肖的信件于 9 月 2 号见报后杰斐逊收藏了相关剪报（Library of Congress, 2008）。

“美国皇后号”航行的丰厚回报使美国人对对华贸易乐观有加。1787 年起水獭皮成为美对华贸易的重要物资。由于北美大陆的西北部水路不通，当时美商从事对华毛皮贸易的航线一般如下：商船带着制造品从东部港口出发，它们在绕过南美的合恩角或穿越麦哲伦海峡后首先来到北美大陆的西北沿岸。随船制造品在此处售卖后，商船再带上从当地收购的水獭皮横渡太平洋直至广州。显而易见，前往中国的商路艰险曲折、成本高昂。对美国商人而言，如果能打通北美大陆西北部的水路，建立由东部直达太平洋沿岸的通道意义非凡。1785 年夏季，杰斐逊与探险家雷雅德相识于法国。雷雅德是《库克船长最后一次太平洋航行记录以及西北通道之探寻》的作者，正是他在书中关于售卖水獭皮给中国人可获得“惊人利润”的描述大大刺激了美国人的商业想象。在巴黎期间，雷雅德积极策划着一项开展中美毛皮贸易的宏伟计划。他希望在西北沿岸建立毛皮代理点作为对华贸易的前哨，同时打算对西北地区进行探险。杰斐逊此前阅读了雷雅德的书，并由此对对华毛皮贸易的前景产生兴趣（M. Consuelo León W., 1995：17-29），同时他还十分关注英、法等国在西北沿岸区域的所谓考察活动，怀疑它们的举动实际上怀有政治和商业企图。他担心，一旦欧洲强国率先发现沟通太平洋和密苏里河的水道，北美的远西土地和利润丰厚的对华贸易将为他国所控制（Thomas Jefferson Library, 2008b）。因此，他对雷雅德的计划相当认同，认为它“不仅具有近期的商业利益，而且对美国未来的贸易发展和政治利益意义重大”（Sparks, 1828：20）。1786 年，杰斐逊和朋友共同资助雷雅德的探险行动。1793 年他们还资助米奇科斯（Michaux）对同一地区再次进行探险，主要目的依然是发现美国和太平洋之间最短和最便捷的通道。

杰斐逊就任总统职位时，直达中国市场的道路尚未打通。1803 年，在杰斐逊策划之下，路易斯和克拉克开始了历史性的伟大远征。此次远征可谓上述两次探险的延续。不论是针对刘易斯的指示还是递交给国会的秘密报告，杰斐逊都非常明晰地指出，此次远征是为了寻找一条横跨大陆、与西北沿岸贸易建立较为安全、便捷和低成本的水路联系途径（Deutsch，1940：377-388）。刘易斯在写给杰斐逊的报告中也强调，哥伦比亚河和密苏里河作为美国开展与中国广东毛皮生意的通道意义非凡（Renner，1930：356-369）。直到卸任总统职位之后，杰斐逊对西部太平洋沿岸地区在对华贸易中的重要性依旧念念不忘。1811 年，他鼓励皮毛巨商雅各布·阿斯特派遣探险队前往哥伦比亚河口建立美国在西北地区的永久前哨以便和广东开展较为直接的毛皮贸易（M. Consuelo León W.，1995：17-29）。

在《禁运法案》实施期间，所有美国商船禁止出港，对华贸易也随之中止。1808 年，雅各布·阿斯特为继续对华贸易策划了一起骗局。他让中国商人 Punqua Wingchong 假借祖父去世的名义申请回国，随船带上价值 4.5 万美元的"个人物品"（货物）。杰斐逊破例放行，同时还指出，此举能"使中国权力机构对我国产生积极的理解"，而且"对在华美国商人有切实的益处"（Aldridge，1994：96）。

三、杰斐逊民主与儒学

诗人庞德曾经在《诗章》中列举杰斐逊的各种品质并将其比作孔子（Zhu，2005：57-72）。事实上，杰斐逊的民主思想和儒家思想在内容和表达形式上确实存在许多相似之处。

第一，杰斐逊与儒家均强调民本思想，坚信政府主权在民。孟子曰："民为贵，社稷次之，君为轻"（孟子·尽心章句下）。儒家认为，民众的利益是君主的头等大事，所谓"民：食、丧、祭"（《论语·尧曰》），"民事不可缓也"（《孟子·滕文公章句上》）。儒家同时认为，君主之所以统治民众是出于"天意"（徐克谦，2004：4-10）。《尚书·泰誓》有云："天视自我民视，天听自我民听"，即天意实际上就是人民的意愿。孟子还指出，舜之所以得到政权并非尧之"禅让"，而是"天与之，人与之"（《孟子·万章上》），即是天意 / 民意所为。《尚书·康诰》也指出，"惟命不于常"，道善则得之，不善则失之矣。如果统治者无德无能天意则会改变，统治者偏离了"道"则成为人民可以推翻的"独夫"。故儒家对君主提出这样的警示："水所以载舟，亦可以覆舟"（《孔子家语》卷一）。

杰斐逊同样认为人民安泰是政府的目标，"民意"是政治权利最重要的来源。他不止一次言及人民的福祉与政府的关系。如："政府机构唯一正统的目标就是保证聚合其下的大众获取最大限度的幸福"。又如，"我们人民的幸福和富裕是政府唯一合法之目标，也是治理者首要之责任。"（Jefferson，2008a）。类似于儒家的“天意”思想，杰斐逊也认为人民的意愿是政府的道德基础。政府的建立是为了保障人民“不可剥夺的权利”，其中包括生命权、自由权和追求幸福的权利。对乔治三世，杰斐逊代表美利坚发出这样的公开宣言：“政府之正当权力，来自被统治者的首肯……任何形式的政府，只要破坏上述权利（指生命、自由和追求幸福的权利——作者注），人民就有权利改变或废除它，并建立新政府”（Jefferson，2008b）。仅从这一点，我们可以看到儒家思想和杰斐逊思想的本质相同。

第二，杰斐逊和孟子均相信人性相通，“性善”是人性之本质，并以此作为人人皆可平等参与政治的前提。孟子对于共同人性的解释是，“口之于味也，有同耆焉；耳之于声也，有同听焉；目之于色也，有同美焉”（《孟子·告子》），而“礼”和“义”则是“心之所以同然者”（《孟子·告子》）。更为重要的是，世人皆有“恻隐之心”、“羞恶之心”、“恭敬之心”和“是非之心”，即仁义礼智四端是人所固有的善的本性。由此，孟子反复表达了这样的意思：“舜，人也；我，亦人也”（《孟子·离娄下》），并称“尧、舜与人同耳”（《孟子·离娄下》），“人皆可以为尧、舜”（《孟子·告子下》）。

对杰斐逊而言，“人生而平等”是“不言而喻的”真理。在他看来，人和人生来是相同的，是“由同一材料制作、从同一车间产出的器皿”（Forman，1900：402）。与孟子“性善论”相似，杰斐逊也认为人的善良情感与生俱来。1814年6月13日，杰斐逊在写给托马斯·劳的信中指出，“大自然在我们的心中植入了热爱他人的情感，对他人的责任心和道德直觉……从而使我们不可遏止地对他人的不幸感同身受并加以援助”（Jefferson，1907：143）。孟子认为礼和义二者为人心之同处，杰斐逊则认为人生来就是具有是非观的理性动物。对此他是这样解释的：“人之所以被创造是为了进行社会交往，但是人如果没有正义感社会交往就无法维持；因此人生而具有正义感”（Ford，1892-1899：31）。由于人“自然”平等、天性善良、充满理性，杰斐逊由此推导，人民完全可以平等参与政治，以至进行自我管理。

第三，对于如何创造一个美好的社会，杰斐逊和儒家的见地几乎完全相同，即通过教育。儒家认为，国泰民安必须立足于个人的美德和修养。《大学》对于“修身、齐家、治国、平天下”的理论做了相当明晰的解释，其中特别指出，“自天子以至于庶人，壹是皆以修身为本。”杰斐逊同样认为大众教育是自由美好社会的前提。他虽然认为人的道德情感与生俱来，但同时也承认不同的人表现出不同的道德水平。因此，“要不断改善提高人的处境……教育是实施这一目标的主要手段”（Jefferson，1903-1904：171-174）。他希望政府和相关部门特别关注普通大众的教育问题，因为他相信人民只有明理才能成功参与国家的治理，国家和社会才能避免无知的祸害。对新生的美国他发出这样的警告:"一个国家无知却希望自由,这种希望从来不曾实现,也永远不会实现"(Jefferson,1892-1899:1)。此外,在如何实施教育,为国家选拔人才方面,杰斐逊的思想与中国的科举制度在某些方面也是相通的。他主张对学生进行多层次的挑选,在政治中实行选贤任能而不是关注门第出身(张斌,2007:57-84)。

四、小结

多年来,在中美文化交流史的研究中,学者多着眼于美国对中国的影响,忽略甚至否认中国对美国曾经产生的贡献。在谈及"自东向西"的文化流向时,我们的目光往往仅停留在欧洲持续百年的"中国热"(Sinomania)上(Rowbotham,1945:224-241)。实际上,从18世纪开始,中国文化就经由欧洲传入北美,并对英属殖民地社会的各个方面产生不同程度的影响。在思想层面上,欧洲启蒙思想家及重农学派对中国儒家思想和农业文明的推崇很快在北美大陆引起共鸣。以本杰明·富兰克林为首的中国迷(Sinophiles)利用报刊杂志推介中国文化。1738年,本杰明·富兰克林率先在他主办的周报《宾夕法尼亚公报》(*Pennsylvania Gazette*)上发表《孔子的伦理》("From the Morals of Confucius")一文并发表评论(Aldridge,1994:18-25)。1771年,富兰克林还在《美洲哲学学会会刊》首刊上发出如此感慨:"如果我们能幸运地将中国人的勤奋精神、生活艺术、农业改良技术以及他们耕种的作物加以引进,北美很快将同中国一样人丁兴旺,将比世界上任何同等面积的土地容纳更多的居民"(Latourette,1917:124)。在物质层面上,以茶叶、丝绸、瓷器和墙纸为代表的中国物品也日益成为北美多元社会生活图景的组成部分。甚至早在18世纪50年代,带有中国元素的建筑就已现身北美大陆。美国知名记者哈罗德·伊萨克斯曾经指出,美国的18世纪是对中国的"崇敬时期"(Isaacs,1958:70)。

正是在这一历史背景之下,杰斐逊与中国产生了各种关联。作为时代的先锋人物,杰斐逊扮演的是中国文化的接受者和传播者的双重角色;作为美国总统,杰斐逊对中国的重视和对中国模式的推崇对新生美国产生了一定影响。目前一个值得探讨的问题是,既然杰斐逊民主思想的内在精神与儒学相似共通,那么杰斐逊究竟在多大程度上受到儒学的直接影响?杰斐逊对《诗经》作品的收藏以及他博览群书的习惯也许可以作为进一步研究的线索。作者同时也希望,随着杰斐逊图书馆对杰斐逊书信的进一步整理发掘,我们能获得更多有意义的相关信息。

参考文献

[1] 徐克谦:《论儒学基本原理与民主政治的兼容与接轨》,《孔子研究》,2004 年第 6 期,第 4-10 页。

[2] 张斌:《战后的美国儒学与民主比较研究》,《美国研究》,2007 年第 1 期,第 57-84 页。

[3] Aldridge, O., *The Dragon and the Eagle: The Presence of China in the American Enlightenment*, Detroit: Wayne State University Press, 1994.

[4] Bear Jr., J., *Jefferson's Memorandum Books: Accounts, with Legal Records and Miscellany, 1767-1826*, New Jersey: Princeton University Press, 1997.

[5] Boyd, J. (Ed.), *The Papers of Thomas Jefferson*, Vol. 8, New Jersey: Princeton University Press, 1953.

—, *The Papers of Thomas Jefferson*, Vol. 11, New Jersey: Princeton University Press, 1955.

[6] Butterfield, L., Jefferson's Earliest note to Maria Cosway with some new facts and conjectures on his broken wrist, *The Williams and Mary Quarterly*, 1948, Vol. 5, No. 1, 26-23.

[7] Cunningham Jr., N., *In Pursuit of Reason: The Life of Thomas Jefferson*, Baton Rogue: Louisiana State University Press, 1987.

[8] Davis, K., *Secondhand Chinoiserie and the Confucian Revolutionary: Colonial America's Decorative Arts* (dissertation), Brighan Young University, 2008.

[9] Deutsch, H., Economic imperialism in the early Pacific northwest, *Pacific Historical Review*, 1940, Vol. 9, No. 4, 377-388.

[10] Dewey, J., *The Living Thoughts of Thomas Jefferson*, London: Cassell and Company, 1946.

[11] Ellis, J., *American Sphinx: The Character of Thomas Jefferson*, New York: Alfred A. Knopf, 1997.

[12] Forman, S., *The Life and Writings of Thomas Jefferson*, Indianapolis: The Bowen-Merrill company, 1900.

[13] Gilreath, J. & Douglas L. Wilson, *Thomas Jefferson's Library: A Catalog with the Entries in His Own Order*, Washington D.C.: Library of Congress, 1989, http://catdir.loc.gov/catdir/toc/becites/main/jefferson/88607928_ch30.html, retrieved on 2008-08-25.

[14] Gross, J., *Thomas Jefferson's Scrapbooks: Poems of Nations, Family and Romantic Love Collected by America's Third President,* Hanover: Sterforth Press, 2006.

[15] Harrison, Jr, J., "Sic et non": Thomas Jefferson and internal improvement, *Journal of the Early Republic*, 1987, Vol. 7, No. 4, 335-349.

[16] Hayes, K., *The Road to Monticello: The Life and Mind of Thomas Jefferson*, New York: Oxford University Press, 2008.

[17] Isaacs, H., *Images of Asia: American Views of China and India*, New York: J. Day Co., 1958.

[18] Jefferson, T., 2008a, Thomas Jefferson on politics and Government, http://etext.virginia.edu/jefferson/quotations/jeff0650.htm, retrieved on 2008-07-28.

—, 2008b, The Declaration of Independence, http://www.ushistory.org/declaration/document/index.htm, retrieved on 2008-07-28.

—, in *The Writings of Thomas Jefferson, Vol. 14*, Bergh, A., (Ed.), Washington D.C.: The

Thomas Jefferson Memorial Association, 1907.

—, in *The Writings of Thomas Jefferson, Vol. 10*, Ford, P., (Ed.), New York: G. P. Putnam' s Sons, 1892–1899.

—, Thomas Jefferson to M. A. Jullien, 23 July 1818, in *Writings of Thomas Jefferson*, Lipscomb, Andrew A. & Albert E. Bergh, (Eds.), Washington D.C.: The Thomas Jefferson Memorial Association, 1903–1904.

—, Thomas Jefferson to C. Yancey, 6 January 1816, in *The Writings of Thomas Jefferson, Vol. 10,* (Ed.), Paul Leicester Ford, New York: 1892–1899.

[19] Kimball, F., *Thomas Jefferson: Architect, Original Designs in the Coolidge Collection of the Massachusetts Historical Society with an Essay and Notes*, New York: Da Capo Press, 1968.

[20] Lancaster, C., Jefferson's architectural indebtedness to Robert Morris, *Journal of the Society of Architectural Historians*, 1951, Vol. 10, No.1, 3–10.

[21] Latourette, K., *The History of Early Relations between the United States and China*, New Haven: Yale University Press, 1917.

[22] Library of Congress, *The Thomas Jefferson Papers Series 1: General Correspondence, 1651–1872*, http://memory.loc.gov/cgi-bin/ampage?collId=mtj1&fileName=mtj1page003.db&recNum=768, retrieved on 2008-7-28.

[23] Looney, J., (Ed.), *The Papers of Thomas Jefferson retirement series, Vol. 2*, New Jersey: Princeton University Press, 2005.

[24] M. Consuelo León W., Foundations of the American Image of the Pacific, in *Asia/Pacific as Space of Cultural Productio,* Rob Wilson & Arif Dirlik, (Eds.), Durham: Duke University Press, 1995.

[25] Nichols, Frederick D., *Thomas Jefferson's Architectural Drawings with Commentary and a Check List*, Boston and Charlottesville: The University Press of Virginia, 1978.

[26] Oberg, B. & Looney, J., *The Papers of Thomas Jefferson Digital Edition*, Charlottesville: Jefferson Library, http://proxy.monticello.org.2063/founders/default.xqy?keys=TSJN-chron-1790-1792-11-13-11, retrieved on 2008-08-11.

[27] Randall, H., *The Life of Thomas Jefferson*, New York: Derby & Jackson, 1858.

[28] Renner, George T., Chinese influence in the development of western United States, *Annals of the American Academy of Political and Social Science*, 1930, Vol.152, No. 1, 356–369.

[29] Rowbotham, A., The impact of Confucianism on seventeenth century Europe, *The Far Eastern Quarterly*, 1945, Vol. 4, No. 3, 224–242.

[30] Sparks, J., *The Life of John Ledyard: The American Traveler*, Cambridge: Hilliard and Brown, 1828.

[31] The Corporation for Jefferson's Poplar Forest, *Site B Online Archaeology Exhibit*, http://www.poplarforest.org/siteB/minvesselmain.php, retrieved on 2008-08-30.

[32] Thomas Jefferson Library, 2008a, http://wiki.monticello.org/mediawiki/index.php/China_Pinks, retrieved on 2008-8-20.

—, *Thomas Jefferson Encyclopedia*, http://wiki.monticello.org/mediawiki/index,retrieved on 2008-07-28

—, 2008b, *Planning the Lewis and Clark Expedition*, http://www.hsl.virginia.edu/historical/medical_history/lewis_clark/planning.cfm, *American Arriviste*, and http://www.neh.gov/news/humanities/2007-11/American_Arriviste.html, both retrieved on 2008-8-20.

[33] United States of Department of the Interior, *National Register of Historic Places*, http://www.dhr.virginia.gov/registers/Cities/Petersburg/123-0059_Battersea_2006_NR_final.pdf, retrieved on 2008-7-25.

[34] Wigren, C., *Chinese Elements at Monticello* (internship report), Monticello: Jefferson Library, 1988.

—, *Thomas Jefferson's Chinese Designs* (dissertation), University of Virginia, 1989.

[35] Zhu, Chungeng, Ezra Pound's Confucianism, *Philosophy and Literature*, 2005, Vol. 29, No.1, 57-72.

文学研究

威廉·加迪斯研究述评

蔡春露*

摘要：威廉·加迪斯在美国后现代主义小说家中占有重要地位，被普遍认为是最受人尊敬而又最少人阅读的重要的美国作家之一。本文重点梳理了近半个世纪以来国内外加迪斯研究在社会文化、伦理道德、审美价值以及实验性小说创作技巧等领域取得的成果。在此基础上，本文指出对加迪斯的研究批评视角和研究方法趋于传统，尚未将加迪斯系统地纳入美国后现代主义小说的研究视野，对其后现代性的研究数量不多。本文认为，应该把加迪斯的作品放置在小说赖于生产的美国后现代社会下考察，把历史分析、文化研究与具体的文本分析、叙事策略和话语点评相结合，综合评价加迪斯作为后现代主义小说家、社会文化批评家和艺术评论家的地位。

关键词：威廉·加迪斯；后现代主义；社会文化批评

Abstract: William Gaddis occupies an important position among American postmodernist writers. He is generally considered as one of the least read of important American writers. This article tries to scan the Gaddis scholarship in the recent fifty years from various analytical approaches such as social culture, ethical literary analysis, aesthetics and experimental writing technique. It argues that international scholarship on Gaddis has not systematically included Gaddis into the study of American postmodernist fiction. It is advisable to consider Gaddis's oeuvre in the context of postmodern American society, to combine historical, cultural analysis and the concrete textual, narrative and discourse analysis in order to fully evaluate Gaddis's contribution as a postmodernist writer, social and cultural critic and art critic as well.

Key Words: William Gaddis; postmodernism; social and cultural criticism

* 蔡春露，厦门大学外文学院教授，研究方向：英美文学。

威廉·加迪斯(William Gaddis, 1922—1998)在美国后现代主义小说家中占有重要地位。他与托马斯·品钦(Thomas Pynchon, 1937—)、唐纳德·巴塞尔姆(Donald Barthelme, 1931—1989)和约翰·霍克斯(John Hawkes, 1925—1998)一道,赢得了美国后现代主义文学先驱和大师的美誉。加迪斯一共出版了四部长篇小说——《承认》(*The Recognitions*, 1955)、《大小亨》(*J R*, 1975)、《木匠的哥特式古屋》(*Carpenter's Gothic*, 1985)和《诉讼游戏》(*A Frolic of His Own*, 1994),其中《大小亨》和《诉讼游戏》分别获得1976年和1995年的美国国家图书奖,《木匠的哥特式古屋》获得1986年笔会/福克纳奖。他晚年患有胰腺癌,1998年12月16日在纽约东汉普顿家中病逝。难能可贵的是这位老人在病榻上还完成了临终泣血之作《爱筵开裂》(*Agapé Agape*, 2002),该遗作迟至2002年10月出版。同年,他的非小说《勇争第二名:威廉·加迪斯随笔》(*The Rush for Second Place: Essays and Occasional Writings*, 2002)也由企鹅出版社出版。尽管加迪斯在战后美国文学的重要地位逐渐受到认可,获得无数奖项与荣誉,入选美国文学艺术学院(1983),获得兰南文学基金会终身成就奖(1993),并作为纽约州作家获得伊迪丝·华顿荣誉奖(1993—1995),我们不得不承认由于他的作品阅读难度较大,加上他独特的文艺观不容易被理解,加迪斯长期以来被读者和评论家所忽视。加迪斯的研究专家、美国文学批评家史蒂文·莫尔(Steven Moore, 1951—)评论道:"在当代美国文学中,他是一位评价最高,而读者最少的小说家。"(Moore, 1989: vii)不过也确实存在加迪斯的狂热崇拜者,这些评论家和学者煞费苦心地研究其作品深邃复杂的思想内涵。

史蒂文·莫尔堪称对加迪斯研究做出最杰出贡献的专家,他的学术研究生涯以加迪斯为中心。莫尔对加迪斯的研究始于20世纪70年代,他早期和约翰·库恩(John Kuehl)主编的《承认威廉·加迪斯》(*In Recognitions of William Gaddis*, 1984)是最早出版的关于加迪斯前两部小说《承认》和《小大亨》的评论文集。莫尔本人的博士论文《威廉·加迪斯》(*William Gaddis*, 1989)被誉为"对于加迪斯及其小说之最佳研究作品。"[①] 此外,莫尔还做了一件功德无量的事,继他在1982年出版《威廉·加迪斯〈承认〉导读》(*A Reader's Guide to William Gaddis's* The Recognitions, 1982)之后,他对加迪斯其他三部广征博引的长篇小说均做了详细的注释。莫尔溯本求源,细致查阅了小说中的典故、暗指、引用等文学渊源,为读者提供了非常详细的阅读指南。莫尔根据自己的研究,为没有章节之分的《小大亨》做了场景划分,提供了小说中常常未点明的故事地点,并概述其情节,带领读者探索加迪斯复杂的文本迷宫。莫尔孜孜不倦

① 见"译者的话",威廉·加迪斯,《小大亨》,朱叶等译,南京:译林出版社,2008年,第2页。

研究加迪斯长达四十余载，不断有新的研究成果问世。他在2013年编辑出版了《威廉·加迪斯书信集》（*The Letters of William Gaddis*, 2013）。莫尔在前言写道："这些信件的重要价值并不是记录下加迪斯丰富多彩的生活，而是通过这些信件，让读者管窥加迪斯的小说在组织上多么混乱无序。"（Moore, 2013: 9）他在2015年还推出《威廉·加迪斯研究：扩展版》（*William Gaddis: Expanded Edition*, 2015），这部专著修订了他在1989年出版的《威廉·加迪斯》：前六章保持原样，增补了两大章节，撰写加迪斯1989年之后出版的《诉讼游戏》和遗作《爱筵开裂》的相关论述。美国文学与人文研究知名教授、后现代文论家布莱恩·麦克黑尔（Brian McHale）在这部拓展版出版之时如此盛赞莫尔为加迪斯研究做出的贡献：

> 如果没有史蒂文·莫尔，加迪斯的研究不知将走向何方？莫尔的第一部专著（1989）一直都是研究加迪斯小说必不可少的指南，如今的拓展版使得这部专著对加迪斯的研究更是不可或缺。莫尔解开了加迪斯小说中经常迂回曲折的故事线，强调了小说中可能被读者忽视的反讽和喜剧因素。加迪斯的作品并不严肃刻板，而是幽默风趣，莫尔也并不是一位刻板的阐释者，而是一位博学多才、热情洋溢的研究专家——他是任何人漫游加迪斯小说王国的最理想的旅伴。（Moore, 2015: 封底）

20世纪90年代以来，随着西方各种文学研究理论的兴起，对加迪斯作品的研究方法日趋多元和成熟，研究视野日趋广阔，许多美国大学英语系教授纷纷投入对加迪斯研究，在美国本土出版了多部相关的研究专著，主要包括：爱默里大学英语系教授约翰·约翰斯顿（John Johnston）撰写的《重复的狂欢：加迪斯的〈承认〉与后现代理论》（*Carnival of Repetition: Gaddis' "The Recognitions" and Postmodern Theory*, 1990）、佛罗里达州的希尔斯布鲁社区学院哲学教授格列高利·康姆（Gregory Comnes）的《威廉·加迪斯小说中的不确定性伦理》（*The Ethics of Indeterminacy in the Novels of William Gaddis*, 1994）、密苏里大学圣路易斯分校彼得·沃尔夫教授（Peter Wolfe）的《他自己的视野：威廉·加迪斯的思想和艺术》（*A Vision of His Own: The Mind and the Art of William Gaddis*, 1997）和蒙大拿大学克里斯托弗·奈特教授（Christopher J. Knight）的《暗示与猜想：威廉·加迪斯的渴望之书》（*Hints and Guesses: William Gaddis's Fiction of Longing*, 1997）。这些专著从不同侧面、不同角度对加迪斯作品进行细致的解读，深入地探讨了加迪斯小说的主题思想、表现手法和语言风格。约翰斯顿的研究重点是加迪斯的第一部长篇小说《承认》，他运用法国后现代主义哲学家吉尔·德勒兹（Gilles Deleuze）的差异与重复、摹本与类象的理论研究了《承认》的艺术表达与思想探索。他认为《承认》是非正统派小说，打破美国小说模仿现实的传统模式。他从后现代主义的角度出发，提出贯穿小说始终的伪造是个暗喻，可以被视为反转柏拉图的原型优于复制的范式，而转向德勒兹和尼采的拟像和幻影。在对加迪斯独特的语言表现手法上，他运用巴赫金关于复调和一符多音小说的理论探讨了作品中语言的运用，指出语言从一个语境被降级到另一个语境，直到最终变得没有意义，永远处在重复的漂浮状态。康姆的《威廉·加迪斯小说中的不确定性伦理》早于加迪斯最后一部小说《诉讼游戏》出版，因此只评论加迪斯的前三部小说。他从丹麦物理学家尼尔斯·波尔（Niels Bohr）和德国物理学家维尔纳·海森堡（Werner Heisenberg）提出的不确定性原则出发，即在"若确切地知道现在，就能预知未来"这一因果律的陈述中，错误的并不是结论，而是前提，因为我们不能知道现在的细节。康姆认为加迪斯并不是在"非此即彼"的绝对性语境中进行判断，他的这三部小说以量子科学的这一不确定性作为写作的原则和形式，将科学、宗教、艺术和经济结合在一起，揭示了在一个受不确定性制约的世界里伦理选择的可能性，加迪斯提出无私的、仁慈的圣爱（Agapé）本身能成为意义与价值的基础，为读者提供了理解不确定性伦理的方法，因此加迪斯的这三部作品堪称关于"认识论"的小说。沃尔夫的《他自己的视野：威廉·加迪斯的思想和艺术》是第一部从主题与艺术角度全面讨论加迪斯四部长篇小说的学术著作。沃尔夫以非常详细的文本解读方式，特别是从小说中被忽略的细节，包括潜文本，引用，人物的语言、动作、神态，甚至法律，烹饪等微观层面进行透视，分析小说中被隔离出来的虚构人物的性格特征，揭示小说中的细节富含强大的表现力，传达表象下潜藏的主题和丰富的道德想象。沃尔夫认为加迪斯在自己精心创作的小说里，以一种一直在思考而且超然的思想把诸多意象探索了一遍，无情地审视了身处后现代这一混合时代，融合典型特点于一身的失败者的主要特点和主要问题。奈特的《暗示与猜想：威廉·加迪斯的渴望之书》详细研究了加迪斯创作的主要议题和美学旨趣，指出加迪斯让想象超越现实的有限边界，在其碎片化的写作中构筑一个关于认识、关于思想的充满智慧的世界，小说文本中展示的混乱暗含重建乌托邦的特点。

20世纪末以来，加迪斯越来越受到美国评论界的重视，他的遗作《爱筵开裂》和《勇争第二名：威廉·加迪斯随笔》于2002年出版。《爱筵开裂》以一个身患绝症的老人的意识流独白写出了加迪斯的个人经历，叹惋文明的堕落枯竭，痛恨正在使艺术边缘化的公司化社会和技术主导文化，抱怨艺术的机械化，并急切地想要在自己辞世或变疯之前将此书的主旨告诉世人。《勇争第二名：

威廉·加迪斯随笔》收集加迪斯撰写的评论珍品，包括电影脚本，商务写作，近半个世纪以来所收集的关于自动钢琴的历史，学术研讨会的发言、演讲和致辞。这些颇具洞察力的随笔让我们听到来自美国社会的各个阶层和每个角落的声音，感受到一位“负责任的知识分子”对美国文化固有矛盾和弊病的叹惋。随笔题目“勇争第二名”语涉双关，可以理解为作为社会文化批评家的加迪斯对美国后现代社会实用主义的现金价值观的反思和追问。加迪斯在物质科技“进步观”背后，看到的是人文艺术领域种种“退步观”。他愿意在这场进步热中退居第二位，在一旁冷静客观地观看政权的运作，解读这场进步热中遗留下来的意义。

2010年，为了纪念加迪斯的第一部长篇小说《承认》出版50周年，美国学界又推出了由北达科他大学英文系克里斯特尔·阿尔贝茨（Crystal Alberts）教授等主编的加迪斯研究论文集《威廉·加迪斯：永远的后卫》（*William Gaddis, "The Last of Something"*, 2010）。论文集的标题引自加迪斯在一次访谈时所说的话，“我永远是后卫：队伍中的最后一个。”（Walker, 1994：18）正如该论文集前言所指出：“所有这些论文都从不同的语境研究了加迪斯的小说创作，包括哲学、文学、地理学、艺术、经济、政治和神学。这些论文试图用多重视角而不是单一视角审视加迪斯的作品”（Alberts et al. eds, 2010：7），把加迪斯的作品放置在小说赖于生成的多元文化语境下考察，把历史分析、文化研究同具体的叙事结构与话语分析相结合，从单一作品到一个侧面进行多角度解读，或从一个层面到全方位的剖析，综合评价加迪斯作品的主题和创作思想。史蒂文·莫尔编辑的《威廉·加迪斯书信集》也于2013年问世。美国伊利诺伊大学教授，加迪斯研究专家约瑟夫·塔比（Joseph Tabbi）为加迪斯撰写的评传《除了商业没人获得成长：加迪斯的生平与创作》（*Nobody Grew but the Business: On the Life and Work of William Gaddis*, 2015）[①] 重点考察加迪斯的生平经历如何影响其创作主题和写作风格，为读者勾勒了加迪斯思想与创作的发展轨迹。加迪斯1998年去世之后所有这些遗作和研究著作的出版证明读者和评论界逐渐走进这位生前落寂的作家，加迪斯已经赢得长时间以来规避他的认可，近几年来新推出的相关研究是对这位“战后美国小说的首席天才”（Stade, 1976：7）、“评价最高，而读者最少的小说家”（Moore, 1989：vii）的致敬，体现了美国文学评论界重估加迪斯的努力。作为美国作家，加迪斯在欧洲享有盛名，尤其在德国和法国，他的全部作品已经被翻译成德语和法语。与美国本土和欧洲对加迪斯的研究和接受情况相比，我国对加迪斯的研究还处于比较初步的阶段。可以说，对加迪斯

① “除了商业没人获得成长”是加迪斯为《小大亨》提早发布的37页片段所取的题目，也是该小说探讨的主题。

的研究是呼应国内对美国后现代主义小说研究的大气候出现的，然而相比美国其他后现代主义作家，加迪斯在国内的读者更是少之又少，他的作品在国内并未得到应有的关注，国内学界对加迪斯的关注与其小说所取得的成就和他在美国后现代主义文学中所处的地位颇不相符。

自20世纪90年代以来，一些美国后现代主义作家引起了我国外语学界和学术界的重视，成了热门的研究课题。国内对于后现代主义小说的研究取得了可喜的成绩，出版了几部比较全面而系统地评介美国后现代主义小说的专著，其他重要学术杂志也刊载了一些评论个别后现代主义作家或论及某个理论问题的文章。然而从这几年的研究来看，焦点一般集中在几位大家比较熟悉的后现代主义作家身上，如约瑟夫·海勒、库尔特·冯内古特、纳博科夫、托马斯·品钦、约翰·巴思、唐纳德·巴塞尔姆、德里罗、约翰·霍克斯、罗伯特·库弗、E.L.多克托罗等。与所提及的这几位美国后现代主义作家相比，我国外国文学评论界对加迪斯较为陌生，相关的译介、书评和学术论文数量非常有限。国内第一位介绍加迪斯作品的是冯亦代先生。他在1994年加迪斯第四部长篇小说《诉讼游戏》出版之际，率先在《读书》上介绍了这部作品，把加迪斯引介给中国读者。[①] 他生动评价了加迪斯以无止境的丰富想象力描写了一幕幕司法和官僚闹剧，将深陷官司的人们的尴尬人生表现无遗。加迪斯的遗作《爱筵开裂》出版之后，陆馀也在《外国文学动态》发表了《威廉·加迪斯和他的遗作〈爱裂〉》。[②] 2008年，译林出版社推出朱叶等翻译的《小大亨》译著，[③] 将这部被称为"最伟大的美国讽刺性小说"的"史诗似的作品"介绍给中国读者，为读者展示了加迪斯深奥的寓言、广博的知识、辛辣的反讽、喜剧笔法和彻底的语言实践，让中国读者有机会了解加迪斯这部代表作。继《小大亨》中译本之后。2016年，译林出版社又出版了本人翻译的加迪斯随笔《勇争第二名：威廉·加迪斯随笔》。[④] 作为随笔的译者，我深切体会到阅读与翻译加迪斯的著作确实是一种挑战，更深刻认识到我们不能以复杂深奥作为借口，拒绝加迪斯倨傲而难以亲近的作品，忽略这样一位具有强烈社会良知和艺术责任感的重要的美国后现代主义作家。

国内对于加迪斯的研究尚不够深入，相关论文大部分基于加迪斯小说中关于熵、混乱和失败这些主题思想的研究，如论文《威廉·加迪斯〈小大亨〉中

① 冯亦代：《十年写一书的盖迪斯》，《读书》，1994年第8期：123-125。

② 陆馀：《威廉·加迪斯和他的遗作〈爱裂〉》，《外国文学动态》，2003年第5期：10-12。

③ 威廉·加迪斯：《小大亨》，朱叶等译，南京：译林出版社，2008年。

④ 威廉·加迪斯：《勇争第二名：威廉·加迪斯随笔》，蔡春露译，南京：译林出版社，2016年。

的熵》[①]《威廉·加迪斯小说中熵的文学隐喻》[②]和李志楠撰写的硕士学位论文《〈小大亨〉中后工业社会的后现代混乱》[③]关注加迪斯如何以熵作为文学隐喻，再现二战后处于转变时期的美国社会及其中道德沦丧，疯狂拜金的人们，真实地揭示了后工业时代社会的混乱。张剑锋的博士论文《论威廉·加迪斯小说的失败主题》[④]对加迪斯的写作意图进行深入研究，探讨《小大亨》《木匠的哥特式古屋》与《诉讼游戏》中的失败主题，就失败的形式、成因、影响等方面剖析加迪斯笔下的失败及其在不同时期的变化，勾勒出三部小说与失败主题的关联，颇有洞见地指出了《小大亨》暗示失败的社会性远景，《木匠的哥特式古屋》呈现主体历史意识羁绊下的个体失败，《诉讼游戏》描绘了失败之于当下的存在方式。在艺术手法的研究上，大多数论文都是针对《小大亨》的语言实验和叙事结构的研究，如对《小大亨》语言特色的分析还有《浅析美国后现代小说〈小大亨〉话语解构中的文学批判视角》[⑤]和《语言解构理论分析〈小大亨〉的文学批判性》[⑥]，尝试以批判性和创造性的方式结合德里达的语言解构理论从文本话语的"差异性"，"零乱性"和"不确定性"全面阐释后现代文学的批评性。相对于关于《小大亨》的数篇论文，对加迪斯《承认》的研究论文只有肖谊的《威廉·盖迪斯〈公认〉的多重叙事与后现代阅读状况》[⑦]，该论文对其中的多重叙事策略进行梳理，探讨了作品熵的叙事维度及内涵，并指出了激进的文本性与后现代阅读状况之间的关系。钟琳琳的硕士论文《〈诉讼游戏〉的反讽艺术》[⑧]运用古希腊反讽的主要特征，分析该小说中语言的反讽，进一步探寻在该小说中伦理道德上的审美价值。

纵观国内外研究现状，对加迪斯的研究仍存在两点不足之处：第一、批评视角和研究方法趋于传统，研究其后现代性不多，尚未将加迪斯系统地纳入美国后现代主义小说的研究视野。加迪斯的研究专家竭尽所能探究其小说中的博大精深，包含古代的神秘研究、众多的典故的引用，如《克莱芒的承认》(*The Recognitions of Clement*)、点金术、神学、瓦格纳的《尼伯龙根的指环》，以及对众多西方文学大师的引用，如莎士比亚、陀思妥耶夫斯基、乔伊斯、艾略特的经典之作

---

① 蔡春露：《威廉·加迪斯〈小大亨〉中的熵》，《外国文学》，2004年第3期：84-87。

② 蔡春露：《威廉·加迪斯小说中熵的文学隐喻》，《外国文学》，2011年第3期：78-85。

③ 李志楠：《〈小大亨〉中后工业社会的后现代混乱》，河北大学，2011年。

④ 张剑锋：《论威廉·加迪斯小说的失败主题》，上海外国语大学，2012年。

⑤ 梅钢：《浅析后现代主义小说〈小大亨〉的话语结构中的文学批判视角》，《科教文汇》，2008年第7期：238-239。

⑥ 郭志明：《语言解构理论分析〈小大亨〉的文学批判性》，《语文建设》2015年第11期：57-58。

⑦ 肖谊：《威廉·盖迪斯〈公认〉的多重叙事与后现代阅读状况》，《英语研究》，2010年第1期：21-24。盖迪斯即为加迪斯。

⑧ 钟琳琳：《〈诉讼游戏〉的反讽艺术》，四川外国语大学，2013年。

等等。对于加迪斯在创作中如何运用后现代主义的创作手法，如非文学的诸多形式以拓展作品的内涵与外延，为后现代主义文学创作注入新的活力，并且运用对大众文化进行裁剪、调整和重新组合，借用大众文化来颠覆其本身等方面则少有探究。第二、国内外研究主要侧重加迪斯的实验性小说创作技巧，对其作品对后现代主义的社会文化批评尚不够深入。加迪斯不但是20世纪下半叶美国著名的后现代主义小说家，也是深具慧识的社会文化批评家，他的作品体现了一个具有社会责任感和担当的作家对自身文化的反思，对历史现实和文化脉络中所隐含的危机的洞察。

加迪斯的小说可以被归类为用小说形式表达社会批评的著作，被认为是美国社会在后资本主义时期的缩影。加迪斯在揭露美国资本主义体制的混乱的同时，从后现代文化视角审视后现代工业文明的弊端，以文学论述的形式沉思了美国资本主义文化在金融资本、公司化和科学技术影响下的贫瘠和荒芜，呈现物质主义污染了一切超越性信仰，所有的文化因素必须服从于满足物质欲望，使利润最大化这一目的。加迪斯的创作关注属于文化精神中最为活跃的部分——艺术如何成为技术和商品的文化逻辑，他倾注一生关心艺术和机械化之间的关系，探讨了美国自动钢琴的历史，认为自动钢琴代表了机械化的所有弊端，是艺术机械化以及人类创造力被毁灭的最好象征。加迪斯的这种看法现在看起来具有前瞻性，完全是时下关注的话题。他已经深刻了解了现代历史学家和艺术家所发现的这一点：在技术进步的核心是无法根除的精神空虚。加迪斯通过广阔的文化考察，以小说创作的形式警示人们：在一个技术主导一切的时代，人的精神渐渐脱离身体，消失并转变成机器的幽灵。他以一个具有忧患意识和社会责任感的作家的身份唤起人们对后现代文化生存环境的关注，对破产的人类精神进行不依不饶的拷问和不留情面的讽刺。

加迪斯的作品秉承文学作品承载的人文价值，在解构后工业时期的美国资本主义社会和人文生存环境的同时，也对后现代人类生存现状表现出深切的人文关怀，提出对后现代社会的拯救之道。他在小说中探索了衔接文化断层，挽救处于危机之中的人文精神，重建精神家园的可能性。加迪斯认为要整合后工业社会的碎片以及将其从文化霸权中挽救出来，就必须寻找精神拯救之路，重建新的宗教。为了使后现代人们重新获得新宗教的价值观念，他强调了自己对于艺术具有能够拯救精神的力量的信仰，艺术是将能量注入日益走向衰败混乱的文化系统的主要方式。他的小说通过诉求崇高精神构想出秩序——在艺术和自然美中获得人格心灵的净化和精神上的重生。他认为当后现代社会的技术本身的正当性发生了问题，唯一办法就是诉诸艺术，在高度自由的艺术和审美活动中找到人生的价值，因为艺术的自由创造能成为摆脱这种矛盾困境的场所。

必须指出的是，艺术作品（包括大众文化产品）的形式本身是我们观察和思考社会条件和社会形式的一个场合，有时在这个场合人们能比在日常生活和历史的偶发事件中更贴切地考察具体的社会语境。加迪斯的后现代主义艺术创新既使读者从固定的阅读模式中解放出来，又传达了作者严肃的社会和文学批评思想，并不是作家在文本叙事层面的自恋式作业，而是隐含作家解构现实世界和小说世界，进行社会文化批评意图的独特方法。因此，他的后现代主义文学的艺术创新不仅已经变成一种叙事技巧上的创新，也是一种解释和认识后现代世界的方式，成为一种认识与思想的态度。

此外，国内外学者对加迪斯深化作品主题的后现代主义艺术手法的研究中，最突出的当属"对话体"叙事尚未开展总体性和系统性。在对加迪斯后现代性的研究，把叙事话语从作为文学表达的工具提高到本体论的层面上加以重新审视，运用信息系统中关于熵的理论研究后现代叙事话语本身的无理性，进而研究加迪斯如何运用小说语言对后现代社会进行批评还是学者们尚需深入挖掘的领域。其一，人类关系的解体导致语言的衰落与退化，熵渗透了加迪斯的对话模式。加迪斯的对话体叙事就是要呈现每种声音都与其他噪音、离题、中断、错误信息以及破坏的交流共存。其二，对话的不可能性体现了后现代的不确定性原则。现代主义者质疑我们能否认知真相，而后现代主义者则对真相是否存在充满怀疑，他们怀疑是否真有可以感知的现实，他们触目所及之处尽是不确定性。在这种环境下，加迪斯运用破碎的对话不是为了重建世界的秩序，而是为了再现这种无序的世界。其三，语言是由可以颠覆的密码构成的。加迪斯的对话式文体强调的是一种语言的碎片体系，语言成为无确定意义的能指游戏，再现生活在后现代这样一个分裂社会的个体，他们的人生经历破碎分裂，以致他们的话语破碎，他们的人格也是分裂的。其四，加迪斯通过将作者降至记录器的角色，真实地记录这个混乱世界的真实声音，让读者在熵化的交流中寻找意义。加迪斯的小说以破碎的对话为主要叙事方式，成功地将小说中发生的事件与读者的阅读达到一种共时性，消弭了故事时间与文本时间的差异，营造了叙述和阅读的"即时性"效果，消解了传统上艺术与生活，小说与戏剧之间的界限。

加迪斯的小说具有解构宏大与崇高、消解虚构与真实、文字嬉戏、戏仿、拼贴等后现代主义文学特点，然而他并不是一个虚无主义者和厌世主义者，他正是通过这种深层的悲观和焦虑，体现了一个具有社会责任感的作家对自身文化的反思，对历史现实和文化脉络中所隐含的危机的洞察，表现出作者在艺术创作中所贯彻的深刻的人文主义关怀。他以小说激起的义愤作为变革的基础，加迪斯作品的批判精神与后现代主义的解构精神在思想气质上具有相通性。然而，正如评论家约瑟夫·塔比所说："作为后现代派小说的先驱人物和主要的实践者，加迪斯在品位方面极其传统，他不愿意加入他所熟知的市场和媒介。”（Tabbi，2002：xx）可以说，加迪斯在作品中表现的对晚期资本主义文化工业和与其相对应的大众文化的批判显示出他同德国哲学家、美学家阿多诺和德国文化批评家本雅明持有相通的美学思想，认同资产阶级主流文化将艺术庸俗化了，艺术无法获得它本身的意味和真理。在对后现代文化病症的剖析上，加迪斯勾勒出一幅美国后现代社会堕落的图景，对后现代文化特征的商品化、平面化、零散化以及主体、自我和情感的消失进行了深刻的剖析，对后现代文化的病症做出了诊断，从这一点上，加迪斯可以被称为后现代的社会文化批评家，与詹姆逊有异曲同工之处。加迪斯寻求艺术的救赎力量体现了他对艺术释放出修复大众的道德总体性力量的辩护，在这一点上，加迪斯作品体现了黑格尔对宗教和艺术的构想。

加迪斯以一个具有社会责任感的作家的身份，客观认真地与后现代诸多不同的思想倾向、互不包容的价值观点和社会准则进行对话，做出自己的审视和判断。他并不是纯粹追求艺术上的创新，而是属于批判性的后现代派小说家，与时尚性后现代主义随心所欲的游戏、深度的缺失和走向精神的荒漠具有本质上的不同。今天，我们不应忽视加迪斯那些看似艰深而寓意深远的巨著，而要再次为他那些庞大的、迷宫般的作品投入时间和精力，挖掘出作为“永远的后卫”的加迪斯所要固守的濒临破产的人文艺术精神，深刻领会他在小说中如何实现形式创新与意义深度的完美统一。

参考文献

[1] Alberts, Crystal, Christopher Leise, and Birger Vanwesenbeek, Eds. *William Gaddis, "The Last of Something"*. Jefferson, NC: McFarland & Co., 2010.

[2] Gaddis, William. *The Letters of William Gaddis*. Ed. Stephen Moore. Champaign, IL: Dalkey Archive Press, 2013.

[3] Moore, Steven. *William Gaddis*. Boston: Twayne, 1989.

—. *William Gaddis*. Expanded Edition. New York: Bloomsbury, 2015.

[4] Stade, George. "Review of *Ratner's Star* by Don DeLillo." *New York Times Book Review*, June 20, 1976.

[5] Tabbi, Joseph. "Introduction." *The Rush for Second Place*. William Gaddis. New York: Penguin Books, 2002.

[6] Walker, Christopher. "Review of *A Frolic of His Own*, by William Gaddis." *The Observer*, February 27, 1994.

［项目信息：2013年福建省高等学校新世纪优秀人才支持计划赞助］

“成熟小说”的身份政治与美学诉求：以《天黑前的夏天》为例

林　斌*

摘要：“成熟小说”是20世纪下半叶随着西方人口的快速老龄化而兴起的一个特定文学流派。它在与青少年成长小说的互文基础上，颠覆了后者线性发展或螺旋式上升的传统叙事模式，生动呈现出主人公从中年步入老年的心路历程及其寻求自我认知、自我发展和新角色的艰辛曲折之旅。同时，它在与女性写作的密切关联中，构建起一种女性化语言与女性主义政治相结合的新型话语体系，以期达到消除青年与老年之间既定的二元对立模式，最终实现社会变革之目的。《天黑前的夏天》是英国著名女作家多丽丝·莱辛后期“现实主义回归”的代表作，亦被评论界视为该流派的典范之作。本文以这部小说为例，探析“成熟小说”的自我成长主题与叙事特征，从中揭示这一流派挑战西方社会年龄主义和性别歧视的身份政治与美学诉求。

关键词：成熟小说；莱辛；年龄主义；女性自我成长；身份政治；美学诉求

Abstract: With the rapidly increasing population of senior citizens in the West, Reifungsroman emerged as a new genre of fiction in the late 20th century. Built on an intertextuality with bildungsroman, whose conventional narrative mode of lineal or spiral development it subverts, this type of fiction vividly portrays the middle-aged female protagonist's emotional fluctuations and efforts of seeking new roles to redefine self in the aging process. Meanwhile, closely related to women's writing, it also constructs a new type of discourse that integrates female language and feminist politics in an attempt to dissolve the boundary between youth and old age, and ultimately bring about relevant social reform. Taking for example Doris Lessing's novel of realism *Summer Before the Dark*, this thesis makes a study of the female self-development theme and narrative features with a view to shed light on the genre's challenge to ageism in terms of identity politics and aesthetic appeal.

Key Words: reifungsroman; Lessing; ageism; female self-development; identity politics; aesthetic appeal

* 林斌，厦门大学外文学院教授，研究方向：英语小说研究。

一、引言

20世纪下半叶，随着西方社会人口的快速老龄化，加之盛行于学术界的文化研究视角有助于突显弱势、边缘群体的身份政治诉求，老龄问题在文学批评上得到了越来越多的关注。1990年，美国女性主义批评家芭芭拉·弗雷·韦克斯曼在《从炉边到公路：当代文学中老年现象的女性主义研究》一书中指出，过去三十年间英、美、加女作家"创造出一个全新的小说类别，它摒弃了有关老年女性和年老现象的负面的文化刻板印象，谋求改变制造这些刻板印象的社会"（Waxman，1990：2）。进而，她借用年届七旬的美国女作家梅·萨尔顿（May Sarton）的"花开结果实，生长死方休"之乐观主义理念，在德文词"Bildungsroman"（青少年成长小说）的基础上杜撰出"Reifungsroman"一词，旨在借助于文学文本与话语建构方式，打破青年与老年之间既定的二元对立关系模式来对抗传统意义上的"衰老"概念，消除西方社会视老年人为异类的积习，以最终实现人类社会的"无年龄界限的乌托邦"理想。顾名思义，笔者将其译为"成熟小说"，或曰"中老年成长小说"[①]。

该小说类别源自于20世纪中后期的女性写作，在与青少年成长小说的互文基础上颠覆了后者线性发展或螺旋式上升的传统叙事模式，通过流动变幻、迂回往复或散漫芜杂的叙事结构，佐之以梦境、闪回等叙事技巧，生动呈现出主人公从中年步入老年的心路历程及其寻求自我认知、自我发展和新角色的艰辛曲折之旅，同时也构建起一种女性化语言与女性主义政治相结合的新型话语体系。它通过内心独白、个人自白、私密日记片段、记忆浮现或时空穿越来书写身体感受，坦陈告白心迹，在绵延不绝的复杂句式、持续流动的韵律中实现过去与现在的融合，打破时空壁垒，消解理智与幻想、感情与逻辑、健康与疾病、神智清醒与老迈昏聩等多重二元对立概念之间的界线，消除主人公与读者、青年与长者之间的隔阂，从而达到颠覆男权中心逻辑、探索共同人性价值、开创超越文化差异的文学传统、实现社会政治变革之目的。本文以英国当代女作家、2007年诺贝尔文学奖获得者多丽丝·莱辛（Doris Lessing, 1919—2013）创作后期的"现实主义回归"小说代表作《天黑前的夏天》（*The Summer Before the Dark*, 1973）为例，探析作为女性文学流派的"成熟小说"的成长主题与叙事特征，从中揭示作品中挑战西方社会年龄主义的伦理和美学诉求。

① 本人首次提及这一文类时使用了该译法，旨在取得与"青少年成长小说"对仗、类比的效果。参见林斌《"恐老症"与都市生活的隐形空间：〈一个好邻居的日记〉中的越界之旅探析》（《外国文学》，2013年第5期：29-40）。

二、"成熟小说"之源流

言及被纳入女性文学流派的"成熟小说",首先需要解决以下三个问题:一是这一流派缘何于20世纪后半叶在西方文化语境下兴起?二是它何以自发端起便与女性写作结下不解之缘?三是"成熟小说"之所谓"成熟"何在?对于流派界定来说,这些问题至关重要。

在西方传统上,老龄原本与死亡、性一样曾经属于公众生活的禁忌话题,但近年来之所以大量涌现出有关老年题材的文本,其根源主要在于社会文化的变迁。其一,人口老龄化现象普遍发生。据社会学家统计,进入21世纪,生育高峰期出生的一代美国人将以60至75岁的年龄初步进入老年阶段;到2035年将有五分之一乃至四分之一的美国人口达到65岁以上,而与之相伴的是16岁以下儿童和青少年人数的锐减(Waxman,1990:3)。其二,老年利益群体在政治领域日趋活跃,且政治影响力逐渐增强。韦克斯曼在书中列举了美国退休人员协会、全国老龄市民委员会等机构;这些组织通过媒体宣传、立法游说、政治论坛等活动形式不仅有效地保障了老年人的政治和经济权益,而且向主流社会所构建的衰弱迟钝、无所事事的老年生活刻板印象发起了挑战,以积极活跃的老年生活现实使中年和老年之间的划分界线变得模糊。其三,西方福利社会的医疗保障体系由于老龄人口的膨胀而不堪重负,这在很大程度上引发了中青年群体的危机感,甚至敌对情绪,也使得有关医疗话题的论争再次充斥着贬低、诋毁老年人的年龄主义话语成分。

对于"文学中的年龄主义",到目前为止该现象"在文学批评家和社会科学家那里得到的关注还远未及阶级、种族、族裔和性别的再现。由于文学文本的多样性,很难就文学中的年龄主义得出宽泛的结论。然而,随着普遍增强的年龄歧视意识,更多的作者或许会自觉地创作出不带年龄歧视的作品";而且,"针对文学中的年龄主义的最有效挑战可能最终来自于年长的(男女)作家们本身,他们正以一些挑战中老年刻板印象的方式将自己多维度的丰富的老龄经历融入他们的文学作品之中"(Palmer,2005:202)。包括韦克斯曼在内的多位评论家都将莱辛与梅·萨尔顿、玛格丽特·劳伦斯(Margaret Laurence)、葆拉·马歇尔(Paula Marshall)、安·泰勒(Anne Tyler)、玛丽琳·弗伦奇(Marilyn Fletcher等人一同视为"成熟小说"的代表作家,并把莱辛创作的《天黑前的夏天》、《简·萨默斯的日记》(*The Diaries of Jane Sommers*,1984)、《又来了,爱情》(*Love, Again*,1996)、《祖母们》(*The Grandmothers*,2003)等几部老年生活题材的作品奉为该流派的文本典范。

那么，作为一个特定的新型小说类别，“成熟小说”所体现的主人公自我认知的“成熟”何在？与青少年成长小说相比之下，男、女主人公的两性不同生活历程实质上有何不同？在概念界定上，“成熟小说”无疑首先是以中老年人物为主人公、以中老年生活为主要题材的，但远不止于此，其关注点归根结底还是老年人的社会生活与身份问题，因此这类作品对于“成熟”的文学阐释首先是基于“青年”与“老年”这两个概念范畴之间的二元对立关系。于个体而言，生命本身是一个连续不断的成长过程，而从一种生命状态进入另一种生命状态则会经历一个由量变到质变的飞跃；对于逐渐步入老年的个体，以中年为过渡期，其生命状态开始悄然发生改变。在这个特殊的文学类别中，“成熟”会被界定为认识并超越青年与老年之间的传统界线，在适应另外一种生命状态的过程中实现全新的自我认知；这一认知过程不仅揭示了传统界线的主观性和人为规定性，而且还体现着如何消解这一界线的策略。

事实上，老年题材的文学作品大多出自女性作家之手，其原因不仅是七十五岁以上的老龄妇女人数远远超出男性，更主要在于身处父权社会之中的女性个体更为深切地体会到性别与年龄的双重压迫。20世纪后半叶的女性主义第三次浪潮更是将反性别歧视的思路扩展到年龄层面上，使之涵盖了女性生命从童年到老年的所有阶段。罗伯塔·鲁本斯坦在《女性主义、性爱与老年》一文开篇提纲挈领地总结了波伏瓦、弗里丹等人在老年问题上所提出的洞见（Rubenstein，2001：1-2）。总的来说，女性主义者认为年龄主义背后的二元对立思维模式与性别压迫如出一辙：在父权体制下，男性“自我”给女性“他者”强行贴上柔弱无助、缺乏理性、逆来顺受等种种负面标签，以突出男性的阳刚和力量；同样地，在一个“青年崇拜”大行其道的主流文化中，老年也在与青年形成的强烈对比下遭到贬抑，被推向孱弱无助、昏聩迟钝、行将就木的荒凉彼岸。同时，正如卡罗尔·吉利根（Carol Gilligan）所称，“女性人到中年时不仅背负着不同于男性的心路历程，面临着在爱情和事业方面存在不同可能性的一种不一样的社会现实，而且基于对人际关系的了解，她们也有着不同的人生体验”（转引自 Waxman，1990：13-14）。从女性主义立场出发，学者们进而将注意力投向父权社会的年龄歧视现象中与性别相关、对女性不利的双重标准，开始强调个体在不同生命阶段的性别差异，提倡将女性从童年到老年的生命历程分阶段检视，将男、女两性的衰老过程区别看待。

具体到莱辛的老年题材作品研究上，韦克斯曼、鲁本斯坦、埃米莉·艾布尔（Emily Abel）、罗斯玛丽·加兰-汤姆森（Rosemary Garland-Thomson）、伊芙琳·佩祖利希（Evelyn Pezzulich）、黛安娜·华莱士（Diana Wallace）等评论家自1985年以来分别就莱辛笔下的老年女性形象或老年生活中的某个层面进行过专门讨论，如临终关怀、死亡、情爱、跨代关系等。近年来，国内学者也开始关注莱辛小说创作中的相关主题，《老年及其隐喻》（2008）、《风烛残年几人生——解读莱辛对老年妇女爱情权利的呼吁》（2010）、《都市空间与文学空间——多丽丝·莱辛小说研究》（2008）等论文和专著分别涉及《一个好邻居的日记》、《又来了，爱情》和《简·萨默斯的日记》所反映的老年女性的社会境遇、情感世界、文化空间生产等问题。安妮斯·普拉特（Annis Pratt）和 L. S. 邓波（L. S. Dembo）这两位莱辛评论家曾提出要从“成熟小说”的角度来重新审视莱辛的老年题材小说，因为“其作品的预言维度不适合太狭窄的美学分析，因为它们的写作目的不是为了给我们带来艺术的愉悦，而是警告人们要提防那些撒旦磨坊[①]，提示人们如何建立一座新耶路撒冷”（Waxman，1990：46）。笔者认为这一说法不无道理，这个新的小说类别的确立和发展有望打破主流社会传统视野的局限，开拓中老年题材作品研究的新范式。

三、凯特：中老年女性的“成熟”之旅

《天黑前的夏天》聚焦于女主人公四十五岁那年夏天的特殊经历，细致地描写了她在跨入老年门槛之际的失落、彷徨、无奈等错综复杂的情感体验。当这个夏天开始的时候，凯特·布朗是一名外表靓丽、家境殷实、婚姻幸福的中产阶级全职主妇，丈夫是伦敦著名的神经病科专家，三个孩子都已长大成人。在她怅然意识到自己已不再被家人需要之后，凯特不得不独自踏上了自我寻求之旅；而在夏天结束的时候，原先那个活在由女性魅力和母性角色编织而成的虚幻仙境的脆弱女人已然不复存在，取而代之的是一位容颜苍老、世事洞明、心情释然的独立女性。引用书中的文字来描述，“有时候如果幸运，某个过程或某个阶段是可以被凝集的，凯特终将发现，这个夏天就是一段被缩短、被加厚和被凝集的时光”（莱辛，2009：6）。换句话说，这个夏天浓缩了中年女性面对老年将至的全部心路历程，淋漓尽致地诠释了“成熟”对于中年女性的深刻含义。

小说一开篇便浓墨重彩地渲染了凯特日常生活的被动状态，但文本中也刻意强调了她作为中年女性对“成熟”“衰老”等概念的感性认识。在人生的拐点上，凯特在迷惘中“等待着什么”，心里清楚青春年少的话语模式和诸多想法乃至各种情感反应都已不适合自身目前的状况，情绪也随之变得低落，而这一切都是因为她已隐约感受到老之将至的危机。此时反思人生，她不禁感叹时光飞逝：“如今你正青春年少，可一晃便步入中年，但要想弄明白，是什么时候从

① 该意象出自英国浪漫派后期著名诗人威廉·布莱克（William Blake，1757—1827）的作品《耶路撒冷》，后用来喻指英国的工业革命。

一个阶段进入了另一个阶段，实非易事。紧接着就老了，而你却几乎浑然不知自己是何时变老的”（莱辛，2009：6）。另外，作为一名长年身陷于琐碎家务而与社会生活脱节的家庭主妇，她也感慨自己生命的长时间停滞：“假使人生非得按辉煌时期或巅峰时刻的状态来看，那么，在她身上很久都没‘发生’任何事情了。她不敢期盼将来会发生什么，只知道自己将在忙碌的家庭琐事中慢慢衰老”（6）。由此可见，她最初所能理解的“衰老”是一片令人绝望的多余的空白，因为“除了慢慢老去，别无其他：衰老是成长过程的后续和重复”；同时，“衰老”对她而言也是一种温室植物般的“生长”——“用她常用的比喻，她的确是在生长，在自己的思想里，现在已经长了一段时间”，所以她在被迫接受了葡萄牙语翻译这份临时工作时便顿时感觉到了来自外部世界的巨大压力，“好像身下的支柱全被抽走了一样”，“好像突如其来，从未来之所刮来一阵刺骨寒风，冲她直面吹来”（16）。

正如英国老龄问题研究专家约翰 · A. 文森特所说，老年身份是一种社会建构，“人们是从他人对待自己的方式上得知自身年龄的”（Vincent，2003：7）。亦如法国社会学家勒布雷东在《人类身体史和现代性》一书中所称，“老龄感是社会文化评价与自我意识水乳交融的产物。其必然是与他人关系的一种产物”（2010：212）。凯特中年以后走出家庭的这段不寻常的夏天经历，带给她的是对“衰老”的重新认识，而这种与年龄相关的对于“成熟”的领悟也只能在家庭以外的公共领域才能实现，具体表现在社会形象和社会角色两个方面。

一方面，一旦重返公共领域，中年女性首先就要应对衰老带来的恐慌，与芳华褪尽、青春不再的躯体达成妥协。如勒布雷东所言，“身体的表象随生活的推进而发生渐变，不存在突然衰老的判断。倒是他人以镜子的形式将衰老的负面形象折射反映出来”（2010：216）。重新走上社会的凯特便是从他人的反应中敏感地察觉到自身容颜的变化，“衰老感”油然而生。在国际会议上，凯特发现在光鲜的“时尚”包装下“年老这一大敌已被押入大牢”，不时会有各种肤色的男子前来“套近乎”，“这说明初看一眼她不像四十出头的女人。她的模样多年以来青春如故。为此她花了大量时间，调用了女人的各种手段，方达到这种成效”（莱辛，2009：40）。但她很快又意识到，只要通过调整坐姿和仪态来掩饰自己的身体魅力，便可以成功地屏蔽掉男人们的关注：“那个坐在那里东张西望、被原本受其吸引的男人们排斥和忽略的女子，与这个只需将个人形象稍事调整，……便可把他们悉数招回身边的女子，没有分毫差别”（41）。而在一场大病之后，形销骨立、憔悴不堪的凯特在众人眼里变成了“隐形人”，不得不承认“支撑她这一生的全靠一种隐形液体——他人的目光——可是现在这种液体已经被抽干了”（172）；经过一番精心的修饰装扮，她“周身散发的温柔与悦目”

重又引来男子前来搭讪。这种经历使她初步意识到女性身份的真相,并最终能够确认这样一个事实:女人的吸引力全部在于其性魅力,只要换套行头,或者过了一定的岁数,街上所有的猎艳者"全都成了正人君子"(191)。于是,她便释然了,"别人讨厌自己,她并不介意,而就在一星期前,如果碰到这样的冷遇,她八成会掉泪"(193)。

如果说"抽象的衰老感来自于他人的目光……它是将他人目光自我内在化的过程"(勒布雷东,2010:216),那么镜像则是"将他人目光自我内在化"的一种方式。这一意象在小说中数次出现,渐次传达了女主人公对女性社会形象的质疑,折射出中老年女性自我意识的渐进发展。其一,重返社会之初,凯特站在"不同商场的一面面大镜子前",看到了他人眼中的自我,她打量着镜中那个"刚届中年的时髦美妇",尚未做好进入这个年龄段的心理准备;然而,她虽发现自己的外貌与二十五年前"分毫不差:兴许更加迷人",但仍能隐约察觉到"精神"的微妙差异——"这又是她的一个问题,或一种感触,一个老爱跟着她的隐形物体。为什么年轻时候身上的那些玩意儿,牙齿、眼睛、臀部等等东西,迷人可爱,而如今却魅力大失呢?或者和任何其他同龄女子相比就望尘莫及呢?"(莱辛,2009:33)。其二,旅途中病倒的凯特在酒店房间的镜中看见迅速衰老的自己,与西班牙村姑没有两样:"一张惨绿的脸,颧骨两侧红通通的,光泽黯淡的红色发卷软绵绵地耷拉在上面。白发迅速冒了出来。脸上瘦骨嶙峋,皮肤又皱又暗"(131)。大病初愈的她坐在镜前,不禁想到很久以前仰面躺在床上照镜子的年轻姑娘,当时自己心里揣摩着"这就是他将看到的……只能用'婴孩般的'或'动人的'字眼儿形容,尽管深褐色的眸子像极了哈巴狗的眼睛"(152)。多年来,她"在众多不同的镜子前,花了很多时间","而如今,镜中的形象自行卷起,飞入角落,空留一张病歪歪的猴脸在那儿",她"对着镜子挤眉弄眼,试着做不同的表情",这才意识到"她一直把自己限制在一个小得可怕的范围里"。其三,临近小说结尾处,"透过窗户,她看见自己的样子,体形又恢复了从前,但从脸上看,老了不少",但此时的她心境已变得澄明坦然,"过去几个月的经历——她的发现,她的自我定义,这些她此时希望化为力量的东西——全都集中到这个地方——她的头发上"(235)。她最终决定不再染发,任由白发蔓延,以真实的衰老形象来做出自己的老年自我宣言。

除了上述镜像以外,还有作品中出现的戏剧《村居一月》中的人物镜像也是理解凯特的老年社会身份寻求之旅的关键。时隔四年,凯特两次观剧的感受截然不同。这部戏剧的女主人公是"一个想到自己要慢慢老去故而抓住青春不放的女子","这个自欺欺人、爱慕荣华的可爱女子……就是所有观众的镜子,是所有人眼中的焦点,只是如今突然发现她的力量消失了"(莱辛,2009:146-

147）。此前，凯特以苍白憔悴、未加修饰的真面目出现在自家附近，就连邻居密友都没能认出她来，“这个发现不但没让她伤心难过，反而令她大为高兴，大大松了一口气，恍然大悟，所谓友谊、关系、‘对人的认识’，都是如此的肤浅，如此容易被否决”（143-144）。顿悟之后，她看戏时在女主人公身上看到了自己先前的镜像，感觉这个形象已远离自己而去，便忍不住对剧中人物不切实际的幻想大加批判。这一切都源于她的视角发生了变化：于她而言，镜像过去在本质上代表着男性“凝视”[①]的自我内在化，如今这个镜中“他者”的幻象已被打破，“自我”主体得以还原。

另一方面，一旦走出私人领域，中年女性面临着自我的重新定位，她需要摆脱妻子、母亲等传统女性角色带来的心理束缚，获得真正意义上的精神自由。与青少年成长小说相同，凯特的“成熟”在文本中表现为从伦敦到土耳其再到西班牙的一段不寻常旅程，其间她也完成了从中年向老年过渡的精神之旅。如小说开篇章节所交代，“回顾将近四分之一个世纪的岁月，她看到，她生活的特点就是——服从和适应他人”（18）。在重返公共领域之后，凯特发现自己无论在哪里都扮演着与她在家里相似的角色。在国际食品组织，她体验到了职场上“那种家庭之外人人享有的生活”的惬意和轻松，但很快便不无惊恐地发觉自己在为这一大群国际公仆提供语言、信息等服务的同时其实是“又开始重操旧业：成了保姆，或护士”（27-28）；由于“二十多年来她像台机器，设定的功能就是为人妻为人母”，她在工作中也无法转型，“照顾他人”似乎成了她义不容辞的责任（43-44）。随后，凯特逃离职场，与一个三十二岁的美国青年结伴踏上了西班牙之旅，“努力像个为了爱伴情郎走天涯的女子那样考虑问题”（93），但她的“母性已经根深蒂固”，这份恋情从一开始就掺杂着母性成分，初次见面时便“像听儿子说话似的听他絮叨”（56）。在旅途中，她非但未能重温那份属于年轻人的性爱激情，反而是那位不幸染病的年轻伴侣激发了她在养育孩子的过程中培养的“耐心、自律、自制、克己、坚贞、适应他人”等母性品质（86），直到她自己也有了发病的迹象才再次逃离。病愈后，凯特在合租的私人公寓里对萍水相逢的妙龄女孩莫琳产生了像对女儿一样的责任感，但是与莫琳的平等相处让她学会了换位思考，意识到自己过去在家里“扮演的是一个没有选择余地的角色，一个注定会遭到抵制和反抗的母亲”（223）。

① “凝视”是有关个体存在及其社会关系的西方女性主义理论术语，包含性别、种族、主体与客体，以及欲望、权力等政治内涵。这个以身份政治为核心的文化概念来自拉康心理学的镜像理论，指婴儿在6—18个月大时通过观看镜中映像认识自身存在（包括自己眼中的自己和他者眼中的自己），意识到自身的不完整，由此产生完善自身的欲求。在此基础上，女性主义学者提出个人身份认同的他者语境说，即：身份既来自个人，也来自与他者的关系，而颠覆这个二元关系是女性身份重新界定的关键。

不仅如此，凯特对于女性角色的社会建构性的认识还来自于她对各种年龄层次和不同职业的女性个体的敏锐观察，尤其是在中年女性与年轻女孩的对比之间找寻前者身上的年龄印记的成因。她先是注意到"游廊上的女孩"十有八九并非"善解人意"、"性情温和"，便开始怀疑自己身上为人称道的这些品质是"因为为人妻、为人母、为人管家，处处受约束才练就"（42）。而且，与大街上那些步态轻盈洒脱的年轻女子相比，"多数中年女子的脸庞和步态，都和囚犯或奴隶相似"，对比之下她意识到自己"已经丧失的东西"——"获取美德的那些年月仅仅带来这样的结果：她和她的同龄人都是机器，设定的唯一功能就是：管理、安排、调整、预测、命令、烦恼、焦虑、组织。小题大做"（87-88）。此外，她还见证了国际会议上来自非洲的年轻美女代表的冷峻与自信（42）、花枝招展的空姐们的温暖与自恋（50）、笑容可掬的西班牙酒店女服务员的和善与周到（133）等——这些女性千差万别的职业化特征亦从正、反两个方面印证了女性身份的社会建构性。

按照勒布雷东的说法，衰老对女性的社会形象和社会评价造成的影响更大："男人的社会形象与年龄无关，完全与女人的社会形象相反。对[男人]的社会评价较少建立在外形上，更多的则是建立在他与世界关系的总体色彩之上"；从这种标准来看，"年老的女人丧失了其在社会上的魅力，她的这种魅力与她的纯真、生命力以及青春密不可分"（2010：214）。因此，对于中年女性来说，所谓"成熟"首先是一个克服"恐老症"的过程。根据社会学定义，"恐老症"是指个体对年老现象和过程——如容颜改变、失去健康、无法继续积极参与社会生活、丧失生命活力乃至独立自理能力等呈渐进发展态势的衰老征兆——的不正常的持续的恐惧，其中涵盖了对老年人的普遍恐惧或厌弃、对自身老去的恐惧的双重含义（二者在英语里通常分别称作 gerontophobia 和 gerascophobia）。老龄是"年轻人一无所知、无法认同、心怀恐惧、出于陌生感而避之不及的一个'异域国度'"（Waxman，1990：8）；而"'年龄歧视使得年轻一代视老年人为异己；于是他们内心隐约不再把长辈看作人类个体'，其最终结果是当他们自己成为长者时便产生自我憎恨……因此，年龄歧视是一柄双刃剑，对青年和老年的生命活力同样是一个打击"（18）。而从中老年的边缘视角来重新界定所谓"成熟"，有助于消除这种年龄偏见，克服年老恐惧，使生命恢复成一个不再为"断裂"感所累的自然进程。在莱辛的作品中，凯特的"成熟"之旅正是揭开"老龄感"真相的自我发现过程，也是消解中年女性既定的社会形象和社会角色的自我重构过程。用作品中的文字来表达，"她的想法变了……她以什么样的心情再次走进自家前门，无关紧要；现在，事情的关键是那个，是真相。我们穷尽一生评价、权衡、盘算自己的想法、感受……结果都是扯蛋"（莱辛，2009：223）。

离家出走的凯特重新认识了中老年身份的社会建构性，并在社会形象和社会角色两个层面上实现了女性自我突破，这便是中老年女性之“成熟”的核心内涵。

四、凯特与莫琳：“成熟”与“成长”之互文表征

小说标题将“衰老”比作“天黑”，凯特在“天黑前的夏天”里打消了种种不切实际的青春幻象，为老之将至做好了心理准备，最终以积极的心态勇敢地直面老年现实，但遗憾的是作品却并未提供有关未来老年生活的任何线索。与此同时，文本也不无“残忍”地层层揭穿了中年女性的“不老”神话：凯特在“黑暗”即将笼罩一切之前孤军奋战，却逃脱不了宿命的安排，终将在“黑暗”中遁形，沦为一名孤单的“隐形人”。与青少年成长小说颇为相似的是，这种从天真到经验、从逃避到直面真相的自我认知过程也不失为一种“成长”，但这一意象却充满了对中老年境遇的讽刺意味。

很显然，所谓“成长”对于中老年和青少年来说有着不同的内涵。对于青少年来说，成长是进入并适应一个全新的成人世界，在社会语境中了解并掌握成人社会的行为规范和价值准则，通过与他人之间发生的人际交往来实现自我认知，进而获得确定的社会身份；这是一个身份建构的积极过程。然而，对于中老年来说，所谓“成长”虽是上述同一自我认知和身份界定过程的自然延续，但不同的是它要求建构与解构同步进行：成人个体要重新评价社会规范并审视自我身份，一方面破除主流社会的“青年崇拜”等传统观念，解构二元对立，另一方面还需摆脱“金色池塘”[①]式晚年生活模式等传统束缚，建构新的老年身份。与此同时，在这两类“成长小说”中，性别因素均扮演了重要角色，使得男、女主人公的“成长”轨迹显得大相径庭。在“青少年成长小说”中，男性往往只身独闯成人社会，在与他人的交往中历经挫折，其“成长”以获取自我独立为目的；女性则多半在以家庭为中心的范围内活动，在越界的尝试中四处碰壁，其“成长”以建立与他人的关联为终点。与之呼应，“成熟小说”的女主人公所遭遇的身份危机则源于其赖以界定身份的人际关联的（部分）丧失，比如子女成年离家导致的母亲角色的弱化，她需要重新寻找界定自我身份的依托，但她面对的是性别和年龄歧视的双重压迫。这样看来，在中老年阶段，女性“成熟”经历的一个重要方面就是发现性别的社会建构，超越特定的性别角色限制。

如芮渝萍所称，“成长……意味着一个人从他者和边缘的地位走向主流文

① 此指由导演马克·雷戴尔（Mark Rydell）于1981年拍摄的一部老年题材的奥斯卡经典影片《金色池塘》（On Golden Pond），这一标题意象在美国文化中已成为宁静而乏味的老年生活的代名词。

化的中心，实现了他者的主体化和边缘的中心化，它是实现个人价值这一人生最高境界的起点”（2004：4）。在《天黑前的夏天》这部小说的最后一部分，这一文类特征在凯特与莫琳这两位处于不同人生发展阶段的女性“成长”的映衬比照之间得以彰显：“成长”于莫琳而言是一个建立与他人关联的过程，于凯特而言则恰恰是一个消除先前所建立并强化的各种关联的过程。而中老年与青少年经验的这种同步性和差异性的互文表征颇有助于消解二元对立的年龄主义偏见，诠释多元化的女性主义身份政治。

由于性别意识与婚恋经历是女性青少年成长小说的传统核心议题，青少年女性的成长困惑往往都与其性别观、婚恋观的形成有着密切联系。莫琳喜好儿童食品，追求多变形象，服饰折射出她不羁的个性，“她就连假装服从都做不到；她的本性，她的内在，都不容许她这样做”（莱辛，2009：210）。一方面，她拒绝长大，对成年女性的角色预设感到恐惧。当凯特兴奋地重操旧业，为回家做各种购物和清洁安排时，却发现莫琳“满眼惊恐地盯着她”，并且宣称“宁可一个人过一辈子，也不愿变成那个样子”；她甚至会因为“觉得未来黯淡无光而失声痛哭”（195-196）。实际上，她在凯特身上看到了自己母亲的影子：“她这一辈子，活得乱七八糟，什么都没有做，只是对着一些鸡毛蒜皮的小事儿，唠唠叨叨”；“我可不想学你那样……我不想跟我母亲一样。你们都是疯子”（197-198）。相对于成人来说，青少年虽因经济尚未独立而具有社会地位低下的劣势，但女孩不愿意长大的原因在于她们看到了女性“成长”的代价，即注定要成为“第二性”的悲惨命运。另一方面，莫琳还面临着在菲利普和威廉之间做出一个选择的挑战。菲利普出身于工人阶级，信奉“中规中矩的、‘负责任的’中产阶级生活”方式，一心想要通过青年运动来实现社会变革，改变“无政府、特权化和放纵无度”的“现今社会”（189）；他把“古灵精怪”的莫琳一手改造成“穿着一身套装，一点儿都不花哨”，“头发编成辫子，盘在头上”的温顺而规矩的模样（195）。年长的威廉则出身于富有的贵族家庭，“从不过问自己圈子之外的事情，只对圈里的人友好和善”（199）。莫琳爱的是志同道合的菲利普，但在街上目睹了一位成了两个孩子的母亲的同龄姑娘的狼狈相之后，她很清楚自己要是“和威廉结婚，就用不着担这份心，……有保姆、护士全程陪同”，甚至可以“先到外面疯玩几年，然后再回到家庭这个小圈子中”（225）。小说结尾处的聚会场景描述表明，莫琳最终还是在菲利普和威廉之间选择了后者：她“娇柔无力”地依偎在威廉的怀抱里，手腕上垂着一个用剪下的头发编织成的“亮丽、脆弱”的玉米娃娃，那集“海上妖女”与“刚走出监狱或寄宿学校的女子”于一身的另类装扮跟菲利普身边的女孩形成了鲜明的对照——“菲利普身穿制服，陪在身边的是一个整洁漂亮的英国女孩，责任、义务、贡献之类的玩意儿让她的女人味难以释放。初看一眼，她像个煎蛋饼的姑娘，心甘情愿地承受着令人不悦的重负和令人难堪的选择。身上的裙子有点军服的味道”（237-238）。尽管“他俩在一起的生活不难想象：住在那栋威尔特郡或别的什么地方的豪宅里，养一大群的马、孩子和狗，一切都照着现成的模式，就连如何调侃这种生活都有本可参”（238），但她毕竟有望逃脱为人妻、为人母的社会角色所带来的种种自由的剥夺。

凯特在莫琳的成长经历中起到了引路人的作用，她不仅给莫琳提供了一个活生生的案例引以为鉴，使其在婚恋选择上体现了自我价值并实现了一定的个体自由，而且凯特本人也通过对莫琳的成长的观察和引导完成了自身的“成熟”历程。意味深长的是，与莫琳相处的经历给了凯特平生第一次与自我独处的体验：“这是她这一辈子第一次独自一人，待在一个地方，一个谁也不认识她的出租房中，远离安全和保护的茧，没人认可她选择的自我形象，从而给予她生存的支撑。但这儿没人对她抱有任何期望，没人知道什么是她赖以生存的支撑”（165）；展现在莫琳面前的凯特才是“真正的凯特”。首先，莫琳使凯特正视并接受他人眼中的老妇人形象。莫琳“看到凯特站在灰暗的镜前”顾影自怜，便也将曼妙的青春身影闪入镜中，纵情一舞，随后又并排站在凯特身边。对比之下，凯特看到了自己脸上“中年女子的笑，略带忧伤，幽默、精明又不失耐心”，同时也看到了“女孩对自己青春活力的无比自信。源于她想做就做的勇气。是的，没错，这些正是她，凯特，业已失去的东西”（161-162）。其二，莫琳帮助凯特最终摆脱了母性角色的羁绊。这个与她女儿同龄的女孩对传统的母性角色充满敌意，同时却在潜意识里有着对凯特的母性依赖，“过去几个星期，这小东西天天陪着她，让她无比快乐，而跟自己的孩子在一起，她从未享受过这种快乐”（222）。反思之余，凯特意识到自己在家里“扮演的是一个没有选择余地的角色，一个注定会遭到抵制和反抗的母亲——因为她不能总是被爱、被感激，所以她就以为事事都不如意，所有的东西都是又黑暗又丑陋”（223）。也就是说，莫琳使她认识了自己不快乐的根源在于母性的束缚。其三，凯特在对莫琳的诉说中意识到了“野蛮女人”玛丽的女性自我的独特魅力。玛丽从不为爱情所累，行为有些男性化，在两性关系上一向随心所欲，且毫无愧疚之意。按照传统的女性标准评判，“几百年的文明都在她身上找不到痕迹”（218）；可一旦转换视角，凯特回想起自己“长大成姑娘后遇见的所有事情”，便觉得“自己像个狂乱的疯子。爱情、责任、恋爱，还有失恋、有爱心、举止得体、懂规矩。这些是病”（220）。当凯特决定回家的时候，她已卸下了心理包袱，重新获得了独立的女性人格。

由此可见，凯特和莫琳两个人共同经历了彼此生命不同阶段的“成长”，而且互为引路人。值得注意的是，女性"成长"与"成熟"经历的互文性在这部小说里表现为海豹与笼中鸟的隐喻式梦境描述。笼中鸟的意象两次出现在凯特与莫琳相处的章节里，与莫琳的婚恋相关：凯特梦见公寓像个笼子，莫琳是只羽毛鲜艳的黄鸟，窜来窜去地不停高叫着"不要"（200，212）；这无疑象征着莫琳对传统女性角色的抗议和抵制。海豹则多次出现在凯特的梦境里，成为贯穿全书的一个核心意象：凯特见山上有一只搁浅的海豹在痛苦地呻吟，便抱起它朝山下走去，想把它送回水中，怎奈路途遥遥，又有风雪侵袭，海豹一路上历经艰难险阻，凯特却为责任感所驱使，保护着它奄奄一息的生命，坚持不肯放弃；接近尾声，海豹越来越沉，同时也变得生机勃勃，先是茫茫白雪中出现了一棵花朵似烛火的樱桃树，随后只见草地上春意盎然，海豹回到了栖居于海岬的一群同伴中间，凯特的旅程也结束至此。这个梦境伴随着凯特的"成熟"历程，直至她完全放下母性角色的负担，找回独立自我，走向新生活。

五、中老年女性身份建构之文本策略

谈到老年身份建构问题，韦克斯曼在对20世纪有关年老现象的杂志文章进行广泛调研的基础上指出，自从19、20世纪之交，"在将精力充沛、富于成效和身心健全[等素质]与衰老联系起来这方面，美、英、加三国已取得了很大的进展"（Waxman，1990：9），"壁炉边"暮气沉沉的被动形象已被"公路上"老者的活跃身影所代替（12）；简言之，"老年时期的新责任、自我发现和愉悦的自我肯定，[这些]是有关年老的新主题"（11）。所谓"成熟"的建构意义就在于个体最终勇于直面为病痛、孤寂、隔绝、自卑、剥夺（亲友、权力、体能、智力）等问题所困扰的老年生活现实，谋求与老年自我达成妥协，并能将目光投向"自我"以外的广阔外部世界。其结果通常是在对社会成规的质疑和拷问中，发现新的人性价值，在新的社会角色中实现积极的老年身份重构。如韦克斯曼所称，"成熟小说"是"赞美年老的一个突破性文类"；在以"青年崇拜"为主流的西方社会倾向于视年长者为"异类"的语境下，它的最重要特点便是不懈地探索并着力强调老年人的人性（188）。的确，"成熟小说"代表了老年身份建构的一种个体参与方式和文学表现形式；女性"成熟小说"更是在叙事层面上有着与众不同的鲜明文类特色。从《天黑前的夏天》来看，这个流派的中老年女性身份建构之文本策略主要体现在以下三个方面。

首先，小说的叙事结构采纳了美国成长小说的基本模式，主人公离开家庭，踏上一段富有象征意义的完整旅程，旅途几经磨难，实现自我救赎，获得新生；核心主题"成熟"虽以时间为坐标来衡量，但在叙事上主要以空间场所为转移，主人公从伦敦郊外的住所，到国际食品组织，到西班牙之旅，再到伦敦酒店和青年公寓，渐次实现原有生活圈子的突破，直面年老带来的种种挫折体验，最终以全新的身心状态回归原点。如《星期天时报》的评论家所称，这部小说讲述了"一段夏天的自我发现之旅，自我定义有这般穿透力，如此深刻而彻底，结局令人惊叹"；"表面看来故事简单，叙事简单，自始至终在发展和深化：具有特殊性的事件在扣人心弦的叙述中获得了普适意义"。凯特的"成熟"历程之普适性在于其经历颇为真实地折射出中老年女性角色变化与身份重构的心理内涵。简言之，这是从一个消极逃避到积极应对的过程，在社会价值层面上是一次从中心到边缘的放逐，同时在自我认同层面上也是一次从边缘到中心的迁移。凯特虽已完成父权社会赋予女性的相夫教子职责，在家庭环境下几乎变成了"可有可无的人"（莱辛，2009：18），但她从私人领域重新走进了公共领域，承受了职场的压力，重温了恋爱的感觉，同时也尝试与年轻一代平等相处，却发现自己已无路可退，无法再回到青春，便开始主动去适应年老的自然态，在这种弱势身份的状态下重新界定自我价值。所以说，中老年的"成熟"是解构和建构同时并进的过程，叙事中二者兼顾，两条线索并行不悖。

其次，小说一开篇就打破原有的话语模式，在老年经历的语言表征上寻求突破。"符号话语"（semiotic discourse）是法国符号学家、女性主义理论家克里斯蒂瓦（Kristeva）提出的概念：语言是"象征"与"符号"之间的对话场所，女性从男性中心的控制下的解脱正是始于后者；"符号话语"与弗洛伊德所谓的"前俄狄浦斯期"相关，处于婴儿期的主体尚未取得对父亲及其代表的父权逻辑的认同，仍沉溺于以重音、韵律和断裂为语法特征的母性话语的快感之中（Moi，1986：136）。在这部小说中，凯特从一开始便对以青春为主导的父权社会主流话语提出了质疑："遇到重要事件，人们总是习惯套用老话表明态度，而老话却多为陈词滥调。……也许，会有许多人把这样的话成天挂在嘴上，青春是人生最美好的时光，女人活着就是为了爱情，直到有一天，在他们旧调重弹的时候，从镜中瞧见自己的模样，或眼光敏锐地捕捉到朋友听到此类话语的表情，才会悄然住嘴"（莱辛，2009：2）。自此，小说叙事从始至终都在有意识地颠覆主流青春话语的羁绊，突破男权话语的藩篱；这种颠覆意识不仅表现为女主人公与内化了以貌取人、温良贤淑等男权社会规训的传统女性思维模式的对抗，而且更重要的是体现在女性话语体系的构建上。作品中有多处隐喻取材于女性日常生活的细节，比如：凯特将纷乱的想法比作试穿衣物——"她脑海里的种种想法多如衣架上的衣服，她一件件取下'试穿'"（2）；将性魅力的外在表现归因于体内"调温器"的调控和换档——"如果想和隐形人一样行事，不仅将调温器定在'低档'，还把'同情'关闭，拒绝扮演部落母亲的角色，情况又会如何？"（42）此外还有话语的越界策略，"狗屎"等专属年轻人的曾经"极具杀伤力"字眼的初次使用"就如同踏入禁地——自我约束、自我检点的禁地"，向父权话语的"象征秩序"，以及年龄、阶层等构成的社会身份边界发起了挑战（192）。

最后，小说从开篇的外部视角逐渐向女主人公的内部视角转移，最终赋予其从边缘审视中心的心理优势和叙事特权。作品首句"一个女子双臂交叉，站在自家后屋台阶上，等待着什么"，"等待"一词接连反复出现数次，直截了当地揭示了女主人公惯常的被动生活状态。这是一种等待被他人凝视和评判的姿态；随着情节的发展，反凝视、反评判的主体意识渐次增强。首先，凯特"反凝视"的努力主要在于她反客为主而做的几次试验：她先是稍稍改变发型、服饰，调整身体姿态，观察他人的反应，宣称"我正在观察一些东西。我得把它们弄明白"（180）；尔后，这种试验竟然演变为公然挑衅的行为，她兀自来到建筑工地上在工人们面前来回展示自己——"她走到他们看不见的地方，脱下夹克……露出里面凸现玲珑身形的黑裙。她用头巾夸张地将头发扎起。然后故意扭着腰肢，款步走回到工人们面前。顿时，口哨声、叫喊声、邀请声此起彼伏。她走到另一侧工人们看不见的地方，稍加改变，重新再度走回工地；这回男人们的眼睛扫过她，却视而不见了"，她终于不得不承认道，"所有的这些就值这个价。就是这样。这么多年了，这么多年了，都是这样"（211-212）。其次，凯特的"反凝视"还施加到了同类女性身上，对其他女子的观察与描述之间传达了一种反讽距离。比如，酒店里工作出色的服务员西尔维亚是这样被描述的："在这个黑暗的房间中，浮现在凯特眼前的这个俯身看她的脸庞，已经成为安定与友善的象征。可笑吧，荒唐吧——自然是的，即便在病中，凯特对这一点也是清楚的"（133）；市场中购物的陌生女子则"像一个奴隶一样，提着重物弯腰驼背地走了，但肩膀却在说，能替别人负重，她感到无比满足"（167）。再者说，凯特对戏剧《村居一月》女主人公的颇为尖刻的现场评判可谓其质疑自身及其他中年女性所内化的主流社会价值观的真情表露。这部分的文字描述制造了以凯特为中心的内、外双重视角的并置，由此拉开了叙事距离：观众看到一个憔悴衰老的疯女人"两眼冒着愤怒的火光，嘴里嘟嘟囔囔"，而凯特心里在想"她看事情的角度肯定有问题。因为尽管她离戏台不过一步之遥，却好像自己身在遥远的地方。她一直想方设法摆脱自我，关注他物，或者换种参与方式"（145-146）。

六、结语

综上所述，《天黑前的夏天》这部小说在题材上关注中老年弱势群体的自我认同和身份建构历程，致力于在年龄层面上进一步打破二元对立的身份壁垒；在叙事上借助于角色反转、语言越界、视角转换等策略，消解既定主流话语体系的确定性和限定性，初步构建起一种对抗男权社会意识形态的新型话语体系。借用作品中的文字来表述，“只靠巅峰或危机时刻的表现来看待事物，是无聊而荒谬的：毕竟，个人事件和公共事件一样，都是长期日积月累而成的”（莱辛，2009：4）。在这类作品中，主人公坦诚相见，无一例外地敞开心扉，内心独白或意识流表白、自我剖析、私密日志陈述、梦境描写、日常生活细节铺陈等叙事策略旨在还原痛苦与欢乐交织的真实老年生活。同时，以挑战既定社会语言秩序的意义确定性和传统局限性为特征的“符号话语”，生动地模拟出中老年个体面对衰老、开始新生活的心路历程，有助于站在边缘立场上寻求情感共鸣，在重复、跳跃、断裂中传达被主流社会边缘化的人物对爱与理解的心理诉求，呼唤共同人性的认同与回归。此外，作品还会采用多重视角叙事，通过反思回忆、对照比较来展开换位思考，突破过去与现在、青年与老年之间的身份壁垒，摒弃二元身份偏见，以人性为基础重建价值评判体系。

1970 年，法国女性主义先驱作家西蒙娜・德・波伏瓦出版了《走向成熟》（*The Coming of Age*）一书，它被公认为女性主义者有史以来最早对作为社会问题的老龄现象展开深刻反思的一部著述，书中首次一针见血地指出了老年公民被主流社会视为“属于另一个物种”这一残酷的事实（de Beauvoir，1972：806）。与此同时，“成熟小说”应运而生，且日臻成熟。如韦克斯曼所讲，这类小说为当代全球文化所做的最大贡献“莫过于重新划定了人类的疆界，将老年这个‘异域国度’的语言转换成一种通用世界语”（Waxman，1990：188）。可以说，作为一种特定的小说文类，“成熟小说”在探索年龄歧视这个颇具普遍性的人类社会痼疾方面再度体现出文学文本参与政治、实现社会变革的巨大潜能和活力。前述分析也表明，这一新的小说类别的确立和发展有助于进一步突破父权社会传统视野的固有局限，从而为中老年题材作品的研究开拓一种新范式。

参考文献

[1] 莱辛：《天黑前的夏天》，邱益鸿译，海口：南海出版社，2009 年。

[2] 勒布雷东：《人类身体史和现代性》，王圆圆译，上海：上海文艺出版社，2010 年。

[3] 芮渝萍：《美国成长小说研究》，北京：中国社会科学出版社，2004 年。

[4] Abel, Emily K. “Representations of Caregiving by Margaret Forster, Mary Gordon, and Doris Lessing.” *Research on Aging March* 17.1 (1995): 42-64.

[5] De Beauvoir, Simone. *The Coming of Age*. Trans. Patrick O’Brian. New York: Putnam, 1972.

[6] Garland-Thomson, Rosemarie. “Learning Something Else: Embracing the Dying Body in Doris

Lessing's *Diary of a Good Neighbour*." *Iris* Winter/Spring (1999): 44-47.

[7] Moi, Toril. *The Kristeva Reader*. New York: Columbia University Press, 1986.

[8] Palmore, Erdman B., Laurence Branch, and Diana K. Harris, eds. *Encyclopedia of Ageism*. New York: Haworth, 2005.

[9] Pezzulich, Evelyn. "Coming of Age: The Emergence of the Aging Female Protagonist in Literature." *Doris Lessing Studies* 24.1-2 (Summer/Fall 2004): 7-10.

[10] Rubenstein, Roberta. "Feminism, Eros and the Coming of Age." *Frontiers—A Journal of Women's Studies* 22.2 (2001): 1-19.

[11] Vincent, John A. *Old Age: Key Ideas*. London: Routledge, 2003.

[12] Wallace, Diana. "'Women's Time': Women, Age, and Intergenerational Relations in Doris Lessing's *The Diaries of Jane Somers*." *Studies in the Literary Imagination* 39.2 (2006): 43-70.

[13] Waxman, Barbara Frey. *From the Hearth to the Open Road: A Feminist Study of Aging in Contemporary Literature*. New York: Greenwood Press, 1990.

[项目信息：厦门大学中央高校基本科研业务费项目(ZK1003)]

隔世融汇的异象，交互启明的艺术：论布莱克的《天路历程》插画

苏欲晓[*]

摘要：本文评述不多为人知的英国画家兼诗人威廉·布莱克为英国清教徒作家约翰·班扬的著名寓言《天路历程》所做的29幅插图。文章首先介绍20世纪中期这29幅插图的发现过程，同时指出二位相隔百年的艺术家在迥异的天分、志趣、才情、信仰方式与生活时代之外共享的对天启异象的信念与执着。在此基础上，本文重点揭示并评述布莱克插画为班扬寓言所做的艺术读解：同样以天启异象为灵感的布莱克的画作，透过在细节与用心上既忠实文本又匠心独运的笔法，启明班扬寓言，灼照读者阅读，达成艺术风格上的相称，灵性意义上的相通，并极大丰富了天路客的故事。

关键词：威廉·布莱克；约翰·班扬；《天路历程》；插画；启明

Abstract: This paper gives an appraisal of one of the less known works by William Blake—his 29 illustrations on John Bunyan's *The Pilgrim's Progress* which were discovered in the first half of the 20th century, nearly a century after the completion of the work. The paper gives a brief introduction of the discovery of the illustrations, disclosing the particular visionary dimension that both artists operate on, with its emphasis on the interpretation and appraisal of Blake's illustrations on Bunyan's dream allegory.

Key Words: William Blake; John Bunyan; *The Pilgrim's Progress*; illustrations; illumination

约翰·班扬的《天路历程》在当代中国的受众大概有这两类：一为基督徒读者，他们以之为描述或引导基督徒灵性成长的灵修读物，作者叙写该梦境寓言的自觉目的亦在于此："我想写下众圣徒 / 在这福音时代的道路和征途"（Bunyan, 1993：v）；一为英语文学爱好者或研究者，在他们眼中，这部"不期然"

* 苏欲晓，厦门大学外文学院教授，博士，硕士生导师，研究方向：英美文学。

而成经典的贝德福郡补锅匠的狱中作品可视为梦境寓言、清教徒文学或英国王政复辟时期文学的范本。

这两类读者，前者必定熟知早在19世纪中叶便由基督教传教士引介入中国的约翰·班扬之名；后者更不陌生英国杰出版画家兼早期浪漫主义诗人威廉·布莱克。然而，料想过英国历史上这两位相隔百年，志趣、天分、才情、背景迥异的文坛人物，其名竟可相提并论乃至联姻，这在两类读者中恐怕为数不多。事实上，在英语国家，情况亦类似。

早在1941年纽约盘旋出版社（The Spiral Press）出的限量版《天路历程》的序言中，班扬研究权威乔弗里·基尼斯（Geoffrey Keynes）在开篇就说道："约翰·班扬与威廉·布莱克这两个常见的英文名字到目前为止，还不曾见过一本书将其进行任何关联；双方之中任何一方都不会让人不可避免地联想到另一方，如同弥尔顿这名字总能跟布莱克这名字联系一起那般。"（Keynes, 1941：vii）

威廉·布莱克为《天路历程》所做的这29幅水彩插图的面世，让人们看到这份结合与联想的可能与现实。

一、埋没百年的29幅《天路历程》插画

威廉·布莱克以其杰出诗作及精美版画而闻世；同时亦为乔叟、斯宾塞、莎士比亚、弥尔顿、但丁等文坛巨擘的精品以及圣经题材贡献画作，其中最常为人引用与研究的当数他为旧约《约伯记》（1805—1825）与但丁的《神曲》（约1824—1827）所做的插画。然而，这两次创作之间他还创作的另外一批作品却不甚为人所知，这就是1824年，在完成《约伯记》与开始《神曲》画作之前为约翰·班扬的《天路历程》所做的29幅水彩系列画，目前收存于纽约曼哈顿区的弗利克美术馆（Frick Collection）。这批画作中全部完成的只有12幅，其余都是不同程度的草稿，布莱克创作这批作品的最初目的何在，至今无从确切知晓。布莱克生前，这批作品也不曾出现在众多插图版《天路历程》的任何版本中。一直到1941年，这批水彩与素描作诞生一百多年之后，它们才在美国久负盛名的纽约诺德画廊（Knoedler Galleries）首次展出。也就在同期，这批画作首次作为班扬梦境寓言的插图与读者见面了。该版的《天路历程》版权归属"限量版社"（Limited Editions Club，LEC），1941年由纽约盘旋出版社印行，G.B. 哈里森（G. B. Harrison）编辑，乔弗里·基尼斯作序。该版的扉页上特别标明："此版29幅插图系威廉·布莱克水彩画作，首次印刷"。

布莱克这批埋藏一个多世纪的画作的面世，首先归功于乔弗里·基尼斯，后者的祖父约翰·布朗博士是19世纪约翰·班扬贝德福郡教会的牧师兼约翰

·班扬的传记作者。基尼斯在写于 1941 年 3 月“限量版”的序言中这样记述这批画作的发现过程：他 1928 年发现了布莱克这 29 幅画作的存在，其收藏者是英国作家兼政要人物克鲁勋爵（Lord Crewe，1858—1945）。基尼斯写道：

> 克鲁勋爵头一回告诉我这批画作的存在，大约是在 1928 年。他答应将让我一睹为快，我自是期待不已。……我见到了一组精彩绝伦的图案，……是布莱克所有作品中最美妙的一些水彩画。……很快我就决定，只要可能，必定让这组画作公之于众，让更多的布莱克仰慕者们获知。在克鲁勋爵的帮助下，终于一切安排就绪，目前这一卷册因此得以问世。（Kenyes, 1941：xix-xx）

次年，也就是 1942 年，纽约文物出版社（The Heritage Press）出了 LEC 版的简缩版，这第二版再现了那 29 幅插图中的 12 幅已全部完成的作品，它们分别是：作封面的“约翰·班扬入梦”，以及其后的“基督徒埋头读书”、“基督徒被顽梗和易屈追赶”、“基督徒跌入灰心沼”、“基督徒遭遇属世达人先生指使”、“基督徒惧怕山上火焰”、“基督徒敲窄门”、“基督徒来到十字架前”、“基督徒在凉亭”、“基督徒从狮子旁经过”、“基督徒与盼望逃离疑惑堡”和“基督徒与盼望抵达天门”。

20 世纪美国著名出版界撰稿人与藏书家约翰·T. 温特里奇（John T. Winterich，1891—1970）在该版前言中说，布莱克的这些画作乃“属天之作，构思与手法皆然。”（Winterich, 1942：xvi）布莱克的评家也多公认，他的任何创作，无论诗情或画景，其灵性或异象（visionary）维度皆可视为天赐。

约翰·班扬的天路客故事，最典型的风格也是浑然天成，正如他在“作者为本书辩白”部分的自述：“我想写下众圣徒 / 在这福音时代奔跑的道途，”却“不期然变成一部寓言，讲的是 / 他们的旅程和通往荣耀之路的故事。”（Bunyan, 1993：v）这“不期然”显然也有始料未及、非人为设定的“天作”之义。那么，这两位近乎古典意义上神授创意的寓言与画作作者，一为生前屡遭误解的英国早期浪漫主义画家与诗人，一为英国王政复辟时期几度身陷囹圄的贝德福郡补锅匠，二者如何在文本、意念与灵性或异象层面上通过《天路历程》达至联合，互为启明？

二、“布班”交集：俗世的贫穷，天启的异象

温特里奇在 1942 年版登载 12 幅布莱克插图的《天路历程》的序言中用不

无理想化的口吻说道：

> 布莱克生于1757年，死于1827年。他若早一又四分之一个世纪诞生，肯定会跟基督徒一同奔天路。不过，他在自己的时代，以自己的方式走上这条路了——精美的水彩画之道。其结果是，两位现实中的异象视者完美合作，两位真正的思想者联姻一体。布莱克之前为《失乐园》设计过精妙绝伦的插图，但对《天路历程》他则更得心应手。因为《天路历程》是穷人的《失乐园》，而布莱克像班扬一样，也是个穷人，只在精神的事物上除外。（Winterich, 1942：xvi）

温特里奇在此借着《天路历程》将两位相隔百年的人牵手一道，认为他们之间相似的物质背景、思维架构与价值观念成为他们“完美合作”的基础，而这合作的彰显就在于布莱克对班扬文本的艺术阐释。

作为布莱克插图的发现者与发布者的基尼斯谈及这两位联姻者的共同点时则没有那么铺陈。他只说：“或许班扬与布莱克共同拥有的最伟大的品质就是，两颗心灵的完全诚实与正直，而在坚守这份品质的同时，两人所面对的都是物质的种种艰困与世间财富的捉襟见肘。”（Keynes, 1941：vii）思及班扬为不从官方国教而入狱，布莱克的诗画充满宗教性，却完全游离在制度化宗教之外，我们似乎还可将“两颗心灵的完全诚实与正直”这个共通点延伸到一个更具体的层面：两者都忠实于他们所获得的未必让官方或大众认可的异象，并忠实地以此为基础，践行自己的信仰。

或许正是因此，布莱克事实上从早年开始就谙熟班扬的《天路历程》了。基尼斯指出，布莱克早在1794年他37岁的时候，就为班扬故事中的一幕重要场景“打扫释道者屋子”雕过一幅金属版画。（Keynes, 1941：xviii）异象（Vision），是布莱克创作灵感中的中心词，他称异象不同于寓言，前者“为灵感（Inspiration）的女儿所环绕”，而后者由“记忆（Memory）的女儿”构成，是“相对低级类型的诗歌”；异象则是“那永恒存在的，真实、不改变事物的再现。”在他看来，最后的审判是异象，希伯来圣经与耶稣的福音书也是异象，是关于“一切存在事物的永恒的异象。”《天路历程》虽然是寓言，但其中“充满了异象”。（Blake, 409-410）这些陈述见于他1810年的文章：《最后审判的异象》。因此，当基尼斯在1941年的“限量版”序言中称尚不曾见一文将布莱克与班扬联系一起，他其实没有意识到，早在19世纪初叶布莱克本人的文章就将班扬与自己联在一起了。

尽管布莱克认为异象高于寓言，他的诗歌与画作以异象为主导，但当他37

岁那年拿起雕刻刀触及“打扫释道者屋子”这个话题时，当1824年，将近七旬的他一口气为《天路历程》设计出比历代为该作所做插图常规幅数多出一倍的29幅水彩画时，布莱克既表达了对班扬一世不改的喜爱、敬重，也喻示着他对于班扬迈出了挑战、超越的一步：

> 当布莱克开始用插画家的眼光和心思触及《天路历程》时，他同时也接受了一份挑战——将寓言（尽管这是部充满异象的寓言）转化为异象——并且操练起将记忆与灵感结合的能力：此处“记忆”对应的是那启发并生成班扬文本的东西，以及在布莱克之前的历代插画家为读者提供的东西；灵感则既意指引导布莱克对班扬寓言做出自己独到解读的创作过程，也意指这一创作的结果：这二十九幅水彩画或素描勾勒的形式。（Colle-Bak, 2012：39）

看重“异象”的布莱克夸赞《天路历程》“充满了异象”，故此，他承担起以插图进一步启明该梦境寓言的挑战。事实上，这两位艺术家在“异象性主题”上如此相近，布莱克对班扬时有“吸收”：他“接受班扬的‘夫爱乡’（Beulah）作为自己的一种理想境界”；班扬的绝望巨人与疑惑城堡与“布莱克对绝望或疑惑的态度”之间的“对等性”也十分明显；还有，布莱克曾多次在自己的信件中引用基督徒的亲口所言。（转引自 Colle-Bak, 2012：41）

作为与班扬共同着眼于异象性主题的插画家（illustrator），布莱克显然在行使该词词源义所表达的该角色最本初的功能：启明者（illuminator）。

三、布氏启明：相称的艺术，相通的灵意

布莱克29幅插图的启明功用表现于他在艺术风格与灵意阐释两方面对班扬的忠实。

首先，在艺术风格上，布莱克单纯的画面与贝德福郡补锅匠毫无雕饰的笔法相得益彰。尽管配有绘图的《天路历程》版本可追溯自1679年的第三版，但批评界认为，一直到1788年，托马斯·斯托撒德（Thomas Stothard，1755—1834）为《天路历程》配图之前，《天路历程》的插图作品就艺术质量而言都乏善可陈。从19世纪开始，有不少杰出的艺术家为这部寓言先后绘制精美的作品，其中包括特纳（Joseph Mallord William Turner），克鲁克香克（George Cruickshank），大卫·司各特（David Scott），霍尔曼·汉特（William Holman Hunt），戈登·布朗（Gordon Browne）与威廉·斯特朗（William Strang）。然

而，无论是斯托撒德还是其他这些拉斐尔前派艺术家的作品，都未免过于精致，并不能与班扬朴拙的风格相称。（Keynes, 1941：xvi）19 世纪末，当约翰·布朗在撰写班扬传记时，为插图版《天路历程》的这项长期缺憾颇觉惋惜，当然他当时并不知晓布莱克作于 1824 年但未面世的这组插画。基尼斯 1928 年发现了这些插画后，认为班扬过世后 70 年出生的威廉·布莱克终于弥补了令他祖父扼腕的这一遗憾。他说道：

> 威廉·布莱克……可以无需降低身量地站在班扬边上，两位心灵与艺术可以找到诸多并行之处。虽然布莱克的艺术比起班扬在知性化程度上要高得多，但他从来不艰深；尽管他是个极具原创性的画家，只要他愿意，他就能让心意屈从俯就，近乎是字字句句地在关注细枝末节中去为另一个人的作品做图解。（Keynes, 1941：xvii）

同样，在灵意阐释上，1942 年文物会社（The Heritage Club）的《沙漏》（Sandglass）宣传册也充分肯定了布莱克对班扬的忠实，称其宁愿舍弃原创冲动，为让自己的艺术成为班扬天分的佳配：

> 布莱克敬重班扬，表现在为其寓言绘图时，对故事细节的关注细致入微；在题材选择上并不另辟蹊径，而是大多挑选先前插图者都看中的内容。可以这么说——乔弗里·基尼斯这样的权威也已经这么说了——他完美阐释了《天路历程》的灵意，且让自己的天分与班扬的天分珠联璧合。（*The Heritage Club Sandglass*, IV：15[1942]4）

下面以几幅主旨重要的插图为例，说明两位艺术家的作品在风格与灵意上的彼此和谐与相互启明。

在“基督徒埋头读书卷”这幅图中，我们清楚看到，班扬笔下要逃离灭亡城的这个人的形貌、特征、心情、处境，兼其中所含灵意在布莱克笔下一一彰显：背离家乡、衣衫褴褛、重负压身；手中一卷（律法书），埋头苦读；城外郊野，跨步疾走，神色焦虑惊恐；头顶上空乌云压顶，乌云背后火烧火燎，火焰直舔此人止转背逃离的城池；城池坚墙厚壁，方正敦实，哥特尖顶傲视四围，俗圣二界威势凛凛，俨然牢不可破。

在此，不止班扬的文字描述跃然画面，背后的灵意也昭然若揭：罪恶对于人身心的压制，以致画面的中心人物不仅衣衫褴褛（如以赛亚书 64：6 所言：“所有的义都像污秽的衣服。”），而且屈身驼背；这人手中所读律法书对于灭亡城的未来审判，以城上空逼近城墙上方的烈焰来表示；这人头上的压顶乌云表明他心内身外因担心审判与灭亡，完全不得消解、反愈聚愈浓的愁云惨雾。同时，哥特式尖顶直指上空的城池外观上固若金汤，意味着该城不止俗世享乐一无所缺，可权充来世安慰的律法、道德说教也应有尽有——故此，那人对家人、邻舍忧心忡忡地宣称此城将亡，须尽快逃离之事，益发显得荒诞不经，招人耻笑。后者特别表明布莱克了解班扬作为不从国教的被称为“独立教派”（Dissents）的基督信仰者对于何为基督教福音的内在领会：并非宗教礼仪、道德修行、堂皇建筑等外在形式，而是相信耶稣十字架的流血救赎，内心真正罪得赦免，罪担脱落，奔走天路。在“基督徒跌入灰心沼”图中，我们更看到背景中哥特式建筑与顶尖竖立十字架的穹顶建筑之间的对比，凡此种种表明，两位艺术家虽拥有各自的天启异象，但在认识内心真实信仰与外在仪式化宗教的区别上，他们敏锐的良心却不约而同。

还有一幅值得一提的插图是“基督徒来到十字架前”。关于这个场景，故事中是这么描写的：

> ……坡顶上，矗立着一个十字架，坡底下，有一口空坟。我在梦中看到，就在基督徒到达十字架跟前的那一刻，他肩上的重担一下子松开了，从背上滑落下来，滚啊滚，一路滚到空坟口，掉了进去，从此再也见不到它了。
>
> 这下，基督徒可高兴，可轻松了，他满怀欣喜地念诵道：“经忧患我得安息，受死亡我得生命。（Bunyan, 1993：35-36）

上述文字并未对十字架外观或周遭景物进行具体描绘，只涉及十字架、空坟、重担脱落以及基督徒（故事进行到顽梗与易屈出城追“那人”的时候，“那人”已获得了“基督徒”这名字）在罪得赦免后对十字架救恩的称颂。布莱克在这幅插图中则增添了一个额外细节：十字架周边枝繁叶茂、硕果累累的葡萄藤。这个细节的含义并不隐晦：布莱克以新约福音书中“葡萄枝子”“葡萄树”这一中心意象为表征，说明本是代表羞辱、死亡的十字架为蒙拯救的基督徒带来丰盛的新生命；或者说，那满目生机的葡萄藤讲述的正是“祂受死亡我得生命”这句基督徒的颂词。

这类象征性笔触还包括“基督徒跌入灰心沼”中从泥沼升起的一团一团浓黑的绝望乌云，“基督徒遭遇世俗达人先生指使”中代表守律法的西奈山上喷发的愤怒的烈焰，等等；也包括适时出现的太阳，如“基督徒蒙扶助救拔出灰心沼”“基督徒敲窄门”两幅图中作为背景的一轮红日；“出灰心沼”图中的红日尤为鲜艳，光芒四射，充满新生的盼望，与前一幅“入灰心沼”中宛若负有层层重压、直逼基督徒并欲摧垮他的柱形浓黑云团恰成对比。这类笔触启明的功用不言而喻。

牛津出版社 1995 年出的《布莱克词典》中有一个词条是“班扬”，该词条部分目的正是为了说明布莱克这份启明性艺术对于配搭班扬寓言的意义：“因班扬将他的意思解释得如此清楚，又因布莱克对这些解释都由衷认同，他的插画就以他一贯的精确性紧随文本而行，但又略微增加一些象征性笔触以突显班扬的用意。”（Damon, 1995：62）无独有偶，20 世纪布莱克研究家，普林斯顿的本特利教授（G. E. Bentley, Jr.）同样称道说，布莱克对“班扬书中的灵性，乃至微小的细节”都表现出极度的忠实，但同时又能用他独创的艺术“在许多重要方面大大丰富班扬的故事”（Bentley, 1976：279）。

最后再来看这 29 幅插图中读者或许会注意到的两种对比：浓淡笔墨描摹之角色场景的对比；完成与未完成画作之题材的对比。

仔细观察这 29 幅插图，我们将发现，布莱克在描摹基督徒的敌人（亚波伦、虚华集市里的小丑们以及绝望巨人），与描摹天路客的向导和其他属天人物（福音师、扶助、美意、牧羊人、发光使者）时，其笔墨运用对比强烈。前者被赋予结实壮硕、肉体线条粗粝的身躯，后者则表现出某种神异的、非人间灵体的形式。同理，那些诱使基督徒偏离目标、踏入旁门左道的事件，则线条凌厉，轮廓突兀，着色也更浓重，黑沉，更具攻击性，而那些导引他趋近目标地的场景、事件则全然不是如此。

此外，29 幅画中有几幅明显是未完成作，它们是“基督徒武装出行”、“忠信的故事”“虚华集市”“基督徒与盼望渡河”；还有几幅很可能未完成：“忠信殉道”、“基督徒遇见喜乐群山的牧人”“基督徒和盼望到达天门前”。这些图案何以未完成，无可确知，但它们与已完成作品之间的区别，以及某一幅画面内部已完成部分与未完成部分之间的区别，则有规律可循，而这规律恰好应和了已完成作品之间题材上的分别。这分别即：在处理属地人物与事件时，布莱克的画笔与颜料使用往往比处理属天物事时要重。比方，在这组画作中的第一幅“约翰·班扬入梦”，画家将梦者与他的洞描画得十分清晰，包括梦者衣装睡容，洞内、洞旁情景：一片草丛，一头驯服睡狮；可是呈现于洞上方的梦中之景却仅粗略勾勒。同样，29 幅图中最为粗略的显然可算“基督徒与盼望渡河”这幅，人与景皆只铅笔勾勒外廓，兼右侧偏上方一抹颜料，似表示二人渡死亡河时天上欢迎情景的某一片段——天路客人生尽头渡死亡河，以及彼岸天使天军欢迎升天灵魂，这自然非人间眼目或知性所能洞视，未完成画面似并不妨碍这一本需靠完成画面传达之意。“虚华集市”中完成部分与未完成部分也分明可辨：讪笑基督徒与忠信的两个小丑是完成部分，二人肌肉发达，色彩浓艳，表情夸张；基督徒与忠信站在远处十字架下，不过是勾线简略的两个人影。俗世虚华之人的虽实而虚，与“买真理”之天路客的虽虚而实，二者对比实显班扬用意。

有论者道：“布莱克以多样方式再现寓言中的不同成分，借此突显它们之间的迥异性质，也暗示观者，何种行为路径与准则当追循，何种方式与之对立，当撇弃。”（Colle-Bak, 1976：46）不仅如此，整组画作始终如一的强烈的对比性似乎也表明罪恶、诱惑、黑暗与人性的堕落和软弱总是更现实、更贴近肉体、更具威胁与伤害，而天国目标、天路伙伴、属天盼望，必定要借信心的眼目才得看见，恰如希伯来书 11：1 所言：“信就是所望之事的实底，是未见之事的确据。”

最后，布莱克对这些对比性人物、场景和事件特异的艺术处理，也给予“这整个系列以一种超凡缥缈的维度和灵界的光环，而这是他之前的 [绝大部分] 插画者都无法传达的。”（Colle-Bak, 1976：47）换言之，布莱克的《天路历程》意象为读者铺垫了这样一条道路：引他进入文本最本质的灵性层面，从而进一步确定班扬书写与出版这部梦境寓言的初衷：为了传扬“纯正真实的福音内涵”（Bunyan, 1993：xii）；为了让读者“推开幕帘，窥透外表的遮饰，/ 解开我的隐喻”（Bunyan, 1993：190），目光穿越梦境叙事的外围，心灵“从寓言中悟出真理”（Bunyan, 1993：xii）。或许，布莱克对班扬原创寓言的最忠实之处正在于此。

综观上述，布莱克这 29 幅插画，尽管包含未完成画面，其细节、用心与既忠实文本又匠心独运的艺术，对启明班扬寓言与灼照读者阅读，都可谓助益匪浅。在这过程中，布莱克也在践行着班扬笔下的“释道者”（Interpreter）角色：正如在释道者家中，释道者时时“拉起”基督徒的手，引领他看“稀奇而有益的诸事”，同样，布莱克也透过他的画面频频“拉起”读者的手，将寓言文本饱含意味的意象借着他“属天的”灵性的笔触，一一展示在读者面前，从而开启阅读与欣赏者的眼目，去探知这部属灵文本背后深蕴的异象的力量，富藏的“珍奇而有益的东西”（Bunyan, 1993：xi）。

参考文献

[1] Bentley, G. E. Jr. “Flaxman’s Drawings for *Pilgrim’s Progress*.” *Woman in the Eighteenth Century and Other Essays*. Ed. Paul Fitz and Richard Morton. Toronto: Samuel Stevens, Hakkert & Co., 1976.

[2] Blake,William. “A Vision of the Last Judgment” , in *Blake’s Poetry and Designs*. 2rd rev. ed. Eds. Mary Lynn Johnson and John E. Grant. New York and London: W. W. Norton, 2008.

[3] Bunyan, John. *The Pilgrim’s Progress*. Uhrichsville: Barber and Company, 1993.

[4] Colle-Bak, Nathalie. "Spiritual Transfers: William Blake's Iconographic Treatment of John Bunyan's *Pilgrim's Progress*." *Bunyan Studies* 16 (2012): 32.

[5] Damon,Samuel Foster and Morris Eaves. *A Blake Dictionary.* Oxford: Oxford University Press,1995.

[6] *The Heritage Club Sanglass*, IV:15[1942].

[7] Keynes, Geoffrey. "Introduction" to *The Pilgrim's Progress* by John Bunyan. New York: The Limited Editions Club, Inc., 1941.

[8] Winterich, John T. "Introduction" to the 1942 Heritage Press edition. New York: Heritage Press, 1942.

《炼狱之声》中美国意大利族裔性的书写与超越

周南翼 *

摘要: 美国意大利裔文学与文化研究在20世纪90年代才开始兴起。在这个背景下,福兰克·兰特里齐亚的小说《炼狱之声》从文学角度探讨身份属性、族裔性等问题,作者的思考因其前瞻性和小说的艺术性而有许多突破。作者通过主人公罗伯特重新讲述美国犹蒂卡城早期意大利移民的暴力历史,打破犹蒂卡城的族裔地域分割,在一定程度上颠覆族裔研究中惯例使用的方法,即基于寻祖/血统、饮食与家庭、语言、历史故事等元素符号的族裔身份属性界定。在族裔性问题上,小说超越以"差异性"为主的族裔性,更多地从人的心理感受、符号意义和象征意义等普适性角度予以体现:寻根/血统认同是对哲学或存在主义终极问题的一种回答;身份属性是灵活变动和发展的,取决于个人在其所处环境下的感受、自由选择和行动;族裔性的本质应该是人类共有的情感、感受和价值观以不同方式或不同载体表现出来,这些共通之处是族裔间乃至人与人之间建立联系的根基。

关键词: 美国意大利裔小说;福兰克·兰特里齐亚;族裔性;《炼狱之声》

Abstract: American Italian ethnic study did not rise until around the 1990s. In this background, *The Music of the Inferno* by Frank Lentricchia explores such issues as identity and ethnicity. Frank Lentricchia, who has the protagonist Robert retell the history of violence of early Italian immigrants in Utica and break its racial segregation, deconstructs an ethnicity based mainly on such factors as ancestry/blood line, food and family, language, folklore and history. The study of ethnicity shall not be bounded by a focus on the differences from the other, but shall transcend ethnicity in its narrow sense with more focus on its symbolic meaning and on shared human feelings and emotions and values: ancestry/blood line is in essence a more

* 周南翼,厦门大学外文学院副教授,研究方向:现代主义与后现代主义、批评理论。

tangible quest and answer to essential existential questions; ethnicity and identity are dynamic and active, determined both by the environment and the individual's feelings, response, and free choice; an effective ethnic study is one with a focus on how shared humanity and universal values are expressed in different ways and through different vessels, which could be the foundation for connections.

Key Words: Italian American literature; Frank Lentricchia; ethnicity; *The Music of the Inferno*

一、引言

莱斯利·费德勒（Leslie Fiedler）曾经自信地宣称，在20世纪30、40年代，大批美国犹太学者和作家发动或参与了一场“将东欧犹太移民的孩子们从美国文学文化边缘带到中心地位的运动”，使他们得到承认，“被选为整个国家的发言人……向全世界……宣言”，他们的作品成为“经典的一部分”。他们在作品里始终是用“美国犹太人的声音”说话，既有美国特性，又不可避免地具有犹太特质，结果，美国英语、美国人的梦想以及美国的文学历史，都因为美国犹太艺术家和批评家而发生根本改变（Fiedler，1991：ix, x, 14）。可以说，20世纪60年代以来，美国各族裔、社群在多元文化主义中从事类似工作，致力于把众多边缘群体从美国文学文化的边缘带到中心地位，并且已经在悄然改变着美国的文学历史。

但是，美国意大利裔文学文化研究远远滞后于美国黑人文学、华裔乃至亚裔等文学文化研究。弗莱德·加达菲（Fred L. Gardaphé）著书指出，当美国各少数族裔在美国文学殿堂占有一席之地时，美国意大利裔作家的作品尽管不容忽视，却几乎完全被忽视（Gardaphé，1996：7）。20世纪80年代中叶，美国意大利裔文学研究仍是不毛之地（Bona，2009：ix），美国意大利文学得到认可的程度或取得的成功，远不及美国意大利导演的电影（Talese，1994：314）。所幸20世纪80年代末至90年代，美国意大利裔学者开始加入美国族裔活动；福兰克·兰特里齐亚（Frank Lentricchia）的小说《炼狱之声》，是加达菲主持的纽约州立大学出版社美国意大利裔文化研究系列中的一部，可谓“美国意大利人的声音”中的一个音符。

福兰克·兰特里齐亚是美国著名的文学批评理论家和小说家，在诗歌、现代主义、批评理论史等领域的研究颇有前瞻性，他最具影响力的批评著作包括《新批评之后》《批判与社会变革》《精灵与警察：福柯、威廉·詹姆斯、史蒂文生》《艺术的犯罪与恐怖》等。在批评理论盛行前，他就开始涉足批评理论，高唱文学与文学批评的政治作用，以阶级、性别、族裔和文化研究颠覆传统的经典叙事，同时预见美国文化同化进程与多元文化历史渊源之间的矛盾。他的研究引起美国学界的肯定和争议。1992 年，徐孛在著作《批评界知识分子的情景张力：赛义德与兰特里齐亚的文学政治思想》里，将他与赛义德相提并论，新保守派学者则称他为“当代批评理论粗鲁的哈利”。20 世纪 90 年代，当美国批评理论界与新保守派展开热烈辩论时，他以一篇《前文学评论者的最后遗训》，反思文学批评过分政治化的倾向，并开始转向小说创作。至今他已经出版《约翰·克利迪里与刀手》《炼狱之声》《卢凯西与白鲸》《路得书》《安东尼奥尼的忧伤》《意大利女演员》《临时抬棺人：艾略特小故事之谜》等八部小说，在美国评论界引起轰动，但国内外对他的小说也是毁誉参半。1997 年唐小兵在《读书》第七期发表文章《文学批评的经济学》，称他的思想和实践转向是一种经济学，否定其前瞻性；2010 年，托马斯·德皮罗（Thomas DePietro）出版了《福兰克·兰特里齐亚小说论文集》，对他的小说进行主题上的探讨，弗莱德·加达菲在其中一篇论文里评价了《炼狱之声》里的黑帮形象（DePietro，2011：60-74）。

兰特里齐亚将自己的思想融入想象力创作中，研究他如何从文学角度思考身份属性和族裔性等问题，具有重要意义。《炼狱之声》涉及意大利族裔性，本文旨在讨论小说如何表现并在一定程度上颠覆族裔研究中常见的元素符号，弱化并超越以“差异性”为主的狭义族裔性，更多地从人的心理感受、符号意义和象征意义等角度思考族裔性在身份属性中的价值。

二、美国意大利族裔性符号与颠覆

美国犹太文化文学研究是美国族裔研究的先驱，可以为当代美国各族裔研究提供参照。借鉴弥尔顿·高登（Milton Gordon）对象征意义上的犹太性（Gordon，1978：194）和撒母耳·黑尔曼（Samuel Heilman）对美国犹太属性（Heilman，1995：66-67）的论述，可将美国族裔小说里的族裔性归纳为以下主要表征符号：先祖、血统、民族自豪感，移民历史及移民后代现状，语言，宗教习俗，饮食，家庭与生活方式等。雷利指出，所谓族裔文学，是指作者选择在作品里突出族裔性，将人物置身于特定族群里，受社会环境塑造，遭受政治经济权力群体压迫，从所属族群文化中获得价值力量，最终要么被摧毁，要么得以成长（Reilly，1978：4-5）。因此，本文论述的出发点是分析《炼狱之声》的族裔符号，探寻小说人物在族裔背景下的成长轨迹。

《炼狱之声》从许多方面看都像一部追寻身份属性、探索族裔性的小说。小说主要人物罗伯特·塔格利弗是个孤儿，从小被黑人莫里斯·里德夫妇收养，他的族裔性“模糊不定”（Lentricchia，1999：4），但他有意大利人的姓氏和外貌特征，意大利裔格里高利·斯皮纳夫妇才是他精神上的养父母。犹蒂卡小镇的种族冲突和暴力事件使他毫无无归属感；他 18 岁离家出走，在纽约一家书店工作，蜗居在书店地下室阅读，42 年后返回犹蒂卡寻求自己的身份属性和族裔。故事整体上很像成长小说，不同的是，罗伯特的成长阶段几乎被整个切除；在他返回犹蒂卡的 7 天里，他才真正完成成长过程，完成对自我的认识。

小说包含许多美国族裔小说的标志性“符号”，其中之一是讲故事。与美国华裔、印第安族裔等许多族裔文化一样，美国意大利人继承了意大利文化中讲故事的传统，它源于意大利村庄城镇守护地方传统的“历史歌者”，后来渐渐形成丰富的口传文化（Gardaphé，1996：24-25）。兰特里齐亚安排罗伯特讲述犹蒂卡早期意大利移民历史，就是在用讲故事的传统将犹蒂卡意大利裔头脑人物吸引到他身边；他讲历史的目的，是像柯勒律治的“老水手教导你们”知晓“真实历史的真实力量”（Lentricchia，1999：34-35），也就是通过讲述，让被忽视、遮盖、遗忘，或扭曲的过去被听者知晓，引起思考和改变。

但小说呈现的美国意大利裔历史，并不是移民遭受歧视、同化过程中的文化、身份和代际冲突等，兰特里齐亚颠覆了这种书写族裔历史的方式。首先，他突出族裔历史里还可能存在欺凌暴力掠夺等不光彩的一面。罗伯特讲述的是犹蒂卡意大利移民先辈如何通过欺诈、掠夺、谋杀等手段，获得财富和权力地位，这在族裔小说的历史书写中比较少见。再次，兰特里齐亚将新历史主义思想巧妙植入小说，挪用犹蒂卡历史上的真人真事，揭示族裔历史可塑造甚至可篡改的特性。他强调不同族群渐次抵达犹蒂卡，或杀戮征服，或遭受欺负，后来为了自己的目的，编造篡改历史，塑造自己的英雄形象，因此关于犹蒂卡早期历史，有九个不同的亚文化书写了九个不同版本。罗伯特在不同场合出于不同考虑，也讲述了不同版本的意大利移民先祖历史。最后，作者也将后殖民主义思想植入小说，表明犹蒂卡各族群的迁移，本质上是以征服、杀戮、暴力掠夺为主的殖民活动；他们最初受到歧视和压迫，站稳脚跟后，却往往认同并接受强者逻辑，歧视欺凌“他者”和“弱者”。塞巴斯蒂安·斯皮纳代表了曾经遭受压迫、后来得势的犹蒂卡意大利裔，他歧视犹蒂卡黑人和其他族裔，惧怕他们的崛起和反抗力量，经常发表种族歧视言论。

兰特里齐亚在后来出版的批评著作里明确指出：在权力关系中，强势者内心必然潜伏着文化优越感和歧视、偏见，被奴役的反叛者往往会模仿压迫者的行为方式，采用压迫者的文化偏见和暴力形式，因此权力关系的双方都必须摆脱内化的殖民主义价值观，发现自我和再造自己的文化（Lentricchia，2003：119）。在《炼狱之声》里，摆脱内化殖民主义价值观的第一步，是颠覆犹蒂卡意大利裔当权者书写的历史，用霍米·巴巴的话说就是颠覆“以文化霸权施行征服的努力”（Bhabha，1994：45）。罗伯特的讲述，破坏了以斯皮纳为代表的尤蒂卡意大利裔首脑的“血统自豪感”，或族裔自豪感。所谓血统或族裔自豪感，是基于家族、民族或种族的自豪感。斯皮纳的血统自豪感里含有强烈的种族偏见，很接近威廉·撒默（William Summer）所说的民族中心主义（ethnocentrism），即自己所在人群乃是一切的核心，是定位和衡量万事万物的核心，因此“常常导致骄傲、虚荣、信奉自己所属群体的优越性，鄙视外来人”（转引自 Merton，1996：248）。在《炼狱之声》里，倾听故事的人最终不得不承认，犹蒂卡意大利裔的所谓优越性背后，隐藏着欺骗和犯罪史，散发着“臭味”（140）。

除了意大利族裔历史书写，兰特里齐亚还颠覆了美国意大利裔作品里树立的家庭与父亲形象。早期意大利裔文学作品（约20世纪30至40年代）描写的是“诚实、勤劳的意大利移民家庭”，联合起来对抗充满敌意的异族世界，到了20世纪60年代至70年代就变成“不惜手段获取足以掌控环境的力量”的家庭意象（Gardaphé，1996：86）。兰特里齐亚在小说开头描写格力高列·斯皮纳夫妇，刻画了具有“足以掌控环境的力量”的家庭意象，对罗伯特充满吸引力。但在罗伯特返回犹蒂卡时，组成意大利裔核心圈的成员是：充满种族仇恨的塞巴斯蒂安·斯皮纳，切索医生和阿约伯教授两个老单身汉，丧妻的艾利克斯，意大利裔家庭意象完全缺失。此外，小说里还出现美国意大利文化的一个重要父亲形象：黑手党传统里的教父。根据加达菲所述，教父在意大利家庭秩序中处于第二层级的地位：值得信赖，有能力保护家族成员，指导和帮助教子成长，化解困难；教父在20世纪70年代演变为“英雄式”黑手党教父形象，勇气与荣耀兼备，忠诚于家庭，保卫家族。《炼狱之声》描写了黑手党教父约瑟夫·帕特诺斯特拉，他表面上风光无限，掌握生杀大权，其实暗藏着懦弱耻辱的过去，最后由罗伯特讲述出来，颠覆了黑手党“英雄式”教父形象。

兰特里齐亚还对族裔小说常用的饮食元素进行了戏仿。饮食被认为是美国意大利裔身份属性——也是许多族裔身份属性——的重要组成部分。所谓美国意大利裔饮食，是美国意大利移民在新环境下逐渐形成的饮食习惯，曾经“塑造了意大利裔身份属性”，“体现一种独特形式的家庭生活及亲密关系”，是美国意大利裔集体身份属性的象征符号（Cinotto，2013：3）。《炼狱之声》多处详细描写意大利裔食品、烹饪和盛宴，罗伯特本人对意大利菜肴及烹饪如数家珍，但他同时又是个厌食症患者；他在犹蒂卡盛宴上讲故事，让意大利裔食客们大倒胃口。兰特里齐亚采用了意大利裔饮食符号，却消解了它在身份属性中的重要性，表明所谓意大利裔饮食在意大利族裔身份中的重要性，其实也是一种社会和历史建构。

另外一个族裔身份属性的符号是语言。小说里出现一些意大利词语，但它们是支离破碎的，甚至被意大利裔移民后代们遗忘了。具有讽刺意味的是，唯一关注意大利语的是族裔身份模糊的罗伯特。意大利语言被抛弃的另一个表现，是意大利人为同化而修改自己的姓名。盖·塔利斯曾撰文指出，20 世纪 50 年代，一些意大利裔作家为了让出版商和读者接受他们，把自己的意大利名字改成盎格鲁 - 撒克逊式名字（Talese，1994：316）。在《炼狱之声》里，罗伯特对他的意大利姓氏进行词源考，追寻它为适应环境而发生的拼写变化，证明拥有这个姓氏的，不仅有意大利人，还有其他族裔的白人和黑人。这个姓氏的流变，暗示了同一血统的人四散迁移变化的现象。

综上，兰特里齐亚通过重述犹蒂卡意大利裔早期移民历史，通过颠覆家庭和父亲形象、饮食和语言等重要的族裔性“符号”，表明罗伯特与其说是寻求意大利族裔属性，不如说是打破所谓族裔属性带来的分割。如他所说，他来是为了破坏，为了打破意大利裔建立的壁垒。讲故事，以黑人身份购买斯皮纳的房产，都是罗伯特打破犹蒂卡族裔地域分割的具体行动。

三、超越族裔性

一直以来，族裔性的形成或研究，关键在于族裔与他者（包括主流文化和其他族裔文化）的区别。美国的族裔小说及其研究诞生于文化冲突：族裔群体作为白人盎格鲁 - 撒克逊新教主流文化的“他者”，为了对抗来自主流文化的歧视和边缘化，提倡多元文化主义，努力突出本族群的独特性，它有别于主流文化，最终也有别于其他族群文化。但针对多元文化主义，美国学界也出现质疑的声音。艾伦·布鲁姆（Allan Bloom）在《论美国思想的封闭》里认为，多元文化主义消解西方传统文化的中心地位，破坏美国传统的核心价值观，导致文化相对主义和狭隘民族主义，加剧美国内部不同群体的政治纷争，造成国家分裂与种族间不和。塞姆尔·亨廷顿（Samucl IIuntington）在《我们是谁？》中指出，强调族裔独特性的做法，割裂了国民同一性。兰特里齐亚在《炼狱之声》里也发出反思和质疑的声音。小说主角罗伯特始于渴求意大利裔身份属性，最终却不认同犹蒂卡意大利裔。可以说，小说已经超越了“追寻族裔性”。

兰特里齐亚似乎预见到，过分强调族群差异性容易激发族群间矛盾，遮蔽一些值得关注的问题。一方面，作为移民群体的犹蒂卡意大利裔变成犹蒂卡的主流群体，他们的政治权力和话语权，正是建立在与他者（即其他族裔）不同的血统、民族或种族自豪感上。另一方面，犹蒂卡其他族裔群体受到歧视，发展受到压制，一些愤懑者采用暴力手段表达不满，这恰好对应了霍弗的说法：受压迫、贫穷潦倒的人群，更容易投身到致力改变社会的暴力活动中（霍弗，2011：

228-230)。犹蒂卡愤怒者改变社会的策略是反种族歧视，矛头直指有钱有势的意大利裔。1979年，赫伯特·甘斯(Herbert Gans)在分析20世纪60年代族裔活动时揭示了这类矛盾冲突的根本：中产阶层比贫民阶层的移民更容易同化，族裔性成为贫穷移民谋求生存和发展机会的政治策略，他们把族裔性和族裔组织视为对抗社会不公的心理和政治防御武器(Gans，1979：195)。从这个角度看，美国多元文化主义不仅是文化/种族平等权利之争，更是阶层之争；它并不仅限于贫民阶层，中产阶级的族群在上升通道受阻时，也会通过文化策略表达阶层间矛盾。难怪有学者认为从差异性角度审视族裔和文化会收效不佳，担心"多元文化主义过分强调文化和身份属性问题，使人们的注意力偏离经济公正和性别平等等其他重要的问题"(Nordin，2013：xix)。兰特里齐亚显然看到族裔/种族冲突背后的阶层分化和经济利益问题。

正因为如此，兰特里齐亚将激烈的族裔冲突放置在尤蒂卡经济衰退的年代。亚历山大·托马斯(Alexander Thomas)的著作《歌山的阴影下》印证了小说描写的那段历史：20世纪50至80年代，犹蒂卡经济不振，阶层间冲突增加，激化族裔问题，反过来族裔矛盾又加剧阶层间冲突。兰特里齐亚笔下的犹蒂卡犹如微缩版美国：移民不断涌入，多种族裔混居，各个族群争取权力、权利和利益，族裔压力激增，社会动荡不安。这似乎预示了多年后，全球资本流动，跨国移民流动，经济与文化冲突加剧，世界各地暴力事件频发，对多族裔多种族如何和平共处提出了预警。齐泽克在13年后出版的《危险梦想的年代》里表达了相似观点："多元文化主义的争议已经是关乎主流文化的争议；它不是不同文化之间的争议，争议在于不同文化应该怎样和平共处、怎样才能和平共处，在于这些不同文化要想和平共处，必须共同遵循怎样的规则和做法。"(Žižek，2012：45)兰特里齐亚以犹蒂卡为写作蓝本，不仅颠覆了常见的族裔性符号，而且探讨了多族群、多文化和平共处的可能性和基本原则。

兰特里齐亚从许多层面弱化族裔与所谓他者的差异性。他借用意大利姓氏的流变故事，暗示所谓不同血统或不同族裔，其实拥有"共同的源头"(Lentricchia, 1999：106)，说明所谓族裔性，是族群随时间流逝和空间迁移散居、受到不同环境塑造而有所不同，是动态发展和变化的，正如费舍指出，"是经过一代又一代的每个个体再造和再解释形成的……族裔性不是简单地靠代代相传、口传身授和学习得到的；它富有活力，常有变化……"(Fischer，1986：195)。许多学者不仅看到族裔性的动态特征，而且看到它背后文化与文化之间的交互影响关系，指出所谓"维护少数族裔文化"，有可能会导致"静止的文化，限制其成员，使之不能完全融合到主体文化中，因此被剥夺跟其他文化进行有意义交流的机会"(Nordin，2013：xix)，反之，强调族裔性的动态发展特点，有助于不同族裔间的交流和沟通。

兰特里齐亚既注意到族裔性的动态发展变化，又突出族群间沟通交流的根本是人类普适的价值观和共通的情感感受。他为罗伯特设置模糊的族裔，表明族裔性只是个人多重属性的一部分。小说没有渲染莫里斯的所谓"黑人形象"，却突出他的父亲形象，突出他是借"行为"而非借血缘关系做了父亲（Lentricchia, 1999：151）。他不仅收养了意大利或 / 及黑人血统的罗伯特，也照顾失去父亲的白人孩子达里尔。罗伯特承继了这个借"行为做了父亲"的任务，并将之传给艾利克斯及其女友石南·法克斯顿。艾利克斯秉承"好的撒玛利亚人"（27）的好客接纳传统，法克斯顿的姓氏取自犹蒂卡实际存在的一家孤儿院，象征着收留、善心、治愈和希望。这些情节安排表明，这里的父亲角色或身份属性只关乎人，并不关乎族裔；血统和族裔概念造成隔断，借"行为做了父亲"的收养行为则是多元文化和多族裔间联系交流的纽带（107），并且它是一种广义上的收养，包含接纳、照顾、收留、收养和行善等概念。

罗伯特追寻族裔性的渴望不仅与寻父、收留 / 收养的概念联系在一起，而且很接近更具普遍意义的寻家、回家的渴望。当罗伯特追问"我的父亲是谁"时，莫里斯回答："我。你是我迷失多年、戴着枷锁的儿子。欢迎回家，孩子。"（111）"戴着枷锁"来自罗伯特的意大利姓氏，本意是"切刀"，引申为"砍断历史枷锁的人"，因此，"戴着枷锁的儿子"寓意罗伯特受困于血统 / 族裔的枷锁不能自拔；回家，或许可以帮助他砍断历史的枷锁。显然，兰特里齐亚与其说在书写族裔身份认同主题，倒不如说是书写回家主题。

然而，寻根 / 血统、追寻族裔性很可能不仅是对家的追寻。在罗伯特的渴望里，隐藏着一种更深刻的追问，即人对自己身份属性的一种存在主义式探寻，是人类追问"我是谁""我从哪里来""我将到哪里去"等终极问题的现实版本，换言之，就是人采用寻父寻根等有限的、具体可见的途径回答终极问题。兰特里齐亚在小说题献里引用梅尔维尔的《白鲸》："我们的灵魂深处就像孤儿，母亲未婚生子，死于生产：生身父母的秘密被他们带进坟墓，要等我们进坟墓才会知道。"这就将人对身份属性的追寻，与灵魂深处的孤独感联系在一起；灵魂在世上不断探寻，其具体可观的一个表现形式，就是在血统里寻找依靠和认同，追寻父亲、先祖并与之认同。正如高登所说，人喜欢归属于某个群体，认同"某个血统组成的同胞群体，这个群体小于全人类，而且常常小于国家"（Fischer, 1978：25）。但兰特里齐亚将"我是谁"的追问从族裔性引向存在主义，让人的身份属性超越了族裔性。小说预设罗伯特的族裔属性不明，苦苦追寻而不得，正对应人类至今无法满意回答"我是谁"的问题。

罗伯特固然带有某些族裔"符号"，但他突破族裔性的限制，成为受到多种因素影响塑造的个体。如果个人仅仅是某个族裔的成员，身份属性建立在狭隘的族裔观上，“个人会受到限制，无法超越族裔或文化群体之外寻求自己的身份属性”（Nordin, 2013：162）。相反，罗伯特是在美国环境里，受美国文化与意大利族裔文化影响，在与多族裔及其文化的交流碰撞中形成的主体。塑造他身份属性的因素主要有两大类：一是包括家庭、族裔与社会等在内的环境，二是个人的自我、自由选择与行动。一方面，兰特里齐亚强调罗伯特在自我的渴望与环境的挤压两者的冲突中成长，这种冲突因为“我是谁”之问而变得格外激烈。他感受到犹蒂卡族裔混居的环境对他产生迫压，受困于血统 / 族裔的枷锁，后来又像陀思妥耶夫斯基《地下室手记》里的地下人一样，受困于纽约书店地下室里的自我。另一方面，兰特里齐亚强调人是自由选择和行动塑造的：罗伯特选择逃脱犹蒂卡的狭隘族裔分割，后来又走出自我的“地下室”，返回犹蒂卡，通过讲述历史，促使犹蒂卡人审视自己的生活，最终他自己也超越对族裔性的追问。兰特里奇亚将罗伯特逃离的渴望和行动，扩展到包括清教徒在内的任何移民逃离本土、对新世界和自由的渴望。对于移民来说，更广阔的新空间是新大陆；对于罗伯特来说，塑造他的重要环境因素，是英语语言和他研读的西方经典。可以说，罗伯特每次都在逃离狭隘的空间（如族裔性），进入更广阔的新空间。

然而，兰特里齐亚使用地下室人的意象，表明狭隘的空间甚至包括自我，只有挣脱、突破自我的枷锁，才可以进入真正广阔的新空间。突破自我的关键在于与他人建立联系，因此，兰特里齐亚讲述了逃脱和建立联系两个互相矛盾的渴望。罗伯特选择了反抗和逃离，成为独立的自我；但他又指出，自我容易陷入自恋，无限膨胀，发出饥渴的嚎叫，这就是“炼狱之声”（Lentricchia, 1999：193）。这不仅暗示在纽约地下室，罗伯特认识到自我的受困与嚎叫，并且暗示某个族群的人如斯皮纳对族裔血统和历史持有偏执的自豪感，也是某种自我迷恋和自我膨胀。罗伯特努力逃离自我的囹圄，最终选择回到犹蒂卡，与他过去的族裔经历建立联系。

族裔性本质上是流动变化的，而族裔性的成长发展变化，近似个人的心理成长发展变化。移民族群在其所在的移入文化里，以模仿、寻求认同开始，到追寻自己的独特性，再到如何与他者和谐共处，是一条发展变化的漫长道路。小说《炼狱之声》超越以“他者”和“差异性”为主的族裔性，突出族裔间乃至人与人之间的联系；而联系的根本，是人类共有的情感和价值观。这个思想在后来一些学者提出的跨文化主义概念里得到了应和，他们认为，“所谓跨文化主义是根植于这样一种追求：跨越文化与文化之间的边界，界定共享的利益和共同的价值观”（转引自 Nordin, 2013：161）。在《炼狱之声》里，艾利克斯先祖、莫里斯、罗伯特、艾利克斯等人的故事共有收留收养行善的主题，接纳、回家和善心是跨越族裔，与他者建立联系的共同价值观。

四、超越族裔性的文学艺术家

首先，作为美国意大利移民后代的作家，兰特里齐亚会在两种力量间平衡和选择：一个是在祖先、族裔中寻根，另一个是自由选择和自我塑造。正如维尔纳·索罗斯（Werner Sollors）指出，“出身”决定了人继承的秉性天赋和权利义务，后天因素则决定人是否成为成熟自由的能动者，以造就自我和命运。（Sollors，1986：6）因此，兰特里齐亚的意大利血统和父母家庭等“出身”固然是多重身份属性的一部分，但造就他独特自我的重要因素，是特定美国历史背景下的成长经验，包括阅读、经历、做出的选择和行动。对于作家的族裔性问题，索罗斯也说，“族裔性就这样在当代美国不断得以重新创造……族裔文学史应当让我们更了解不同背景的作家之间的文化互动和交流，更了解美国的文化整合和消褪，要做到这一点，必须明白，把作家归类为某族群成员是非常不全面的做法，并非长久之计，或至少是非常不充分的归类”（14-15）。这个观点完全适用于兰特里齐亚：他关注的，远不止是族裔性问题。

但另一方面，族裔性毕竟帮助传达作者诸多细腻的情愫，心照不宣的领悟，和感知事物的别样视角。小说最末近似跋的一小段文字题为《一位逃脱大师的哀歌》，写的是一个“怀旧的作家，很久以前就逃了”，离开他在犹蒂卡作“园丁”的移民父亲（Lentricchia，1999：217），这显然暗指兰特里齐亚自己这位逃脱已久并受西方经典熏陶的作家。费舍认为：“族裔性是身份属性里根深蒂固的情感成分”，“很难压制，或者说很难回避”（195），从少数族裔家庭出来的作者从过去的传统中，可以发掘宝贵的文化资源，经过重塑后为现在赋予更丰富多彩的内容。因此，读者面前是一个“逃离”意大利族群，却逃脱不了意大利族裔，乃至多族裔混居记号的兰特里齐亚，从其独特的视角，描写个人在族群里成长的心理感受，审视他在逃脱很久后的怀旧情绪，形成一部具有多重思考的作品。雷利也说，“研究作品时，首先要认定作品乃是表达了作者的认知取向，这种研究方法才能充分解释族裔文学。族裔性是众多取向中的一个恒量，但它是多样的，受限于来自作者的多种因素，如性情、对社会和个人关系的看法、自我形象，以及对自然界和社会运作的看法”（Reilly，1978：12）。雷利固然是指不同族裔作家的认知取向不同，会对其用以传达族裔性的参数产生影响，但也可以认为，作为文学艺术家的作家，在作品里必然会选择使用什么元素、是否表达以及怎样表达族裔性。

其次，文学艺术家具有独特的个性自我和丰富的想象力，富于创造性，必会打破许多禁锢，包括与群体认同的族裔身份属性。按照霍弗的说法，他们不会用团体掩盖自己的渺小，因为作家拥有强大的自我、自由的创造力和想象力，创造出许多新的事物（霍弗，2011：71）。他们的思考，可能会超越“比人类小”的群体性，在广阔和充满无限可能的人类群体性里找到认同。这种特质，注定他们最终一定会超越狭隘的族裔群体，关注人的问题，覆盖更具普遍意义的主题。正如索罗斯所说，所谓族裔写作也在不断成长，从讲述移民开始，“从非虚构到虚构……从简单到复杂……从‘眼界狭隘’的边缘地位到具有‘普世意义’的重要地位”。（Sollors，1986：241）最终，所谓族裔性，应该是人类共有的情感和价值观在不同视角下被审视，并以不同方式、声音或载体表现出来，包含作家独特的视角、细腻的情愫及思考。

最后，《炼狱之声》的文学性决定它有别于文学研究和族裔研究。雷利说，“族裔文学不是族裔学，也不是政治学，我们只能说，想象力性质的族裔写作会有助于描述文化，会合理地宣扬政治观点”（Reilly，1978：12），换言之，文学小说既然不是社会学抑或族裔学作品，作者可能会敏锐地发现社会问题，描写人物的困惑或困境，但不一定能够也不必提出解决方法。因此在《炼狱之声》里，罗伯特最终二次逃离犹蒂卡。他个人寻求心理治疗后得到解脱了，至于犹蒂卡的社会问题或种族问题，小说描写了学院文人阿约伯沉默式的合谋（Lentricchia，1999：94），也描写了“读书和记录人”（172）罗伯特以讲故事改变现状的理想和无奈。此外，兰特里齐亚通过罗伯特和艾利克斯对小说情节的讨论指出，如果小说采用“情节主导”的方式，用计谋手段杀死斯皮纳或败坏他的名声，就会写成一部“低俗小说”“廉价小说”（166）。同样，小说也不肯落入族裔批评理论的话语体系，写出诸如犹蒂卡的意大利裔得了教训、黑人庆祝黑人文化胜利之类的“通俗小说”结局（171）。因此，最终主角罗伯特逃脱了《炼狱之声》的文本，小说的结尾充满了不确定性。

五、结论

福兰克·兰特里齐亚采用讲故事的方式讨论族裔性，在一定程度上颠覆了族裔研究中惯例使用的方法，即基于寻祖/血统、饮食、语言、历史故事等元素符号的族裔身份属性界定。这种做法弱化了所谓族裔性，即弱化族群与“他者”文化的差异，表明小说中的罗伯特与其说是寻求意大利族裔属性，不如说是打破所谓族裔属性带来的分割。小说超越了狭义的族裔性，更多地从人的心理感受、符号意义和象征意义等普适性角度思考它。首先，族裔/血统认同是对哲学或存在主义终极问题的一种回答，即，采用寻父寻祖寻根等有限的、具体可见的途径回答终极问题。罗伯特追寻族裔性的渴望是寻父的渴望，更是追问"我是谁"和回家的渴望。其次，身份属性是灵活变动和发展的，取决于个人在其所处环境下的感受、自由选择和行动。小说里的罗伯特固然带有某些族裔"符号"，但更是在广阔的美国环境中受到美国文化影响、在美国社会里意大利族裔与多种族裔的交流碰撞中形成的一个主体，他在自我的渴望与环境的挤压两者的冲突中成长，受困的自我不断抗争，通过自由选择选择逃脱，在更广阔的新环境里接受环境对个人的塑造，最终寻求突破自我，进入更宽广的空间，与他人建立联系。最后，超越以差异性为主的族裔性，族裔性的本质应该是人类共有的情感、感受和共同价值观以不同方式或不同载体表现出来。对于兰特里齐亚而言，族裔性可能更多意味着个人在某个族群里成长的心理感受，是身份属性里根深蒂固的情感成分。兰特里齐亚作为艺术家，富于个性自我，以其丰富的想象力、创造性追求自由，超越狭隘的族裔身份属性，获得对更广阔的、充满无限可能的人类群体的认同；同时，小说的文学性质也决定了它超越狭隘的族裔性，覆盖更具普遍意义的主题。

参考文献

[1] 埃里克·霍弗:《狂热分子：群众运动圣经》，梁永安译，广西：广西师范大学出版社，2011 年。

[2] 唐小兵:《文学批评的经济学》,《读书》1997 年第 7 期。

[3] Bhabha, H. *The Location of Culture.* London: Redwood Books, 1994.

[4] Bloom, A. *The Closing of the American Mind.* New York: Simon and Schuster, 1987.

[5] Bona, M. J. *By the Breath of Their Mouths: Narratives of Resistance in Italian America.* Albany: State University of New York Press, 2009.

[6] Cinotto, S. *The Italian American Table: Food, Family, and Community in New York City.* Urana, Chicago, and Springfield: University of Illinois Press, 2013.

[7] DePietro, T., Ed. *Frank Lentricchia: Essays on His Works.* Toronto: University of Toronto Press, 2011.

[8] Dostoyevsky, F. *Notes from the Underground.* Mineola, NY: Dover Publication Inc., 1992.

[9] Fiedler, L. Preface. *Fiedler on the Roof: Essays on Literature and Jewish Identity*. Boston: David R. Godine, Publisher, Inc., 1991.

[10] Fischer, M. J. "Ethnicity and the Post-Modern Arts of Memory." *Writing Culture: The Poetics and Politics of Ethnography.* Eds. James Clifford and George E. Marcus, Berkeley: University of California Press, 1986.

[11] Gans, H. "Symbolic Ethnicity: The Future of Ethnic Groups and Cultures in America." *On the Making of Americans: Essays in Honor of David Riesman*. Eds. Herbert J. Gans et al. Philadelphia: University of Pennsylvania Press, 1979.

[12] Gardaphé, F. L. *Italian Signs, American Streets: The Evolution of Italian American Narrative.* Durham and London: Duke University Press, 1996.

[13] Gordon, M. M. *Assimilation in American Life: The Role of Race, Religion, and National Origins.* New York: Oxford University Press, Inc., 1978.

[14] Heilman, S. C. *Portrait of American Jews: The Last Half of the 20th Century.* Seattle & London: University of Washington Press, 1995.

[15] Huntington, S. P. *Who Are We: The Challenges to America's National Identity.* New York: Simon & Schuster, 2004.

[16] Lentricchia, F. *The Music of the Inferno.* Albany: State University of New York Press, 1999.

—, *Crimes of Art and Terror.* Chicago: The University of Chicago Press, 2003.

[17] Merton, R. K. On Social Struc*ture and Science.* Chicago: University of Chicago Press, 1996.

[18] Nordin, I. G. et al. *Transcultural Identities in Contemporary Literature.* Armstdam & New York: BrillRodopi, 2013.

[19] Reilly, J. "Criticism of Ethnic Literature: Seeing the Whole." *MELUS* 5.1 (1978): 2-13.

[20] Sollors, W. *Beyond Ethnicity: Consent and Descent in American Culture.* New York: Oxford University Press, 1986.

[21] Talese, G. "The Italian-American Voice: Where Is It?", *American Identities: Contemporary Multicultural Voices.* Eds. Robert Pack and Jay Parini. Hanover and London: University Press of New England, 1994.

[22] Thomas, A. R. *In Gotham's Shadow: Globalization and Community Change in Central New York.* Albany, NY: State University of New York Press, 2003.

[23] Xu, B. *Situational Tensions of Critic-Intellectuals: Thinking through Literary Politics with Edward W. Said and Frank Lentricchia.* New York: Peter Lang, 1992.

[24] Žižek , S. *The Year of Dreaming Dangerously*. New York: Verso, 2012.

[项目信息：本文为2014年国家社科基金一般项目“福兰克·兰特里齐亚的文学观与小说创作研究”（14BWW036）的部分研究成果]

玛雅·安吉洛对生命书写的创新意义：评安吉洛的自传《我知道笼中鸟为何歌唱》

江春兰*

摘要：安吉洛的生命书写即她的自传《我知道笼中鸟为何歌唱》，一方面传承了美国黑人自传的优秀传统，追寻和建构民族自我和个体自我身份；另一方表现了她面对黑人自传传统做出了可贵的超越：借助叙述者的视角，描绘一幅黑人社区群像，修正并颠覆了黑人女性被扭曲的老套形象，为黑人女性重新定义和命名。安吉洛表现了积极乐观主义精神，初步探索了民族融合的可能性。在叙事策略上，作者和叙事者两种视角交替切换，并揉入小说的叙事技巧。

关键词：生命书写；黑人自传传统；传承和超越；身份建构；修正和颠覆

Abstract: Maya Angelou's life-writing *I Know Why the Caged Bird Sings* inherits the great tradition of American black autobiography, pursuing and constructing the racial and individual self. At the same time, it also shows the following creative breakthroughs: with the narrator's perspective, Angelou creates a collective portrait of the black community, revising and subverting the distorted and stereotyped images of black women, giving a new definition to black women. Angelou shows optimism in the autobiography and also explores the possibility of racial integration. As for the narrative technology, Angelou alternates between the author and the narrator and also adopts some fictional writing strategies.

Key Words: life-writing; black autobiography tradition; inheritance and transcendence; identity-building; revising and subverting

一、引言

美国黑人女作家玛雅·安吉洛（Maya Angelou，1928—2014）多才多艺，在写作、表演和社会活动等多个领域表现出色。她最大的成就是《以我之名相聚》

* 江春兰，厦门大学外文学院副教授，研究方向：美国文学。

《女人心语》等自传六部曲。在这六本自传中，最负盛名的是她的第一部自传《我知道笼中鸟为何歌唱》。

安吉洛在美国文学史上占有重要地位，受到美国文学评论界的高度重视。威廉·L. 安德鲁斯在他的文章《美国黑人自传诗学》中提到，安吉洛的《我知道笼中鸟为何歌唱》和弗列德里克·道格拉斯的《弗列德里克·道格拉斯的生平自述》、理查德·赖特的《黑孩子》、布克尔·华盛顿的《力争上游：布克尔·华盛顿自传》、马尔科姆·利特尔的《马尔科姆·利特尔自传》被称为美国黑人五部经典自传（Andrews，1989：81）。有关安吉洛的重要论著很多，如 D. 麦克弗森的《从混乱走向秩序：玛雅·安吉洛的自传作品》（McPherson，1990）。这些论著从主题和形式多角度对安吉洛的自传，尤其是第一部自传进行阐述，确定了安吉洛自传在美国文学中的重要地位。但在中国，对安吉洛的文学批评刚起步不久，留下很多的空白。本文拟通过梳理美国黑人自传的传统和特征，阐述安吉洛的《我知道笼中鸟为何歌唱》对美国黑人自传传统的继承和创新意义。

二、美国黑人自传的传统

自传是西方学者所称“生命书写”的一个组成部分。生命书写“是一种包含文献或者文献碎片的文类，直接取材于生活，或者完全源自作家的个人经历。文本既包括虚构的也包括非虚构的，都是因为对生命或者自我的观照而关联在一起的”。（Kadar，1992：29）自传这种生命书写方式是美国文学重要的组成部分，从十八世纪富兰克林自传问世以来一直不断发展。十九世纪以来，黑人自传渐露头角。黑人作家正是运用这种生命书写方式揭示自己被奴役、被压迫的生存状态，追寻和建构自己的身份。自传者写作的其中一个目的就是证明身份、建构身份，因为“身份是自传者写作的起点，也是其文本的归属”（杨正润，2009：319）。

白人自传沿袭的是忏悔模式，强调个人主义，传主对自身的生活经历和人生价值进行深入的思考和反省。黑人自传最重要的传统则是它的政治意识。黑人自传是被边缘化的黑人发出自己声音的武器，它揭示奴隶制的残酷，抨击白人主流文化强加给黑人的种种压迫和剥削，宣告黑人应该享有的平等的生存权利和自由。黑人自传早期的主要形式是奴隶叙事，为美国黑人追求平等、反对种族歧视提供了一种自我表述、自我解放的新途径。对政治意识的强调是奴隶叙事流传下来的传统。后来的黑人自传沿袭了奴隶叙事的主题，即对人类枷锁的深恶痛绝和所有生命对于自由的渴望（Bontemps，1969：xviii）。这个主题在后来的黑人自传中一再出现。

在黑人自传中，个人的声音总是和集体的声音混合在一起。个人的自我和整个民族的自我融合在一起。自传写作的目的不是对个人成就的歌功颂德，而是为了证明并揭露他们种族所遭受的社会压迫。弗朗茨·法农在他的著作《黑皮肤，白面具》和《地球上不幸的人们》中，用后殖民主义的思想把黑人定义为"他者"。长久以来欧洲学术界一直认为，拥有书面语言是成为优越民族的一个象征，是在文化和智力上优于其他民族的一种证明。在白人看来，黑人是最低等的人类物种，没有自己的文明和艺术，是未开化的劣等民族，注定要沦为奴隶。正如评论家塞尔文·卡德舟所说，"白人主流社会的主要罪行是试图把黑人置于无能为力、一无所有的境地中 。"（Cudjoe，1990：288）所以黑人自传作家的使命就是驳斥并解构这个白人霸权话语强加给他们作为"他者"的身份，而建构真正属于自己民族的身份。"强烈的自我意识和自我探索、自我表现的愿望，这就是自传冲动，是自传写作的必要前提。"（杨正润，2009：307）面对白人霸权主义思想的肆虐横行，黑人为了驳斥白人的偏见和谬论，产生强烈的自传冲动，他们利用自传这种生命书写方式来证明他们是并不低劣于任何种族的人，以此建构黑人的民族身份。《弗列德里克·道格拉斯的生平自述》《黑孩子》以及《我知道笼中鸟为何歌唱》等经典自传都不无例外地对黑人民族身份进行不懈的探索。为了构建自己的民族身份，黑人自传探索了对抗主流文化话语的各种途径和策略，其中发现文字力量的重要性。自传写作有力地驳斥了白人认为黑人是劣等人种的谬论，成了美国黑人重新命名自我身份的重要途径和有力武器。

三、安吉洛对黑人自传传统的继承

作为五部黑人自传经典之一，安吉洛的《我知道笼中鸟为何歌唱》传承了黑人自传书写的重要传统。这主要体现在这本自传是黑人女孩玛雅这只"笼中鸟"探索自由之路的颂歌。在探索自由的过程中，在攻克命运种种障碍的艰苦过程中，叙述者玛雅的民族身份和自我身份得以构建；面对白人主流文化的压迫，黑人使用各种策略奋起反抗，文字、诗歌、吟唱等也成了打破囚笼、构建身份的重要武器。

本书的书名《我知道笼中鸟为何歌唱》揭示了该自传追寻自由的主题。笼中鸟这个意象就是指在白人文化霸权主义占统治地位的美国，作为"他者"的黑人就好像是被囚禁在牢笼中的鸟儿，失去自由，饱受摧残。在20世纪30年代的南方，虽然奴隶制已经被废除，但是种族隔离现象严重，黑人仍然遭受压迫和剥削，身心仍然饱受奴役和迫害。作者通过描述南方黑人小女孩玛雅的成长经历，揭示了黑人在种族隔离制度下遭受的各种歧视和面对这种困境的无能为力，探索如何挣脱强加在黑人身上的社会、经济以及其他各个方面的枷锁，从而获得最终的解放和自由。该自传是一段从牢笼走向自由的旅程，是一首追寻自由的颂歌，这沿袭了奴隶叙事的母题。在奴隶制废除后，黑人仍然在为摆脱白人社会强加给他们的各种枷锁，争取更多的权利和自由而努力。

自传的第一章，作者就表现了玛雅的身份危机，尤其是种族身份危机。身为黑人女孩，玛雅却梦想着自己能够成为一个有着白皮肤，金黄头发的白人女孩，并且让所有的黑人都羡慕她。她厌恶自己的外表，觉得自己被囚禁在一个“丑陋的黑色的梦境”里。玛雅对于自己肤色和外表的自我厌恶其实是很多黑人女性的心理状态。作为种族主义的牺牲品，黑人女性很难建构一个积极的自我形象，她们的自我形象通常是消极的（Blackburn，1980：143-144）。玛雅对于自己的种族身份的抵触和厌恶表明：白人霸权主义文化成功地把他们的霸权思想内化为黑人自己的思维意识。宝莉·穆蕾（Pauli Murray）指出：“压迫制度从受害者的默认中获得了很大的力量，这些受害者已经接受了主流文化对于她们自己的形象刻画，且被一种无助感所麻痹”（周春，2006）。奴隶制给黑人留下的精神创伤，种族隔离制度下黑人所面临的生存状态，很容易让黑人产生自己低人一等的感觉。在《我知道笼中鸟为何歌唱》里，这样的例子比比皆是，比如黑人经常处于提心吊胆的状态中，担心遭受白人的私刑惩罚，以及白人牙医拒绝给玛雅医治牙齿等等。在这种状态下，黑人很容易自暴自弃，麻木不仁，迷失自己的身份。这些现象都使得黑人包括玛雅产生身份危机。法侬认为，在黑人自己的“集体意识中，他们也默认黑色就等于丑陋、罪恶、黑暗、不道德。换句话说，黑人就等同于不道德”（Fanon，2008：149）。他认为，黑人成了“文化霸权的奴隶，在成为白人的奴隶之后，黑人自己也成为被自己囚禁起来的奴隶”（Fanon，2008：115）。

没有找到种族身份认同，玛雅就如一叶浮萍无所依托。所以对她来说，构建种族身份认同至关重要。玛雅经过两次的经历艰难地实现了种族身份的认同。首先，玛雅从黑人女性弗莱沃丝夫人身上感受到了做人的尊严，也因此认可了自己作为个人的价值；同时她对自己的种族自我有了认可，认可了作为黑人的骄傲：“只因为她是她自己，她让我感到做黑人很荣耀”（安吉洛，1999：98）。在中学毕业典礼上，一位白人在演说中极尽所能羞辱黑人，玛雅和她的同学以及家长们在悲愤交集中唱起了黑人慷慨激昂的国歌，以此对抗白人的侮辱，激发黑人的民族自豪感和凝聚力。通过这些苍劲有力的歌曲吟唱的洗礼，所有在场的黑人再一次体验作为黑人的荣耀，体验黑人的民族自豪感。在这两次的经历中，玛雅都意识到文字、诗歌和吟唱都是反抗白人霸权主义思想的有力途径。通过这些方式，安吉洛建构了自己的民族身份，为自己是一个黑人而自豪。

此外，安吉洛还探索了其他几种建构民族身份的途径，把黑人的多种反抗策略糅合在该自传里。她说："反抗策略的主题是我作品与生俱来的一个组成部分。"（Tate，1983：7-8）面对严酷的社会环境，黑人社区强大的凝聚力和归属感，黑人家庭的教育是他们反抗白人霸权主义的重要方式。贝尔·胡克斯认为，黑人妇女可以把家庭变为一个自由对抗白人霸权话语的地方，在家里，所有的黑人都可以成为主体，而不是客体，可以从家庭中获取力量，恢复被外界剥夺的尊严（Hooks，1990：42）。此外，安吉洛突出了祖母亨德逊太太一直奉行的"巧妙的抵抗策略"。沃克认为，其特点在于黑人能够在不危害自身生命、自由和贫穷的基础上，利用这个武器保持他们作为人类一员的尊严。这种抵抗方法比起发泄愤怒的情绪，能更加有效地对抗种族主义和种族隔（Walker，2009：173-174）。这种方法被斯蒂芬·巴特菲尔德定义为"最富有尊严的行动方针，沉默的忍耐艺术"。亨德逊太太以及其他大部分的黑人就是用这种"巧妙的抵抗策略"，应对生活中出现的种族歧视，构建自己的种族身份。

当玛雅的种族身份在慢慢明晰、建构的过程中，她作为个人的自我也在成长。经过16年的探索旅程，玛雅从一个充满自我怀疑，甚至充满了自我憎恶感的女孩成长为一个坚强自信的成熟女性和母亲。童年时代的自我贬低感和被遗弃感，被强暴后的心理创伤，被白人歧视的羞辱感，都随着自我身份的明晰而日渐淡化。玛雅成了一个自强自立、乐观开朗，能够掌控自己命运的坚强女性，她不再是白人或者男性眼中的"他者"，而是有自己主体意识的黑人女性。

四、对黑人自传传统的超越

安吉洛的自传《我知道笼中鸟为何歌唱》虽然在很多主题上传承了黑人自传的传统，但在以下几个方面也有所超越。这本自传不仅是叙述者自身经历的记载，也是黑人社区的一副群像。在对该幅群像的描述中，作者对一个特殊的群体进行浓墨重彩的刻画，那就是各种各样的黑人女性。该自传修正、颠覆了对黑人女性形象扭曲的描述，对黑人女性自我重新定义和命名。和其他弥漫着苦难、压抑氛围的自传不同，该自传洋溢着乐观主义色彩，这本自传不是对黑人苦难自艾自怨的控诉，而是一曲探索笼中鸟为何歌唱的颂歌。安吉洛的这种乐观精神和她对全人类怀有的悲悯情怀是分不开的。此外，她对种族的看法并不绝对，初步展望了不同民族融洽相处的可能性。

勒热讷认为，"当某个人主要强调他的个人生活，尤其是他的个性的历史时，我们把这个人用散文体写成的回顾叙事称作自传。”（勒热讷，2001：3）在强调个人的生活经历这一方面，大部分黑人自传作家的作品是与此相吻合的。作者主要通过描述自己个人的经历反映整个族群的命运。比如在道格拉斯和赖特的自传里，他们自己是自传的主角，一切都是围绕着他们自身的生活经历来描述。安吉洛的《我知道笼中鸟为何歌唱》则有所超越，安吉洛并不拘泥于记录玛雅个人点点滴滴的生活经历，玛雅并非是自传里唯一的主角。安吉洛只是借助玛雅这个黑人小女孩的视角，描述20世纪30年代整个黑人社区的生活状况。赵白生认为：“自传作家的主要任务就是呈现两种关系：一、我与别人的关系；二、我与时代的关系。在呈现这两种关系的过程中，他不断地揭示自我。……自传实际上是以自传事实为中心的三足鼎立。”（赵白生，2003：35）在安吉洛这部自传里，这一特点表现明显。在自传里，有几个人物占据很大的份量，比如安吉洛的祖母、黑人社区里力量和慈爱的化身亨德逊太太，坚强开朗又时尚的母亲，多愁善感、相依为命的弟弟，忘恩负义、对黑人充满蔑视的牙医，还有那些忍辱负重被生活的重担折磨的彩棉工人，面对白人的蔑视慷慨激昂唱歌的黑人等等。这一切，构成了一幅黑人社区的群像，作者对那个年代的黑人生存状态的描述和探讨变得更加生动丰满。虽然“自传的内核是自传事实，但传记事实和历史事实也同样不可或缺。它们水乳交融，三位一体，构成了自传里事实的三维性。”（赵白生，2003：32）在一次采访中，安吉洛说：“在写作《我知道笼中鸟为何歌唱》的时候，我并没有太多考虑自己的生活和身份，我思考得更多的是我生活的那个特定的年代，以及那个年代对许多人的生活产生什么样的影响。我一直在思考，那段历史时期是什么样的？玛雅周围的人们在做什么？我把自己当作主人公，作为一个焦点来体现作为一个人是怎么熬过那段日子的。”（Tate，1983：6）因此，玛雅在书中不是绝对的主角，而更像是一个圆心，作者更关注的是这个圆心周围的人在承受什么命运，如何去面对这种不公正的命运。安吉洛正是通过梳理人与时代的关系和自我与他人的关系，体现了这部自传里事实的三维性。

在描述这一群像的过程中，有一个特殊的群体，也就是各种各样的黑人女性形象跃然纸上。作者以此修正、颠覆了扭曲黑人女性形象的描述，对黑人女性自我进行重新定义和命名。黑人女性从“他者”变为真正拥有主体意识的黑人女性形象。这在黑人自传书写中是一个非常重要的突破，开启了黑人女性争取主体意识的新篇章。女权主义者帕特丽夏·希尔·科林斯（Patricia Hill Collins）认为，在美国白人的文学中，黑人女性不是被千篇一律地描写为忠诚温顺的保姆、控制欲很强的女家长，就是被刻画成懒散而不负责任的母亲和善于性挑逗的娼妓。白人主流话语创造出这些形象只是为了强化对黑人女性的压迫。奴隶制时期，作为双重边缘人的黑人女性被剥夺了读书写字的能力，一直处于失语状态，没有机会进行自我表述。那么，在男性自传中的黑人女性形象是否得到修正了呢？遗憾的是，由于受到白人主流文化的价值观的影响，黑人男性话语中的女性形象并没有得到应有的修正和颠覆。相反，即使在黑人文人巨匠的笔下，黑人女性形象和主流话语中的女性想象依然如出一辙。芭芭拉·克里斯汀认为，这种情况甚至在著名黑人作家如理查德·赖特和詹姆斯·鲍德温的作品中也没有例外。赖特在他的自传《土生子》中的黑人女子贝西，在《黑孩子》中提及的祖母和母亲，都被描写成只有模糊轮廓的保姆形象，或者是逆来顺受、痛苦不堪、迷信宗教的女性。在鲍德温的作品中，虽然女性的扮演的角色多样化了一些，但她们都不是作为感情丰富的生动形象来刻画。克里斯汀认为，黑人女性的这些扭曲形象是“种族主义的副产品，是种族主义试图将人降低到非人的一种手段”（Christian，1985：16）。

这些刻板的形象根本不能反映美国黑人女性复杂、真实的生存状态和命运。黑人女性迫切需要寻找一种渠道来进行自我定义，自我命名。自传写作成为黑人女性有力的武器来对抗对自我的扭曲描述，从而改写黑人女性的刻板形象，宣告了黑人的主体性。

安吉洛在《我知道笼中鸟为何歌唱》中，颠覆了黑人男性自传中对女性形象的刻板描述，塑造了全新的黑人女性形象：坚持不懈地进行自我探索的玛雅，她的祖母亨德逊太太，坚强开朗的母亲薇薇安，美丽优雅的知识女性弗莱沃丝夫人。相较于那些千篇一律的黑人妇女形象，这些女性给人焕然一新的感觉。她们不再是那些逆来顺受、柔弱无助的角色，相反，她们都有自己鲜明的个性，具有自己的主体意识，感情丰富，坚强独立。在某种意义上，这部自传是对黑人社区女性模范人物的一曲颂歌。祖母亨德逊太太是黑人社区的灵魂人物，她精明能干，充满爱心，非常虔诚。对玛雅来说，祖母就是力量和温暖的源泉。母亲薇薇安有自私的一面，却自信独立，坚强乐观，她的生活哲学对玛雅产生了积极的影响。弗莱沃丝夫人则博学高贵，帮助玛雅认识到身为黑人的自豪，同时了解语言和诗歌的优美。这些优秀的女性是整个黑人族群的中流砥柱，不仅担负着养儿育女、教育后代的责任，还担负着传承黑人文化的使命。因为他们的存在，黑人的生活才拥有温暖和活力，黑人的口头文学传统也才得以传承。在安吉洛的自传里，她们成了“自我叙述的主体，见证并参与了我们自身的经历，而且也绝不是偶然地见证并参与了那些与人交往的经历。事实上，我们不再是‘他者’，我们自己进行选择”（Morrison，2000：31-32）。这些全新女性的塑造颠覆了以往黑人自传中古板的黑人女性形象，让黑人女性发出自己独特的声音。这个声音不再是主流社会为了巩固自己的霸权地位进行打造的，而是拥有主体意识的黑人女性发出的真实声音。

此外，安吉洛的《我知道笼中鸟为何歌唱》一方面揭示了黑人的悲惨命运，另一方面却洋溢着欢欣鼓舞的乐观主义色彩，这在美国黑人自传中是非常难能可贵的。和大部分黑人自传一样，安吉洛在该自传里描述了南方小镇黑人所遭受的种族歧视，彩棉工人的艰苦生活，她自己所面临的身份危机等等，但是整部作品并没有弥漫着令人沉重的压抑的氛围，而是充满了阳光和希望。该自传和赖特的《黑孩子》有许多相似之处，但是赖特的作品整个语调都比较严肃，氛围也比较压抑。同样是描写黑人社区生活，安吉洛的社区里黑人凝聚力很强，大家互相帮助、互相扶持。而赖特笔下的黑人社区则充满了恐惧、紧张和敌意，找不到一丝温暖亮丽的色彩。同样地，安妮 · 穆迪的自传《在密西西比成长》（1968）也弥漫着痛苦和消极的情绪。她为密西西比的穷苦黑人争取应有的权利，却得不到黑人同胞的理解，当她的理想破灭的时候，她感到心灰意冷，最终她甚至失去了信念（Mcpherson，1994：127）。安吉洛则不同，在历经每一次痛苦的洗礼之后，仍然保持着那份纯真和希望。

安吉洛作品中的乐观色彩其实和她对人性的深切理解是分不开的。对于人类的喜怒哀乐，甚至人性的弱点，她都可以用一种悲悯宽容的心态去理解。有了这样的角度，她可以利用幽默、反讽，甚至自我戏仿等方式去化解，让读者看了，感觉笑中带泪。其实，安吉洛的自传已经超越了黑人自传或者女性自传的范畴。在这部充满诗情的生命书写里，安吉洛讲述的是作为人类的普遍经历。其主题是人类普遍面临的问题，比如“死亡与复活，从天真到世故的转变，理想主义与玩世不恭的对立，对自我的追寻，以及自我定义的重要性”等等（McPherson, 1994：129）。安吉洛没有只把自己看作是一名黑人女性，而首先是全人类中的一个成员。她说，“我是一个人，我拒绝在我自己和其他人之间做出人为的划分”（Tate，1983：7）。因此，不管读者是黑人或者白人，或者是其他肤色的人，都可以从中看到作为人类一员在困境中的挣扎与痛苦、欢乐与悲伤、脆弱与坚强。正如安吉洛自己所说的，当她在叙述黑人的经历时，她也同时在关注整个人类的命运，关注人类如何忍受失败和挫折，如何在逆境中追求梦想，在艰难困苦中求生存。她对人类的优点和弱点，欢乐与悲伤有着深刻的理解和悲悯。她对人类的悲悯情怀不仅感动了黑人，也深深地触动了其他肤色的读者。

另外，安吉洛的自传里有一个细节也引人深思。她曾经因为和父亲的女朋友闹矛盾，离家出走，和一群不同肤色的流浪汉一起生活了一个月。这期间她感受到的不是不同种族的孩子互相欺凌，而是和平共处，互相帮助和扶持。这可能是安吉洛对种族融合的一个初步设想，人类不管是何种肤色，终究只是有相似情感和需求的人，不同种族间并不是没有互相包容、和平相处的可能。她的这一设想在政治目的突出的黑人自传中尚属少见。而这一设想在后来的黑人自传作家罗琳·凯莉的作品《黑冰》中得以继续探讨，凯莉试图跨越两个种族的界限，进行两个种族的文化融合。

在表现手法上，安吉洛也不完全拘泥于黑人自传的叙事策略。叙事视角在小说中是一个重要的研究课题。许德金认为，叙事视角在自传中也是一个重要的表达策略。杨正润认为，"自传中包含两个自我，一个是写作时的自我，另一个是过去的自我。前者是现实自传文本中的叙述者，后者是历史中的被叙述者。"（杨正润，2009：309）笔者在这里把写作的自我称为作者，把过去的自我称为叙述者。安吉洛在这部自传写作中特意拉开作者和叙述者的距离，熟练地在叙述者和作者的视角间进行切换，使作品更有层次感，更富有张力。安吉洛这么做时有意识的，她曾经在采访中说道："在写作中，我要和故事里的自己适当保持距离，这样我才不会深陷期间。每当我谈论这本书时，我总是想到玛雅这个人物……对我来说很难保持这种距离，但是这是非常必要的。"（Tate，1983：3）因为写作时的自我和过去的自我之间"不可避免地有多方面的距离，包括年龄的距离和经验、知识、感情和心态等等的距离。"（杨正润，2009：309）安吉洛经常通过时态的转变，或者利用一些提示词，例如"我不知道"、"我不记得"、"几年来我从未想过"或"几年以后"等表示时间的词语，来提醒读者叙述者和作者在交替出现，这样使得叙述者玛雅的故事更加生动可信，而作者往往对叙述的事情进行一两句评论，此时的作者已经不再是那个黑人女孩玛雅，而是一个历经了生活的惊涛骇浪洗礼后的黑人女性。她用一种成熟、冷静、客观的视角在对此事做出评论，使作品更有层次性，含义更加丰富。比如，玛雅被强暴后很长一段时间不愿意说话，祖母请弗莱沃丝夫人帮忙。当时的玛雅根本不知道她和弗莱沃丝夫人的偶遇是祖母精心安排的。作者评论说："多少年来，我从未想过，她们其实彼此相似，如同姐妹，只是正规的教育把他们区分开来而已。"（Angelou，1993：78）当读者沉溺在玛雅的故事中时，作者带有反省意味的评论能够引起读者的思考，作者和叙事者相辅相成，对于揭示作品的主题起到画龙点睛的作用。安吉洛在这么做的时候，也是"在与想象的和现实的读者进行对话，即写作主体同阅读主体的对话"(杨正润，2009：309)，通过这种方式，获得读者的理解和尊重。

此外，安吉洛在写作《我知道笼中鸟为何歌唱》的时候，有意识地把自传当作文学作品来创作，无论在主题和表现手法上都取得一定的突破。她的出版商罗伯特·鲁米斯认为把自传当作文学来写是极其困难的事情。赵白生也认为，"传记文学是最难写好的文类之一"（赵白生，2003：229）。为了达到这种效果，安吉洛运用了许多小说写作的叙事技巧，比如精心设计的场景、情节和主题，使用想象、嘲讽等修辞手法，文本因此更富有戏剧性和想象的张力，取得了意想不到的效果。对安吉洛来说，自传写作并非只是把自己的生活经历一字不落地记录下来。相反地，她精心地选择最适合的材料，来推动情节的发展。她说，“有些事件比其他事件会更加清楚地突现出来，如果不采取戏剧性的方式表达出来，没有办法把它们诚实而又艺术性地描写出来”（Tate，1983：7）。所以她使用了幽默、戏仿和富有喜剧性的嘲讽手法，使作品更加富有感染力。但是安吉洛认为她的作品就是自传，而不是自传性小说。她时时刻刻记得自己的使命：她考虑最多的是她所生活的特定年代，以及那个年代对整个黑人民族的影响。

除了《我知道笼中鸟为何歌唱》外，安吉洛还陆陆续续撰写了其他五本系列自传，丰富了黑人自传的形式。作为自我表达、自我命名的生命书写方式，系列自传为她提供了足够灵活的创作空间让她反思人生头四十年的生活。安吉洛创造性地在系列自传中糅合了各种不同的体裁。它是美国黑人自传书写的创新，这样可以避免单调和重复。在这六部自传中，散文、游记、小说等多种体裁杂糅在一起：《我知道笼中鸟为何歌唱》是一部散文集，由 36 篇独立成篇的散文组成；《唱啊，跳啊，就像过圣诞一样快乐》《上帝的孩子都需要旅游鞋》这两本是游记，前者的描写地点从美国直至欧洲，后者讲述了 1962 年到 1965 年安吉洛在非洲的经历；《以我之名相聚》《女人心语》《歌声飞入云霄》是小说体裁，有精心设计的情节和细致的人物刻画，使用了小说创作的各种技巧。

五、结语

安吉洛的《我知道笼中鸟为何歌唱》传承了黑人自传的传统，探讨了被边缘化的黑人争取身心自由的努力和渴望，通过探索黑人反抗白人霸权主义文化的各种反抗策略，探索黑人的民族身份和自我身份的追寻和建构问题。另一方面，该自传又超越了黑人自传的传统：在自传里，作者以黑人女孩玛雅为中心，构建了一幅 20 世纪 30 年代美国南方黑人的群像，揭示了奴隶制和种族隔离为黑人带来的心理创伤，同时重点刻画黑人女性的坚强、独立和勇气，修正并颠覆了黑人女性在主流话语和黑人男性话语中被扭曲的他者形象，重新定义和命名黑人女性的自我。此外，安吉洛对人类的悲悯情怀赋予她的自传一种积极向上的乐观色彩，为黑人自传这个充满苦难、抗争和阴郁氛围的领域增添了温暖的色彩。对各民族融合的展望也在作品里初露端倪。在叙事策略上，安吉洛也大胆创新，作者和叙述者自如转换，使叙事更富层次感。安吉洛的《我知道笼中鸟为何歌唱》既继承了黑人自传书写的传统，又不拘泥于此，而是大胆尝试创新，丰富了黑人自传书写文类的内涵，实现了黑人自传这种独特的生命书写的新超越。

参考文献

[1] 勒热讷·菲力浦:《自传契约》,杨国政译。北京:三联书店,2001 年。

[2] 玛雅·安吉洛:《我知道笼中鸟为何歌唱》,杨玉功,陈延军译,北京:北京十月文艺出版社,1999 年。

[3] 杨正润:《现代传记学》,南京:南京大学出版社,2009 年。

[4] 赵白生:《传记文学理论》,北京:北京大学出版社,2003 年。

[5] 周春:《美国黑人女性主义批评研究》,成都:四川大学博士学位论文,2006 年。

[6] Andrews, William L. "Toward a Poetics of Afro-American Autobiography." *Afro-American Literary Study in the 1990s*. Eds. Houston A. Baker Jr. and Patricia Redmond. Chicago: The University of Chicago Press, 1989.

[7] Angelou, Maya. *I Know Why the Caged Bird Sings*. New York: Random House, 1993.

[8] Hooks, Bell. Yearning—Race, Gender, and Culture Politics. Boston: South End Press, 1990.

[9] Blackburn, Regina. "In Search of the Black Female Self: African-American Women's Autobiographies and Ethnicity." *Women's Autobiography: Essays in Criticism*. Ed. Estelle C.Jelinek. Bloomington: Indian University Press.

[10] Bontemps, Arna Wendell. "The Slave Narrative: An American Genre." *Great Slave Narrative*. Boston: Beacon Press, 1969.

[11] Christian, Barbara. "Images of Black Women in Afro-American Literature: From Stereotype to Character." *Black Feminist Criticism: Perspectives on Black Women Writers*. New York: Pergamon Press, 1985.

[12] Cudjoe, Selwyn R. "Maya Angelou: The Autobiographical Statement Updated." *Reading Black, Reading Femininist*. Ed. Henry Louis Gates Jr.New York: The Penguin Group, 1990.

[13] Dudley, David L. "African American Life Writing." *Encyclopedia of Life Writing—Autobiographical and Biographical Forms, Volume I*. Ed. Margaretta Jolly. Chicago: Fitzroy Dearborn Publishers, 2001.

[14] Fanon, Frantz.*Black Skin, White Masks*. Trans. Charles Lam Markmann. London: Pluto Press, 2008.

[15] Kadar, Marlene. *Essays On Life Writing: From Genre to Critical Practice*. Toronto: Universtiy of Toronto Press, 1992.

[16] McPherson, Dolly A. *Order out of Chaos: The Autobiographical Works of Maya Angelou*. London: Virago Press Limited,1994.

[17] Morrison, Toni, "Unspeakable Things Unspoken: The Afro-American Presence in American Literature." *Black Feminist Reader*. Ed. Joy James. Malden, MA: Blackwell, 2000.

[18] Scott, Lynn Orilla. "Autobiography: Slave Narratives." *The Oxford Encyclopedia of American Literature, Volume 1*. Ed. Jay Parini. Oxford: Oxford University Press,2004.

[19] Tate, Claudia,ed. *Black Women Writers at Work*. New York: The Continuum Publishing Company, 1983.

[20] Tidwell, Joanne Campbell. *Politics and Aesthetics in* The Diary of Virginia Woolf. New York: Routledge, 2008.

[21] Walker, Pierre A. "Racial Protest, Identity, Words, and Form." *Critical Insights: I Know Why the Caged Bird Sings*. Ed. Mildred R. Mickle.Pasadena:Salem Press, 2009.

[项目信息：中央高校基本科研业务费项目(ZK1061)]

岛田忠臣的紫藤诗

梁　青*

摘要: 早在《怀风藻》和“敕撰三集”时就出现了与藤有关的汉诗,但是这些诗歌只是机械模仿中国六朝和初唐、盛唐时期的诗歌。直到九世纪后半期,著名诗人岛田忠臣开始意识到日本文化的独特性,积极吸收和歌元素,从而开创了独具日本特色的紫藤诗。

关键词: 岛田忠臣;紫藤;藤原氏;日本汉诗;和歌

Abstract: Wisteria sinensis appeared very early in such poetry collections as *Kaihuso* and Tyokusensansyu, but most of the poems simply copied the ones about Wisteria sinensis of the Six Dynasties and the early Tang Dynasty. It was not until the end of the 9th Century that Shimada Tadaomi, a representative of Japanese poets, started to realize the uniqueness of their local culture. Instead of imitating Chinese poetry, he created Wisteria sinensis poems with Japanese characteristics by combining Waka and Japansese Kanshi.

Key words: Shimada Tadaomi; Wisteria sinensis; Fujiwara; Japansese Kanshi; Waka

岛田忠臣(828—892),号田达音,是平安朝前期著名诗人。历任少外记、太宰少贰,官至正五位下典药头兼伊势介。天安三年(859)渤海使在越前国靠岸,日本朝廷选派擅长汉文学的岛田忠臣担任接客使,与渤海副使周元伯赋诗唱和。元庆七年(883)四月又有渤海使来日,岛田忠臣再次参与接待,与渤海大使裴颋吟诗赠答,其诗文思流畅,辞藻尤工,表现出较高的造诣。就连号称“文章之神”的菅原道真也曾师从岛田忠臣。现存《田氏家集》三卷,共收录了岛田忠臣的约200多首诗。岛田忠臣还被称作“当代之诗匠”(《本朝文粹》卷八201《延喜以

* 梁青,厦门大学外文学院助理教授,研究方向:中日比较文学。

后诗序》纪长谷雄),菅原道真曾作诗“自是春风秋月夜,诗人名在实应无”(《菅家文草》347 哭田师伯)哀悼诗人的逝去,高度评价了他的才华。

这样一位重要的日本诗人,其相关研究却寥寥可数。二十世纪九十年代以来,随着小岛宪之监修《田氏家集注》(1992)、中村璋八・岛田信一郎著《田氏家集全释》(1993)等注释书陆续刊行,学界对岛田忠臣汉诗的研究也越发深入。王晓平《〈田氏家集〉的写本学研究》(2016)通过分析松平文库本等写本的字形和书写通例,理清了前人误写误释的原因。泷川幸司《岛田忠臣的位置》(2012)、廖荣发《岛田忠臣的交友与白诗》(2017)梳理了岛田忠臣与天皇、藤原氏、菅原道真之间的关系。中尾正己在《平安文人的佛教信仰》(1986)一文中考察了岛田的佛教信仰。此外,三木雅博《岛田忠臣与白诗》(1993)等还指出岛田忠臣真情流露、朴素平明的诗风深受白居易诗歌的影响。

岛田忠臣所活跃的九世纪后半期的文坛,和歌逐渐复兴,遣唐使废止,国风意识昂扬,这样的时代风气同样亦体现在日本汉诗对中国古典诗歌所做的变革与改造上。本文将岛田忠臣的诗歌创作放置于国风文化成立前夜这样一个特定的历史文化的语境当中,通过比较忠臣的紫藤诗与中国古典诗歌的不同之处,探明诗人表达的真实意图和诗歌的创作背景,揭示中日古代文学交流过程中日本文学的独创性。

一、藤诗的受容

《怀风藻》是日本历史上最早的一部诗歌总集,天平胜宝三年(751)成书,主要收录了近江・奈良朝近百年时间里计 64 名诗人的 120 首作品,多为王公贵族的侍宴从驾之作,深受六朝文学影响,自我风格不强。《怀风藻》中仅仅收录了一首与“藤”有关的汉诗,摘录如下:

凤盖停南岳,追寻智寺仁。啸谷将孙语,攀藤共许亲。
峰岩夏景变,泉石秋光新。此地仙灵宅,何须姑射伦。
(《怀风藻》纪男人・五言、扈从吉野宫)

这首诗描写的是官员们游览吉野,啸于山谷与孙绰交谈,攀援野藤与许询亲近,称赞吉野比仙人居住的姑射山更胜一筹,带有明显的六朝诗的烙印。“藤”是六朝游仙诗常常吟咏的景物之一,如“石藤多卷节,水树绕饶蟠枝”(《艺文类聚》梁・范云・登三山诗),“百年积死树,千尺挂寒藤”(《诗纪》梁・何逊・渡连圻诗二首)。仙人、隐士多与世隔绝,要想从俗世进入他们的居所需“攀藤”而上，这一诗歌表现最早可以追溯到曹植的“玄微子隐居大荒之庭，飞遁离俗……于是镜机子攀葛藟而登，距岩而立”（《文选》卷三十四・七启）（矢屿，1995：115）。《广雅》云：“藟，藤也”，“藤”又被称作“葛藟”或“葛”。“攀藤”一词直至六朝时才出现在汉诗中，如梁元帝的“即攀藤而挽葛，亦资伴而相携”（《游七山寺赋》）。东晋文学家许询好游山玩水，隐居深山，与孙绰同为东晋玄言诗的代表人物，并称“孙许”，“攀藤共许亲”指的是只需攀藤而上便可访问许询的居所。

九世纪初，朝廷上下唐风盛行，汉诗文占据了文坛的统治地位，三部奉天皇敕命而编撰的汉诗集《凌云集》（814）、《文华秀丽集》（818）、《经国集》（827）应运而生，史称“敕撰三集”。其中只收录了一首与“藤”有关的汉诗：

> 云岭禅扃人踪绝，昔将今日再攀登。
> 幽奇岩嶂吐泉水，老大杉松离旧藤。
> （《文华秀丽集》梵门・73・嵯峨天皇・过梵釈寺）

这首诗是嵯峨天皇行幸梵釈寺时所作。云、岩嶂、泉水、老松、旧藤等景物共同描绘了一座与世隔绝、超凡脱俗的寺院。“松”与“藤”的组合在“婉婉藤倒垂，亭亭松直竖”（《文苑英华》百五十九・北周・庾信・游山诗）中早有先例，但是“旧藤”、“岩嶂”、“杉松”等词却是从唐朝才开始使用的，如“回策匪新岸，所攀仍旧藤”（盛唐・杜甫・陪章留后惠义寺饯嘉州崔都督赴州）、“合沓岩嶂深，朦胧烟雾晓”（初唐・李峤・早发苦竹馆）、“瀑布杉松常带雨，夕阳苍翠忽成岚”（盛唐・王维・送方尊师归嵩山）。综上所述，《怀风藻》与敕撰三集中的“藤诗”借鉴模仿了六朝、初唐、盛唐的汉诗。虽然中国诗歌早在六朝时期就已经开始吟咏“藤花”，如“紫藤拂花树，黄鸟度青枝”（《玉台新咏》虞炎・玉阶怨），但是上面列举的这两首日本汉诗吟咏的都是行宫佛寺中缘木而上的藤蔓的幽趣，而非藤花之美，诗中也没有出现“紫藤”等表示藤花颜色的字样。

唐代以前的藤诗，大多吟咏的是山谷中的藤蔓，烘托出一种幽静神秘、与世隔绝的氛围。藤从唐代开始在庭院广泛种植，供人们鉴赏，于是诞生了大量吟咏“紫藤”、“藤花”的汉诗（田中、郑，2017：33），如“紫藤萦葛藟，绿刺罥蔷薇”（初唐・杜审言・都尉山亭）、“紫藤挂云木，花蔓宜阳春。密叶隐歌鸟，香风留美人”（盛唐・李白・紫藤树）、“藤花欲暗藏猱子，柏叶初齐养麝香”（盛唐・王维・戏题辋川别业）、“夜深不语中庭立，月照藤花影上阶”（中唐・白居易・宿杨家）。其中以白居易的紫藤诗数量最多。在九世纪中叶前，这股风潮还没有传到日本，所以《怀风藻》和《文华秀丽集》的两首藤诗描写的都是山野之趣而非庭院美景。

承和五年（838），太宰少贰藤原岳守从唐商人带来的物品中挑出《元白诗笔》，献给仁明天皇。其诗一经传入，便迅速流传开来，深受当时日本文人的喜爱。白居易的紫藤诗也对日本文坛产生了巨大影响。比如“惆怅春归留不得，紫藤花下渐黄昏”（《白氏文集》三月三十日题慈恩寺）就被载入《千载佳句》和《和汉朗咏集》，成为人们争相传诵的名句。平安朝后期的文人藤原敦光的“紫藤昔咏心中是，红杏晚妆眼下非”（《本朝无题诗》三月尽日述怀）附有自注：“白乐天三月尽日诗，紫藤花下满黄昏之句，故云”；藤原明衡的“丹心初会伝青竹，白氏古词咏紫藤”《本朝无题诗》闰三月尽日慈恩寺即事）的诗注中也写道：“白氏文集慈恩寺三月三十日诗云：紫藤花下渐黄昏”；惟宗孝言的同题诗作“白氏昔词寻寺识，紫藤晚艳与池巡”（《本朝无题诗》闰三月尽日慈恩寺即事）也同样脱胎于白诗。

二、紫藤诗与藤原氏

宽平元年（889），太政大臣藤原基经（836—891）府邸东庭初绽紫藤花，岛田忠臣奉基经命在宴会上作诗一首：

大相府东庭储水成小池，小池种一紫藤，至于今春始发花房，酌于花下翫以赋之，应教。

131
重华累叶种相依、池上新开映晚晖。
料量紫茸花下尽、家香更作国香飞。

132
一种垂藤数尺斜、虽新虽旧是同家。
久来用意依芳荫、不向人间趁百花。

——《田氏家集》

忠臣的这首紫藤诗是日本诗歌史上首次吟咏紫藤花。[①] 这无疑是受到了白居易的紫藤诗的影响（三木，2001：24）。第一首诗中的“紫茸花下”显然是模仿了《白氏文集》的“紫藤花下渐黄昏”（三月三十日题慈恩寺）和“藤花浪拂紫茸条，菰叶风翻绿剪刀”（湖上闲望）；“池上新开映晚晖”所描写的夕照紫藤的情景与白诗的“渐黄昏”有几分相似；诗序中提到的“春”和诗中的“池上”，也与白

① 《万叶集》中与“藤”有关的和歌共计 26 首，却没有一首和歌将藤花的颜色形容为“紫色”。

居易的紫藤诗的季节、地点保持了高度的一致。岛田忠臣曾在元庆七年（883）写过一首《吟白舍人诗》（《田氏家集》127），现抄录如下：

> 坐吟卧咏翫诗媒，除却白家余不能。
> 应是戊申年有子，付于文集东海来。
> （注：唐太和戊申年，白舍人始有男子。甲子与余同）

从这首诗中我们可以了解到，岛田忠臣并非只是单纯喜爱吟咏白居易的诗文，他在创作诗歌时也常常在白诗中寻找素材和灵感，称之为“诗媒”。白居易在他看来有着其他诗人无可比拟的地位，自己莫非就是白居易于戊申年诞下的小儿，随着《白氏文集》一起来到了东瀛吧。人们在分析岛田忠臣的汉诗时，习惯根据“典据”来判断诗歌的源泉是来自于白居易的哪一首汉诗，而忽略了岛田忠臣是如何通过“诗媒”进行再创作的。岛田在白居易的紫藤诗中敏感地觉察到了唐代文坛的新题材、新动向。他将“紫藤”、“藤花”等要素融入自己的汉诗，再不漏痕迹地在宴会上吟咏出来。从这个例子我们也可以看出，岛田忠臣的汉诗中带有明显的白诗风格，他不仅模仿白诗的遣词造句，还从白诗中获得了新的诗歌素材。这也使得他的诗风明显区别于《怀风藻》与敕撰三集的汉诗。

不仅如此，岛田忠臣还是一位富有创新精神的诗人。他根据本国传统文化、风俗习惯等开发了许多在中国诗歌中难得一见的新诗材，如风筝、海老、瞿麦花等，创造出了许多新的文学表达内容与形式。岛田忠臣并不是像《怀风藻》和敕撰三集的诗人那样只是一味模仿中国的诗歌，他在吸收新素材的同时，还将该素材与本土文化相融合，从而开创了独特的吟咏方法。岛田忠臣之所以会在藤原基经举办的宴会上吟咏藤花诗，很明显是用“紫藤”暗喻藤原氏。藤原氏是一个日本贵族的姓氏，略称藤姓。天智朝八年（669），中臣镰足逝世，天智天皇以其参与大化改革之功，赐姓藤原朝臣，是藤原姓之始。后来藤原良房以外戚出任摄关职，长期左右朝政。藤原良房去世后，藤原基经历清和天皇、阳成天皇、光孝天皇、宇多天皇四代，官至从一位摄政关白太政大臣，准三宫，牢牢掌握了朝廷实权。岛田 TOYOKO 指出最早将“藤”与藤原氏联系到一起的是《续日本纪》天平宝字二年二月二十七日条：“勅曰得大和国守从四位下大伴宿祢稻公等奏称。部下城下郡大和神山生奇藤。……地即大和神山。藤此当今宰補。事已有効。更亦何疑”，这里的“奇藤”一词指的是奈良时代的公卿藤原仲麻吕（706—764）（岛田，1985：144-145）。嘉祥二年（849），在仁明天皇的四十宝算贺上，兴福寺的大法师等人献上的长歌“……磯上之緑松波百種乃葛爾別爾藤花開栄睿弖万世爾皇乎鎮倍利（磯上の緑松は百種の葛に別に藤花開栄えて万世に

皇を鎮へり)”(《续日本后纪》嘉祥二年三月廿六日条) 中，也可以看到类似的用法。这首长歌将松树比作天皇，将缠绕在松树上的藤蔓比作守护皇室的藤原一族，藤花怒放寄寓了祝福藤原一族繁荣昌盛的美好心愿。奈良的兴福寺本就是藤原氏的氏寺，据《续日本后纪》嘉祥二年三月廿六日条记载，大法师等人上京之际也曾寓居于藤原良房家。由此可见这首赞美藤氏的和歌是大法师为了迎合藤原良房之意而创作的。忠臣诗的第一句“重华累叶种相依”用藤树枝繁叶茂、花朵满枝之貌比喻藤原氏一族的团结兴旺。中国古代常用枝繁叶茂来形容家族兴旺。举例表示：

云之世族，承黄虞之苗绪，裔灵根之遗芳，用能枝播千条，颖振万叶。繁衍固于三代，飨祀存乎百世。

（《陆士龙集》西晋・陆云・祖考颂序）

“千条、万叶”形容家族子孙繁盛，“枝叶相持”比喻相互扶助。也就是说，忠臣在中国传统诗歌与“藤暗喻藤原氏”之间找到了一个契合点。第二首诗的承句“虽新虽旧是同家”与“重华累叶种相依”一样，都是指藤原一族紧紧团结在一起维系着氏族的繁荣。转句“久来用意依芳荫”指自己长期以来蒙藤原氏庇荫甚厚。中国古典诗歌里有“藤荫”一词，如“藤荫已可庇，落蕊还漫漫”(中唐・韩愈・感春)，但是却没有将此用于他人的庇护。① 然而，用“藤荫”暗指“蒙藤原氏庇荫”并不是忠臣的发明，《伊势物语》101 段中的和歌就使用过这个比喻。

昔日有个男子，名叫在原行平，是左兵卫的长官。宫中任职的人，听说他家中有美酒，都来讨酒喝。一天，他以左中辩藤原良近为主宾，设酒宴款待众宾客。

主人行平是个风雅之人，他在花瓶里养着各种鲜花。在这些花中，有一种奇异的藤花，花串儿足有三尺六寸长。众人就以此花为题来咏歌。行将咏毕时，主人之弟听说设有酒宴，也前来参加。在座众人决意拽住他，让他咏歌。此男子不会咏歌，他找出种种理由来推辞，但是众人还是硬要他吟咏。于是，他就咏出了如下一首歌：

众人乘凉藤花前，藤阴浓厚胜往年。

于是，人们问他：“为何吟咏这样的歌？”他答称：“太政大臣良房卿正当荣华鼎盛之时，藤原家族尤盼不断繁荣下去，缘此我才咏了这样的歌。”

① 藤以外的植物的例子有：“他门种桃李，犹能荫子孙。我家有棠阴，枝叶竟不繁。(晚唐・邵谒・送从弟长安下第南归觐亲)”。

在座众人就不再对此歌评头论足了。

在原业平（即主人之弟）卒于880年，和歌“众人乘凉藤花前，藤阴浓厚胜往年”（原文为“咲く花のしたに隠るる人を多みありしにまさる藤のかげかも”）应当创作于岛田忠臣之前。岛田忠臣正是受到了这首和歌的启发，才将藤花比作藤原氏，借此感谢藤原基经对自己的庇护，并衷心祝愿藤原一族繁荣昌盛（三木，2001：23）。此外，“家香更作国香飞”一句表达了岛田期盼藤原一族能成为代表日本国的荣耀，迎合了摄关家的野心。第二句的结句“不向人间趁百花”，意思是不再寻找紫藤花之外的花，表达了自己效忠藤原氏的决心。岛田忠臣曾在《秋日游南都诸寺》（《田氏家集》74）一诗中写道：“恐谓剃头无报国，且为长发答恩私”，并自注曰：“余多蒙大相国恩私，故云”，可见藤原基经与岛田忠臣是主仆关系。岛田忠臣一生卑职，怀才不遇，故求庇荫于藤原氏。他还曾在《赋雨中樱花》（《田氏家集》149）的尾联中注道：“只陪东阁三十年”，“东阁”指的是藤原基经府邸。该诗作于宽平二年春（890），这样算起来，从贞观初开始忠臣就已经陪伴在基经左右了（泷川，2011：350）。由于摄关政治的不断强化，加剧了阶级固化，像岛田忠臣这样的中下级贵族已经很难再靠官吏选拔考试出人头地，彰显自己的文学理想。于是文人们各展所长，或作诗或作歌，奉承和依附天皇或权门的事屡见不鲜。比如宽平四年（892），小野美材在宇多天皇召开的诗宴上受命赋诗时就借机向天皇倾诉了自己怀才不遇的苦闷，以期能得到提拔：“臣有一事，非富非寿，家贫亲老，庶不择官云尔”（《本朝文粹》卷八·224·七夕代牛女惜晓更应制）。忠臣想必也是出于同一理由，才会长期依附权门吧。

三、藤原氏与和歌

《古今和歌集》真名序中曾经这样描述九世纪初汉诗文全盛时代和歌衰落的状况：“自大津皇子之初作诗赋，词人才子慕风继尘，移彼汉家之字，化我日域之俗。民业一改，和歌渐衰。（中略）及彼时变浇漓，人贵奢淫，浮词云兴，艳流泉涌，其实皆落，其华孤荣，至有好色之家，以此为花鸟之使，乞食之客，以此为活计之谋。故半为妇人之右，难进大夫之前。”岛田忠臣出生的前一年，“敕撰三集”中排行末尾的《经国集》编撰完成。忠臣的青年时代又迎来了文学史的一大转换期。承和年间，随着嵯峨天皇与淳和天皇相继离世，日本开始由唐风盛行向国风复兴过渡，一度沦为“花鸟之使”、“难进大夫之前”的和歌的地位不断上升。宽平年间，宇多天皇积极倡导和歌复兴，宫廷上下频繁举办各类诗歌同题、诗歌兼作的文宴，《新撰万叶集》、《句题和歌》这样和汉并置的词华集也相继问世，和汉交流呈现出空前盛况。再加上九世纪后半期的代表歌人如藤原敏行、纪贯之、藤原菅根、坂上是则等都具备汉诗文的素养，而菅原道真、小野美材、大江千里等诗人也兼作和歌，当这些和汉兼作的文人在同一宴会上就同一题目赋诗作歌，和汉间的交流就自然而然产生了。

前贤对九世纪后半的和歌如何接受中国诗歌的考证早已硕果累累，正是通过模仿与借鉴中国诗歌的形式和内容，才使得和歌逐渐从“难进大夫之前”的“艳辞”上升为正雅的宫廷文艺。特别值得注意的是，和汉间的交涉并不仅仅只是中国汉文学对和歌单方面的影响，日本汉诗也同时摄取了和歌的要素。岛田忠臣、菅原道真等日本诗人们已经不再满足于像前朝的诗人们那样重复中国诗人所表现的内容，他们尝试着将和歌表现融入汉诗中以寻求突破和发展，强调日本文学（包括日本汉诗）的独有价值，甚至产生了“和”能与“汉”分庭抗礼的意识。

紫藤诗的创作诚然与诗人个人的创新精神有很大关系，但是摄关家藤原基经的个人意志也不可小觑。藤原基经邀请文人墨客来自家府邸吟诗作对，其目的在于打造能与宫廷宴会相媲美的文学盛宴（泷川，2006）。无论是日本汉诗还是和歌，都是实现其政治理想的不可缺少的文化装置。

藤原氏一直积极致力于和歌复兴。比如《续日本后纪》（869）中收录了前面提到过的大法师在仁明天皇四十宝算贺之际献上的长歌（嘉祥二年三月廿六日条），并评论道：“夫倭歌之体，比兴为先。感东人情，最在兹矣。季世陵迟，斯道已坠。今至僧中，颇存古语。可谓礼失则求之于野，故采而载之”。“比兴”一词源于中国文学的六义说，“季世陵迟，斯道已坠”与“礼失”分别源自《诗经》大序中的“至于王道衰，礼义废，政教失”和“礼失而求诸野”。这段评论感叹了和歌的日益衰落并祈祷歌道早日复兴，评述中虽然援用了中国的王道政治论和诗学概念来阐述歌道，实际上却将和歌放到与汉诗对等，甚至高于汉诗的位置。《续日本后纪》的最终编修者是藤原基经的叔父藤原良房（804—872）与文人春澄善绳（797—870），这条评论充分反映了摄关家藤原良房积极复兴和歌的主张，以及将和歌置于与中国文学等值地位的文学观（山口，1982：375-381）。良房对和歌的爱好从下面这首和歌可窥一斑：

> 见染殿后御前瓶中樱花
> 岁月催人老，花好可忘忧。
> ——《古今集》卷一・春上・52・藤原良房

这首和歌不仅仅是在赞叹樱花的美丽，还将盛开的樱花比作女儿明子（染殿后），抒发了藤氏专权达到鼎盛期的喜悦之情。藤原良房利用职权使自己的女儿明子成为天皇的后妃，明子所生的惟仁亲王（即清和天皇）即位后，藤原良房以外祖父身份成为监护人，开摄政之先河。由此可见明子为藤原氏确立霸权扮演了重要的角色，对于摄关家来说，后宫这一女性世界无论是在政治上还是文化上都显得格外重要。据《三代实录》（901）记载："贞观九年三月壬子，天皇曲宴皇太后于常宁殿"，"贞观十四年秋七月廿九日丁丑，是日皇太后（明子）幸染殿宫"，良房与明子经常在府邸（明子的常宁殿或良房的染殿第）举办文学沙龙，沙龙的主要活动就是组织后宫女官赛歌。藤原良房积极利用出仕宫中的子女周边的人际关系来稳固政权，在此过程中和歌作为一种社交工具发挥了重要作用；而以后宫为中心，以和歌为媒介的文艺活动也正是靠摄关体制的支撑才得以日益繁荣起来（铃木，1981：59）。

说起藤原氏与和歌的渊源，就不得不提到元庆六年（882）的"日本纪竟宴和歌"。按照惯例，在听完《史记》等史书的讲解后，公卿们会参加宴席，竞作咏史诗。以往吟咏的对象都是张子房、司马迁、光武帝等中国历史人物。然而，据《西宫记》（临时七・讲日本纪博士例）记载："件年，式部卿亲王・太政大臣等，皆被出和歌也，自余体谣是可知，书哥体，用假名字云々"，在元庆六年的讲书结束后，公卿们史无前例地以"日本纪中圣德帝王有名诸臣"为题吟咏了近40首和歌。此次的"日本纪竟宴"的参加者为亲王以下、五位以上的朝臣（包括太政大臣藤原基经）。长久以来被贬为"艳词"的和歌能在如此正式的场合被王公贵族们吟咏，实为罕见。据说这场"日本纪竟宴"正是由太政大臣藤原基经发起的。毋庸置疑，藤原氏在提高和歌的文学地位上做出了突出的贡献。

四、结语

岛田忠臣的紫藤诗虽然模仿借鉴了中国古典诗歌，却不像《怀风藻》、"敕撰三集"的诗人们那样只是一味重复中国诗人所表现过的内容，而是积极吸收和歌元素，力图用汉诗来刻画日本民族特有的风土人情。虽然本文只考察了岛田忠臣的一首诗作，但是他的其他作品中也不乏此类日本化的诗歌表现，同时这也是九世纪后半期的日本诗坛的普遍倾向。例如菅原道真在宽平七年（895）所作的紫藤诗"高阁藤花次第开，疑看紫绶向风回。荣华得地长应赏，不放游人任折来"（《菅家文草》395・紫藤）也是借盛开的藤花赞美藤原氏的荣华绝顶。

我们不能以中国文学作为衡量日本汉诗价值的唯一标准，从而批判日本汉文学与传统中国文学之间的差异，而应该积极肯定东亚汉字文化圈内的日本文学的独特个性。特别需要注意的是，这一文学现象与和歌复兴的时代潮流息息相关，国风时代的到来并非一蹴而就，而是在长期的历史积淀下导致的质的飞跃。

参考文献

[1] 逯钦立辑校:《先秦汉魏晋南北朝诗》，北京：中华书局，1983 年。

[2] 彭定求编:《全唐诗》，北京：中华书局，1960 年。

[3] 矢屿美都子:《关于庾信“游仙诗”中所表现的“藤”——从葛藟到紫藤》，《北京大学学报》(哲学社会科学版)，1995 年第 32 卷第 5 期，第 112-116 期。

[4] 无名氏:《伊势物语图典》，唐月梅译，上海：三联书店，2005 年。

[5] 王晓平:《〈田氏家集〉的写本学研究》，《日语学习与研究》，2016 年第 4 期，第 1-9 页。

[6] 安田德子，《藤咏考—古今集歌人的咏歌基盘—》，见《和汉比较文学丛书第十一卷：古今集与汉文学》，东京：汲古书院，1992。

[7] 小岛宪之监修，《田氏家集注》，大阪：和泉书院，1992。

[8] 小岛宪之校注，《怀风藻 文华秀丽集 本朝文粹》，日本古典文学大系 69，东京：岩波书店，1964。

[9] 岛田 TOYOKO，《明石中宫与藤花》，见源氏物语研究会编《源氏物语探究　第十辑》，东京：风间书房，1985。

[10] 新间一美，《算贺和歌与源氏物語》，见《源氏物语的构想与汉诗文》第一部，大阪：和泉书院，2009。

[11] 铃木日出男:《古今集与其周边》，国文学：解释与教材的研究(26-12)。

[12] 田中干子、郑寅珑，《日中古典诗歌中藤咏的变迁》，札幌大学综合论丛，2017，(43)。

[13] 泷川幸司，《岛田良臣考》，奈良大学大学院研究年报，2011，第 16 号别刷。

—，《岛田忠臣の位置》，中古文学，2012，(89)。

—，《藤原基经与诗人们》，语文，84　85，2006。

[14] 中尾正己，《平安文人的仏教信仰》，印度学佛教学研究，1986，(35-1)。

[15] 中村璋八、岛田信一郎，《田氏家集全释》，东京：汲古　院，1993。

[16] 平冈武夫、今井清，《白氏文集诗歌索引》，京都：同朋舍，1989。

[17] 三木雅博，《岛田忠臣与白詩》，见《白居易研究讲座 3》，东京：勉诚出版，1993。

—，《岛田忠臣与在原业平》，见《王朝文学的本质与变容　韵文编》，大阪：和泉书院，2001。

[18] 廖荣发，《岛田忠臣的交友与白诗》，东京大学国文学论集，2017，(12)。

[19] 山口博，《王朝歌坛的研究　桓武·仁明·光孝朝篇》，东京：樱枫社，1982。

[项目信息：中央高校基本科研业务费专项资金资助 Supported by the Fundamental Research Funds for the Central Universities (20720181081)]

外语教育研究

翻译心理学教学与翻译批评分析

纪玉华 * 张凯帆 **

摘要：本文探讨翻译心理学课程的教学目标、教学内容、教学方法、教学难点和翻译批评分析问题。翻译心理学课程的教学目标是：通过分析口笔译实例，解析英汉双向译者的心理活动，探讨各种影响口笔译质量的心理因素，以提高学生对口笔译过程和结果的批评能力。教学内容包括：解析翻译心理学的学科性质、研究方法和研究对象。该课程采取的教学方法主要是案例分析法、对比分析法和研讨法。教学难点是：翻译心理学尚未成为学界公认的独立学科，缺乏成熟的理论体系，讨论翻译案例时借助诸多领域的相关理论来加以阐释，易产生混乱甚至相互矛盾的感觉。笔者认为：口笔译案例分析法是有效的教学法，通过对比分析可以观察到不同时代不同译者的翻译心理差异，有效提高了学生的翻译批评水平。

关键词：翻译心理学；英汉双向翻译；译者心理分析；教学方法；翻译批评

Abstract: This paper discusses the objectives, contents, and methods of the course of "Translation Psychology" as well as major difficulties encountered in the teaching of this course. The objectives of this course include elucidating major psychological activities that translators and interpreters between Chinese and English engage in while working, analyzing the impact of various psychological factors on the quality of translations, and enhancing the ability of students to critique translation both as a process and a product through detailed analyses of concrete translation examples. The teacher discusses the nature of the discipline of translation psychology, the objects and methods of study for this course, using mainly the methods of case studies, contrastive analysis and qualitative criticism.

* 纪玉华，厦门大学外文学院教授，研究方向：批评话语分析、口笔译、跨文化交际学。

** 张凯帆，厦门大学外文学院硕士研究生，研究方向：翻译心理学、翻译批评。

Major difficulties encountered in the teaching of this course stem from two reasons: (1) translation psychology has not been recognized as an independent discipline due to lack of a mature theory, and (2) the teacher must, when doing psychological analysis, draw on a plethora of theories, thereby resulting in confusing or even contradictory conclusions. This paper concludes that doing case studies using contrastive analysis is an effective way of enhancing students' ability to do translation criticism, as it helps them to observe different psychological factors influencing individual translators across different times.

Key Words: translation psychology; translators between Chinese and English; analysis of translators' mental activities; teaching methods, translation criticism

一、引言

"翻译心理学"课程是专为翻译专业硕士学位(MTI)研究生开设的选修课。开设此课的理据是:翻译作为动态的跨文化交际行为,无疑受到交际者心理活动的影响;翻译作为静态的文本,更是译者心理活动的直接产物。作为MTI学生,懂得如何对各种影响口笔译质量的心理活动进行分析,通过解析大量的翻译实例,探讨生成优质和劣质译文的心理因素,有利于提高学生的翻译批评水平,提高他们的翻译实战水平。多数学生对此课程的反馈是:有助于提高翻译批评和翻译实践水平。然而,由于此课程在我国历史较短,在国外则根本没有这门课,可借鉴的文献和教科书较少,所以教学中遇到诸多问题和困惑。

二、翻译心理学课程的教学目标

此课程的教学目标是:解析英汉双向译者的心理活动(如认知、审美、文化对比和跨文化交际),通过分析大量的口笔译实例,探讨各种影响口笔译质量的心理活动,以提高学生的口笔译水平。随堂调查表明:所有学生都希望通过选修此课来掌握翻译批评的方法并提高自己的翻译实战水平。此课程不同于一般的口笔译技能训练课,后者采取"题海战术",而前者偏重以理论为指导对翻译错误和成功翻译进行实例分析,实战技能操练极少。

三、翻译心理学课程的教学内容

翻译心理学课程的教学内容包括:讨论翻译心理学的学科性质,界定翻译心理学的研究对象（即译者的认知心理、文化心理、审美心理和交际心理），介绍翻译心理学的研究方法（如观察法、调查法、对比法、问卷法、访谈法、档案法、口头报告法、实验法等），解析各种口笔译实例，重点分析各类翻译错误的原因，也分析成功翻译的心理因素，讲解如何解决翻译难题的各种方法。

此课程通过各种题材、体裁的口笔译实例分析，探讨译者心理词库的库存量、储存方式和提取速度对翻译心理的影响；译者的语法知识、文体知识、专业领域知识和文化背景知识对翻译心理的影响；发言人的语速和口音差异对口译员心理的影响；口译场合、口译任务性质和政治因素对口笔译者心理的影响。

例如，教师以英国和中国媒体如何翻译“将香港归还中国”和“香港回归”为例，探讨译者受文化和政治影响而经历的特殊的心理过程。“归还”和“回归”到底该用什么词来翻译呢？英国用“revert”，中国用“return”，查看《牛津英语大辞典》发现：“revert”指的是“the return of an estate to the donor or grantor or his heirs, after the expiry of the grant”（赠与协定到期后将所赠与的地产归还给赠与者或其继承人）。“grant”有“赠与给本来有权利得到此物的人”之义，而“revert”的拉丁语词源有“痕迹”之义，其中又有“光辉的顶点”“荣耀的中心”等隐含义，英国使用该词一方面凸显其法治国家文化的优越性，另一方面也隐含了强势文化对弱势文化的暴力关系。

而中国使用“return”，意在强调中国当时在被帝国主义列强武力逼迫下签订不平等条约的事实，“return”更多用来表达“归还（非法占用或拥有的财物）”之义。类似的政治或文化因素都对译者心理产生重大影响。

四、翻译心理学课程的教学方法

翻译心理学课程的教学方法以案例分析法、对比分析和研讨法为主。在整个教学过程中，师生一起分析和讨论各种口笔译实例。如以美国作家梭罗的《瓦尔登湖》的一段文字的汉译为例，讨论译者的翻译心理以及译者是如何成功或并不成功地解决翻译难点的问题。

原 文：We belong to the community. It is not the tailor alone who is the ninth part of a man; it is as much the preacher, and the merchant, and the farmer. Where is this division of labor to end?

徐迟（外文出版社，2015）的翻译：

我们是属于社会的。不单裁缝是一个人的九分之一，还有传教士，商人，农夫也有那么多呢。这种分工要分到什么程度为止？

许崇信、林本椿（译林出版社，2011）的翻译：

我们都属于社团里的人，并非只有裁缝属于九分之一个人；传教士、商人，还有农民的情况也是这样。这种劳动分工到底分到何处才算终了？

王义国（燕山出版社，2011）的翻译：

我们是社会的一员。成为人的第九部分的，并不仅仅是裁缝*：传道士、商人、农夫，他们也是人的第九部分。劳动的这个分工在哪里才是个头？

*人的第九部分（the ninth part of a man），指裁缝，这是一个戏谑用语。

师生共同分析、判断以上翻译的优缺点及其心理成因。学生都觉得译文中的“九分之一”和“第九部分”不好理解，即使王义国添加了备注，也无法帮助读者理解其“戏谑”之意在哪里。原文中的“It is not the tailor alone who is the ninth part of a man”特别难译，教师问学生怎么解决这个难点，有的学生说必须了解梭罗的哲学思想，有的说必须通读《瓦尔登湖》，有的说必须查词典。而教师说“了解他的哲学思想和通读原文都太耗时，而且还未必有助于解决这个翻译难点，查词典最直接最有效，但问题是：查什么词典？找到了合适的词典后又怎么查呢？那么多单词中选哪个词为突破口？”

学生回答五花八门，教师借机介绍选择和使用词典的方法，以更好更快捷地解决翻译问题。首先选择大部头的英汉或英英谚语或成语词典，查 tailor，在该词目下有诸多谚语和成语，最后找出跟“九”有关的一则源于 17 世纪的英文谚语“Nine tailors make a man”。此谚语源自一个故事：一个贫穷少年拜师学裁缝，他的师父先后送他到九个裁缝那里学手艺，最后才成才。教师接着分析：17 世纪分工很少也很专，工匠都希望在一个行业里认真拜师学徒成才后而安身立命。然而此处梭罗到底想说什么呢？怎样表达才能更准确地传达他的原义？

教师提供自己的翻译如下：

如今我们都生活在社会大家庭里，每个家庭成员都各有自己的专业，过去人们常说“九个裁缝师父才能最终让你成才”，少了一个都不行，可现在社会分工繁杂，有人要传教，有人要经商，有人要务农，不也同样需要向九个师父学徒吗？行业太多，细数不完。

教师然后解释为什么选择“大家庭”，为什么提前点出“各有分工”，为什么增译“过去人们常说”，为什么把原文“It is not the tailor alone who is the ninth part of a man”换译成“‘九个裁缝师父才能最终让你成才’，少了一个都不行”，为什么把“it is as much the preacher, and the merchant, and the farmer”增译为“可现在有的人要传教，有的人要经商，有的人要务农，不也同样需要向九个师父学徒吗？”这里讨论的主要是认知心理、文化心理和交际心理。

再如：主人对客人说“请再吃一块蛋糕吧。”客人回答“好吧，恭敬不如从命了。”此时口译员该如何为英美或以英语为母语的外国人翻译呢？这里涉及的是认知心理和文化心理问题，英语国家中确实没有“恭敬不如从命”这样的表达，能传达此意的最近似的英语表达就是“If you insist”。

再如：室内运动场的标示语“请穿球鞋，以免刮伤地板。”笔译员或口译员怎样选词才能较好地传达提醒者的意思？他们是否应该考虑不同文化的心理问题。假如直译为：“Please wear sports shoes to prevent damaging the floor.”会不会让外国朋友感觉到“你们只顾自己的地板”？如果考虑一下目的语读者的思维习惯，可以译为“For your safety, please wear sports shoes.”这其实就是跨文化交际心理学的考量。

五、翻译心理学课程的教学难点

翻译心理学课程的教学难点很多。首先，由于翻译心理学尚未成为学界公认的独立学科，缺乏成熟的理论体系。我国学者在过去的十多年中在翻译心理学问题上做了不少探索，最近几年也撰写出版了几本翻译心理学专著，如：刘绍龙在2008年出版了《翻译心理学》，李奕和刘源甫于2008年合著出版了《翻译心理学概论》，颜林海于2008年出版了《翻译认知心理学》，陈浩东于2013年出版了《翻译心理学》，朱珊于2017年出版了《翻译心理学研究：认知与审美》等，但以上著作（尤其是2008年出版的三本著作）皆在翻译实例分析方面有所欠缺，没有提供大量的案例分析来阐述翻译心理学的实质性问题，没有用归纳的方式由浅入深由表及里地剖析译者心理因素。以上学者讨论翻译案例时多借助于认知心理学、认知语言学、心理语言学、社会心理学、交际心理学、文艺心理学、审美心理学、文化心理学和跨文化心理学等诸多理论，所以很容易给读者以混乱、无序，甚至相互矛盾的感觉。在翻译心理学教学过程中，师生对理论杂乱，视角繁多，解析思路不够清晰等问题感到无奈。所以翻译心理学研究人员尚需不断地深入研究，力图探索出一种比较科学、解释力较强的理论分析框架。

其次，对于界定所谓的认知心理、审美心理、文化心理和交际心理，师生均感觉难度大，因为它们相互之间有重叠。目前学界对这四种心理活动并没有绝对科学、严格、精确的定义。事实上，它们之间的界限也不可能切分得清清楚楚，肯定存在“你中有我，我中有你”的兼容现象。我们充其量也只能给它们一个含糊的界定。只有一点是可以明确的：在做翻译时，译者可能同时经历、处理多种心理活动，绝不可能只是经历一种心理活动，但是可以说，在处理不同内容或特点的源语信息时，某一种（如审美或交际或文化）心理活动抑或成为译者的主导心理活动（dominant mental activity）。

如，习近平主席在纪念反法西斯和抗日战争胜利70周年的阅兵仪式上的发言中用了“靡不有初，鲜克有终。”此话本来是什么意思？在那种语境下，译员怎么处理原义和语境的关系，这是个关于认知、交际以及文化心理交织在一起的问题。很难说是哪一种心理活动为主导？如果直译，可以译为：

Everything starts with a good beginning, but very few have a good ending/can go on till the end.

或者 *It is true that everything people do has a beginning, but very few can be completed.*

或者 *People start doing something every day and every minute, but very few succeed/end up competing them.*

但如果考虑翻译语境，为了给全世界的听众一个积极、乐观的信息，最好译为：

As an ancient Chinese saying goes, "After making a good start, we should ensure that the cause achieves fruition." The great renewal of the Chinese nation requires the dedicated efforts of one generation after another. Having created a splendid civilization of over 5,000 years, the Chinese nation will certainly usher in an even brighter future.

六、结论

在翻译心理学教学的实践和探讨中，师生似乎皆认同以下几点：（1）口笔译案例分析法是翻译心理学的有效教学法；（2）翻译心理分析对提高学生的翻译批评能力大有裨益；（3）然而，由于教学中使用太多的理论视角，师生均感到很难厘清影响翻译的各种心理活动（如译者的认知心理、文化心理、审美心理和交际心理），加上翻译心理学讨论中所借鉴的理论繁杂，容易使译者心理活动的解析变得角度纷乱、思路模糊。因此需要翻译心理学研究者努力探寻核心理论问题、廓清分析框架、建构理论模式。

参考文献

[1] 陈浩东：《翻译心理学》，北京：北京大学出版社，2013 年。
[2] 李奕，刘源甫：《翻译心理学概论》，北京：清华大学出版社，2008 年。
[3] 刘绍龙：《翻译心理学》，武汉：武汉大学出版社，2008 年。
[4] 颜林海：《翻译认知心理学》，北京：科学出版社，2008 年。
[5] 朱珊：《翻译心理学研究：认知与审美》，北京：新华出版社，2008 年。

纠正性反馈在学习者对目标语领会中的作用：以多媒体辅助多媒体听力教学为例

李　力[*]　陈婉婷[**]

摘要：纠正性反馈和学习者接纳是外语课堂中师生互动的一种重要形式。本文以国内外相关研究为基础，首先阐释了纠正性反馈和学习者接纳的特点，论证其在外语学习中的作用及与课堂二语习得的关系。在此基础上，探讨了在多媒体环境下，纠正性反馈和学习者接纳对构建互动式听力课堂的促进，对相应的英语听力教学给出了改进建议。

关键词：纠正性反馈；学习者接纳；多媒体辅助；英语听力教学

Abstract: Corrective feedback and learner uptake are the important form of interaction between teachers and students. The thesis elaborates the characteristics of corrective feedback and learner uptake on the basis of previous research and then analyzes their roles in foreign language learning and their relationship with instructed second language acquisition. Based on that, the author explores the promotion of teacher corrective feedback and learner uptake to multimedia-assisted listening teaching and offers corresponding teaching suggestions.

Key Words: corrective feedback; learner uptake; multimedia-assisted; ESL teaching

一、引言

朗（Long, 1996）在互动假说中提出，会话中的互动有利于二语学习。纠正性反馈和学习者接纳作为外语课堂中师生互动的一种重要形式，是构建有效的外语互动课堂的要素，对于学习者目标语发展的质量提升起着至关重要的作用。

* 李力，厦门大学外文学院教授，研究方向：应用语言学。

** 陈婉婷，厦门大学外文学院硕士研究生，研究方向：应用语言学。

听力是基本的语言技能，在日常交际和外语学习中占据着重要的一席之地。对于大部分中国英语学习者而言，听力是英语学习中的难点。我国长期受应试教育的影响，教师和学习者只注重读写技能，而忽视了听说技能。由于受到教学设施、教学方法等因素制约，英语听力教学基本处于以教师为中心的状态，教师和学习者之间缺乏交流，无法构建一个有效的课堂互动环境，课堂氛围沉闷，教学效果甚微。

近年来，由于科学技术的快速发展，网络技术得到普遍运用，利用多媒体进行英语听力教学成为一种趋势。多媒体能够多渠道输入语言信息，使学习者的视、听、动觉相结合，活跃思维过程，提高听力能力。有效的外语互动课堂在兼顾教与学的基础上，需要运用多媒体手段激发学习者的学习愿望以使其既能利用课上有限的时间，又能激发其在课外进一步学习的愿望。除此之外，教师可以凭借多媒体辅助教学软件给予纠正性反馈，通过分析学习者接纳判断反馈的有效性以及了解学习者对目标语的掌握情况，在课堂互动中提高学习者输出的准确性。

本文探讨在多媒体环境下，纠正性反馈和学习者接纳对构建互动式听力课堂的促进作用，然后提出相应的教学改进建议。

二、纠正性反馈和学习者接纳

互动课堂强调双向交际的重要性，互动“以有效的方式将输入、学习者内在认知机制（尤其是选择注意）和输出结合在一起”（Long，1996：451-452），“变单向的师生互动形式为双向的师生互动形式”（郑艳萍、牛跃辉，2012：87），即教师通过互动式协商给予学习者纠正性反馈，促使学习者修正自己的语言输出，使他们注意到后续输入中相应的语言形式，加强自身语言的可理解性和准确性，提高学习者目标语质量。以下将分析纠正性反馈、学习者接纳及其在外语学习中的作用。

（一）纠正性反馈

纠正性反馈指教师针对学习者在使用外语过程中产生的错误表述做出回应与评价，可以划分为即时反馈和延迟反馈（Sheen & Ellis，2011：593）。即时反馈指学习者出现错误表述时教师立刻指出；延迟反馈指教师在课堂交际活动结束之后，才指出学习者的错误。纠正性反馈还可以划分为提供输入型反馈和促使输出型反馈（Sheen，2010：172）。提供输入型反馈由教师提供正确的语言形式，学习者只需要对其承认或者加以复述；促使输出型反馈则是教师不提供正确的语言形式，而是为学习者提供自我修正的机会，通过提示促使学习者对错误进行修正输出。它们进一步分为六种策略类型：直接纠正、重述、澄清请求、元语言提示、引导和重复（Lyster & Ranta，1997：46-48），如下表1所示。

表1　对错误进行修正性输出的六种策略类型

	策略类型	定义
提供输入型反馈	直接纠正	教师明确指出学习者出现的错误，并给出正确表达形式
	重述	教师对学习者含有错误的表述全部或者部分地改述
促使输出型反馈	澄清请求	教师通过升调对学习者的错误表述提出疑问，比如"Pardon me?"
	元语言提示	教师对学习者表述的语法规范给予评价，诱导学习者给出正确形式
	引导	教师通过口头刺激，比如提问，诱导学习者给出正确形式
	重复	教师通过加强语调重复学习者的错误表述

例（1）：

S: Korean is more faster.

T: Is faster.

S: Is faster than English.

（Ellis & Sheen，2006：292）

此例中，学习者（S）把比较级重复使用，属于过度总结规则，将"faster"误用为"more faster"。这就引发了教师的澄清请求，教师通过重述正确表达进行反馈，更正其中的错误，学习者领会了这个表述的正确语言形式，由此纠正了原表述，即在这一语境下应该选用"faster"而非"more faster"的语言形式。

例（2）：

摘录1 in Treatment Session 3

S: * In the evening, she often re-return home at six o'clock.

I: She often ...?

S: Oh, I know, she often returns home at six o'clock.

（刘学华、张薇，2011：54）

此例中，学习者的表述里出现了动词第三人称单数未加 -s 的错误，教师通过促使输出型反馈，即提问这一口头刺激，使学习者注意到语言错误，引导他对该表述进行重新加工，给出修正后输出。

综上所述，纠正性反馈的作用主要表现在两个方面："注意力提升"和"错误纠正"（Sheen & Ellis, 2011：596）。纠正性反馈作为吸引学习者注意力的教学手段，能够引导他们对中介语和目标语的语言形式进行认知比较，使他们注意到后续输入中相应的语言形式，从而促进语言习得。因此，纠正性反馈在课堂外语教学中发挥着不可小觑的作用，它为学习者提供更正性或者评价性信息，帮助他们反思进而修正自己的表述，从而使他们在课堂言语互动中学习语言，提高学习效率。

（二）学习者接纳

学习者接纳和纠正性反馈密切相关，它指教师针对学习者的疑问或者不正确的目标语形式提供反馈之后，学习者立即做出的反应（Lyster & Ranta, 1997; Ellis, Basturkmen & Loewen, 2001），分为修正和有待修正。修正指学习者成功地改正了错误，或者对该语言形式有所理解，包括重复、吸收、自我修正和同伴修正。有待修正指学习者未能成功地改正错误，或者无法理解该目标语形式，包括承认、不同错误、同一错误、犹豫、偏题、部分修正（Lyster & Ranta, 1997）。

学习者接纳是一项体现反馈有效性的重要指标，是习得过程的一个步骤（Ruegg, 2015），对目标语的发展具有促进作用（Lyster, Saito & Sato, 2013）。首先，接纳为学习者巩固目标语形式提供了机会，从而提高他们对已学语言形式的掌握，提高流利程度。其次，接纳和促使性输出有关联。斯温（Swain, 1995）提出，在外语学习中仅有可理解性输入是不够的，促使性输出也发挥着重要作用。它使学习者在句法层面而非语义层面上加工语言，促进他们修正自己的语言输出，使他们在之后的互动中注意语言形式。促使性输出使学习者能够更加准确地运用目标语形式，而接纳正是该输出的基础（Loewen, 2004）。最后，不同的反馈类型影响着接纳，即学习者对语言形式的认知加工程度。"比起教师提供正确的目标语形式，推促学习者修正自己的语言输出，对他们的外语学习更有益处。"（Lyster, 1998：184）促使输出型反馈能够引导学习者对语言错误进行修正输出，"包含了自我修正后输出的接纳要求学习者更深层次的加工"（陈晓湘、张薇，2008：280），这有利于他们建立更加接近目标语的中介语系统。利斯特（Lyster, 2004）以五年级的法语学习者为研究对象，对比在冠词和名词的性别标记习得中，重述（作为提供输入型反馈的一种方式）与促使输出型反馈所起的作用。实验结果表明，在外语教学中，促使输出型反馈对法语学习者目标语法形式习得的促进比重述更有成效。阿马尔和斯帕达（Ammar & Spada,

2006）对英语物主代词习得的研究也证实了这一观点：教师给予促使输出型反馈，更容易引起成功的学习者接纳，从而促进其外语发展。简言之，接纳表明学习者理解教师纠正性反馈的目的，而其引起的促使性输出使学习者注意到自身中介语和目标语的差别，对外语学习有潜在的影响。

三、运用多媒体辅助英语听力教学的可能性和优越性

听力是基本的语言技能，在外语学习中占据举足轻重的地位。然而，许多中国英语学习者始终难以突破听力。近年来，由于网络技术的普遍运用，多媒体成为听力教学过程中被广泛使用的教学手段，它有助于互动课堂的实现。

（一）听力是一种互动过程

听是获得语言信息的主要途径。听力作为一种输入技能，为外语的接收和吸入提供渠道，是发展其他语言技能的基础。听力是外语学习中的难点。学习者首先需要理解本族语者的语言信息，然后尽量运用地道的外语参与交际。但是，在大部分外语课堂上，听力被视为单向的接受性过程，仅仅是语言信息的输入；而学习者则是消极被动的收音机（Field，2008：60）。“在中国以教师为中心的英语课堂教学中，教师话语往往占用70%，甚至90%的课堂时间。”（张倩，王建，2011：106）调查表明，57.8%的学习者认为教师将大部分课时用于播放录音，35.5%的学习者认为教师核对听力答案占据了大部分课时，只有6.6%的学习者反映课堂的重心以师生互动讨论为主（傅永红，2012：20）。由于受到教学设施、教学方法等因素制约，英语听力教学基本处于教师一言堂的状态，即教师播放录音（学习者被动听）——教师讲解（学习者只听不说）——教师核对答案（学习者机械记录）；学习者参与课堂输出活动的机会很少。在这样的英语听力教学过程中，师生之间缺乏交流，无法构建一个有效的课堂互动环境，不利于学习者目标语交际能力的培养。

听力包括自下而上和自上而下两个过程。自下而上指学习者对话语意义的理解来自于语言信息本身，自上而下指学习者对话语意义的理解来自于语境提示和先前的知识储备，这两个过程相互依存、相互影响（Yeldham & Gruba，2014：34）。而听力教学通常伴随一系列的交际活动，这要求学习者的输出不仅具有可理解性，还要具有准确性。因此，听力是意义协商和形式协商相结合的互动过程。在听力课堂上，教师除了为学习者提供可理解性输入，还应该注重发挥互动的作用。纠正性反馈和学习者接纳作为外语课堂中师生互动的一种重要形式，是发挥互动对目标语发展促进作用的关键。琼和西马尔（Jean &

Simard, 2011，转引自 Lyster, Saito & Sato, 2013）通过对加拿大 2321 名中学生的调查表明，大部分学生认为纠正性反馈对外语学习大有裨益：比起错误被忽略，他们更希望能够及时改正错误。因而，教师通过纠正性反馈，引起学习者注意所犯错误以及后续输入中相应的语言形式，巩固形式——意义的映射，是听力课堂不可或缺的环节。

（二）多媒体对构建英语听力互动课堂的促进

近年来，由于科学技术的快速发展，网络技术得到普遍运用，利用多媒体进行英语听力教学成为一种趋势。多媒体是指以计算机和网络技术为基础，既包括文本、图形、声音、动画等多种媒体手段，也包括将这些媒体优化综合形成的语言教学软件（金国臣，2005：60；Brown，2001：153）。在我国，运用多媒体辅助听力教学包括两个步骤：其一是课堂上教师利用多媒体课件、教学软件开展教学活动；其二是课后教师在网络平台发布课程信息，学习者进行自主性听力学习。“借助科技学习语言已经成为一个无法改变的事实，这对应用语言学家有着重要的启示，特别是研究二语习得的学者。”（Chapelle，2001：1）多媒体将抽象、单调的听力材料形象地体现在图片、影视中，使得基于交流、讨论的互动课堂模式成为可能，充分调动教师和学习者的积极性。首先，多媒体集声、像、图于一体，丰富语言信息的输入形式，使学习者视、听、动觉相结合，更易于理解听力材料，在输入的“量”上有较大的增加；其次，多媒体课件、教学软件的使用使教师从繁重的课堂讲解、板书中解放出来，提高了课堂效率，从而能够把更多时间和精力用于了解学习者的学习情况，为师生之间的互动提供条件。教师通过纠正性反馈，使学习者认识到在交际活动中的输出需要兼具可理解性和准确性，帮助他们注意到后续输入中相应的语言形式，以便他们在输入的“质”上有较大的提高。最后，教师在网络平台发布的听力课程信息可以供学习者课后自主选择使用，丰富第二课堂，这也为进一步的互动创造机会。

四、纠正性反馈和学习者接纳对多媒体辅助听力教学的启示

互动为学习者在外语的内容和形式之间建立联系提供了机会，其中纠正性反馈和学习者接纳对英语听力教学有指导作用。“教师如何在课堂活动过程中有效地进行反馈，使学生在关注意义交流的同时提高语言的准确性是亟待解决的问题。”（徐锦芬，2015：17）听力是一种互动过程，是双边信息的传递过程；如果能够将输入、反馈和接纳有效结合，使学习者的促使性输出越多，教学效果就越好。多媒体的推广，为纠正性反馈和学习者接纳在英语听力教学中的运用

创造更多的条件。

（一）课堂上教师给予即时、个性化的纠正性反馈

"回应语步的即时性被认为是非常重要的，在问题出现后的40秒之内给予反馈，效果最佳。"（Doughty，转引自Loewen，2004：181）延迟反馈通常不能为学习者接纳的产生提供机会。原因在于教师经常利用学习者进行交际活动的时间去记录存在问题的语言形式，然后在课堂接近结束之际才进行回顾；而相当一部分教师仅对这些问题进行评价，没有为学习者分析、修正其语言输出留出时间。计算机辅助语言教学软件能够记录、分析学习者的听力完成情况，使教师可以在每一个活动结束后给予即时的纠正性反馈，以激发学习者接纳和修正后输出；软件的单独对讲功能使教师和学习者能够一对一互动，这有助于教师提供个性化的纠正性反馈，提高教学效果。

（二）课堂上教师采用多种反馈方式，特别是促使输出型反馈

促使输出型反馈，是指澄清请求、元语言提示、引导和重复一类的反馈。由于教师不提供正确的语言形式，而是通过提示促使学习者对错误进行修正输出，所以比起直接纠正和重述，这种反馈更能激发学习者接纳。重述是课堂上使用频率最高的反馈方式（55%），它最不易激发学习者接纳（31%），因为它存在模糊性，学习者由于自身语言水平的限制，可能注意不到教师的改述包含对自己错误表述的修正，从而无法认识其中介语和目标语的语言形式之间的差距。而引导最易激发学习者接纳（100%），教师通过诸如"What article do we use before 'hour'?（在hour前我们应该使用什么冠词？）"的提问，提示学习者关注、分析其中介语的错误之处，然后运用所学知识做出修正后输出，但是引导在课堂反馈中只占比14%（Lyster & Ranta，1997：56-57）。原因可能在于课堂时间有限。多媒体课件、教学软件的使用有助于增大课堂容量，提高课堂效率，使学习者成为教师关注的重点。教师采用多种反馈方式，特别是促使输出型反馈，以激发学习者接纳，从而促使他们更深层次地加工目标语，输出更多修正后的语言，提高教学效果。

（三）课后教师利用网络平台为学习者的自我修正创造条件

埃利斯（Ellis，2001）指出，师生互动的语步数量和学习者接纳有关联。如果教师不直接提供正确的语言形式，而是采用引导等促使输出型反馈对学习者的错误进行提示以及深入的互动式协商，诱发他们更多的话语输出量，可以使他们体会到其输出产生的效果。通过师生之间的互动，学习者更有可能注意到该语言形式，并且将它正确地运用于自己的输出。因此，教师应该尽可能增加师生互动的语步，激发学习者接纳，以输出更多修正后的语言。由于课堂时间

有限，课后教师可以利用网络平台对学习者的错误进行个性化指导，使学习者有较为充裕的时间对比自己的语言形式和目标语形式，为学习者的自我修正创造更多的机会。

五、结语

听力是外语学习中基本的语言技能，是一种互动过程。在听力课堂上，教师不仅需要为学习者提供可理解性输入，还需要引导学习者尽量运用地道的外语参与交际。教师应该充分理解纠正性反馈和学习者接纳对目标语发展的作用，将其运用到实际教学之中。教师应该通过给予及时、个性化的纠正性反馈，采用多种反馈方式来增加师生互动的话语数量，利用网络平台为学习者的自我修正创造条件，激发学习者接纳和修正后输出，从而提高学习者外语听力水平。如此一来，学习者不再消极被动地接受语言信息，而是能够积极主动地参与到听力课堂中，提高英语学习兴趣，从而习得目标语。

参考文献

[1] 陈晓湘，张薇：《修正后输出对目标语发展的作用》，《外国教学与研究》，2008 年第 4 期，第 279-286 页。

[2] 傅永红：《探索互动假设在高职听力教学中的应用》，2012 年上海外国语大学硕士学位论文。

[3] 金国臣：《多媒体环境下互动式教学理论在大学英语教学中应用的探索和思考》，《西安外国语学报》，2005 年第 2 期，第 60-64 期。

[4] 徐锦芬：《纠正性反馈与外语教学》，《第二语言学习研究》，2015 年第 1 期，第 17-29 页。

[5] 张倩，王健：《大学英语互动课堂教师纠正性反馈的研究》，《西安外国语大学学报》，2011 年第 19 卷第 1 期，第 106-110 页。

[6] 郑艳萍，牛跃辉，输入、互动、输出假说在外语教学中的应用 [J]，，2012 语文学刊。

[7] Ammar, A. & Spada, N., One size fits all? Recasts, prompts, and L2 learning, *Studies in Second Language Acquisition*, 2006, Vol. 28, No. 4, 543-574.

[8] Brown, H., *Teaching by Principles: An Interactive Approach to Language Pedagogy*, Beijing: Foreign Language Teaching and Research Press, 2001.

[9] Chapelle, C., *Computer Applications in Second Language Acquisition*, Cambridge: Cambridge University Press, 2001.

[10] Ellis, R., Basturkmen, H. & Loewen, S., Learner uptake in communicative ESL lessons, *Language Learning*, 2001 , Vol. 51, No. 2, 281-318.

[11] Ellis, R. & Sheen, Y., Re-examining the role of recasts in L2 acquisition, *Studies in Second Language Acquisition*, 2006, Vol. 28, No.4, 575-600.

[12] Field, J., *Listening in the Language Classroom*, Cambridge: Cambridge University Press, 2008.

[13] Loewen, S., Uptake in incidental focus on form in meaning-focused ESL lessons, *Language Learning*, 2004, Vol. 54, No. 1, 153-188.

[14] Long, M., The role of the linguistic environment in second language acquisition, in Ritchie, W. & Bhatia, K. (Eds.), *Handbook of Second Language Acquisition*, London: Academic Press, Inc., 1996.

[15] Lyster, R., Negotiation of form, recasts and explicit correction in relation to error types and learner repair in immersion classroom, *Language Learning*, 1998, Vol. 48, No. 2, 183-218.

—, Differential effects of prompts and recasts in rorm-focused instruction, *Studies in Second Language Acquisition*, 2004, Vol. 26, No.3, 399-432.

[16] Lyster, R. & Ranta, L., Corrective feedback and learner uptake: Negotiation of form in communicative classrooms, *Studies in Second Language Acquisition*, 1997, Vol. 19, No. 1, 37-66.

[17] Lyster, R. & Saito, K. & Sato, M., Oral corrective feedback in second language classrooms, *Language Teaching*, 2013, Vol. 46, No. 1, 1-40.

[18] Ruegg, R., Differences in the uptake of peer and teacher feedback, *RELC Journal*, 2015, Vol. 46, No. 2, 131-145.

[19] Sheen, Y., The role of oral and written corrective feedback in SLA, *Studies in Second Language Acquisition*, 2010, Vol. 32, No. 2, 169-179.

[20] Sheen, Y. & Ellis, R., Corrective feedback in language teaching, in Hinkel, E. (Ed.), *Handbook of Research in Second Language Teaching and Learning*, New York: Routledge, 2011.

[21] Swain, M., Three functions of output in second language learning, in Cook, G. & Seidlhofer, B. (Eds.), *Principle and Practice in Applied Linguistics*, Oxford: Oxford University Press, 1995.

[22] Yeldham, M. & Gruba, P., Toward an instructional approach to developing interactive second language learning, *Language Teaching Research*, 2014, Vol. 18, No. 1, 33-53.

融工具性与人文性于一体:为非英语专业本科生开设经典英美文学赏析课之理据探讨

张淑芬*

摘要: 文学与语言教学之间存在密切关系,文学课能促进语言水平的提高。在全球化的大背景下,须强调英语的实用性,但绝不能忽视其人文教育功能。本文提出:开设经典英美文学赏析课,可以融英语的工具性和人文性为一体,既可以提高学生的语言技能,又可以提高其人文素养,培养其批判性思维习惯并增强跨文化意识,所以它是一门值得在非英语专业本科教育中广泛推广的课程。

关键词: 工具性;人文性;经典英美文学赏析;非英语专业

Abstract: Literature is closely related to language teaching, and literature courses will certainly enhance the language proficiency of language learners. Against the backdrop of economic globalization, there should be a balance between the practicability of the English language and its significance as a tool to educate people. The author suggests that offering such a course as "Appreciation of British and American Literary Classics" is a worthwhile attempt to achieve the aim. Hopefully, by taking such courses, non-English majors will gain opportunities to practice the language, develop critical thinking, and improve their awareness of cross-cultural differences.

Key Words: practicability; humanistic education; Appreciation of British and American Literary Classics; non-English major

一、引言

高等学校大学外语教学指导委员会最新制定的《大学英语教学指南》(以

* 张淑芬,厦门大学外文学院副教授,研究方向:英美文学和美国小说史。

下简称《指南》)中明确指出：大学英语课程是高等学校人文教育的一部分，兼有工具性和人文性双重性质。工具性指的是大学英语教学帮助学生“获得在学术或职业领域进行交流的相关能力”的这一性质。而人文性，指通过“外语学习来了解世界文化，提高人文素质修养，即用语言进行人文主义教育”。《指南》强调，大学英语教学必须充分“挖掘大学英语课程丰富的人文内涵，实现工具性和人文性的有机统一”。早在 2010 年，大学英语教学高层论坛也达成共识：“大学英语不是单纯的语言技能课程，而应富有文化内涵”（蔡基刚，2017：3），“要大力培养学生的思想，提高学生的全方位素质”，因此，“外语通识教育与课程设置思路势必成为外语教学的一个新思路，很可能成为中国外语教学的一个重要转折点。”（转引自蔡基刚，2017：3）

随着社会的发展，科技进步日新月异，经济全球化的趋势日益明显，国际合作日趋频繁，学生阅读文献和应用文献的需求逐步提高。一时间，外语学习实用主义占据上风，加上国外 ESP（English For Special Purpose）的兴起，导致许多英语教学研究人员不断质疑文学教学的重要性，他们提倡语言教学、翻译实践和跨文化交际，把培养学生实用性的语言交流和实践能力作为唯一目标。因此在大学英语教材中，文学作品已经被严重边缘化，各种鸡汤式、科普性或实用性较强的文章比重增加。上外版一到四册《全新版大学英语综合教程》中，只有第三册选用欧亨利的短篇小说《最后一篇叶子》（The Last leaf）。非英语专业的学生忙着四六级或雅思、托福考试，无暇顾及文学作品的阅读。久而久之，不免让人担忧，高校毕业生只会应试而无法真正交际，外语教学也将沦为与社会上的四、六级培训班毫无二致的职业技术培训了。

陆谷孙先生早就意识到教材选材有失偏颇的严重问题。他认为现在的教材“缺了对我们学生的情感打动（affective index）”（束定芳，2017：18）。他建议，“外语输入应该加大‘能打动人’的文学经典的比例”（束定芳，2017：18），要“关注学生心灵的敏感和柔软，让他们多读能打动人情感的作品”，培养学生的“形象思维和艺术创作能力”（束定芳，2017：19）。在这样的背景下，开设一门面向非英语专业学生的《经典英美文学赏析》的通识课就显得非常有必要了。

二、经典英美文学赏析课的必要性

文学是语言的艺术，没有语言就没有文学。作为承载哲学、伦理道德和历史等文化内涵的一门学科，文学和语言的关系密不可分。文学既是人生体验的文化表征，更是训练基本语言能力和培养批判性思维的最好材料。“文学作品为学习者提供语法练习、词汇学习及翻译素材”（Liaw，2001：34），有助于“提高所有的语言技巧，通过各种各样广泛巧妙的词汇运用及各种复杂贴切的用法，使文学扩展了语言知识”（Povey，1967：48-50）。尤其在 EFL 这样的学习背景下，“文学是一个提供有意义输入的丰富源泉”（Pugh，1989：32）。在文学作品中，人物关系、情节发展和小说背景都被作者精心考虑过。通过对主题和人物塑造的分析，学习者逐步增强语言运用的意识。除此以外，文学作品提供学习者动机因素、情感因素和经验因素，种种因素对学习者阅读水平都起到很大影响。阅读原本就是读者与文本之间的互动，读者应该具备阅读动机才能开启阅读，而文学可以看作是提供学习动机的重要工具。

首先，文学具有普适性。世界上每一种语言都有文学，人们通过文学表达爱情、死亡、分离、仇恨、战争等主题，这些主题也是各国文化共同的主题。西方文学传统的道德教化、惩恶扬善、鞭笞社会黑暗的母题，与东方文学弘扬道德的主题有异曲同工之处。文学作品的阅读者，不仅能够得到真实的语言训练，而且可以感受到深厚的文化熏陶。文学作品提供真实的语言输入，作品里传达的思想情感，描写的各种事件，有的是学习者亲身经历，有的则是能够想象得到的。因此，学习者很容易在作品中找到共鸣，与书中人物体验喜悦痛苦等各种情感。文学文本中丰富多彩的语言风格和主题描写，有助于学习者摆脱单调乏味的单词记忆或语法，灵活掌握语言的多样性和丰富性。与日常生活的语言相比，文学作品中使用的词汇和句式更加丰富多样。有些独特的句法模式，只在书面英语尤其是文学作品中才能看到。例如被动语态的使用、从句的频繁出现、从属关系和倒装句等。再者，文学的含糊性决定学习者可以从不同视角解读文本。一千个读者眼中就有一千个哈姆雷特。文本解读视角的多样性为学习者提供一个真正交流思想和互相学习的机会，有助于批判性思维的培养。通过阅读和分析文学作品，学习者接触到不同的社会和文化，逐渐学会接受中西文化差异，培养敏锐的观察能力、批判性思维能力，树立跨文化交际意识，成为国家需要的国际化人才。简而言之，文学课与大学英语阶段的基本语言能力的训练和提高有着直接的关系。

那么，英美文学作品数量众多，异彩纷呈，在有限的大学英语教学活动中，应该选择哪些作品进行教学呢？经典文学作品无疑是明智的选择。经典文学作品，最能集中体现文学艺术的最高成就，是每个民族思想智慧的结晶。文艺复兴时期的莎士比亚戏剧，浪漫主义时期湖畔派诗人华兹华斯的诗歌，维多利亚时期勃朗蒂三姐妹的小说或二十年代美国作家海明威的《永别了，武器》等作品，都堪称英美文学经典。经典文学作品的主题通常具有普遍性和多重性，具有超越时空、地域和种族的特性，经得住时间的千锤百炼，散发出无穷魅力。这些作品从不同侧面再现民族文化和精神，反映社会状况，具有很高的美学价值。

因此，以英美经典文学作品为载体，引领学生积极阅读文学和思考，培养学生的文学鉴赏和批判能力，提高人文素养，增强对中西文化差异的认识，最终促进学生语言能力和交际能力的提高，是大学英语教学的使命。所以，如何有效地指导课内外时间有限、语言基础相对薄弱的非英语专业学生进行经典文学作品阅读，是值得认真思考的问题。

三、经典英美文学赏析教学实践

跟英语专业的学生不同，非英语专业本科生的英语基础相对薄弱，英语课时也少了很多。因此，如何激发学生的学习兴趣、发挥学生的学习主动性，如何在课堂上进行有效引导，培养学生的开放性思维，并兼顾语言训练，是教师应该关心的主要问题。文学教学课通常有两大模式，一是以教师为中心的文化模式。这种教学模式常用于大学文学课程，把文本看作为学习者提供目的语文化的信息来源，其重心放在研究文本、文学运动和文学流派以及文本产生的社会、政治和历史背景。教师没有带领学生进行任何语言训练。课堂的主角是教师。二是以学习者为中心的语言模式。当学习者阅读文本时，他们格外留意语言的使用方式，逐渐理解意义，并提高对英语的认识。在这种文学模式中，老师会把重心放在对个别语法和词汇的解释，或使用文体分析帮助学习者更有效地阅读和学习文学。在笔者看来，上述两种模式都有失偏颇。在建构主义学习理论指导下，由教师积极引导，以学习者为中心的教学模式，才是文学课最有效的学习策略。

建立在皮亚杰（Piaget）认识论基础之上的建构主义学习理论认为，学习者通过构建心理模式了解周围的世界。建构主义倡导以学生为中心，帮助学生利用已知的知识获得更多新知识（Alesandrini & Larson，2002：119-121）。学生在教师的指导下参与活动，接触不同的想法，感知知识领域之间的联系。建构主义强调学习的主动性、社会性和情境性。教师不是知识权威的象征，只是知识的呈现者，而学生是意义的建构者。“学习的内部动机及好奇心、进步的需要以及同伴间的相互作用驱动的积极主动的知识建构过程，是学生学习、认知的兴趣和真正动力；教师要达到有效的教学效果，首要任务之一就是要激发其认知兴趣。”（马爱华，2006：37）在建构主义课堂上，学习者主动参与，学习氛围民主宽松，课堂活动学生为中心，老师的职责是促进学习过程，鼓励学生自主完成活动。学生主要从事小组讨论，学习和知识是互动和动态的，重点强调思想的协作与交流，强调学习本身的“对话性”（张媛，2009：233）。在以教师为中心的传统课堂上，学习则是通过单调重复实现的，课程严格遵守教科书的指导。

在建构主义课堂上，老师的重点是引导学生提出问题，自主研究这个问题，促进讨论的顺利进行。总之，文学课教学应在教师指导下，以学习者为中心，既强调学习者的主体作用，也不抹杀教师的主导作用。具体说来，文学课的教学可以从以下几方面进行尝试。

一、课前预习。课前要求学生预读有关作者、文本选段、主题及创作背景等相关内容，并尽量熟悉文本。教师通过设计与文本相关的小测或练习，激发学生的好奇心和阅读兴趣。练习形式可以是简短回答问题、填空题或者情节概述，初步了解学生对文本的熟悉程度。此外，教师还可以要求学生带着问题来上课，这也是培养学生批判性思维的有效方式。利用学生的问题来开启课堂讨论，更能够吸引学生注意力，激发他们积极参与课堂的热情。但是教师应该告诉学生，开放性的问题比简单的是非题更适合讨论。

二、融入文学术语和基本理论的讲解。非英语专业学生也应该对常见的文学术语和文学理论有初步的了解。像心理分析、女权主义理论或殖民主义理论，都应该加以介绍。教师可以采用通俗易懂的语言，“分门别类地系统介绍文学术语、文学流派与思潮、作家间的继承与发展关系以及文学评论的某些理论”（陈许，2001：39）。在解释理论之后辅以实例，指定小组运用不同的文学理论去分析同一个文本，有助于帮助学生通过不同视角解读文本，交流思想，深化对文本的理解。读者反映批评认为，“一部文本的意义是读者个人的‘产物’或‘创造物’。因此，不论是在语言方面还是在文本整体的艺术性方面，一部文本都没有对所有读者而言是唯一正确的意义”（Abrams，2014：330）。作品的意义是文本和读者互动的结果，读者会根据不同阅读经验和知识积累理解文本。沃尔夫岗・伊瑟尔同样认为，文本里包含有许多“空隙”和“不确定因素”，读者必须利用眼前的文本提供给他的信息，创造性地参与其中，填补空隙”（Abrams，2014：330）。因此，文学课的教学不应成为照本宣科的课堂，教师的观点也不必凌驾于学生之上，而应该让文学阅读成为“填补空隙”的过程，成为一种开放的、充满各种阐释可能的游戏。

三、课堂小组讨论。“小组讨论是任务型语言教学的特点之一。从社会建构主义的学习观点看，人们的语言能力就是在社会交往中发展起来的。”（巩湘红、莫玉梅，2017：79）因此小组讨论被广泛运用于语言教学，以提高语言能力为其中一项教学目标的文学课也不例外，课堂小组讨论也是文学课的核心环节之一。小组讨论的优点毋庸置疑。首先，小组讨论为学生创造更多语言实践的机会，让学生学会用英语沟通交流，学会表达对人物、主题、写作风格或作品内容的理解。其次，教师可以因材施教，及时帮助词汇量薄弱或无法理解作品意图的学生。最后，小范围的讨论有助于降低学生的焦虑情绪，增强自信心，进一步激发其学习的动机。文学课的小组讨论时，教师应把重点放在指导学生欣赏和分析作品上。围绕主题表现、人物塑造、情节安排、叙述角度或语言风格，设计好开放式问题，让学生事先查询资料，独立思考后在课上交流讨论。此外，教师也可以引导学生就某个章节或段落进行讨论。比如，《鲁滨逊漂流记》中的鲁滨逊，在荒岛生活了十二年之后，有一天突然在沙滩上看到一个巨大的脚印，鲁滨逊惊慌失措。教师可以引导学生思考："Why was Robinson Crusoe so frightened at the sight of the footprint on the beach?"

四、运用 PPT、图片、电影、电视节目等可视性手段进行教学，有助于传达晦涩难懂的文学概念，调动学生的积极性。在这些手段中，电影是最值得推荐的辅助手段。陆谷孙先生曾经建议"学生课外在老师的指导下看影视作品"（束定芳，2017：19），而不是受制于考试或习题。众所周知，电影的最大优点在于它能够提供真实的语言输入。电影对白通常能体现作品创作时社会流行的语言文化现象，是最鲜活的语言学习材料。借助于人物的面部表情、服饰、肢体动作等，学习者更容易理解主题、人物性格、文本的意义以及文化背景。同时，电影演员声情并茂的表演，电影技巧的运用营造出身临其境的感觉，带给学习者艺术感染力和审美愉悦。有别于阅读教材和听录音的枯燥，观影既能减轻学习焦虑，更能激发学习热情。为了最有效率地运用课堂时间，学生可以在课外欣赏电影，在课上进行电影对白模仿，比较电影和原著的不同之处，或探讨电影技巧和主题展现之间的关系。这些活动除了帮助学生获得英语语言知识，更有助于加深对文本意义的深层理解。

五、写作练习。学习语言的最终目的是运用语言，除了口语表达之外，巩固语言知识的途径就是写作训练。文学作品题材广泛，内容丰富，能为写作提供词汇表达的经典范例，练习写作不仅能深化对文学作品的理解，也能提高语言表达能力。通过阅读、讨论，学生"参与文本意义的寻找、发现、创造过程，逐步养成敏锐的感受能力，掌握严谨的分析方法，形成准确的表达方式"（王守仁，2002：10）。因此，围绕作品的写作训练是文学课教学不可或缺的组成部分。

四、结语

文学与语言教学之间存在密切的关系，文学教学能够更好地促进语言水平的提高。在全球经济一体化的社会背景下，强调英语的工具性，也不能忽视其人文性。大学英语教学除了培养学生运用英语从事专业学习和以后工作的实用能力，更应该以提高学生文学素养、形成批判性思维、熟悉文化差异以及增强跨文化意识为己任。因此，经典英美文学赏析课在融合英语的工具性和人文性，培养社会需要的国际化人才方面，将是一个有益的实践。

参考文献

[1] Alesandrini, K. & Larson, L., Teachers bridge to constructivism, The Clearing House, 2002.

[2] Abrams, M. H., & Harpham, G., *A Glossary of Literary Terms*. 北京：北京大学出版社 ,2014。

[3] Liaw, M.-L, Exploring literary responses in an EFL classroom, *Foreign Language Annals*, 2001, Vol. 34, No. 1, 35-44 .

[4] Povey J. F., Literature in TESL programes: The language and the culture, *TESOL Quarterly*, 1967, Vol. 1, No. 2, 40-46.

[5] Pugh, S., Literature, culture, and ESL: A natural convergence, *Journal of Reading*, 1989, Vol. 32, No. 4, 320-329.

[6] 蔡基刚：《从语言属性看外语教学的工具性和人文性》，《东北师大学报》（哲学社会科学版），2017 年第 2 期，第 1-6 页。

[7] 陈许：《英美文学课教学浅识》，《外语界》，2001 年第 6 期，第 36-39 页。

[8] 巩湘红、莫玉梅：《英语语言技能课程教学中的小组讨论模式探究——基于社会建构学习理论和任务型语言教学理论》，《中国教育学刊》，2017 年第 S1 期，第 84-86 页。

[9] 教育部高等学校大学外语教学指导委员会：《大学英语教学指南》，2017 年。

[10] 马爱华，霍跃红，李茜：《英语名著教学模式优化探究》，《外语与外语教学》，2006 年第 10 期，第 35-38 页。

[11] 王守仁：《意义的追寻：大人文观与英美文学教学——应该终结“文学史 + 选读”模式》，《郑州大学学报》（哲学社会科学版），2002 年第 35 卷第 5 期，第 10-11 页。

[12] 束定芳：《中国特色外语教学理论的深厚实践基础——陆谷孙先生的外语教学理念与主张》，《外语界》，2017 年第 1 期，第 17-23 页。

[13] 叶海英：《从“输入假说”理论看大学英语精读教学的文学导入》，《西南民族大学学报》（人文社科版）2007 年第 S1 期，第 278-280 页。

[14] 张媛：《对话理论下的英美文学教学》，《西南民族大学学报》（人文社科版），2009 年 S2 期，第 233-235 页。

关于大学英语新教学模式中学生课后自主学习有效性的探讨

周琳宏*

摘要：和传统的大学英语教学模式不同，大学英语新的教学模式即2+2教学模式要求安排2个课时让学生进行课后的自主学习。这对长期习惯传统教学模式的学生来讲是个极大，也是极其重要的挑战。本文将回顾传统大学英语教学模式，介绍2+2教学模式的具体内容，从学生和教师两方面深入讨论如何保证和提高学生课后自主学习的有效性。

关键词：大学英语教学；自主学习

Abstract: Different from the traditional college English teaching model, the new college English teaching model, 2+2 teaching model, requires two periods should be arranged for students to carry out the self-access study after class, which is a huge challenge and of great importance for students who have been used to the traditional teaching model. The paper reflects on the traditional college English teaching model, introduces 2+2 teaching model and discusses how to ensure and promote the efficiency of students' self-access study after class in terms of students and teachers.

Key Words: college English teaching; self-access study

一、引言

2017年教育部最新公布的《大学英语教学指南》提出各高校大学英语课程设置要兼顾课堂教学与自主学习环节，建立与不同课程类型和不同需求级别相适应的教学模式，促进学生个性化学习策略的形成和学生自主学习能力的发展。自2012年9月至今，厦门大学本科生的大学英语教学经历了重大改革，采用了2+2课学模式。以前，一个班一周在课堂上有四节课。改革后，原来四节

* 周琳宏，厦门大学外文学院讲师，研究方向：第二外语习得。

课分为两个部分。一部分为课堂上的两节，另一部分为课外两节。这不仅对课堂上仅有的两节课的课堂互动提出了高要求，更对课后的学生自主学习以及师生之间的互动的有效性提出了挑战。本文将回顾传统的中国大学英语教学模式和介绍最新的大学英语 2+2 教学模式，从而提出保证和加强学生课后自主学习有效性这一主题，并且从学生和教师两方面进一步进行讨论。

二、传统的大学英语教学模式和新的 2+2 教学模式

在很长的一段时间里，大学英语教学是以教师为主导，以语言知识为中心，以阅读为主要学习途径，以词汇量为学习目标。在这种教学模式中，教师是一切活动的中心，占据了课堂教学的大部分时间，因而无法给学生提供足够的机会进行语言输出。学生成为了被动的知识接受者。

进入 21 世纪，尤其是在中国加入世界贸易组织后，这种传统的教学模式已经很难适应新形势的要求，大学英语教学改革势在必行。最新的《大学英语教学指南》提出“高校开始大学英语课程，一方面是满足国家战略需求，为国家改革开放和经济社会发展服务，另一方面，是满足学生专业学习、国际交流、继续深造、工作就业等方面的需要。大学英语课程对大学生的未来发展具有现实意义和长远影响，学习英语有助于学生树立世界眼光，培养国际意识，提高人文素养，同时为知识创新、潜能发挥和全面发展提供一个基本工具，为迎应全球化时代的挑战和机遇做好准备”。

在这样的大环境下，大学英语 2+2 教学模式应运而生。在这种新的教学模式下，每周两个学时的课堂互动以读写译为主，视听说为辅。另外两个学时为学生课外自主学习的时间，学生自己安排自己的课外学习，教师则通过一系列措施对学生的自主学习过程进行监督和评估。一方面，教师利用一些英语自主学习的网络平台，比如外研社的 ITEST 测试系统、句酷作文批改网和厦大教务处最新推出的网络教学综合平台。这些平台集自主学习、测试及评估、作业布置、辅导和管理于一体。另一方面，教师根据课堂教学的内容，布置与教学主题相关的自主学习内容，要求学生针对相关主题写出相应的文章，再在课堂上与教师和同学讨论。同时，教师通过建立班级 QQ 群并利用教务处的网络教学综合平台和学生进行课外互动。除这些以外，教师还建立严格、详细的自主学习测评体系，批改、记录学生每次的作业，以此作为教师评定学生平时成绩的依据。平时成绩一般占期末总成绩的 40%，对于学生最后总成绩有着举足轻重的作用。

在 2+2 教学模式下，学生需要从传统的被动学习转变为主动学习，这对绝

大部分学生来讲是极大的挑战，他们对此极其不适应的。因此，教师需要培养学生自主学习能力，引导和帮助他们掌握学习策略、学会主动学习。下面将从学生的自主学习能力的培养和提高以及教师在学生课后自主学习过程中的作用展开讨论。

三、学生自主学习能力的培养和提高

学习风格可以是认知的、情感的和生理的，它是学习者观察学习环境、与学习环境互动和做出反应的比较稳定的指标（Keefe，1979：4）。学习风格多种多样，有独立的、有依赖的、有冲动的、有深思熟虑的。达姆等人将自主学习者定义为在课堂学习的社会过程中的积极参与者和根据自己所知对新信息进行积极阐释的人，这样的学习者知道如何学习并且能在他人生的任何学习阶段应用这一能力（转引自 Gardener & Miller，2002：6）。这种学习者就是自主学习者。加德纳和米勒认为自主学习适合所有程度的学习者，不仅适合来自于西方国家的学习者也适合来自亚洲国家的学习者（2002）。

在中国，师生之间的关系有一个不容忽视的现实，中国人受到传统文化的影响，奉行教师在上，学生在下，教师被视为知识的权威。学生希望教师详细地分析课本，他们则通过认真听来学习。学生相信教师是权威也是知识的提供者。他们会毫无争议地接受课本知识，但他们在脑子里有自己的想法。他们犹豫该不该表达他们的思想，因为他们的学习文化告诉他们只有当他们掌握某一领域或者某一技术时，他们才能真正创造新的事物。另外，他们在参与之前会仔细思考，确保他们的观点是有效的、有用的。而且，他们还会考虑人际关系和面子问题。除此以外，许多中国学生认为如果他们问问题，就有浪费时间的危险，有被认为是傻瓜的风险。还有一些学生认为，教师应该预设学生的问题，因此学生只需等待教师的解释，没有提问的必要。如果没有教师解释，学生就会认为这方面不重要或者他们可以从材料或课本找到答案。

在这样的文化背景下，要保证 2+2 教学模式中的课后两节自主学习的有效性，需要一个长期和艰苦的过程，这对于教师和学生来讲都是极大的挑战。培养学生的自主学习能力可以从以下两方面着手：首先明确自主学习的主体框架，那就是有学习责任心、明确学习目的、制定学习计划、评估学习进步和调整学习策略。其次，以此框架为基础，培养学生自主学习的能力。国内研究者普遍认为可以从以下几方面培养学生的自主学习能力（转引自王昕，2015：35）：

第一，教师应该帮助学生培养自主学习的意识。培养学生自主学习的意识，具体包括消除他们对学生与教师角色的成见，帮助他们认识自主学习的作用和必要性等，从意识和观念上确立自主。

第二，教师应该帮助学生了解自己。让学生正确地了解自己，包括了解自己的个人需要、学习动机、语言潜力、认知风格、学习策略等，可以帮助学生确定恰当的学习目标，选择正确的学习方法，制定合适的学习计划，使学习达到真正的个性化。协助学生了解自己的学习过程，实际上也是一个引导学生积极参与，调动学生积极性的过程。学生在了解自己的同时，既增加了学习英语的兴趣，也为进行自主性学习奠定了基础。

第三，教师应尽可能地营造有利于培养学习者自主学习能力的教育氛围。语言学习的环境是一个比较复杂的概念，对受过专业训练的教师而言，帮助学生选择适合于其语言水平的学习材料，采用合适的学习渠道，以及在学生周围建立起一个良好的学习氛围就格外重要。

第四，教师应该有意识地培养学生的认知策略意识，做好教学互动，提高策略水平。语言教师应该根据学习者已有的经验、个体差异、语言学习观念及所处的语言学习阶段来对学生进行元认知策略的指导。在具体的教学过程中，外语教师应该有意识地渗透元认知知识和学习方法等内容，训练学生的策略意识。这样，知识的传授和能力的培养并举，才有可能使学生在持续的学习活动中，通过教与学的积极互动，逐步形成策略意识，提高策略水平。

第五，培养学习者在自主学习中的自我调控能力。自主学习不同于传统的课堂教学模式，学生的自主性比较大，因而整个过程中监控与评估的环节很重要。教师可以定期对学生进行个别指导或集中指导，形成记录，以作为测评或考核的指标之一。为了培养学生的自我调整能力，加强对自学过程的控制，学生要做好自学笔记，跟踪整个自学过程，记录出现的问题，以便进行信息反馈，调控整个学习过程。

另外，学校可以设立自主学习中心（self-access center）。自主学习中心在世界的很多国家，如东南亚的新加坡、马来西亚和泰国都运转得不错。在香港，自主学习中心也在逐步推广中（Gardner & Miller，2002：2）。自主学习中心的第一大作用是提供自主学习的材料（包括语法、听力等），进行自主学习的学生可以根据自己的需求进行选择。第二大作用是通过鼓励学生自己制定适合自己的学习策略，对学习进行思考并承担责任的方式让学生更加的独立。在自主学习中心，每个学生可以选择将自己沉浸在目标语的环境中，和地道的学习材料进行互动，甚至可以和说母语的人或者是接近说母语的人进行交谈。在自主学习中心，教师可能扮演导师的角色。教师的职责包括提供建议、编写材料以及为使用自主学习中心的学生组织研讨会。

四、教师在学生自主学习过程中的角色和作用

在自主学习中，教师是顾问(counselor)，评估者(assessor、evaluator)，材料提供者(material developer)，管理者和组织者(manager、administrator、organizer)。可以看到，自主学习并不会威胁到教师的工作，反而为教师创造了新的、重要的角色。

作为顾问，教师需要了解学生的情感(affectivity)。关于学生情感的研究主要集中在对焦虑(anxiety)的研究上。霍维茨等人认为外语学习的焦虑有三个组成部分：第一个是因为学习者能力有限，无法准确表达自己想法而产生的交际焦虑；第二个是学习者对负面社会评价的担忧，这来源于学习者需要得到其他人正面的评价；第三个是测试担忧或者对于学习评价的担忧(Horwitz et al., 1986)。学生的这些焦虑有阻碍性的，有帮助性的。教师应该努力地排除阻碍性的焦虑并且充分利用有帮助性的焦虑，比如学生在完成任务时产生的焦虑，就是一种有帮助的焦虑。另外，教师还应该了解学生的学习动机。动机是激励人们采取行动的心理动因。动机水平高、自信心强、焦虑程度低、情感障碍小、自主学习的效果就好；反之，情感障碍大，学习效果欠佳。学习者的动机有帮助性的和融入性两种。帮助性的动机指的是为了到达某个目标而学习外语的动机。融入性的动机指的是学习者希望将自己融入到外语的文化中或者是成为外语国家的一员。只有了解了学生的情感、动机和需求，教师才能为每个学生的自主学习提供建议，帮助学生在自己的自主学习中取得收获。这就需要教师通过问卷，采访，观察等方法去了解学生。

评价和测试是检验教学质量、推动学生自主学习的重要手段。作为评估者，教师应该根据确实可行的教学目标和教学要求，建立科学的评价与测试体系，系统地采集有关课程设计、教学实施、教学效果以及大学生英语能力等相关信息，通过综合分析，判断学生的自主学习是否达到了规定的目标。现在，在每个学期开学前，每个级别的小组长和组员会共同商量，确定学生期末最后总成绩的构成。学生期末最后总成绩一般由平时成绩和期末卷面成绩构成。平时成绩由学生的自主学习的表现决定，包括几次的小测，几次的作文，几次的课后作业，几次的练习，几次的口语展示等等。

作为材料的提供者，教师应该选用国家级规划教材及其他优秀教材，还可以在现代丰富的网络资源中，选用与自主学习相关的优质教学资源。网络教学系统也是当今社会必不可少的理想的自主学习平台。比如，句酷批改网可以让学生在课后根据自己的需要选择与四级、六级、考研英语等考试相关的翻译练

习和作文，并让学生及时得到相应的成绩和评价。ITEST 测试体统同样提供了与各种考试相关的大量丰富、与时俱进的听力、阅读、写作等综合性的练习，并且为学生和教师提供成绩和与成绩相关的统计。厦门大学教务处推出的网络教学综合平台响应国家号召，适应潮流地为学生课后的自主学习和教师与学生之间的互动提供很好的平台。

在学生自主学习的过程中，教师不管担任哪种角色，顾问、评估者或者是材料提供者，都需要具有较高的组织和管理能力。这就需要教师必须主动适应新的形势和新的环境，在日新月异的信息化环境下不断提高自己的专业水平和教学能力。

五、结束语

对于非英语专业的学生来讲，大学英语课时不算多，把所有英语知识通过几堂课的时间传授给学生的想法是不切实际的。语言的学习是终生的学习，需要不管更新原有的知识。再加上当今社会已经进入了信息化、全球化的时代，每时每刻都有新的技术和新的知识出现并要求人们掌握。这就要求学生具有独立于教师和课堂的自主学习能力。学生自主学习能力的培养离不开学生自己的努力和教师的引导。只有通过师生的共同努力，学生原有的观念才能得到转换，自主学习的意识才能慢慢形成，自主学习的动机和兴趣才能得到激发。这样才能保证大学英语 2+2 教学模式中的学生课后自主学习的有效性，最终达到提高学生总体英语水平的目标。

参考文献

[1] 教育部高等学校大学外语教学指导委员会:《大学英语教学指南》, 2017 年。

[2] 王昕:《大学生英语自主学习与教师角色转变之探索》,《厦门大学学报增刊》, 2015 年第 35 期。

[3] Gardner, D. & Miller, L., *Establishing Self-Access from Theory to Practice*, Shanghai: Shanghai Foreign Language Education Press , 2002.

[4] Horwitz, E. K., Horwitz, M. B., & Cope, J., Foreign language classroom anxiety, *The Modern Language Journal*, 1986, Vol. 70, No. 2, 125-132.

[5] Keefe, J. W., *Student Learning Style: Diagnosing and Prescribing Programs*, Reston, VA: National Association of Secondary School Principals, 1979.

The Exploration of Possibility of Flipped Classrooms in College English Teaching

杨 琨*

Abstract: The college English teaching reformation has been evolving for some years, and educators have been calling for the creation of a new and innovative classroom teaching method, flipped classroom or inverted classroom, to improve students' learning ability and demonstrate programme effectiveness. The purpose of this article is to explore the advantages and possible application of flipped classroom in college English teaching.

Key words: flipped classroom; college English; student-centred

Ⅰ. Introduction

Chinese Confucius philosopher Xunzi once said: "Tell me, and I will forget. Show me, and I may remember. Involve me, and I will understand." The literature tells us that one of the primary components of effective teaching is student engagement, which is critical for learning. Researchers also suggest that students, who are most deeply engaged, will reflect, question, conjecture, evaluate and make connection between ideas. In contrast, students who are disengaged appear to take a surface approach to learning by copying out notes, focusing on fragmented facts and jumping to conclusions.

With this in mind, perhaps it is time for us to re-evaluate the role of the classroom in the learning dynamic. A new instructional approach in higher education is the flipped classroom, which is becoming increasingly popular at universities because of its perceived benefits in promoting active learning.

* 杨琨，厦门大学外文学院讲师，研究方向：英语语言学、英语写作教学。

Ⅱ. What is a flipped classroom?

The word “flip” comes from reversing the traditional teaching paradigm, where students attend lectures in class and then do most of their assignment activities as homework after class on their own. The “flipped classroom” means that events that traditionally taken place inside the classroom now take place outside the classroom and vice versa.

In a flipped-classroom, students watch lectures at home and online prior to class, and then teachers use class time to challenge students to do the harder work of assimilating and deepening that knowledge through problem-solving, discussion, or debates. In other words, the teacher operates as a facilitator and works side by side with the students rather than performing as a “Sage on the Stage.”

This term was popularised by teachers Aaron Sams and Jon Bergman from Woodland Park High School, Colorado in 2007. They recorded their lectures and posted them online in order to accommodate students who missed their classes. By doing so, they realized that class time would be best spent guiding knowledge and providing feedback rather than delivering direct instruction (Bergmann and Sams, 2012).

Ⅲ. What are the differences between flipped classroom and traditional one?

3.1 The classroom focus is different.

According to Bloom’s taxonomy (revised) (Anderson, Krathwohl, 2001), the educational learning objectives are classified into six different levels (see Figure 1).

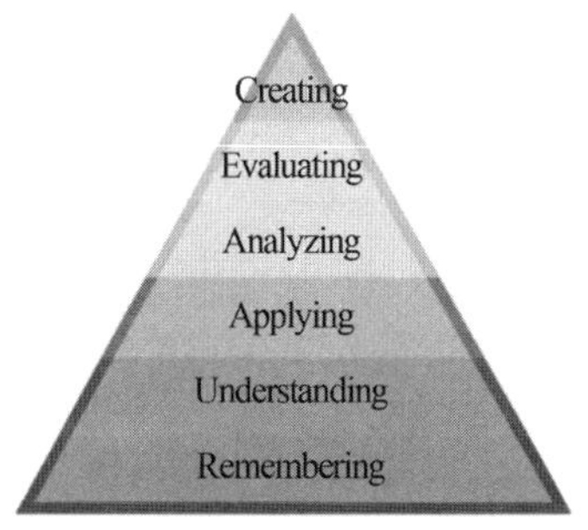

Figure 1 Bloom’s Taxonom (Revised)

In the traditional model of classroom instruction, more emphasis has been put on the lower levels of cognitive work (remembering and understanding) (see Figure 2) . Things that happen in the following classroom are quite common in most of the traditional classrooms: the teacher starts a lesson from the explanation of words and expressions, followed by some exercises, such as making up sentences with those newly learned words and expressions or filling in blanks with them, and then goes on to text analysis, followed by some comprehension questions about the meanings or ideas conveyed through the text, finally ends up the lesson by giving some homework of memorizing the new words carefully, reading the text fluently, and writing a paragraph or an essay of relevant topic.

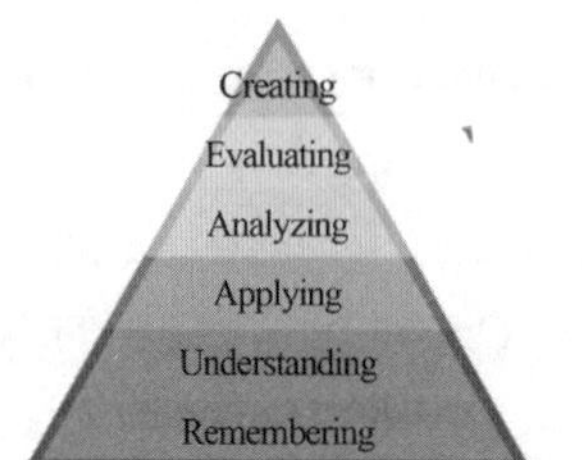

Figure 2.1 Bloom's Taxonomy (Revised)

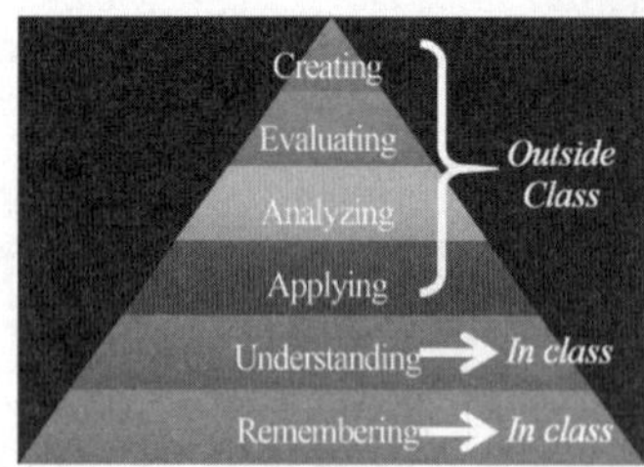

Figure 2.2

Bloom's Taxonomy (revised) in traditional classroom

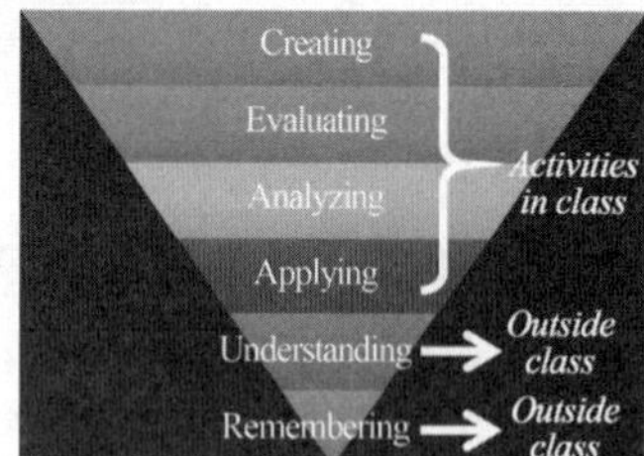

Figure 2.3

Bloom's Taxonomy (revised) in flipped classroom

Figure 2 Bloom's Taxonomy (revised) in traditional classroom

In this type of classroom, the teacher, typically the primary disseminator of information during the class period, spends most of the time delivering the knowledge through lectures to students, and students are kept busy with writing down the key elements of the knowledge. In the end, the function of the classroom has been limited to the transmission of knowledge by the treacher and basic acquisition of knowledge for the students.

However, contrasting from the traditional one, in the flipped classroom, students are doing the lower levels of cognitive work outside of class (learning the video lectures outside the classroom before class), and focusing on the higher forms of cognitive work (application, analysis, evaluation, and even creation) in class, where they have the support of their peers and instructor (See Figure 3).

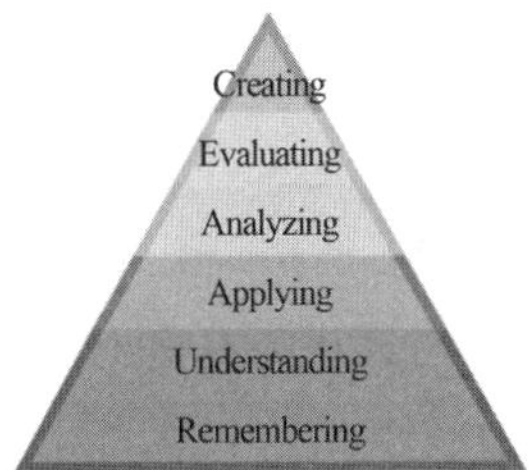

Figure 3.1 Bloom's Taxonomy (Revised)

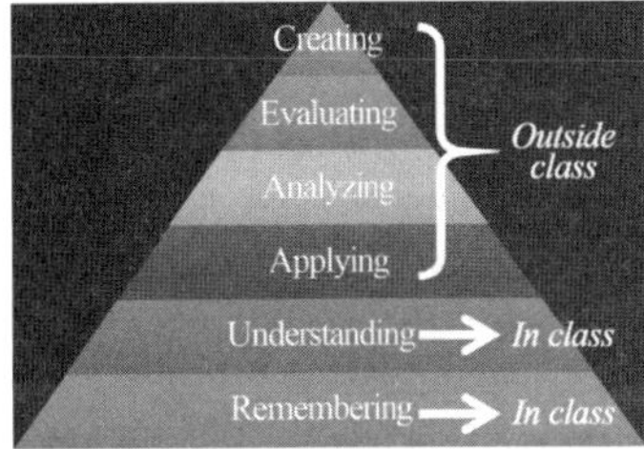

Figure 3.2

Bloom's Taxonomy (revised) in traditional classroom

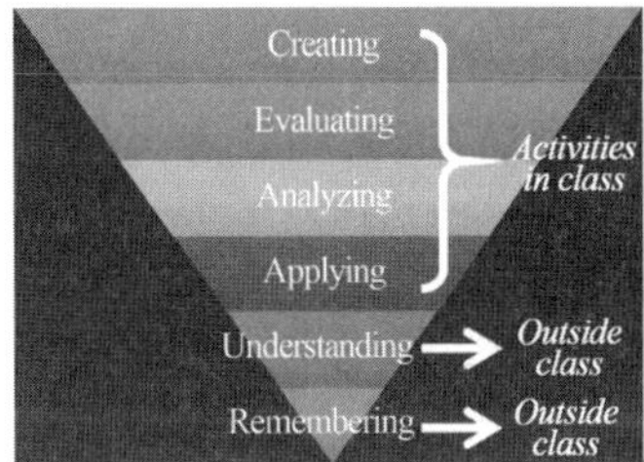

Figure 3.3

Bloom's Taxonomy (revised) in flipped classroom

Figure 3 Bloom's Taxonomy (revised) in flipped classroom

3.2 The student engagement is different

In traditional model, "first exposure" of knowledge occurs via live lecture given by the teacher in class, while in the flipped classroom, students complete this element of their learning prior to attending the lesson via lecture videos, PowerPoint presentations with voice-over and printable PowerPoint slides outside of the classroom. This results in the difference in student engagement. (See Figure 4)

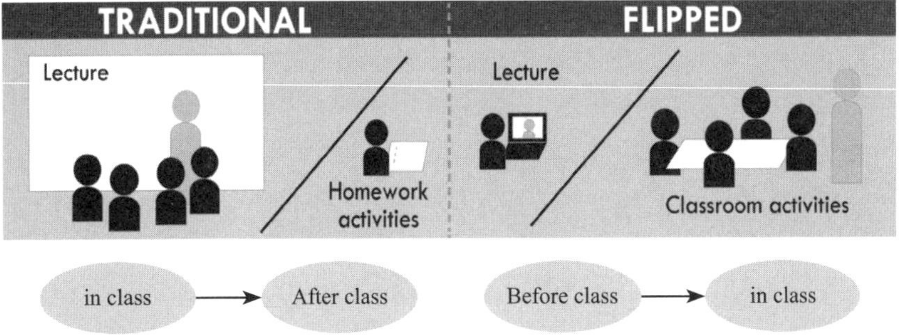

Figure 4 Different student engagement in traditional and flipped models

Take the traditional class as an example, students do not have any clue alout what the teacher will teach them in class. During the class period, students have to passively follow the teacher's pace and rely on the teacher completely, listening to, understanding and memorizing the learning contents, which leaves little or no time for student engagement in class activities.

On the contrary, the flipped classroom intentionally shifts from a content-based lecture model to a learner-centred model where students explore topics in great depth and create meaningful learning opportunities in the class. Having been fully prepared, students can take an active role in the class activities. The class activities vary but may include: original document analysis, debate or speech presentation, current event discussions, peer reviewing, project-based learning, and skill development or concept practice. Since these types of active learning allow for highly differentiated instruction, more time can be spent in class to facilitate students on higher level learning skills such as problem-finding, collaboration, design and problem solving.

Ⅳ. A suggested model of flipped classroom in college English teaching

The ultimate goal of language teaching is "communicative competence", therefore, it has been suggested that class time should focus on knowledge application. The application of flipped classrooms in college English teaching will surely offer more chances for students to use the language through activities, discussions, or even debates. Please see below the suggested model for the application of flipped classrooms in college English teaching (see Table 1).

Table 1 A suggested model of flipped clasroom in college English

<table>
<tr><th>Teaching procedures</th><th>Time and location</th><th>Benefits</th></tr>
<tr><td>➢ Preparation
• Watch the video lectures prepared by the teacher or third parties about the article to be learned before class (vocabulary explanation, text analysis, etc.).
• Conduct digital research of more information about the article.
• Have some online collaborative discussions about given topics related to the article through QQ Group or Xiamen University Course Centre: http://course.xmu.edu.cn.</td><td rowspan="2">• Prior to lesson
• Outside the classroom</td><td rowspan="5">Introduction delivered through pre-class activities to support lower levels of learner's cognitive work (e.g. knowledge and comprehension)
↓
Student assimilation of instruction
↓
Teacher supports the assimilation
↓
Students complete in-class activities to facilitate higher levels of learning (e.g.: application and analysis)
↓
Review and share information to help broaden and deepen the understanding of knowledge.</td></tr>
<tr><td>➢ Quiz
• Complete the online-quiz about the basic knowledge of the video lectures to check the understanding.</td></tr>
<tr><td>➢ Starter/warm-up
• Teacher helps students run through the material quickly, and answers some possible questions from students.</td><td rowspan="2">• During lesson time
• In class</td></tr>
<tr><td>➢ Practice/class activities
• Practise through a range of activities involving different skills:
➢ Problem-solving,
➢ Role-play,
➢ Group/pair work,
➢ Debate, and etc.</td></tr>
<tr><td>➢ Assignment
• Creatively use and put what have learned from class into practice through different types of assignments: discussion, writing, project-based task, and etc.
• Share some useful material and information related to the theme or the topic.</td><td>• After the lesson
• Outside the classroom</td></tr>
</table>

The flipped classroom has students watch prerecorded lecture videos before coming to class and then class becomes the place to communicate, talk, discuss, debate, engage in collaborative learning with classmates under the teacher's guidance. The instructor walks around the classroom to answer questions during the practice problem sessions. It allows the teacher a better opportunity to detect the practical use of language by students.

Ⅴ. What are the advantages of flipped classroom in college English teaching?

This pedagogical approach is advantageous for a number of reasons: it allows students to learn at their own pace, which means that students enjoy the flexibility when they want to engage with electronic resources, thus freeing up the actual class time for activities that allow deeper exploration of learning content.

5.1 Enhance student-centred learning

The approach helps to foster students' self-motivation and responsibility for their own learning. This flipped classroom puts more responsibility for learning on the students and students are actively involved in knowledge acquisition and construction as they participate in and evaluate their own learning. It instills in students the ownership of learning through the completion of preparatory work and being more interactive during actual class time.

Before class, students can rewind prep materials as needed in a variety of formats, and then it offers more opportunities for student-led activities in class, more time for interactive practice involving different skills and more speaking time in lessons to improve students' oral confidence and fluency, so students can work towards mastery of the knowledge. All in all, students have the ability to work at their own pace and time, and are able to apply what they learned during face-to-face class and throughout the course.

5.2 Use class time creatively and effectively

Another key advantage of the flipped classroom is that class time can be freed from delivery of material and used for more creative teaching and learning methods. Whatever educational methods are adopted, the flipped classroom normally allows for increased teacher–student interaction during lectures. On a practical level, this means that students can get support and clarification as they work through problems, while teachers get real-time feedback on the in-class activities.

Besides, this kind of in-class time allows more opportunities for active, experiential learning to test higher-order cognitive skills. Moving the instructional content out of the classroom allows teachers to scaffold learners towards the higher stages of Bloom's taxonomy, rather than utilising a more didactic approach, which is often seen to promote recall and recitation. The Flipped classroom, if realised correctly, may lead to more opportunities to employ experiential learning techniques to further encourage cognitive skill development in the areas of application, analysis, synthesis and evaluation.

Ⅵ. How can the flipped classroom be applied in college English?

6.1 Get yourself prepared

6.1.1 Provide pre-class material

The first decision that the flipped classroom educator faces is how to divide the course material into two elements: what will be addressed prior to class and what will be addressed during class. We can use educational models such as Bloom's taxonomy (revised) (Anderson & Krathwohl, 2001) to help organize the approach. For example, pre-class activities are used to support lower levels of learner cognitive work (e.g. knowledge and comprehension) and in-class activities are used to facilitate higher levels (e.g. application and analysis) (Jennifer Moffett, 2015: 331).

Besides the learning material, the teacher also has to prepare some assignments, which range from online quizzes to worksheets to short writing assignments, aiming to provide an incentive for students to come to class fully prepared. The pre-class assignments that students complete as evidence of their preparation can also help both the instructor and the student assess understanding. Pre-class online quizzes can help students pinpoint areas where they need help, and allow the instructor to tailor class activities to focus on the elements with which students are struggling. While pre-class writing assignments help students clarify their thinking about a subject, thereby producing richer in-class discussions.

6.1.2 Provide in-class activities

The in-class activities should focus on higher level of cognitive activities. If the students gained basic knowledge outside of class, they need to spend class time to promote deeper learning. The well-designed activity should deepen their understanding and increase their skills at using their new knowledge. In addition, many of the activities used during class time can serve as informal checks of students' understanding.

6.1.3 Get technical training

In order to effectively implement a flipped classroom, educators need to possess a set of requisite technical skills, conceptual knowledge, and pedagogical experience (Shimamoto, 2012). The flipped classrooms require teachers to learn and incorporate new technologies, and devise effective ways to present course material.

Provision of training or faculty development is a valuable first step. Training should also provide educators with worked examples of how the flipped classroom can be applied within their own area of expertise.

6.2 Get your students prepared

It is also likely that learners need support in transitioning to a flipped classroom. For example, students who are moving from a traditional, passive lecture environment towards one that uses more active learning activities may need help to adjust to the approach. The variety of learning activities in the flipped classroom contributes to unsettledness among students, making them feel being ''lost''. However, if planned carefully, the flipped classrooms can be particularly attractive to today's student learners, since they prefer to be "doing" an activity rather than sit through a lecture.

The most effective way to ensure that your students have learned the assigned material is to give them a well-constructed assessment in class that matches the learning objectives for the "preparatory work"; this is the fundamental principle of the "flipping the classroom". It is probably best to make it count toward their grade for maximal motivation.

Ⅶ. Conclusion

The flipped classroom is an educational innovation that has a number of potential advantages, including facilitation of student-centred education, increase of teacher–student interaction and optimization of in-class time. The successful implementing of flipped classroom will improve student engagement and facilitate student self-learning, both within and outside the class.

References:

[1] Bergmann, J., & Sams, A., *Flip Your Classroom: Reach Every Student in Every Class Every Day*, Washington D.C.: International Society for Technology in Education, 2002.

[2] Krathwohl, D. R. & Anderson, L. W., (Eds.), *A Taxonomy for Learning, Teaching, and Assessing: A Revision of Bloom's Taxonomy of Educational Objectives*, New York: Longman, 2009.

[3] Moffett, J., Twelve tips for "flipping" the classroom, *Medical Teacher*, 2015, Vol. 37, No.4, 331-336.

[4] Shimamoto, D., Implementing a flipped classroom: An instructional module, Technology, Colleges, and Community Worldwide Online Conference, 2012.

"一带一路"背景下中国学生赴阿拉伯国家留学现状分析及其建议

程诗婷 *

摘要：在"一带一路"倡议的推进中，外语人才不可或缺。随着中国和阿拉伯国家合作的全面深化，中阿人文交流不断加强，赴阿拉伯国家留学的中国学生越来越多。本文梳理了中国阿拉伯语学习者赴阿拉伯国家留学的四种主要途径：国家项目、校际合作、宗教派遣、中介或个人申请。文章结合问卷调查对现状进行分析，并从留学规划、派出后管理、校际合作落地和留学生海外文化生活方面提出建议。

关键词：阿拉伯语；留学；现状；建议

Abstract: Personnel with qualified foreign language skills plays a crucial role in the implementing of Road and Belt Initiative. With the deepening of Sino-Arab cooperation and cultural exchanges, the number of Chinese students studying abroad in Arab counties has largely increased. Four main ways for Chinese Arabic-learners to pursue oversea studies in Arab countries include government programme, university cooperation, religious education and agency or personal application. Based on questionnaire survey, the essay discusses four pieces of advice on designing study plans, the management of learners, the implementation of cooperation and students' oversea cultural life.

Key Words: Arabic; study abroad; current situation; advice

一、研究背景

"一带一路"倡议的推进给外语专业带来了新的机遇。"一带一路"的建设必须要语言铺路，语言人才先行（转引自文秋芳，2016）。中办国办印发的《关于加强和改进中外人文交流工作的若干意见》（人民日报，2017）指出，"要丰富

* 程诗婷，厦门大学外文学院助教，研究方向：阿拉伯文化。

和拓展人文交流的内涵和领域，打造人文交流国际知名品牌"，"深化中外留学与合作办学"。语言相通是民心相通的保障，阿拉伯语专业人才在深化中阿全面合作、加强双边人文交流中的重要性突显。中国阿拉伯语学习者赴阿拉伯国家留学构成了阿语人才培养和中阿人文交流的一个重要部分。

中国目前有五十多个高等院校，十所伊斯兰经学院，一百多所民间阿校和四万多座清真寺提供阿拉伯语语言教育。仅是高等院校中的阿拉伯语专业学生的人数就在三千人以上，加上分散于社会各处的培训、网络课堂的学习者，全国学习阿拉伯语的人数当以万计。对于学习外语的人来说，到对象国进行少则半年，多则数年的游学或留学，一来能够迅速地提高口语水平，学以致用，二来能够更真切地感受对象国的历史文化、风土风情。最早前往阿拉伯国家进行留学的中国人是前往朝觐、经商的中国穆斯林，其中比较有名的是马来迟（1681—1766），马万福（1853—1934），马复初（1749—1874），王静斋（1979—1949）等回族商人、学者（何先锋，2013：15）。中国学生以团体的形式前往阿拉伯国家深造学习源于二十世纪三十年代，其中以前往爱资哈尔大学的学子们最为著名。1931 年至 1938 年七年间，我国官方派遣至埃及爱资哈尔大学深造的学生达到 6 批 35 人（次）。他们中的不少人在归国后成为我国阿拉伯语教育的拓荒者，为新中国的阿拉伯语教育培育了栋梁之才，还向外国友人展示了中华传统文化。如旅埃求学的马坚、纳忠、纳训等人，在海外求学期间将我国的国情政策、中华典籍翻译成了阿文：马坚翻译的《中国古代神话故事》《论语》《回教哲学》《回教教育史》，纳训先生翻译的朱自清的《背影》，鲁迅的《风筝》，曹禺的《雷雨》等。在抗日战争时期，他们远在非洲大陆组织募捐，支持国内奋战的同胞，在埃及发声抨击法西斯主义，获得了埃及人民对我国抗战同情和支持。

时至今日，赴中东的阿拉伯国家或学习阿拉伯语言、文化，是众多阿拉伯语专业学生的心之所向。从留学的派出方式上来讲，主要有以下四种途径：

二、国家层面的留学互派

这是依托于国家留学基金委员会（简称"留基委"）的人才培养项目，特点是全额资助，获选人数少，管理严格。学生类别以本科插班生为主，并有少量硕士联合培养生，博士、博士后和访问学者尚在少数。学生报名后由所在高校进行筛选再推荐至留基委，经过审查后统一派出。所以，通过本项目外派至阿拉伯国家的学生大多来自国内著名高校，学习成绩优秀。留学者不仅享受由外方政府提供的奖学金，国家留学基金还给他们提供每月的奖学金和一次往返国际旅费。每月的奖学金根据学生留学对象国的消费水平、艰苦情况而定，研究生的奖学金略高于本科生。

学生从提出申请到派出，再到最终学成归国，都受到了较为严格的管理。在出国前，学生需要委托两位有固定收入的亲属或朋友前往公证处签署《出国留学资助协议》，并向留基委交纳保证金，如果在留学期间异常滞留或不服从管理提前归国，到期拒绝归国，其本人和两位资助人都将受到一定的处罚。此外，在抵达对象国之后，公派的留学生须服从大使馆文化处专员的管理，定期向使馆汇报学习近况，出远门之前报备，参与使馆组织的文化活动和安全讲座等。留学生在获得留学所在教育机构出具的结业证书，领取使馆出具的回国证明后，方可归国，归国后仍需要向所在单位报到，并上报留基委安全归国的具体时间，邮寄护照出入境章页复印件。由此可见，从申请、审核、派出、在外学习到最终回国这几个阶段，通过第一种方式派出的同学都受到了较为细致的管理，这对他们的安全保障、学习进步都是有益处的。

留基委有固定的推荐单位，学生需要经过筛选审核才能获得留学机会，另外，因和外方的协议有人数规定，所以通过这个方式赴阿拉伯国家留学的学生人数较少，平均在 10 人每年 / 每国别。见表 1：

表1　经留基委派遣赴阿拉伯诸国家留学的人数

苏丹	10人/年
黎巴嫩	不多于5人/年
约旦	不超过10人/年
摩洛哥	10人/年
阿尔及利亚	25人/年
科威特	4人/年

2011 年以来阿拉伯国家经历的持续动荡和改革“阵痛”使得部分留学互派被迫中止或无限期延迟，如 2011 年埃及发生“1・25 革命”，我国当年派出至埃及的公费留学生在抵达仅半个月就大部分撤回；2012 年开始，叙利亚大马士革大学的互派项目也不得不由于安全原因中止。同样受到影响的国别还有突尼斯、利比亚等国。

有限的名额激生了广大阿拉伯语专业学子对其他留学渠道的需求。在具有公费名额推荐的高校中，只有不到 1/4 的学生具有被推荐的资格，那么在那些没有推荐资格的其他众多高校，阿拉伯语专业的学生们对留学的需求是更多的。

三、国家、地区引导下的校际合作

地区引导下的校际合作，是指我国国内院校和阿拉伯国家院校之间在地区会议或政策引导下签订合作协议，在此框架下进行的赴阿留学生派遣。它具有留学人数多，部分管理，时间自由的特点。

中华人民共和国教育部、宁夏回族自治区人民政府主办，宁夏回族自治区教育厅、阿拉伯大学联盟承办的中阿校长论坛，自 2011 年以来，已顺利开办四届。在宁夏地区的引导下，已经有多所高校，尤其是宁夏本地的高校和阿拉伯国家的院校通过中阿校长论坛的平台签署了合作协议，并开始派遣留学生互访。仅在 2015 年的第三届中阿校长论坛中，签署协议近 130 份，并取得中阿高校共同培养翻译人才、联合设立研究中心、共建孔子学院等 10 余项主要成果（教育部，2015）。中非高校“20+20”是另外一个连接中国高校和阿拉伯高校的机制，是基于中非合作论坛第四届部长级会议通过的《沙姆沙伊赫行动计划》于 2010 年开展的一项与非洲高校对接的援助项目。北非的 12 个阿拉伯国家作为教育大国，其国内的高校是本项目中重要的参与者，如北京语言大学和埃及苏伊士运河大学，北京大学和埃及开罗大学，对外经济贸易大学和突尼斯大学，扬州大学和苏丹喀土穆大学，均通过中非高校“20+20”缔结了一对一的援助合作关系。

除以上两个平台外，我国在阿拉伯国家地区建立的孔子学院具有天然的优势。我国在阿拉伯世界现有 12 所孔子学院，除了约旦安曼的 TAG 孔子学院是和教育机构合作办学外，其他 11 所都是和本地著名高校合办。而中方合作院校中有六所是开设阿拉伯语专业的①。阿拉伯国家的十二所孔子学院，如表 2：

表2 阿拉伯国家12所孔子学院的国内的合办院校

阿拉伯国家孔子学院	国内合办院校
黎巴嫩圣约瑟夫大学孔子学院	沈阳师范大学
约旦安曼TAG孔子学院	沈阳师范大学
约旦费城孔子学院	聊城大学
阿联酋扎伊德大学孔子学院	北京外国语大学
阿联酋迪拜大学孔子学院	宁夏大学
巴林大学孔子学院	上海大学
埃及开罗大学孔子学院	北京大学
埃及苏伊士运河大学孔子学院	华北电力大学

① 六所拥有阿拉伯语专业的国内合作院校分别是北京外国语大学、宁夏大学、北京大学、西北师范大学、北京第二外国语学院和上海外国语大学。

续表

阿拉伯国家孔子学院	国内合办院校
苏丹喀土穆大学孔子学院	西北师范大学
摩洛哥穆罕默德五世大学	北京第二外国语学院
摩洛哥哈桑二世大学孔子学院	上海外国语大学
摩洛哥丹吉尔孔子学院	江西科技师范大学

孔子学院作为国内合作院校的海外站点，理所当然更欢迎，更需要从该院校派出阿拉伯语专业的交流生：阿拉伯语专业研究生能够辅助孔子学院的汉语教学，本科生能够借助孔院平台，协助传播中国文化，同时在对象国加强自己的语言技能，各得其美，相得益彰。

由于校际合作对学生派遣的人数没有具体的限定，所以中方学校往往在学生自愿自费的基础上，派出整个班级、年级的学生前往阿拉伯国家的合作院校，尤其鼓励本科大三的同学出国留学。例如 2014 年宁夏大学派出 2011 级阿拉伯语专业全部学生 48 名，分别前往埃及亚历山大大学和也门科技大学留学；2015 年 3 月该校又派出了 2012 级 75 名本科生分别前往埃及亚历山大大学、苏伊士运河大学、摩洛哥哈桑一世大学进行为期一年的留学；2016 年，阿语专业大三的全部同学，都前往埃及或者约旦进行留学深造，有个别同学既获得了国家奖学金，又能享受到校级奖学金。校际合作对留学人数并没有做出大的限制，但是通过这一类别出国留学的阿拉伯语专业学生仍然受到校方、家长的“限制”和管理。

首先，校际合作留学的一切花费是自费缴纳，虽然阿拉伯国家的消费水平并不高，但是一次性往返的旅费、住宿费、学费等花销，仍是一笔不小的开支。以埃及为例，北京开罗往返的机票在 6000 元人民币左右，外方学费、住宿费不尽相同，总的来说，留学一年的开销要在 2 至 5 万元左右。不具备经济条件的家庭自然就无法逾越这一限制。

其次，在正式出发前，校方会对赴外学生进行一轮安全、外事基本注意事项的培训，并要求学生和家长签署同意书。这第一是考虑到部分阿拉伯国家安全局势时有不稳，在某些特定纪念日需特别注意；第二是中国人和阿拉伯人文化背景不同，要规避部分敏感话题触发的风险；第三，学生留学期间往往会走访其他城市，结交当地朋友，选择安全的出行方式，具备必要的安全意识是十分重要的。阿拉伯国家毗邻的地中海风急浪大，此前已有溺水惨剧发生。中国学校一方往往会派出一名带队老师随行负责管理和与外方接洽，留学期间中国学生集中上课，课表由双方学校共同协定，课程多为国内已有课程的拓展和应用，如口语课、翻译课、阿拉伯文化课程，成绩通过考核后实施学分互换。外出旅游、往返时间等集体活动也多由学校统一组织。可以看出，校际留学生一直遵循着校方和家长的管理。

在留学时间上，校际合作也更加自由，从三个月到一年不等，并不拘泥于整个学期、学年。例如：埃及苏伊士运河大学短期留学项目（3 至 12 个月），上海外国语大学本科生摩洛哥访学交流（3 个月），以色列希伯来大学暑期交流项目（2 个月）[①]，亚历山大法鲁斯大学留学项目（4 个月或 1 学年）。

为期更短的校际交流，可称为游学，时间在一周左右，主要目的是参与某项活动，或在学生寒暑假进行的以增长见识的游历为主的活动。例如，浙江工商大学阿语学子代表于 2016 年 2 月 18 日到 25 日在阿语系主任周玲的带领下在阿联酋进行了为期一周的游学，期间到访迪拜文化和遗产中心、阿联酋沙迦美国大学阿拉伯语与翻译系和部分华人企业（新华网，2016）。2016 年 2 月 14 日到 22 日，来自北京大学外国语学院、国际关系学院、光华管理学院的 15 名同学组成的北京大学学生代表团访问卡塔尔大学，进行为期一周的游学活动。短期游学虽然时间有限，难以在语言方面达到质的突破，但是在增进校际交流，开拓学生视野方面仍有积极作用。

在校方的组织下自费前往阿拉伯语国家游学、留学，增进校际交往，加强个人外语水平，已经成为越来越多阿语学子的选择。根据笔者 2016 年在我国东部多所高校进行的“关于中国学生阿拉伯语学习情况的调查”（后简称“调查”）显示，有 65.66% 的学生其所在学校已经通过校际合作提供留学阿拉伯国家的机会，但仍有超过一半的同学认为，高昂的自费花销和阿拉伯国家不稳定的局势以及恶劣的自然环境都是限制他们留学的原因。纵观已和阿拉伯国家院校建立合作关系的国内院校，我们不难发现，校际交换的对象学校往往局限在某几个已经有相当底蕴和合作经验的学校，而那些不是 211、985 院校，所在地理位置较为偏僻，地区政府不重视其阿拉伯语学科建设的院校，应该如何寻找自己的出路呢？这也就是为什么在中阿双边教育合作不断深入的现阶段，仍有部分阿语院校和不在少数的阿拉伯语专业学生选择下文将提到的第四种方式（见第五大点），即通过中介、个人申请的方式，派遣学生或自行前往阿拉伯国家留学深造，学习阿拉伯语。

四、宗教关系维系的合作

宗教关系维系的留学生派遣合作，主要指中国伊斯兰协会的公派自费留学

① 以色列不属于阿拉伯国家，但该项目接受阿拉伯语专业学生的申请。

生。由于伊斯兰大学是免学费、住宿费的学校，这里说的公派自费是指由中国伊斯兰协会推荐派出，需要自行支付生活费的学生。每年年初，由中国十个伊斯兰经学院向伊斯兰协会推荐学生，这些学生经过考试筛选后再派遣出国。以最具盛名的埃及爱资哈尔大学为例，每年中国伊斯兰协会推荐的前往爱资哈尔的学生人数维持在40名左右。除了爱资哈尔大学外，中国伊斯兰协会还曾派遣中国留学生至利比亚的黎波里宣教大学、巴基斯坦伊斯兰堡国际伊斯兰教大学、阿曼苏丹国伊斯兰教法学院等国外伊斯兰大学。

本类留学方式的特点是学生必须是穆斯林，免收学杂费，重视宗教功课。本类别中包括国内普通阿拉伯语学校与国外伊斯兰大学建立的合作关系。如青海民族大学、宁夏国际语言学院和苏丹非洲国际大学签署合作协议，允许非洲国际大学在本校设立考点，招收预科生和本科生。2011年，青海民族大学有10名学生被非洲国际大学录取；2012年，又有23名同学被录取；同年，临夏外国语学院也有15名同学被该校录取。由于对方院校是伊斯兰大学，录取学生须是穆斯林，所以招生往往在我国穆斯林聚居的西北地区进行，留学期间免收学杂费，对方政府还提供少量的生活补助。

五、中介、个人申请

同欧美名校以及我国部分高校已经透明、网络化的招生途径有所不同，大多数阿拉伯国家的高校都难以通过远程网络申请的方式完成复杂的个人申请。除了申请者需提供已有学历学位的公证和成绩单外，还需要完成外交部和驻华大使馆的双认证。在注册前后，学生还应亲自前往对方大学提交材料原件。

为了节约时间、简化程序，不少人选择通过中介来申请。这里说的中介，有的是已经在外就读的学长、学姐，他们通过为未来的学弟学妹代办留学申请，递交材料，传达信息，赚取些许在异国的生活费；有的则是注册公司。中介公司中最有影响力的是中教国际[①]，该公司已陆续送出来自上海外国语大学贤达学院、西安外国语大学、西北民族大学、青海民族大学、浙江金华职业技术学院等多批学生赴埃及艾因夏姆斯大学、亚历山大大学、坦塔大学学习。此外还接受个人申请的委托，本科、研究生均有办理。

例如云南师范文理学院每年都会选派大三的英语—阿语专业的同学通过中教国际前往埃及亚历山大大学、坦塔大学进行8个月的学习。云南师范文理学院的阿拉伯语并未独立建系，教学和学生工作隶属于应用英语专业，行政级

① 中教国际阿拉伯留学网 http://www.studyinarab.com/

别的限制使得常规的校际合作协议并不像独立的系、学院那样便于开展。在此情况下，学校统一联系派出，中介负责抵达后的接待安排，这样的合作既满足了学生赴外留学深造的刚需，又在力所能及的范围内保障了学生的安全和项目的可控制性，让老师和家长安心。

个人申请的特点是：攻读学位者为主，穆斯林学生居多。

阿拉伯国家的院校鲜有提供针对个别学生的短期留学课程，因此我国阿拉伯语学习者个人申请前往阿拉伯国家院校，往往是为了攻读学士、硕士和博士学位。由于国内院校阿拉伯语专业已具备提供学士学位的资质，本科毕业后选择继续读研究生的学生又在少数，所以，个人申请学位的阿拉伯语学习者，大多是来自民间阿校、职业技术学院的学生，他们往往刚刚高中毕业，或者高职毕业，一方面喜欢阿拉伯语，想继续深造学习，另一方面又有获取本科文凭的需要。民间阿校和开设阿拉伯语的职业技术学院多位于穆斯林聚集地，所以个人申请赴阿拉伯国家留学的学生，穆斯林人数较多。且近年来，个人申请的自费生[①]已经远超过了公派留学生的数量，以爱资哈尔大学为例：

表3　爱资哈尔中国留学生人数统计

	2008年	2009年	2010年	2011年	2012年	2017年
公派人数	58	62	69	65	73	333[②]
自费人数	126	151	182	185	205	

据不完全统计，目前在埃及留学的中国学生在两千人以上，其中90%分布在爱资哈尔各级学校中。在苏丹非洲国际伊斯兰大学留学的中国学生在一百人以上。巴基斯坦国立现代语言大学、巴基斯坦国际伊斯兰大学、马来西亚国立伊斯兰大学等位于亚洲伊斯兰国家的大学，由于地理位置较近，入学申请便捷，是除了埃及、沙特等阿拉伯国家之外又一个备受留学生青睐的目的地。

六、分析与建议

在梳理了四种留学方式后，我们来分析下已经获得的问卷数据。在参与调查的284多名学生中，有28.52%的学生（共81人）有出国留学的经历，占总数的近三分之一。其中留学埃及35人次，摩洛哥15人次，苏丹8人次，居于

① 这里的"自费生"指的是自己申请入学，自费攻读的学生，不同于伊斯兰协会派出的"公派自费生"。

② 据中国驻埃及大使馆教育处提供的数据，截至2017年9月，在爱资哈尔大学部注册的留学生有男生263人，女生70人，其中研究生男生29人，无女生。预科部和高中部的人数不详。

所有阿拉伯国家的前三名。这主要是因为埃及是教育大国，拥有众多历史悠久的知名院校，并自 20 世纪就和中国建立了稳定持续的文化教育交流。同时，埃及也是中国文化在阿拉伯世界传播的一个重要站点，位于埃及首都开罗的中国文化中心是新世纪我国政府在海外开设的第一个大型文化中心，也是我国在阿拉伯国家现在成立的唯一的中国文化中心。这都说明了在中阿文化教育交流中埃及扮演的举足轻重的角色。埃及也是调查中学生最想去的阿拉伯国家，占比 26.06%（见图 1）。摩洛哥依托于三个孔子学院，得益于已有校际合作协议框架，成为继埃及之后前往学生第二多的阿拉伯国家。同时摩洛哥毗邻大西洋、地中海，和西班牙隔海相望，自然风光旖旎，建筑风格结合传统和现代，被人称为“蓝与白的世界”，因此在学生最想去的阿拉伯国家中排在第三名（11.62%，见图 1）。苏丹虽然天气炎热，经济发展缓慢，但一直和中国保持着非常密切的友好关系，每年前往苏丹的国家奖学金留学项目都能如期进行，所以调查中已前往苏丹留学的人数占到了 8 人次。

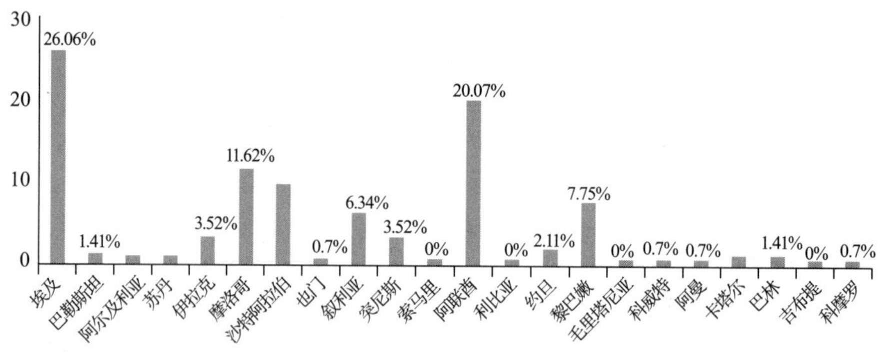

图 1　关于中国学生最想前往留学的阿拉伯国家调查

值得注意的是，虽然前往阿联酋、沙特对阿拉伯语专业的学生来说并不是最容易的，前往留学的学生人数不是最多的，但仍有大量的学生青睐于前往这两国留学，比率分别占 20.07% 和 9.86%。阿联酋作为近 30 年阿拉伯国家迅速崛起的典范，成为中东地区现代、进步的代名词，而沙特作为朝觐圣地也吸引了大量的学生前往。

基于对四种主要赴阿拉伯国家留学的方式的梳理总结和此前进行的调查，笔者试对中国阿拉伯语学习者前往阿拉伯国家留学这一主题提出以下几点建议：

（一）合理评估留学国家的安全形势、文化氛围

22 个阿拉伯国家中中国留学生人数最多且学生留学意愿最强的国家，如前

文所述，即为埃及、摩洛哥、阿联酋、沙特等国，它们分别代表了学生在文化、经济、朝觐需求方面的动因。而所有的这些是在对象国国家局势安稳、安全状况良好的前提下存在的。随着个人申请人数的增加，通讯和交通愈加便利，赴阿拉伯国家留学的中国学生人数逐年上升将成为一个稳定的趋势。因此，国内合作院校、境外使馆教育处和相关领域学者都有责任对留学对象国的安全形势、发展趋向做出初步的判断，提供参考建议。同时，已有的合作关系和未开拓的海外院校，在中国留学生入学、课程设置方面还没有统一的规范。不少学生花了时间和金钱抵达外方院校，却发现对方的课程在国内早就学过，或者代课老师认为中国学生最好“应付”，学生难学到真才实学。所以，院校在签订落实校际合作时，仍需着眼细处，明了该国家、该学校的文化氛围，确定人才培养细则，确保教学质量。除了一般的学校介绍外，还应考虑引进以师资、科研、设施、课程、往届学生评价等因素为控制因子的评估体系，将海外留学“科学化”。

（二）加强对阿拉伯国家中国留学生的管理

海外留学生的管理往往游走于自由和约束之间。除了少部分公费留学生之外，大部分留学生是处在这样一个散漫的状态：平时不管理，每逢年度大节日碰面问候一下，然后又各自忙碌，缺乏交流。因此应当发挥文化处、教育处的作用，在对象国尤其是留学人数众多的国家，统一学生的联络管理，加强安全教育和预警机制，通过日常组织活动增进同胞感情，加强海外学子的国家认同。在还没有设立文化处的驻外使馆，应当酌情添设文化处或相关专员。值得注意的是，在留学生众多、留学意向排名靠前的沙特阿拉伯，中国使馆至今还未下设文化处。

建立留学生的联合机制，提高安全保障，加强海外爱国教育，可以借鉴中国驻埃及大使馆教育处的做法，成立学生学者联合会。埃及学生学者联合会简称埃及学联①，是2011年在埃及大使馆教育处引导下成立的组织，由学生负责学联日常运营。学联是中国学生在海外的联系社团，不应局限于某一个学校、区域或民族。一方面，它为在阿拉伯国家的中国学子提供了一个互相交流的平台，为刚到异国的同学提供生活便利，包括组织学术进行运动会、学术研讨会等内部交流，增进同胞友谊；另一个方面，它还有一个非常重要的作用，就是保障在外学子的人身安全，提高大家的自我保护意识。

由于部分阿拉伯国家特殊的国情和自2011年以来的中东地区的动荡，我国对于留学阿拉伯国家的安全情况十分重视。除了使馆文化处不定期举行安全培训之外，对突发情况的处理，安全隐患的规避，和学生思想工作的体察和引导

① 埃及学生学者联合会官方网站网址为http://www.aijixuelian.com/，微信公众号账号为aijixuelian_2014。

也十分重要。埃及学联就利用网络、微信等更为便利的渠道发布信息，结合日常进行的团体活动，将安全知识、思想教育温馨及时地送达给每一位学子。

除了加强现有的日常管理外，学联还应设立预警机制。埃及学联设立最初就是因为 2011 年埃及“1・25 革命”突然爆发缺乏预警，亟需一个学生组织来确保每一位旅埃学生安全和通讯畅通。在此后爱资哈尔学生公寓坍塌事件中，学联负责人及时帮助受伤中国学生募捐，帮助联系伤员回国治疗，这都考验了该组织的预警、协调能力。因此，海外学子应当和带队老师、合作校方以及使馆专员，抱成一团，及时传达、分享最新的讯息；使馆、学联也要对可能发生的一些突发事件保持警觉，做好应急准备。

（三）加速校际合作协议的落地

事实上，我国国内多所高等院校已经和阿拉伯国家的著名院校签署了合作备忘录，或者已经通过国家、地区组织的会议，建立了初步合作的意向。但是，许多校际合作的后续完成却因为这样或那样的原因卡壳，进展缓慢。如中非高校“20+20”项目，是一对一援助，事实上，合作的空间大有所为，不只是“请进来”，还要“送出去”。例如扬州大学和喀土穆大学之间的 1 对 1 援助合作，前者在 2012 年成立了苏丹研究中心，并承办了中国非洲史研究会 2017 年换届大会暨“一带一路与非洲发展”学术会议，在双边合作中做出了多样的尝试和努力。但是从阿拉伯语语言学科上来讲，虽然扬州大学本身就有阿拉伯语专业，但遗憾的是暂时还未和喀土穆大学在阿拉伯语学科上展开深入的联系，其校际合作还是主要集中在农业、生物等传统优势学科上。

（四）充分利用孔子学院作为中华文化海外站点的作用，集合留学生的才智助力中国文化的传播

孔子学院不仅仅是教授汉语的地方，还是中国文化在海外传播的重要“集散地”。孔子学院致力于从事汉语教学，开展中外教育、中外文化等方面的交流与合作，提供语言及职业技能培训，搭建中外交流合作、信息咨询服务平台，为“一带一路”建设做出了重要铺垫（周庆生，2018）。在阿拉伯国家的中国留学生，本身就是一位中国文化传播者。因此，在已有孔子学院的阿拉伯国家，应当充分集合当地留学生的才智，助力中国文化的传播。无论是和当地的汉语学习者结成语伴，还是在春节、文化展示日这样的重大节日里作为海外中国人的一份子，参与活动志愿服务，阿拉伯语学习者本身的语言优势能够更迅捷地将中国文化传达给当地人民。同时，留学的同学虽然远离祖国，但通过孔子学院这一个文化集散地，能不时地让他感到祖国赋予他的文化属性，提高留学生对中国文化、中华民族传统的认同，增强归属感。

七、结语

文化教育是加深彼此了解和友谊的最好纽带，现在的中国和阿拉伯国家的外交关系和文化交流处在一个更高的新格局之下。阿拉伯国家位于“一带一路”的西端交汇地带，是中国推进“一带一路”建设的天然而重要的合作伙伴，无论是能源合作还是人文交流，都需要大量优秀的外语人才。派遣学生前往阿拉伯国家学习阿拉伯语，有助于新格局下的人才的培养，同时也能够树立新一代中国留学生在阿拉伯人心中的形象，促进中国文化在海外的传播。

参考文献

[1] 何先锋:《中国留埃及学生历史与现状研究》，2013 年浙江师范大学博士论文。

[2] 教育部:《林蕙青出席第三届“中阿大学校长论坛”开幕式并发表主旨演讲》，http://www.moe.edu.cn/jyb_xwfb/gzdt_gzdt/moe_1485/201509/t20150915_ 208185.html。

[3] 人民日报:《中办国办印发〈关于加强和改进中外人文交流工作的若干意见〉》，http://paper.people.com.cn/rmrb/html/2017-12/22/nw.D110000 renmrb_ 20171222_2-01.htm。

[4] 文秋芳:《“一带一路”语言人才的培养》，《语言战略研究》，2016 年第 2 期，第 26-32 页。

[5] 新华网:《迪拜文化和遗产中心加强与浙江工商大学阿语教学合作》，http://news.xinhuanet.com/world/2016-03/01/c_128765240.htm。

[6] 周庆生:《“一带一路”与语言沟通》，《新疆师范大学学报》（哲学社会科学版），2018 年第 39 卷第 2 期，第 36-42 页。

翻转课堂模式在大学英语听力教学中的应用

陈　婷*

摘要：传统的大学英语听力教学模式难以顾及学生的差异性和实现个性化学习，因而难以激发学生的学习动机。翻转课堂作为一种教学新模式，具有短小精悍的特性，给教育教学的发展与进步注入了新的活力。在翻转课堂模式下的大学英语教学具有灵活性、时效性、开放性和多模态输入等特点，有利于实现学生的个性化学习和为学生创建良好的语言学习环境与条件。

关键词：大学英语听力教学；翻转课堂

Abstract: The traditional teaching model for college English listening course can hardly motivate students for lack of variety, while the Flipped Class Model—a new teaching model—arouses students' interest in learning and promotes development in teaching. With its features of flexibility, timeliness, openness and multimodal input, Flipped Class Model facilitates individualized learning.

Key Words: College English listening course; Flipped Class Model

一、引言

教育部2007年颁布的《大学英语课程教学要求》提出："大学英语的教学目标是培养学生的英语综合应用能力，特别是听说能力，同时增强其自主学习能力，提高综合文化素养；在课程方面，大学英语课程的设计应充分考虑听说能力培养的要求，使用先进的信息技术，开发和建设各种基于计算机网络的课程，为学生提供良好的语言学习环境与条件。"随着计算机和网络技术的不断发展，越来越多的学习者开始利用新技术进行英语学习，并且取得了很好的效果。多媒体和网络不仅为学习者提供了丰富的学习资源和真实的语言环境，也提供了

* 陈婷，厦门大学外文学院讲师，研究方向：英语语言学及大学英语教学。

一个建构知识和探索学习的平台。而另一方面，教学者将先进的现代信息技术与课程教学融合在一起，不仅使教学手段实现了现代化、多样化和便捷化，也促使教学理念、教学内容和教学方式发生了变化。近几年兴起的翻转课堂、慕课和微课等全新的教学模式，正是课堂教学与现代信息技术相融合的例子。2017年教育部颁发的《大学英语教学指南》也指出："鼓励教师建设和使用微课、慕课，利用网上优质教育资源改造和拓展教学内容，实施基于课堂和在线网上课程的翻转课堂等混合式教学模式，使学生朝着主动学习、自主学习和个性化学习方向发展。"应该说，这些新的教学模式的出现为大学英语教学的发展注入了新的活力，也对大学英语老师们提出了新的挑战。大学英语教师要与时俱进，跟上新技术发展，不断提高使用信息技术的能力，在具体的课堂教学设计与实施过程中，融入信息技术元素。

二、翻转课堂的起源内涵

翻转课堂又名"颠倒课堂"，是一种新型的课堂教学组织形式。它起源于美国，其前身是美国科罗拉多州"林地公园"两位高中老师琼恩·伯格曼和阿龙·山姆将上课视频和PPT演示文稿上传到网络。这种做法引起了人们的关注。真正引起国内教育研究者关注翻转课堂的则是2011年可汗学院（Khan Academy）发起人萨尔曼·可汗在TED上的一个题为"用视频重塑教育"的演讲（张金磊，2013：60）。演讲中他提到他上传到"Youtube"上的很多免费教学视频深受学生和家长的喜欢。受此启发，许多教师尝试改变了以前的课堂教学模式，要求学生在家看视频以代替教师的课堂讲解，然后在课堂上，把精力集中在完成练习以及与教师和同伴的互动交流上。这种做法颠倒了传统学校"课上教师讲授，课后学生完成作业"的教学安排，这就是日渐兴起的翻转课堂。

"翻转课堂"的基本内涵是教学流程变革所带来的知识传授的提前和知识内化的优化（钟晓流、宋述强、焦丽珍，2013：59）。它是首先由教师创建教学视频，学生在家观看讲解视频，然后再回到课堂中进行师生、生生间面对面的分享互动、交流学习成果与心得，以实现教学目标为目的的一种教学形态。翻转课堂并非简单的创建视频，交由学生观看，教学视频不是翻转课堂的核心，它的真正意义在于实现对传统教学流程的颠覆，建立起"以学生为中心"的课堂教学模式。翻转课堂要实现探究性学习和在项目基础上带来的学生主动学习。

三、大学英语听力教学现状和问题

听力在外语教学中的重要性，已经得到了越来越多人的认同。可是，我国大学英语教学却一直面临着一个困境。一方面，英语听力教学需要小班教学，才能顾及学生差异和实现听说的结合，现实的情况却是许多院校都只能安排大班上课。另一方面，听力能力的提高，需要长时间练习的投入，而现实往往是每个星期只能安排一两节的听力课，导致学生听力输入受限。而且，听力课的效率也不高。教师播放教材录音，学生做教材上的练习，然后教师核对答案的教学模式也是普遍现象。学生之间师生之间互动的时间和机会非常有限。近年来国内英语听力教学改革体现了三大方向：（1）让学生实行听力的自主学习；（2）把听说技能的培训结合起来；（3）把听力策略的训练融入课堂教学中（麦红宇，2009：190）。微课具有灵活性、开放性和模块性的特点，比较适合英语听力的教与学。利用微课进行自主学习，既能为学生提供合适的学习材料，又使学生有一定的选择余地和自主权。课堂时间就可以省下来为学生和师生之间提供更多面对面互动的时间。

四、翻转课堂应用于大学英语听说教学的可行性分析

翻转课堂的教学模式减少了知识传授的时间，真正实现了课堂以学生为中心，给学生创造更多的听说机会。那翻转课堂在现阶段大学英语听说教学中是否可行呢？我们可以从以下点来分析：

第一，大学英语听力课的要求。正如前文所述，学生在大学英语听力课上的输入不足，而大量可理解性输入，是学生语言输出的基础。翻转课堂要求学生课下看视频、听材料，甚至可以自己找符合学习要求的材料。而现代网络多媒体的发展给学生提供了听力视频材料的资源。这既增加了学生的语言听力输入、学生课下的协作学习，还丰富了学生课堂讨论的内容，使他们在课堂上有更多的时间进行口语练习。

第二，大学教师的特点。翻转课堂要求教师具备较高的信息技术，包括视频的录制、网络视频的管理等。而大学英语教师 35 岁及以下者占 60% 以上，对创新教学模式和信息技术接受度和掌握能力都很好。这为翻转课堂模式的应用提供了人力资源。

第三，大学生自主学习能力和自我管理能力。应试教育导致大学生普遍自主学习能力和自我管理能力较差。而翻转课堂教学模式对学生自主学习能力和

管理能力有较高要求，因此这种课堂模式更要求教师重视培养学生的自主学习能力，提高学生的责任感。要求学生课下小组合作学习，互相监督是有效的解决办法之一。

第四，大学教学环境。现行的大学英语教育基本上都实现了网上自主学习与课堂教学相结合的教学模式。学生利用课余时间自主完成网络课程的作业及考试，这为课前看视频讲解做了铺垫。学生可以根据自己的水平决定学习的进程，而不像传统教学模式的一刀切。另外，大学基本配备了语言实验室或机房，而且大部分学生有自己的电脑，而教师也基本拥有电脑可进行视频制作及网络管理，这基本满足翻转课堂学生课前活动的硬件要求。

综上所述，在大学英语听力教学中采用翻转课堂模式是完全可行而且具有其优势的。

五、大学英语听力“翻转课堂”教学模式设计

为了促进大学英语听力课教学效果，笔者设计了实现翻转课堂的大学英语听力教学模式，包括教师课前听力教学微视频的设计制作，学生课前微视频的学习，课堂中听说教学互动活动以及课后师生的网络互动交流等四个阶段，具体步骤所示：

（1）微视频的收集与制作

教师要对微视频进行认真详尽的设计，明确教学内容和目标，归纳重难点。视频的时长少于 20 分钟，内容应生动全面，与英语听力有关，可以采用包括视频、Flash、动画、讲解等呈现方式，内容的讲授要清晰明确。

（2）课前视频发布

在制作完成微视频之后，教师在视频的下方添加文字材料、课堂听力测试题以及课后听力练习内容等。学生可以结合具体条件开展移动学习、网络学习等多种学习方式学习教师上传的微视频。学生在学习过程中，可以反复观看和收听视频内容，遇到难读的词句，可以随时跟读；遇到有疑问的问题，可以充分发表自己的见解，就具体问题与师生详细地在线交流。

（3）课堂教学

在课堂教学环节中，教师和学生都不再是被动的角色，教师可以补充板书、电子文档、Flash 等其他形式的学习资源，满足学生多方面的学习需要，并根据网络中学生集中反馈的问题进行集体讲解，排除大部分学生的疑点和难点。学生可以分成小组，教师可以就一个主题设计不同的交际活动，可以是二人对话或是小组讨论的形式抑或是以小组为单位进行研讨并将研讨结果展示。

（4）课后反思与互动交流

学生在充分消化课堂教师补充的资料和师生线上、线下交互讨论的基础上，利用课后时间进行深刻的反思。学生在反思之后就课堂中的问题继续进行网络讨论，充分发表自己的观点，并与教师深入互动。

六、结语

翻转课堂模式下的大学英语听力教学具有资源丰富，主题分类，灵活，易于更新，方式多样，输入多模态化等优于传统听力教学的特点。它的另一大优点是开源性，就像维基百科和百度百科一样，通过资源共建，资源可以得到不断丰富和拓展。通过建设适合面广、针对性强的听力微课资源库，可重复利用，节省资源重建的费用，同时可以缓解师资不足的窘境。对于学习者来说，栩栩如生的音视频资源的吸引力要远远高于传统的电子文本和图片，生动的教学视频也将更能激发起学生的学习兴趣和动机。综上所述，大学英语听力“翻转课堂”教学模式具有让学生自主掌控学习，增加学习中的互动和提高学生心理优越性等优点，能够有效地弥补现行大学英语听力教学模式中所存在的弊端。我国教育信息技术化的推进和大学英语教学改革大潮下各高校完善的硬件配备情况也能很好地满足了实施翻转课堂教学模式的要求。

参考文献

[1] 高等学校大学教学指导委员会:《大学英语教学指南》，北京：高等教育出版社，2017 年。

[2] 教育部高等教育司:《大学英语课程教学要求》，上海：上海外语教育出版社，2007 年。

[3] 麦红宇:《大学英语听力教学改革与定位》，《广西民族大学学报》（哲社版），2009 年第 6 期，第 189–192 页。

[4] 张金磊:《“翻转课堂”教学模式的关键因素探析》，《中国远程教育》，2013 年第 19 期，第 59–64 页。

[5] 钟晓流，宋述强，焦丽珍:《信息化环境中基于翻转课堂理念的教学设计研究》，《开放教育研究》，2013 年第 19 卷第 1 期，第 58–64 页。

信息技术下的大学英语自主学习能力培养

徐林荔*

摘要: 随着信息技术与大学英语课程不断结合，尤其是慕课和翻转课堂的涌现，大学英语的教学模式与学习环境已经发生重大变革，教学的重点已经从“教”转向“学”。本文分析了混合式学习环境下，英语教学呈现的诸多特点，探讨了信息技术背景下如何培养大学生英语自主学习能力，包括提升自主学习意识，培养自主学习策略，实施自主学习的监督以及自主评估，以确保自主学习能力的可持续发展。

关键词: 信息技术; 混合学习; 大学英语课程; 自主学习

Abstract: As information technology is being integrated into College English instruction, especially with the emergence of MOOCs (Massive opening online courses) and flipped class model, the focus of instruction shifts from teaching to learning. The papers analyzes the various features of Information Technology-Enhanced Foreign Language Instruction and explores how to cultivate the Chinese College students' Autonomous English Learning abilities in the blended learning environment including raising students' autonomous learning awareness, training students' learning strategies and monitoring learning process to promote life-long autonomous learning.

Key words: Information technology; Blended Learning; College English instruction; Autonomous learning

在计算机、网络、多媒体不断发展的信息时代，信息技术已越来越多地应用于外语教学，在教学理念、教学方法、教学手段、教学资源等方面带来深刻影响和变革。2007 年教育部颁布的《大学英语课程教学要求》明确提出了“以现代

* 徐林荔，厦门大学外文学院讲师，研究方向：二语习得、心里语言学。

信息技术特别是网络技术为支撑的”新型教学模式，对学生的自主学习能力提出更高要求，指出新的教学模式使得“英语的教与学在一定程度上不受时间、地点的限制，朝着个性化和自主学习的方向发展。”毫无疑问，在教育技术不断发展的背景下，提高学生的自主学习能力已经成为外语教学改革的目标之一。

一、信息时代英语教学模式的特点

现代教育技术的发展使得数字化和网络化学习（E-Learning）成为可能，使英语学习可以随时随地进行。随着数字课程、远程教学、网络学习、移动学习、智慧教育的日趋普及，语言学习者拥有更多学习的机会，同时社交媒体和网络学习平台的使用也使得师生互动和生生互动不再局限于传统课堂，学生间及学生与教师间的交流互动愈发频繁，可见多媒体网络时代的外语教学模式相比传统课堂更趋多元化，更灵活。

（一）传统课堂与多媒体网络教学相结合的混合式教学

信息时代的英语教学呈现出混合教学（Blended Learning）的趋势，也就是将传统教学与数字化网络化学习（E-learning）相结合的教学模式（何克抗，2005：5-10）。传统课堂里教师是核心，学生则被动接受教师传授的语言知识。其缺点在于教师需要耗费大量课堂时间进行知识讲解，师生与生生间缺乏使用目标语进行交流的机会，导致学生缺少语言输出训练，这与二语习得的输出理论和互动理论相背离，不符合语言学习规律。另一方面，数字化网络化学习虽然延展了课堂时间，创造了以学生为主体的学习环境（何克抗，2002：39-40；2005：5-10），但它在很大程度上削弱了教师的作用，以人机互动取代师生交流。相比之下混合式教学借助网络学习平台和社交媒体如微信、QQ 等现代技术手段，试图将传统教学和数字化网络学习的优势结合，有助于教学模式从以教师为中心向以学生为中心转变，做到以教师为主导、学生为主体，实现教学并重（何克抗，2004：5-10）。

目前的大学英语教学较多采纳数字化网络化教学与课堂多媒体授课相结合的模式（卢海燕，2014：33-36）。课上教师帮助学生理清课本中的难点重点，检测学生对语言知识的学习效果以及通过开展课堂活动如辩论，口头报告等来提高学生的语言应用能力。课下采用数字化网络化的自主学习，学生借助教学课件、网络教学资源以及教辅光盘等完成预习和复习任务。近十年来，作为一种新型的混合教学模式，翻转课堂和慕课的推广及两者的融合更是将大学英语教学带入新的层面。教师将传统课堂需要教授的内容以视频的形式发给学生并要求学生课前学习，课堂则针对已学习内容，组织各种形式的活动，通过老师的指导和同学间的交流完成知识的内化。换言之，翻转教学将知识内化而非知识传授放在了课堂（卢海燕，2014：33-36）。可见无论是现行的多媒体网络教学还是翻转课堂，混合式教学的突出特点在于学生在课下花费相当的时间完成自主学习的环节，并且相对自主的掌握学习进度，这无疑对学生的自主学习能力提出了更高要求。

（二）教学互动模式、学习资源、学习平台和评估手段的多元化

随着信息技术与大学英语课程的逐步结合，教学模式呈现多元互动，其理论基础在于建构主义学习理论（司显柱，2011：110-112）。建构主义认为知识不是传授的，而是由学习者在与外界发生互动的前提下，在其已有知识的基础上主动建构的，学习者利用原有的知识与经验去“同化”和“顺应”新知识，他们既是信息加工的主体也是意义构建者。情境、协作、会话、意义建构是构成学习者学习环境的四个要素（Vygotsky 1978；1987）。换言之，学生作为学习的中心，在学习过程中，借助教师的辅助，利用情境、协作、会话等要素发挥其积极性、主动性和创造性完成对新知识的建构（何克抗，1998：48-49）。现代技术背景下英语教学的多元互动模式表现在师生互动、生生互动、学生与教材或学习资料互动、人机（计算机、智能手机）互动，呈现多维一体的互动模式。课堂上主要是人与人之间的互动，而课下更多的是学生与学习材料的互动以及人机互动，在数字技术创造的这种全新的学习环境里，学习者作为学习主体，在教师和同伴的协助下自主完成对教材内容的建构与内化。

其次，信息网络时代，学习资源和学习平台呈现多样化。除去传统纸质版书籍、报刊，数字化阅读已经深入生活的方方面面，海量涌现出各类在线英语杂志、电子书籍。学习者几乎可以随时查找、自主选择所需的材料。另一方面，学生获取资源的途径和学习途径也愈发多元化。诸多英语学习网站、APP 为学生提供了学习平台，移动技术的推广实现碎片化学习。慕课、翻转课堂更是集数字化资源平台、云端资源于一体，形成巨大的资源库。丰富的学习资源与多样化的学习平台为自主学习提供了物质基础。

随着外语信息化进程的深入，英语教学的评价体系也呈现多元化。不同于传统教学普遍采用的终结性评估，信息化的外语教学趋向使用形成性评估，对学习者的评估贯穿于整个学习过程。其多元化特征体现在三个方面：评价主体、评价内容及评价方式（吴斌、邓笛，2012：150-153）。评估主体多元化，即老师对学生的评价、学生自评、学生互评以及计算机教学系统对学生测试表现的评价如 itest、批改网；评价内容多元化包括学生的语言知识和语言技能、学生

的思辨能力、自主学习能力、学生的情感因素如学习动机、课堂参与等。评价方式多元化包括测试、观察学生的课堂表现、对学生进行访谈、学生撰写反思日记等。多元化的形成性评价体系使得学生能够相对全面地了解自己的学习情况和不足，并及时得到反馈，在此基础上，及时调整学习计划和学习策略从而有效进行自主学习。

二、以信息技术为支撑的英语教学模式下的自主学习能力培养

现代教育技术与外语课程的结合为英语学习提供了更大空间，也对学生的自主学习能力提出了更多要求。另一方面，现代教育的目的不只是帮助学生掌握知识与技能，更多的是赋予其自主学习的能力，为终身学习打下基础。在这样的背景下，外语教师如何培养学生的自主学习能力，以期在其两年的大学英语课程结束后，学生仍具备持续学习英语的能力一直是外语教育领域备受关注的问题。

（一）自主学习的概念

对于自主学习的概念学术界没有统一界定。霍莱茨将自主学习能力定义为学习者可以自己确定学习目标、内容、材料和方法，掌握学习进度等。他指出自主学习能力是需要系统学习培养的（1981）。利特尔（1991）认为自主学习是“一种超越、批判性的思考、决策以及独立行动的能力”（转引自何莲珍，2003：287-289）。徐锦芬等结合西方学者对自主学习概念的界定与中国外语教学的特点，提出大学生自主学习能力涵盖的五个方面：了解教师的教学目的与要求；确立学习目标语学习计划；有效使用学习策略；监控学习策略的使用情况；监控与评估英语学习过程（2004：64-68）。需要指出的是自主学习不是独自学习，它需要学习者对自己的学习负责，具有主动性、积极性、自律性等诸多个性化特征。此外，自主学习具有鲜明的社会特征（Littlewood, 1996：427-435；徐锦芬，2013：39-43）。研究表明同伴间的合作学习是促进自主学习能力发展的有效途径，有助提高学生的语言能力、学习动机，促使学生更加自主学习（徐锦芬，2013：39-43）。这与建构主义的学习理论是相吻合的。总体而言，自主学习能力就是学习者肩负自己的学习责任，能制定学习目标、学习步骤、采用学习策略，自我监控学习过程，同时还能借助与他人的合作不断提高自己的语言能力与学习自主性的一种能力。

（二）信息技术环境下大学英语自主学习面对的挑战

随着现代教育技术与英语课程的不断结合，英语自主学习能力的培养面临

诸多困难。首先，大学低年级学生在中学习惯了以老师为中心的教学模式，初入大学时许多学生对如何自主学习处于迷茫状态，缺乏高考的动力，他们不清楚大学英语学习的目的。同时大学英语课时缩减，课程多采用混合式教学将课堂学习和课下在线学习结合，甚至一些学校已经尝试翻转课堂，因此学生需要在课下完成大量的预习与复习工作，很多学生由于缺乏有效监督而表现松懈。另一方面，鉴于网络学习、微课视频可以帮助学生课下掌握以往教师面授的部分内容，课堂多用于互动交流，因此学生如何在课前做好准备以便在与教师和同伴的互动中有效完成语言输出的环节也是要思考的问题。其次，面对伴随信息技术发展涌现出的各类学习资源，学生不知如何寻找和选择适合自己水平和学习目的的材料。此外，很多学生不习惯或不清楚如何利用学习平台和社交媒体与同伴和老师进行学业上的交流，特别是在完成小组任务的过程中，他们往往各自为政，不善协作。总之，学生往往缺乏自主学习意识，不具备系统的自主学习策略，从而无法利用信息技术有效地进行自主学习。

（三）多媒体网络环境下大学生英语自主学习能力的培养

针对上述问题，多媒体网络环境下的外语学习更需要将学生自主学习能力的培养放在重要位置。自主学习不是没有老师指导的自学，教师在学生自主学习中并非可有可无，而是起着不可或缺的作用，他们需要协助学生摆脱以教师为中心的学习模式，逐步掌握自主学习策略，提高自主学习能力。

1. 熟悉大学英语的学习目的，树立自主学习意识，培养学习兴趣

在学生入学初期教师需要明确大学英语学习与高中学习间的差异，强调学习英语的目的不是考试而是提高语言应用能力以满足今后学习和工作的实际需求。除了相对笼统的目标，教师也需要阐明每次课程的目的、安排，协助学生制定具体学习目标和计划，促使其有的放矢地完成课下学习任务并以此为依据检测学习成果。在课堂学习中教师需要不断提醒学生课堂内传授的知识和技能远远不足，学生需完成大量的课下任务才能实现教学目标，从而引导学生确立正确的学习态度，培养自主学习意识。

此外，教师要注重培养学生的学习兴趣。现代教育技术的使用意味着教师可以将课堂时间更多的用于语言输出训练，因此在实际教学中教师可以设计大量任务型（task-based）或以项目为基础的（project-based）的活动，以语言产出的形式来训练语言应用能力，活动需要接近真实生活，具有现实意义，让学生直观地感受到语言学习的实际应用价值，激发其学习积极性。

2. 培养有效的语言学习策略

奥克斯福德（1990）将学习策略界定为学习者为了促进新知识和新信息的

内化、储存、修正和记忆而有意识或无意识采取的各种计划、行为、步骤、方法和过程。具体包含记忆、认知和补偿策略以及元认知、情感、社会策略等（转自徐锦芬、李斑，2014：647-656）。文秋芳结合中国实际将学习策略划分为管理策略和语言学习策略两大类，前者涉及学习目标和学习计划的制定、学习策略的选择、自我监控和自我调整等；后者指与语言学习直接相关的策略（1995：61-66）。自主学习能力的培养离不开教师在实际教学中对学生进行语言学习策略的系统培训，具体涉及三个方面。第一，教会学生搜索并合理利用网络资源。信息化时代，面对海量的学习资源，学生往往遭遇选择困惑。教师需要指导学生使用图书馆的资源库以及各种网络搜索引擎寻找相关资料，对获取的资料进行整理、分类以及判断、筛选、提炼资料里的关键信息，以培养学生寻找、利用学习资源进行自主学习的能力。第二，教师需要在听说读写各层面对学生进行学习方法的系统培训，帮助学生熟悉与各项语言技能相关的学习策略，更重要的是教师需要将学习策略的掌握和课程学习有机结合，促使学生能灵活应用所学策略。例如奥克斯福德提出了一套学习策略的培训框架。教师布置学习任务前不进行策略培训，任务完成后，要求学生回忆他们在任务实施过程中使用的学习策略，并讨论它们如何促学；之后教师介绍新的学习策略，并示范如何将其运用于其他学习任务。在这之后教师再要求学生将所学策略用到新任务中，最后帮助学生评估其使用学习策略的成果（1990）。通过对学习过程的反思和学习策略的反复实践，加上教师引导，学生的学习策略得到系统培训。第三，教师培养学生课内外合作的能力以加强自主学习。自主学习不是独自、孤立的学习，它具备鲜明的社会性特征（Littlewood，1996：427-435；徐锦芬，2013：39-43），建构主义理论指出学习者可以通过与更高水平的同伴互动来构建知识（Vygotsky，1978）。国内外研究也已证实学生间的合作学习可以提高自主学习能力（徐锦芬，2013：39-43）。另一方面，现代教育技术的发展恰恰为合作学习提供了良好的物质基础，各类学习平台和社交媒体使得“生生”互动成为可能。因此教师需要适当加大合作任务的比重，为学生间的交流互动提供更多机会，使他们在与同伴的交流中，成为彼此的“支架”，利用各自掌握的语言知识和学习资源共同解决语言问题，从而提高语言能力，增强学习动机，促进自主性的发展。

3. 监控和评估自主学习进程

自主学习能力的培养也包括对学习过程进行监控、评估和调整。自主学习的监控包括内部监控（内控）和外部监控（外控）。前者指学习者对自身学习活动的监控调整，后者主要指老师、教学管理者和学习同伴借助传统手段和网络技术平台对学习过程的监控（何明霞，2014：195-197）。多媒体网络背景下的大学英语自主学习的监督应该是内外监控的结合，其中内控起关键作用，是学生自发进行外语学习的保障。

现代教育技术的应用使得大量的学习任务需在课下完成，缺乏教师面对面的监督，学生的自控能力更需加强。具体而言，学生入学初期，教师的监督需占主体以加强学习者的内控力。之后，教师逐步将监督权部分交于学生，首先，教师帮助每一位学生建立学习档案，要求他们自行记录自己的学习时间和学习内容，并依据学期初制定的学习计划，逐一核实学习任务的完成情况并基于学生的实际困难指导学生调整学习安排；另外，学习者需要对每次课和学习任务进行反思和总结，尤其是学习策略的使用情况。教师依据学生的总结，在面授时给予建议。此外，教师对于学生在教学平台上的作业完成情况也需予以密切关注，包括完成项目、学习内容等。教师也可将学生分成不同小组，要求组员互查。教师结合网上作业的完成情况及学生的反思报告，与学生进行线上交流，提出改进意见。需要指出的是，学习监督过程中，教师与学生间的关系是平等的，教师担任的是咨询者、督促者的角色，他们通过协商、讨论推动学生内动力的发展，逐步帮助学生形成高度自主的自我监控。

自主学习能力的培养也离不开对学习过程的评估。网络环境下的自主学习基本采用形成性评估，呈现多维体系，即教师评估、自我评估、同伴评估、网络教学评估的有机结合。在教师层面，除去传统的测试评估手段，教师需要对学生日常的学习活动进行观察评价，包括课堂面授时学生的参与度，学习项目展示等。同伴互评则着重考察学生在小组活动中的表现，教师可以提供详尽的评价表，以获取更标准客观的评价。学生的自我评估是提高学生内动力的重要环节。教师需要与学生共同制定详细的评价表，并要求学生以此为依据评估自己的学习表现，反思自身的优势和不足，确定下一步的学习计划。网络教学评价则可以显示学生使用教学平台的频率，网络作业及网络测试成绩和学生在班级或年级的排名。这种多维一体的评价模式有助学生更全面、更系统、更客观地了解自身的学习情况，促使其有的放矢地调整学习计划，改进学习策略，增强学习自主性。

总之，现代化信息技术改变了以往单一的教学模式，将网络学习、移动学习与课堂面授结合，为自主学习提供了丰富的学习资源和优化的学习环境。随着外语信息化进程的不断深入，教师需要逐步培养学生利用现代教育技术手段进行自主学习的能力，激发其学习兴趣，引导并协助他们自主制定学习计划、自主选择学习策略、自主进行自我评估，自主调整学习方法，确保其自主学习能力的可持续发展。

参考文献

[1] 何克抗:《建构主义——革新传统教学的理论基础(一)》,《教育学报》, 1998 年第 3 期, 第 29-31 页。

—:《信息技术与课程整合的目标与意义》,《教育研究》, 2002 年第 4 期, 第 39-43 页。

—:《从 Blending Learning 看教育技术理论的新发展(下)》,《电化教育研究》, 2004 年第 3 期, 第 10-15 页。

—:《从 Blended Learning 看教育技术理论的新发展》,《国家教育行政学院学报》, 2005 年第 9 期, 第 37-79 页。

[2] 何莲珍:《自主学习及其能力的培养》,《外语教学与研究》, 2003 年第 35 卷第 4 期, 第 287-289 页。

[3] 何明霞:《基于网络环境的大学英语自主学习监控策略研究》,《湖北经济学院学报》(人文社会科学版), 2014 年第 11 卷第 3 期, 第 195-197 页。

[4] 卢海燕:《基于微课的"翻转课堂"模式在大学英语教学中应用的可行性分析》,《外语电化教学》2014 年第 4 期, 第 33-36 页。

[5] 司显柱:《多元互动大学英语教学模式建构——建构主义视域》,《外语学刊》, 2011 年第 1 期, 第 110-112 页。

[6] 吴斌, 邓笛:《语言测试与网络环境下大学英语多元评价体系研究》,《黑龙江高教研究》, 2012 年第 30 卷第 10 期, 第 150-153 页。

[7] 文秋芳:《英语学习成功者与不成功者在方法上的差异》,《外语教学与研究》, 1995 年第 3 期, 第 61-66 页。

[8] 徐锦芬, 彭仁忠, 吴卫平:《非英语专业大学生自主性英语学习能力调查与分析》,《外语教学与研究》, 2004 年第 36 卷第 1 期, 第 64-68 页。

[9] 徐锦芬:《课外合作学习对大学生英语自主学习能力影响的实证研究》,《解放军外国语学院学报》, 2013 年第 36 卷第 5 期, 第 39-43 页。

[10] 徐锦芬, 李斑斑:《学习者可控因素对大学生英语自主学习能力的影响》,《现代外语》, 2014 年第 5 期, 第 647-656 页。

[11] Holec, H., *Autonomy and Foreign Language Learning*, Oxford: Pergamon Press, 1981.

[12] Little, D., *Learner Autonomy: Definitions,Issues and Problem*, Dublin: Authentik, 1991.

[13] Littlewood, W., Autonomy: An anatomy and a framework, *System*,1996, Vol. 24, No. 4, 427-435.

[14] Oxford, R. L., *Language Learning Strategies: What Every Teacher Should Know*, New York: Newbery House Publishers,1990.

[15] Vygotsky, L. S., *Mind in Society: The Development of Higher Psychological Processes*, Cambridge, MA: Harvard University Press, 1978.

—, Thinking and speech, in R. Rieber (Ed.), *The Collected Words of L.S. Vygotsky*, New York and London: Plenum Press, 1987.